CARTAS INTIMAS

JUAN VALERA

CARTAS INTIMAS

(1853-1897)

Nota preliminar, estudio, edición y notas de
CARLOS SAENZ DE TEJADA BENVENUTI

taurus

Cubierta de AL-ANDALUS

© 1974 Carlos Sáenz de Tejada Benvenuti
TAURUS EDICIONES, S. A.
Plaza del Marqués de Salamanca, 7 - MADRID-6
ISBN 84-306-2069-9
Depósito legal: M.—8542-1974
PRINTED IN SPAIN

A JUDY

INDICE

NOTA PRELIMINAR

Esta extensa correspondencia que aquí se presenta constituye el «cofre» de recuerdos queridos y privados que conservaba Sofía Valera y Alcalá-Galiano, duquesa de Malakof.

Procede de un depósito de documentos que guarda el Consejo Superior de Investigaciones Científicas y del que obtuve la oportuna autorización para estudiarlos. Envolviendo el paquete de cartas, atadas con una cuerda, había un papel de tamaño doble holandesa, donde venía escrita una lista de «audiencias militares del camarada presidente de la República española», evidenciando, ya de entrada, que era la documentación recogida y manejada por don Manuel Azaña.

El profesor y buen amigo doctor Hans Juretschke me puso en la pista de estos documentos, y a él tengo que agradecer su descubrimiento.

Don Manuel Azaña, como es de todos conocido, escribió una gran obra de carácter biográfico sobre don Juan Valera, que recibió el Premio Nacional de Literatura y que desapareció antes de su publicación. De su obra conocemos sólo trozos, que recientemente se han recogido en un tomo de Alianza Editorial, compilados y estudiados por el profesor Juan Marichal, de la Universidad de Harvard.

Azaña, con sus escritos conocidos sobre Valera, ha vuelto un poco locos a los estudiosos de estos temas, al no citar sobre algunos datos concretos las fuentes de que se servía, y muchos de ellos se han tenido que limitar a citar las noticias que Azaña daba por seguras, sin conseguir otra ratificación documental.

Aquí, en esta correspondencia, están los datos concretos sobre los que se apoyó Azaña en su obra, y con ello se cierra esta interrogante.

El paquete de cartas citado lo forman 252, que en página adjunta se reseñan, explicando asimismo que se han despreciado tres y las razones de su eliminación.

En la ejecución de esta obra he recibido, como en mis trabajos anteriores, el apoyo moral y consejos de mi Departamento en la Universidad, y sobre todo de mi jefe y amigo, doctor don Mario Hernández Sánchez-Barba, y la ayuda, materializada en muchas horas de devoción en el trabajo, de doña Isabel Santamaría de Lerma.

La sistemática seguida es la más sencilla y elemental. Se han transcrito los textos íntegros, cambiando tan sólo palabras que por su ortografía resultarían de enfadosa transcripción y lectura.

En relación aparte vienen especificadas, por años, las cartas y destinatarios, ya que siempre es práctico tener una visión clara del conjunto y el valor testimonial de cada época.

El estudio, en el que he tratado de extenderme lo menos posible, trata de resaltar el valor fundamental de esta correspondencia, su carácter íntimo y la expresión psicológica, de una gran riqueza en este caso.

El Valera que se trasluce en estas cartas no tiene ni la vena literaria de la correspondencia con Serafín Estébanez Calderón ni el desenfado de la correspondencia con Leopoldo Augusto de Cueto. sino que es un Valera obsesivo, dramático, bastante fracasado e infeliz en su matrimonio. Quizá más auténtico o que, por lo menos, hay que tenerlo en cuenta, en este aspecto de su vida.

El bloque fundamental más expresivo y rico de esta correspondencia está en la etapa de Washington y por interés Valera-América, una vez más me he acercado al estudio de esta figura tan atrayente.

ANALISIS
DE ESTA CORRESPONDENCIA

por

Carlos Sáenz de Tejada

JUAN VALERA Y SU HERMANA SOFIA, DUQUESA DE MALAKOF

La familia de don Juan Valera está compuesta por una madre absorbente y autoritaria, mujer-hombre, que lleva en todo momento las responsabilidades básicas de la familia, la educación de sus hijos, la colocación matrimonial de sus hijas, el mantenimiento y, si es posible, la elevación del rango social de su familia, que no se ve en ningún momento amparada ni protegida por su «hombre». Doña Dolores Alcalá-Galiano y Pareja, marquesa de la Paniega, es mujer nada agraciada, heredera de un mayorazgo casi «desplumado», que estuvo casada en primeras nupcias con un mariscal suizo al servicio del rey de España, don Santiago Freuller, del que tenemos muy pocas noticias y de cuyo matrimonio nació un hijo, José Freuller y Alcalá-Galiano. A los nueve años, aproximadamente, de la muerte de su primer marido, se casará con un hidalgo provinciano, algo pariente de ella por varias ramas remotas y comunes, don José Valera y Viaña, ex marino, liberal, revolucionario desilusionado, que fue compañero de correrías —y probablemente de galanteos— de don Angel Ramírez de Saavedra, antes de convertirse en duque de Rivas y aburguesarse un tanto. Don José llega al matrimonio con pocas esperanzas, y al corto tiempo, apenas nacidos sus tres hijos, vive una vida retirada en Cabra, Doña Mencía y, en cortas temporadas, en Málaga.

Sus hijos son, por tanto, José Freuller, el «postizo», el del primer matrimonio, que, con diez años de diferencia con su siguiente medio hermano, vivirá apartado preparándose para la vida, y ya establecido, residiendo en Málaga. A su familia materna la trata con el calificativo de hermanos, pero obviamente muy distanciado de todos. Tiene aspiraciones políticas provinciales que fracasan, y al final se contentará con luchar por el caciquismo del pueblo de Doña Mencía, en la Hermandad Mayor de la Patrona de allí. Se casa, creo que tempranamente, y su vida se desdibuja cada vez más dentro del núcleo vital familiar que nos interesa, sobre todo a partir de la muerte de doña Dolores, su madre.

El primer hijo del segundo matrimonio será Juan, sobradamente conocido de todos, pero del que conviene recalcar caracteres de relación interfamiliar, que ahora nos interesan.

Don Juan Valera, en su autobiografía recogida como discurso en la Academia, se deja intencionadamente o no, en el tintero, rasgos de su persona extraordinariamente importantes.

Andaluz de cabeza turbulenta y de carácter básicamente angustioso, no hubiera sido nadie sin el apoyo continuo, la fe en sí mismo que le suministra su madre.

Las teorías freudianas aseguran que en la formación del hombre, de su seguridad vital, el factor de apoyo fundamental es la madre. Siendo esto así, el caso de Valera y de su madre, doña Dolores, fue «de libro», como explican en su jerga profesional los psicoanalistas. Doña Dolores, mujer muy culta para el nivel de su época, con pocos juicios floreados, pero con un puñado muy firme de verdades básicas, escéptica hasta la medula, con un concepto del matrimonio, fruto, sin duda, de su propia experiencia, tiene para su hijo Juan una firmeza de esperanza en su porvenir superior, una seguridad en su inteligencia que quizá sea difícil de descubrir con este grado de firmeza, en otros casos, entre madre e hijo. La relación que se crea entre los dos es de tal confianza, que se cruzan cartas que ya no en esa época, sino en la nuestra, harían enrojecer a cualquiera.

Esta relación entre la personalidad de Valera de seguridad en sí, de realismo a veces exagerado, sin duda le roba todo concepto alto, elevado o romántico sobre la mujer, y es quizá por ello por lo que don Juan es considerado por sus biógrafos como un hombre de éxito, mujeriego y conquistador. Lo que está demostrando con su búsqueda angustiada de «mujer», su apetito sexual desordenado, es una falta de imagen tranquila, reposada, «femenina» por antonomasia, de la mujer. Y camina por la vida aplastando, despreciando; más que amando, violando mujeres, a las que sin duda no ama en cuanto posee, porque sus tentáculos no son capaces de retenerlas y degustarlas en la vulgar «continua-continuidad» de la vida. Esta imagen, por tanto, muy deficiente de Valera, le restará mucho a su vida y a su capacidad intelectual.

Ramona, la hija segunda del matrimonio, es la que salió más parecida, físicamente, a la madre: fea, reservada de carácter y con una gran agresividad, reprimida sólo en parte, para todos los suyos.

Hará un matrimonio, previsto y arreglado por la madre, con un joven de familia casi arruinada, con un mayorazgo semiperdido de la nobleza provincial, casados sus antepasados parientes con parientes, muy degenerado y con bastantes taras familiares de «originalidad» o cierta locura. Alonso Mesía de la Cerda, marqués de Caicedo. Alonso «no se entiende con los Valera», así lo asegura doña Dolores continuamente, pero la verdad es que más bien habría que pensar que Alonso no se entendió con casi nadie, ni en su propia familia, y que bastante milagro resulta el que desde recién casado tirase de la mano de su nueva esposa, Ramona Valera, para introducirla «bastante» en su mundo, aunque sea de rarezas, y que no la hubiese marginado de su vida para siempre.

De este matrimonio nacerán tres hijos: Alonsito, Antoñita y Juanito.

De todos ellos, los dos únicos que se entramarán en la relación familiar serán, en cierto modo, Antoñita, que vivirá temporadas con sus tíos Juan y Dolores en Lisboa, Madrid, etc., y que peleará, por su carácter y genio, continuamente con todos. Y Juan, el famoso Juanito Mesía de la Cerda, que irá con su tío Juan a Washington (1884-1886) de agregado, y que le atronará, molerá a disgustos, cansará y que no habrá carta en que don Juan no llore su desgracia de tener un sobrino tan insoportable.

Juanito, que comienza, como tantos casos mal tratados por el desconocimiento en la época, con crisis de inseguridad, pérdida del mundo de su propia realidad y negativismo involuntario, a hacerse cargo de sus responsabilidades, terminará en un manicomio, tachado de caso irreparable.

El tercero de los hijos de doña Dolores y don José Valera es Sofía, adornada con todos los dotes que no tuvo doña Dolores, su madre. Bella, femenina, con gran bondad natural, fácil

19

de conformarse con cualquier situación, baja, sin duda, de tono vital. Unida con un dulce «amor» a su padre, del que llega a comprender su fracaso en la vida y su soledad. Sin agresividad a su madre y para Valera el símbolo positivo de la mujer y de los aspectos sin resolver en él de madre.

Sofía, que es compañera en su niñez y amiga de juegos de Eugenia de Montijo, caerá pronto en manos de la condesa de Montijo, la madre. Sofía es una buena mercancía, por su belleza, femineidad y dulzura, para casar brillantemente, y la condesa de Montijo, muy puesta en su papel de la mejor casamentera de Europa en su época, y una vez colocadas sus dos hijas, una como duquesa de Alba y la otra emperatriz de los franceses, coge el madrinazgo de Sofía con el calificativo de «tía» y prepara una buena boda, al estilo de los tiempos, y la casa en París con el mariscal Aimable Jean Jacques Pelissier, duque de Malakof.

La boda, al entender de nuestra época, entre una bella muchacha en la flor de la vida y un viejo de algo más de sesenta años, no puede ser más que una desgracia, pero, para el sentir de la época, es un «entronque de rango».

Don Juan Valera, que antes de la boda de su hermana es para ella padre consejero en el mundo del arte, para el que está extraordinariamente bien dotada, deja posar sobre su hermana preferida todos sus sueños esperanzados; es como si quisiese elevarla en un pedestal y a ella sola separarla de los prejuicios reprobatorios que él tiene hacia toda mujer. Es curioso el dato de que Valera se inhibe de toda actuación o consejo, mientras se plantea o se realiza la boda de su hermana.

Con su cuñado, el mariscal, tendrá una relación exclusivamente protocolaria de respeto distanciado, pero, según van pasando los años, la figura de Sofía, para él, se va reafirmando cada vez más como la «madre ideal». Sus fracasos, sus alegrías (pero más sus fracasos que sus alegrías), como hacen los niños, van a caer en Sofía.

LOS NIVELES FAMILIARES PARA DON JUAN VALERA

De una visión de conjunto sobre la estructura familiar de Valera y sus reacciones, se desprenden tres niveles claros, tres estratos de valores, que podríamos sintetizar de la forma siguiente:

I. La generación de sus padres

En ella se agrupan doña Dolores, su madre, como centro absorbente de todo y dirigente, hasta su muerte, de la carrera vital de sus hijos.

Don José Valera, su padre, alejado y respetado por él, por su silencio y prudencia «bien educada».

Su hermano de madre, José Freuller, que, más al nivel de hermano, responde para don Juan al de «medio padre», como heredero del título, mayorazgo y distanciado de ellos, al estilo de su padre.

Y sus tíos, un grupo variado y disperso de hermanos del padre o primos de la madre, los Alcalá-Galiano, que en etapas concretas de la vida de don Juan flotarán en la escena, según sus intereses y conveniencias, pero que desaparecerán con la misma facilidad.

Por último, a este mismo nivel pertenecerán amigos de Valera, de épocas concisas de su vida, más o menos influyentes en datos concretos de su formación, como Estébanez Calderón o Menéndez Pelayo, donde el trato de compañerismo o de paralelismo generacional con él, será artificioso y nunca real.

II. El nivel de los hermanos

Su centro será Sofía, que accidentalmente en los últimos años de su vida se elevará para él al nivel inmediato superior, y marginalmente, Ramona, con quien tendrá un trato casi nulo, como respuesta, sin duda, a la agresividad que ella va desarrollando a su propia familia consanguínea.

En este lugar están los hijos y los sobrinos. El astro de todos ellos será el segundo de sus hijos, Luis, con aficiones literarias, como él, en quien siente una especie de continuidad casi inmortal, diplomático, mujeriego, al menos en sus años mozos, y escéptico.

A su hijo mayor, Carlos, no lo comprenderá sino tardíamente, en forma de lamentos, ¡demasiado tarde!, cuando, inesperadamente para él, muere mientras está de ministro en Washington. Entonces lo describirá, analizando y alabando lo que antes había despreciado y descubriendo en él que «era» el bondadoso, el bueno, el «no incisivo», el más hijo de su familia.

Por su tercera hija, Carmen, tendrá alegría, como todo padre la tiene por la ilusión de moldear una mujer, pero no tanta como debiera, no hay «locura» auténtica por ella.

La historia futura y las circunstancias familiares subsiguientes convertirían a Carmen en el prototipo de «el hijo» ideal de don Juan. Ella se transformará lentamente, en los últimos años de su padre y después de su madre, en el centro del ingenio de la aristocracia de su época, la heredera única del genio, y jugará el papel obligado por esa circunstancia, de genio también.

Junto a éstos, y dentro del mismo nivel de los hijos, estarán los sobrinos, aunque a bastante distancia: los hijos de Ramona y la hija de Sofía, Luisa, que representarán para él, como sus hijos, la imagen del futuro, no demasiado atendida por él, que está más absorbido en sí mismo.

EL ALMA DE LA CORRESPONDENCIA CON SOFIA

Juzgadas superficial y externamente las cartas de Valera a Sofía, son dispersas en varias temporadas de su vida, reiterativas y tienen noticias relativamente escasas, comparadas con las grandes colecciones de correspondencia de él, que son conocidas del gran público.

Sin embargo, en mi opinión, esta correspondencia encierra un valor confesional íntimo, humano y auténtico, que no tienen los miles de cartas que se conservan de don Juan, con distintos y muy variados interlocutores.

El hilo de la correspondencia de Valera a Sofía está centrado en intensidad entre los años 1882-1888, etapa fundamental para la vida de Valera, no como tópico, sino como realidad descarnada de toda piedad humana. Son los años a través de los cuales Valera tiene que aceptar el difícil papel de la vejez, la aceptación de un destino y de su entronque humano, el fracaso que corona a todo hombre, sea cual sea su caso en esa edad. Don Juan protesta y «patalea» como puede y en todos los sentidos, está dolido, nada le llena, se siente despreciado, no amado, incomprendido, se muestra en toda su triste encarnadura humana.

EL DIALOGO ENTRE LINEAS DE ESTA CORRESPONDENCIA

1853

Las cartas empiezan a agruparse cronológicamente desde este año. Todo lo anterior parece haber desaparecido. Se empieza a evidenciar la seguridad en sí mismo, de procedencia materna, y el desprecio por los demás. Parece como si para sobrevivir su persona, tuviese que destruir a diestro y siniestro, dejando tan sólo unos pocos, con un sentido demasiado vago de la amistad y muy agresivo del amor (alusión a su vieja novia portuguesa Julia).

1858

Don Juan sustituye al padre siempre ausente, le representa y escribe por él, junto a su madre, que sigue aferradamente dirigiendo la vida social, en una esperanza desesperanzada de éxito (contactos con la duquesa de Alba).

Al recibirse la petición de mano de Sofía Valera, en su carta formal de respuesta a su hermana, siempre en nombre de su padre, que, ausente, se ha doblegado a sólo firmar lo que otros quieran escribir, entregando a su hija.

En el matrimonio que se prepara de Sofía se plantea en seguida una competencia de nivel socioeconómico entre el viejo mariscal y ellos. La solución arbitrada por don Juan es de suprimir todo intento de dote para ella. Pero la Montijo entra en escena; en este caso, y con orgullo hispánico, trata de salvar algo, por lo menos la sangre, y reclama de Valera copias y expedientes de nobleza, que demuestran al mariscal y al «todo París de la época» que los Valera Alcalá-Galiano no dejan nada que desear, por su origen, a ningún heroico mariscal ennoblecido por los Bonaparte. Se le envían expedientes de una rama y otra (que Manuel Azaña utilizó para contarnos, en su biografía de Valera, los antecedentes y origen familiar de ambas ramas).

La conmoción mental y psicológica que sufre Ramona ante la boda de su hermana Sofía, el papel exacto que ella hubiese deseado jugar, produce cartas llenas de envidia, queriéndose subir en el papel de consejera e «íntima» de la Montijo.

Del acto de la boda misma hay pocas noticias; incluso me cabe la gran duda si alguien de los Valera asistió tan siquiera. Se celebró en París, y yo razonablemente pienso que fue don Juan el que asistió a ella, pero creo que nadie más. La familia queda totalmente marginada.

1859

Se presenta una rápida e inesperada enfermedad en el padre, un tumor en la rodilla y fuertes trastornos gástricos. La legión de médicos famosos de la época y homeópatas, alrededor de la cama de don José, a quien se ha traído a Madrid, parecerá una escenografía a lo Molière en su tiempo. El pobre don José, como pájaro lejos de su nido, morirá en Madrid, coronado de austeridad, orgullo y silencio.

A Dolores, su esposa, su silencio «castellano» le hace sentir culpable y lanza frases de admiración para él, que sin duda tenía sin estrenar.

El espectáculo más triste es Sofía, recién casada, sin ilusión alguna, que angustiada por la distancia, desde París, se consume en un «amor paterno» como una flor, retorciéndose de dolor, sin confianza hacia su marido para escapar junto a su padre y sin poder encontrar el secreto de la buena muerte, como etapa lógica de la vida de su padre, por la falta de resolución de sus problemas afectivos.

El mariscal recibe cartas «formales», con noticias «formales», sobre la enfermedad y muerte de su suegro, y contesta con el mismo tono.

Sus únicas muestras de «confianza y afecto» se dirigen a Juan, su cuñado, al que le obsequia con algunas balas y recuerdos de sus campañas guerreras.

La muerte de don José cambia la estructura de apoyos psicológicos de Sofía. Le aproxima algo más a su esposo, porque él, ya de por sí, es más un padre que otra cosa.

Su hermano Juan se convertirá en su confidente, en una relación familiar más íntima.

Y ella, en París, en la avenida Marceau, con los primeros trastornos femeninos que predicen un débil embarazo, por la excesiva edad del mariscal, pero que estabilizan el *status* social de ella como duquesa de Malakof, con posición económica, más extensa que sólida, esposo con influencias —al menos mientras dure vivo— y con su posición social. Y entre la avalancha de invitaciones y festejos llegan sorpresas, compromisos desagradables, como la carta de su viejo amigo el conde de Coello, que desde Roma le escribe angustiado pidiéndole dinero.

1862

Los mejores muebles y objetos, al repartirse la casa de su padre, los enviarán los Valera a Sofía. Es la que puede hacer mejor uso de ellos, y un poco soterradamente, la defensa que la familia tiene para no dejarse aplastar por la posición del mariscal.

1867

Tras años de silencio en la correspondencia de uno y otro lado, sorprendentemente, la hermana apartada, la desconecta de la familia, Ramona, rompe el silencio. Su hijo pequeño, Juan, que les parece al matrimonio, desde chico, espabilado, es mandado a París, al cargo de su tía Sofía. Sin duda por el absentismo de la vida que por degeneración sufre su padre, Alonso, y las envidias crónicas de buena posición, «que desearía y no consigue», de Ramona, Juanito, el chico, se ha convertido en la diana de planes fantásticos de abrillantamiento de la familia: estudio de idiomas, introducción en la alta sociedad, carrera diplomática, etc. La presión familiar fuerte y angustiada sobre Juan, que parece no tener unas espaldas muy anchas para resistirlo, le harán enloquecer a los pocos años.

1868

Año de transición, de desconexiones temporales. Doña Dolores se siente abuela e intercambia con su «adorada» hija Sofía la suscripción de la *Mode Illustrée,* que le envía ésta, por melones y pimientos hispánicos que le manda su madre.

1869

Ramona aparece en la escena más extrovertida y expresiva que nunca, sin duda impresionada y contagiada por la bondad natural de su hermana Sofía para con su hijo Juan.

Este contacto vivaz de Ramona se ve violentamente interrumpido por la muerte inesperada de ésta.

Sofía sale al campo a descansar. Su espíritu delicado, como tantos otros en la vida, no está preparado para estas pruebas.

Doña Dolores, por los años, por el abandono y dejadez que producen en los seres humanos las «sangrías» de la vida, da el cierre psicológico a su existencia, como tantos viejos que el día que deciden comenzar su campaña de propaganda de su inutilidad y sentido de estorbo en el medio ambiente, sin solución de continuidad, pasan de la acción a la negación vital, sin otra enfermedad, en muchos casos, que la de negarse a luchar, rendirse, retirarse para todo.

Sofía percibirá esto, y cuando lo haga se precipitará a invitarla a vivir en París con ella, pero desde allí no se ven tan claras las cosas, y doña Dolores necesitará para atraer la invitación de su hija realizar muchas acciones que son contrarias a su ideología y actuación de su vida anterior y que forman parte, por tanto, de este proceso precipitado en ella, de rendición a la vida.

Reconoce en sus relatos las desgracias de su hijo Juan con su familia.

1870

Sigue en parte el mismo papel entre madre e hija.

«Como el puchero con mis criados», dice dramáticamente doña Dolores. Hablando de la esposa y suegra de Juan, las califica despectivamente de «criollas» y alaba y reverencia constantemente la situación y posición de Sofía en la familia, «que no le da problemas».

Juan Valera mantiene contactos literarios, que relata en sus cartas, y, sobre todo, usa a su hermana como paño de lágrimas de su fracaso matrimonial.

Sofía manda dinero a su madre para que ésta pueda pagar las muchas deudas que aquí tiene y pueda ir a vivir con ella a París.

1871

Se renuevan los contactos entre Juan y Sofía. Este aconseja a su hermana que no vaya a París, sino que vuelva a Madrid, para que por su posición familiar no la acusen de conspirar con los bonapartistas.

La llegada y la organización de la corte de don Amadeo ofrece una oportunidad de satisfacción y de orgullo a los Mesía de la Cerda, que colocan entre los empleados honoríficos de Palacio a su hijo mayor Alonso.

Juan está a punto de ser nombrado diputado por San Cristóbal de la Laguna. ¡Destinos de los políticos!

1872

Llueven las noticias sustanciosas que Valera relata a su hermana sobre incidentes de la nueva corte de los Saboya. La oposición de los nobles en Madrid, los periódicos, el puente entre unos y otros que intenta poner la Montijo.

Valera se ve arrastrado a apartarse del «amadeísmo» por la aristocracia, pero, como él hace muchas cosas (sobre todo las políticas), sin convicción.

Las quejas de don Juan sobre su esposa, y sus desgracias, unilateralmente descritas por él, tienen un carácter reiterativo. A su mujer, hasta «piensa en pegarla», y coinciden asimismo con un juego de irrealidades inconscientes en su matrimonio, que él no ve en absoluto, o no quiere ver.

Trata de sublimar su desgracia buscando una madre en Sofía, a la que llama desconsoladamente, como un niño, para que le vaya a visitar desde París.

Doña Dolores está ya a punto de salir para Francia a visitar a su hija, después de lograr poner todas las cosas en orden y tapar todos los huecos de deudas y angustias que le quedaban atrás.

1873

Doña Dolores, apenas reposa su cuerpo cansado en el hogar de su hija Sofía en París, muere silenciosamente.

Valera sigue escribiendo a su hermana sabrosos lances de las actividades revolucionarias que acontecen en Madrid.

Y siguen entrelazadas, cada vez más complejamente, las cadenas de deudas económicas entre Juan y José, José y Sofía, etc.

1876

Los hijos de sus hermanos, los Mesía de la Cerda, los Valera y la hija de los Pelissier, Luisa, sirven de enlace final de relación entre las familias, que, de no ser por ellos, quedarían dispersas.

Valera está publicando en «El Campo» *El comendador Mendoza*, y espera desesperado a que Arrieta ponga música a una zarzuela que él le ha enviado.

1877

El canto más trágico de la autodesgracia de Valera, de lo que nunca ha llegado a describir en sus cartas, él, que todo lo dice y nada lo oculta, se recoge en un párrafo de una carta de esta época:

«Mi mujer hace más de cinco años que no es mi mujer, sino mi enconada enemiga. Dice que me odia o que me desprecia, y, no obstante, sigue viviendo en mi compañía para achicharrarme la sangre. Las peloteras que tenemos son espantosas. Como ella tiene su dinero y yo no quiero que diga que me mantiene, me veo obligado a gastar en la casa, aunque desde abril último dejé el coche, y cada día estoy más ahogado y apurado. Ella vive aquí, tiene su cuarto al lado del mío, me hace a veces que la acompañe, y no me dirige la palabra sino para decirme una injuria. Tú dirás que por qué lo sufro. Lo sufro por piedad; lo sufro por mis hijos, a quienes quiero; lo sufro porque mis excitaciones a que nos separemos no valen de nada, y yo tendría que huir dando un escándalo ridículo o echar a mi mujer por un balcón, dando un escándalo trágico.»

«No me contestes a mis quejas contra Dolores», dice al final de sus cartas, estableciendo como un lamento unilateral y sin interlocutor, que él prefiere de esta forma, por temor, sin duda, de que su esposa pueda leer las contestaciones o comentarios de Sofía.

1878

Valera está entre los cincuenta y cuatro y cincuenta y cinco años.

Su mujer se ha ido a Pau, truco del que él se vale para descansar de ella.

En la vida de Madrid, que describe don Juan, asegura que está todo el día «de servilleta en el ojal», mientras su administrador le roba (en Doña Mencía).

1879

En este año se produce un contacto intenso entre la condesa de Montijo y Sofía. Se rememoran «antiguos y mejores tiempos».

Le relata tragedias increíbles de la muerte del príncipe, del duque de Medinaceli. Y su hija Eugenia, en su dorado exilio, irá a vivir a Balmoral, a un castillo que le pone a su disposición la reina Victoria.

Sofía está en Villerville, la playa francesa más de moda en la época, entre Deauville y Trouville, y la Montijo en su palacio de Carabanchel.

El progresismo liberal de la Montijo queda en evidencia

cuando habla de los intentos frustrados de arreglo pacífico del general Martínez Campos en La Habana, afirmando: «Más valía que hubiesen dado sablazos que dinero.»

1881

Valera está de ministro en Lisboa.

Se celebran grandes fiestas con motivo de la visita de don Alfonso y doña Cristina a Portugal.

Se intenta casar a la infanta doña Eulalia con el príncipe de Portugal. El asunto fracasa, y los lances políticos son continuos.

Don Juan Valera, usando de correo privado en París a su hermana Sofía, tiene al día de todas las novedades y planes a la reina doña Isabel.

Sofía se anima, al fin, a visitarlos en Lisboa, sin duda porque el atractivo de aquella hirviente sociedad diplomática le atrae.

1882

Los trámites, honores y compromisos, propios de la Legación de España en Lisboa, se cruzan por el aire.

Ha llegado la hora de ajustar cuentas, después de la conmoción de la visita de don Alfonso y doña Cristina. La perspectiva de los gastos y deudas oficiales y privadas parece que van convirtiendo más y más en una calamidad la vida de Valera. Intenta quitarse de en medio a su mujer y sus hijos, mandándolos con su hermana a Villerville. Carmen coge unas fiebres tíficas, que se contagiarán a la madre, aunque muy debilitadas.

Caen sobre él su suegra y su «hijo querido», José Delavat, al que Valera ve en aquellos momentos tan agresivamente, que no tiene inconveniente en escribirle a su hermana Sofía «que es vicioso, estúpido y supone que le pueden expulsar de la carrera diplomática».

Antoñita, su sobrina, en Lisboa, viviendo como huésped en su casa, se entretiene en atraer a los hombres, e inmediatamente que éstos se aproximan, los agrede.

Juanico acosa a Pepita Sandoval, hija de su ex novia Julia,

y esto es otro motivo de molestia y hasta un poco de competencia para él.

Don Juan se entretiene dando datos a su sobrina Luisa sobre temas literarios. Le hace y envía una traducción de Schack. Recibe el homenaje del diplomático Inge de Trezals, que le dedica un artículo en la *Revue Britanique*. Garnier, en París, por mediación de Sofía, tramita alguna edición de Valera. Le propone la edición de sus obras el propietario-director del periódico de Montevideo *La Colonia Española*.

Estos datos, que agradan a su vocación literaria, se ven alternados con otro drama familiar. José Delavat, su cuñado, el protegido de su mamá, doña Isabel, enferma con un tumor en un ojo y se lo tienen que sacar.

Valera exclama a gritos: «Malditos telégrafos.»

En política, don Juan desaprueba las opiniones y salidas del duque de la Torre y se declara partidario de la postura de Sagasta.

Por las cartas, desaparecidas, de Sofía, se percibe un rumor de problemas entre ella y su hija, que no presagian nada bueno.

Valera, después de esta larga temporada de tensión, insiste de todas las formas posibles para que su hermana le visite y consuele.

1883

Este año estará lleno de tensas esperanzas. Decide la dimisión de su cargo en Lisboa, y Sagasta le hace ofertas para el Consejo de Estado, cosa que rechaza, esperando un obsesionante «turrón», para poder pagar algún día las deudas que le cercan. Piensa por entonces en Berlín, Viena o Washington.

Washington parece que es el que más le apetece, porque está mejor pagado, y tiene la esperanza de que si lo destinan allí, se dejará atrás a la familia. Los niños, por los estudios, y a Dolores, por su delicadeza y dificultad para la vida.

Por algunos días parece que Viena está más próxima, pero su esperanza se esfuma.

Mientras espera desesperado, le obsesiona refugiarse en Cabra y Doña Mencía y abandonar el mundo.

Sólo la literatura y las pequeñas o grandes compensaciones

31

que ella le proporciona le tranquilizan. Alberga esperanzas literarias en su hijo Luis. Está escribiendo *Metafísica a la ligera*. Le han traducido al polaco *Pepita Jiménez*.

No pudiendo resistir más la espera, escribe al ministro de Estado, al nuevo, pidiéndole descaradamente un puesto. El nuevo ministro es don Servando Ruiz Gómez.

Su cuñado Alonso, viudo, vagando como un lunático por varios continentes, inventa máquinas «maravillosas» que todo lo reparan y hacen más rápido y mejor; está ahora por México.

1884

La esperanza, tan esperada, se realiza (de ella no hay noticias entre estas cartas). Pero sigue la escena siguiente en Londres, donde en breve va a embarcarse en Liverpool, camino de Nueva York-Washington, donde ha sido nombrado ministro.

Va solo, cargado de vinos franceses, *foiegrass,* equipo completo de trajes nuevos, pero, sobre todo, «solo», porque es evidente que decide volver a estar casi soltero.

Las tensiones aparecidas en el año pasado entre la hija de Sofía, Luisa y su madre se aclaran y toman un matiz grave. Resulta que los problemas provienen del matrimonio de Luisa con el conde polaco Zamoyski, que, impotente, cara dura, gastador, pega a su mujer y resulta, por tanto, «una alhaja».

Don Juan llega a Washington con la mente de muchos europeos de su época. Trata de jugar a la alta sociedad, como está acostumbrado a hacer en Europa, contactando con los Bonaparte (americanos), el ministro de Rusia, etc., y descarga su «dinamita» de prejuicios contra los norteamericanos, cuando se ve sin protección, al observar que la sociedad allí está estructurada de una forma diferente.

Se instala junto a la Casa Blanca, en el número 15 de Lafayette Square.

Las *flirtations* de las jóvenes americanas, su libertad social y amorosa le escandalizan, o más bien le llenan de envidia.

Llega a una Legación arruinada por completo, que él trata de ordenar, al mismo tiempo que empieza a pagar sus finanzas privadas.

Washington pasará de un cálido verano, que le hará salir

de turismo a New Port, Boston, Niágara, etc. (en Boston es donde entrará en contacto con los hispanistas Palmer y Bradford), a los hielos más sobrecogedores.

Después de meses de investigaciones sobre la angustiosa posición de la Legación española, consigue aislar la cifra final, y aunque ha sido pagado lo más urgente, descubre, escandalizado, que se deben $ 300.000.

Las relaciones entre Luisa y su marido han llegado al desastre, y Valera recomienda desde un principio el divorcio.

1885

La relación entre Juan y Sofía, durante este año y el siguiente, cobra matices de un valor inapreciable para el conocimiento de Valera. En este año, él, primero, trata de exponer, como un niño travieso, que los flirteos son naturales en la vida diplomática y hasta necesarios, pero esto no es nada importante para él, porque se describe como protegido por la «vejez».

Después entona un canto doloroso a su hermana, de disculpa y descargo, afirmando cosas que nunca había citado, incluso que no habían tenido demasiado significado para él, dentro del desastre real de su matrimonio.

«Desde hace doce años, Dolores no quiere ser mi mujer», dice en una de sus cartas, para venir a anunciar, con aire comedido, que Catalina Bayard «tiene cierto platónico amor por él».

Para el 28 de mayo de 1885 da por «realizado el paso» en la aventura, con lo cual las cartas a Sofía son cada vez más como pidiéndole perdón y permiso como madre para echarse esta «cana al aire», él, que, ha sido tan desgraciado en su matrimonio y que realmente la coraza de la vejez le protege.

Un mazazo inesperado en la vida de Valera, que hubiese hecho entrar en vereda a cualquiera, pero que con él no lo consigue, le sorprende inesperadamente. Su hijo mayor, Carlos, muere prematuramente, víctima del tifus, en Madrid.

Don Juan, en vez de reaccionar a ello encontrando a los suyos y el mundo real, se deja querer y se agarra a la nube de sus sueños, que le impide por un momento sentirse viejo, fracasado y que le ofrece una demasiado artificiosa «juventud».

Todo el entorno vital de Valera en Washington está formado, no sé si intencionadamente por él, por las relaciones de Catalina Bayard.

Se muda al 1.447 de Massachusetts Avenue. Su médico es el doctor Gardiner, el amigo íntimo de los Bayard.

Durante el mes de julio de este año hay una pausa en este «juego», mientras Catalina Bayard está ausente en Wilmington, cuidando a su madre, que agoniza.

Ya por entonces, Sofía, reflexionando con calma sobre las noticias que le da su hermano, empieza a temer sobre los amores de Juan y sus disparates.

Su cuñado, José Delavat, es nombrado ministro de España en el Japón.

1886

Al comenzar este año, anuncia que Catalina Bayard se ha suicidado. Es a la única persona en el mundo a la que se lo escribe, pidiéndole la mayor prudencia, ya que todos los periódicos de los Estados Unidos se han dejado engañar y dan la noticia de su muerte «por causas naturales».

El 16 de febrero hace, con motivo de una carta correctísima que recibe del secretario de Estado, Bayard, una alusión a los *politicians* y los amantes de sus hijas. Evidenciando con ello que aquella carta afectuosa que le escribe el padre de su amante, llena de afecto oficial y distancia, es la más dura bofetada, de llamarle «ridículo», que nunca le han dado en su vida. Percibe que ha sido Bayard y el propio Gobierno norteamericano el que ha tramitado «bajo cuerda», sigilosamente, su despido, y ahora el puesto que se le ofrece de ministro de España en Bruselas lo juzga como un castigo. En parte lo aceptará resignadamente y en parte protestará infantilmente contra su destino.

Sale en dirección al Havre con su sobrino Juanito.

Al llegar a Europa y reunirse con su familia, reclama indignado el respeto de sus hijos, que cree no recibir, esperando en vano una aceptación a sus actos que él es el primero en no concederse.

Sofía le va a visitar a Bruselas.

El conde Zamoyski, esposo de Luisa, publica un libro atacando a su mujer y dando a conocer cartas privadas de ella, que la ponen en ridículo.

Valera toma parte muy activa, desde entonces, en el proceso de anulación matrimonial de Luisa en Roma, y por sus relaciones directas e indirectas hace intervenir en su favor al embajador de España en Roma, don Alejandro Groizard y Gómez de la Serna; al arzobispo de Sevilla, don Ceferino González; a jesuitas ilustres, como el padre Pir; a don Marcelino Menéndez Pelayo, a don Alejandro Pidal; al deán de Sigüenza, don José Fernández; a la reina doña Isabel, etc.

Por entonces, Joaquín Valera, su sobrino, va nombrado ministro de España en Atenas.

Alonso Mesía de la Cerda, marqués de Caicedo, su cuñado, vaga ahora por Nueva York con la esperanza, como siempre, de hacer grandes negocios con sus máquinas.

1887

Se publica *La venganza de Atahualpa,* e impulsado por la ilusión de «verla en la calle», piensa en seguida en llevarla al teatro y traducirla al francés.

Intenta colocar en Francia obras como *Las salamandras azules* o *Parsondes* y *El pájaro verde.* Todo ello es fiebre de actividad literaria.

En aquellos días escribe atacando al naturalismo, impulsado por doña Emilia Pardo Bazán.

La *Revue Britanique* transcribe opiniones suyas sobre literatura, que él sólo había usado en plan de pasada, y esto le enfada.

La Pardo Bazán visita París, y don Juan Valera había quedado en coincidir con ella allí, pero las apreturas de dinero y su posición desesperada en Bruselas le desalientan. Termina recomendando a su hermana Sofía que se ocupe de la «docta hidalga gallega».

Siguen los trámites de traducciones y publicaciones en Francia, que quedarán casi todos frustrados de momento.

A mediados de este año, la mejor acogida de la sociedad belga a su esposa Dolores y a él le anima más su estancia allí.

El señor Brunetière escribe alabanzas sobre él en la *Revue des Deux Mondes.*

El pleito para la anulación del matrimonio de Luisa sigue adelante y va resultando ruinoso para Sofía.

En agosto va a Alemania, con un grupo de amigos, después de haber pasado una temporada en París.

Juanito, su atronador sobrino y viejo compañero suyo en Washington, «se vuelve loco» en China.

Luis Valera, su hijo, ha comenzado un *flirt*, de elevados tonos, con la princesa Curonsoff, que produce escenas cómicas.

1888

Valera vuelve a Madrid, aunque oficialmente consigue retener su cargo de ministro en Bruselas, mientras espera algo mejor.

Tiene un déficit financiero de siete a ocho mil duros anuales con el sueldo de este puesto.

En Madrid el Gobierno tapa la indignación política de Valera concediendo la banda de María Luisa a Dolores y nombrándole a él secretario de la Comisión del Centenario del Descubrimiento de América, que se celebrará en 1892.

En Madrid asiste a reuniones sociales en casa de los Bauer y Osma, y a literarias que organiza en su casa, donde se reúnen Zorrilla, Palacio, Campoamor y otros.

En el mes de julio se conoce, ¡al fin!, la sentencia en favor de Luisa, anulando su matrimonio en Roma.

Su cuñado, José Delavat, es nombrado ministro residente de España en Brasil.

En septiembre se le nombra consejero de Estado. Su espíritu cambia completamente, se siente rejuvenecido fantásticamente y termina pidiendo informes de madame Bernardaki, «que tiene una bonita hermana», a Sofía.

1889

La relación por estos tiempos se hace más difuminada y casi se pierde.

1897

Una carta suelta y desconexa nos vuelve a dar noticias de algunos de la familia.

Alonso Mesía de la Cerda, marqués de Caicedo, ha muerto, y Luisa está con planes de ir a Madrid.

LISTA CRONOLOGICA DE LAS CARTAS INCLUIDAS
EN ESTA CORRESPONDENCIA

1853.   1 carta de Valera a Sofía.
1858.   2 cartas de Valera a Sofía.
        1 carta de Ramona a Sofía.
        1   »   » José Valera al mariscal Malakof.
1859. 17 cartas de Dolores Alcalá-Galiano a Sofía.
        1 carta de Valera al mariscal Malakof.
        1   »   » Valera (una carta más junto con una de Dolores) a
                    Sofía.
        2 cartas de Agustín Valera a Sofía.
        1 carta de Ramona a Sofía.
        1   »   » Dolores Alcalá-Galiano al mariscal Malakof.
        1   »   del conde de Coello a Sofía Valera y Luisa Pelissier.
1862.   1   »   de Dolores Alcalá-Galiano a Sofía.
1867.   1   »   » Ramona a su hijo Juan Mesía de la Cerda.
1868.   1   »   » Dolores Alcalá-Galiano a Sofía.
1869.   7 cartas de Dolores Alcalá-Galiano a Sofía.
        2   »   » Ramona a Sofía.
1870.   1 carta de Valera a Sofía.
        6 cartas de Dolores Alcalá-Galiano a Sofía.
1871.   1 carta de Valera a Sofía.
1872.   6 cartas de Valera a Sofía.
        2   »   » Dolores Alcalá Galiano a Sofía.
        1 carta de Valera a Dolores Alcalá-Galiano.
1873.   1   »   » José Freuller a Sofía.
        1   »   » Valera a Sofía.
1876.   1   »   » Valera a Sofía.
1877.   1   »   » Valera a Sofía.
1878.   1   »   » Valera a Sofía.
1879.   3 cartas de María Manuela, condesa de Montijo, a Sofía
1881. 13   »   » Valera a Sofía.
1882. 19   »   » Valera a Sofía.
        1 carta de Valera a Luisa Pelissier.
1883. 16 cartas de Valera a Sofía.

1884.   38 cartas de Valera a Sofía.
1885.   26   »   » Valera a Sofía.
1886.   24   »   » Valera a Sofía. (En la del día 18 de enero hay
                      otra del 26 del mismo mes.)
1887.   32   »   » Valera a Sofía.
1888.   14   »   » Valera a Sofía.
1889.   1 carta de Valera a Sofía.
1897.   1   »   » Valera a Luisa Pelissier.
        1   »   » Alonso Mesía de la Cerda a Luisa Pelissier.

Son en total 252 cartas.

Se han anulado tres cartas: dos, de Carmen, tía de Sofía, que vive en Doña Mencía, por ininteligibles, del año 1858?, y la tercera, de D. M. de Macailay, de 1888, a Sofía, por la misma razón.

En la transcripción de las cartas se ha respetado escrupulosamente el texto. Unicamente se ha corregido alguna variación ortográfica *(explicar* por *esplicar, nervios* por *nerbios, servido* por *serbido,* etc.), o algún evidente lapsus al correr de la pluma *(homeópatas* por *homapatas)*.

CARTAS

1

Lisboa, 22 de Octubre de 1853.

Mi muy querida hermana:

En este momento acabo de recibir carta tuya del 25, y sumo contento de saber que estás buena. No puedo yo decir lo mismo, porque nunca estuve más triste, más pálido, más delgado y mustio que estoy ahora. A todo lo cual se añade la indecisión de que no sé como salir en cierto negocio de importancia, y que cada día se enreda más.

Yo, querida hermana, hablándote con toda franqueza, siempre me he creido, y cada vez me creo más alto por el entendimiento: pero soy tan endeble y escaso de voluntad, y la poca voluntad que tengo, es tan enfermiza y vacilante, que no solo destruye toda la virtud creadora de mi entendimiento, sino que también me atormenta y aflige de contino. Ello es que para nada sirvo, ni serviré nunca. Si tuviera fé, me metería fraile: pero como no la tengo, puede que haga la prosaica acción de casarme: y nadie tomará en cuenta mi carácter bonachón, y mi ternura de alma para explicar mi casamiento. Todos supondrán que me caso por los 80.000 duros que tiene la novia.

Advierte que te hablo como si conmigo mismo estuviera hablando. La novia tomó en casarse conmigo tal empeño, que no sabré como resistirme, aunque quiera. Yo cuando estuve aquí de Agregado, le hice la corte, casi sin pensar, y por pasar el tiempo. Pude romper cuando me fuí al Brasil, y aún desde allí

41

pude romper no escribiendo. Pero al verme en el Brasil, solo con poco dinero y menos comodidades, viviendo como San Alejo en el hueco de una escalera, melancólico y desabrido a pesar de las gracias de Don José Delavat [1], y suponiendo con mi imaginación biliosa lo porvenir más negro y feo y temeroso de lo que acaso sea con efecto, me dí á entender que el casarme me estaría bien, y escribí a Julia [2]. Ahora que veo de cerca el casamiento, me asusto y retrocedo. Sin embargo, todos me aconsejan que me case. Verdad es que nadie tiene de mi la opinión que yo tengo: por que como yo creo estúpida la mayor parte de las gentes: las gentes me pagan creyendome mentecato, y para nada. Yo necesito que me animen; y todos me desalientan.

Galiano [3] y Serafín Calderón [4] son las dos únicas personas

---

[1] José Delavat y del Rincón, ministro de España en Río de Janeiro durante la etapa de la misión diplomática de don Juan Valera en el Brasil (diciembre 1851-septiembre 1853). Casado con doña Dolores Arêas, padre de Dolores Delavat, que mucho más tarde, en 1867, sería la esposa de Valera. La correspondencia de esta etapa, así como la personalidad de don José, está estudiada en el libro *Juan Valera-Serafín Estébanez Calderón*, que publiqué en la Editorial Moneda y Crédito, Madrid, 1971.

[2] Novia de don Juan Valera en Lisboa, hija de un portugués y una española, según él describe en algunas cartas a los íntimos, con unos ochenta mil duros de fortuna y con quien parece comprometerse, según se deduce de esta correspondencia «en tono mayor». Parece incluso que su compromiso y el temor de las complicaciones que se le avecinan le decide precipitadamente a Valera a ocupar una vacante, que surge imprevista, de secretario de la Legación de España en Río de Janeiro, donde después se arrepentirá de haber ido, y todavía a su vuelta a Lisboa en 1853 (época de esta carta) está tentado a un matrimonio «por responsabilidad», según exigía la estructura moral de la época.

[3] Emilio Alcalá-Galiano y Valencia, conde de Casa Valencia, diplomático y político, nacido en Madrid en 1831 y muerto en Londres en 1914. Ministro de España en Lisboa, donde lleva como agregado a don Juan Valera, su sobrino, del que es amigo y consejero literario. Dos veces embajador en Londres. Diputado a Cortes (1859-1866) con los moderados, y después de la Restauración en el partido conservador (Cánovas del Castillo), con quien fue ministro de Estado en la segunda etapa. Conferenciante famoso. Miembro de la Academia de Ciencias Morales y Políticas, y en 1898, académico de la Lengua. Senador vitalicio.

[4] Serafín Estébanez Calderón, natural de Málaga. Escritor costumbrista español, representativo del siglo XIX. Autor de *Escenas andaluzs* y otras muchas obras conocidas. Amigo de Merimée, al que dirige en sus viajes típicos por España. Auditor y cronista del Ejército, cargo que le permite vivir una vida de aventuras en España e Italia, lugar donde conoce a don Juan Valera, con el que conservará una entrañable amistad hasta su muerte (diciembre 1867). Valera y Estébanez Calderón mantienen una extensa correspondencia durante su vida, y que yo pu-

que me aprecian en lo que yo supongo que valgo. Lo que es el Duque de Rivas [5] siempre me ha tenido por más incapaz de lo que yo le tengo a él: porque nunca dudé de que fuese muy gracioso poeta, y ya esto es mucho. En cuanto á las gentes de la Secretaría, yo no he de ir a pedirles turrón, y ellos sin pedirle, y aún pidiéndole, dudo que me le den bueno. Ya ves lo que te dijo Riquelme [6], que quizás me podrían dar un puesto de auxiliar, pero después de haber sido Secretario en el Brasil por dos años, no hallo muy a mi gusto volver a ser agregado. No me quiero someter de nuevo a copiar los chapuces y adefesios de un Jefe tonto. De escribir para el público no tengo gana. Y que le voy yo a decir al público que todo se lo sabe, y que ya está harto de que le digan majaderías? Toda esta inutilidad mía, así para fraile, como para escritor y turronero, me hace fuerza y me inclina al casamiento: mientras que por otra parte mis ideas de independencia y de poesía, y que sé yo, como diría Delavat, me quitan la gana de casarme. Y mientras que estoy ponderando el pró y el contra del negocio, y añado y coloco en la balanza la mala obra que le hago a la chica si la planto, y lo mucho que ha mostrado ella quererme, el lazo que nos une se aprieta más; y yo no me siento un Magno Alejandro para romperle, ni bastante diestro para desatarle. Digo que no me siento diestro; porque no quiero ni puedo mentir: y lo que es pretexto fundado y razonable no le hoy. Así pues si no me caso, es por que no me dá la realísima de la gana. Ya una vez se lo dije, y luego me volví atrás, no te quiero explicar como: y aunque quisiera no podría. Hablando ahora de cosas menos

bliqué en la Editorial Moneda y Crédito, Madrid, 1971, bajo el título *Juan Valera-Serafín Estébanez Calderón* (1850-1858).

[5] Don Angel Ramírez de Saavedra y Ramírez de Baquedano, nacido en Córdoba en 1791, y murió en Madrid en 1857, que recibe su posición social, títulos y mayorazgo como consecuencia imprevista de la muerte de su hermano Enrique. Poeta y síntesis del más ferviente romanticismo en su *Don Alvaro o la fuerza del sino* y en sus demás obras. Trata de trasplantar su vena literaria a su vida privada de prócer y a sus aventuras amorosas, sobre todo en la época de su Embajada en Nápoles, donde lleva a Valera como secretario sin sueldo. Las familias Valera y Rivas tenían una cierta intimidad en la etapa liberal de don Angel y don José Valera, padre de don Juan, con paralelos juegos políticos. No existió, a pesar de estos antecedentes, una verdadera amistad entre don Juan Valera y su jefe, Rivas, aunque creo que, a pesar de ello, cada uno aprendió del otro lo que pudo, sin exteriorizar agradecimiento alguno.

[6] Antonio Riquelme y Gómez. Ingresado en la carrera diplomática en 1834.

43

serias, aunque tristes también, te diré que los saguís [7] se murieron. Duarte Sá [8], antes de salir para Angola, dejó el que te trajo Giuliani [9], en poder de Julia Krus [10], y se ha muerto. Julia le ha mandado disecar para que yo te le lleve o envie.

Si me voy de aquí para Sevilla dentro de 6 ú 8 días, el gran negocio estará ya decidido de una u otra manera. Vapores han pasado ya, y por falta de dinero y de resolución no he ido en ellos.

Como no traía yo conmigo ropa alguna de invierno decente, he mandado hacer aquí lo más necesario. No había de llegar a Madrid hecho una facha.

Casi todos los días como y a menudo almuerzo con Galiano. El y su familia me agasajan y quieren por muy extremada manera: y con la buena comida de aquella casa me voy reponiendo.

En la Legación se recitan versos horas enteras, y ya me van hartando tanto aquí los versos, como en Río Janeiro la música. Juanito Sandoval [11] compone cada mañana una oda o una elegía, con el tema obligado de corazón marchito, flor de mi esperanza, mujer, ilusión vaporosa, y la demás cafila de palabras vacías, y nos la encaja tres o cuatro veces; obligándonos a decir que es de lo lindo.

Me alegraré que Ramona [12] y Alonsito [13] lleguen felizmente a esa Corte, y que Alonso [14] gane el pleito, cuyo motivo, aunque no le he comprendido bien, sospecho que será alguna barbari-

---

[7] Parece ser que Valera recibe como regalo uno destinado a su hermana Sofía y otros para amigas: unos monos «saguís» del Brasil, los cuales, por el violento cambio de clima y alimentación, mueren en seguida.

[8] Amigo portugués de don Juan Valera en la etapa de su agregación a la Legación de España en Lisboa.

[9] Pintor italiano, del que Sofía Valera (su hermana) copia en 1851 algún cuadro y le da algunas clases de pintura.

[10] Amiga de Sofía Valera y Alcalá-Galiano.

[11] Agregado a la Legación de España en Lisboa.

[12] Ramona Valera y Alcalá-Galiano, hermana de don Juan Valera y de Sofía. Hijos del segundo matrimonio de doña Dolores Alcalá-Galiano y de don José Valera y Viaña. Doña Dolores Alcalá-Galiano era viuda del general suizo al servicio de España don Santiago Freuller. Ramona, casada con don Alonso Mesía de la Cerda, marqués de Caicedo, muere tempranamente en Madrid el 26 de junio de 1869, y deja tres hijos: Alonso, Antoñita y Juanito.

[13] Alonso Mesía de la Cerda y Valera, hijo de Alonso Mesía de la Cerda, marqués de Caicedo, y de doña Ramona Valera y Alcalá-Galiano.

[14] Alonso Mesía de la Cerda, marqués de Caicedo, esposo de doña Ramona Valera y Alcalá-Galiano.

dad vandálica del Gobernador, contra la cual Alonso se ha
rebelado imprudentemente, exponiéndose a perder su dinero, y
a no salirse con la suya.

Sé que has tenido el gusto de tratar en esa a Merimée [15],
uno de los más discretos, eruditos, ingeniosos y elegantes escritores franceses. Si no has leido nada suyo, lee, y compara el oro
de su estilo con las suciedades y absurdos que generalmente
nos regalan ahora nuestros ingenios.

Mamá no ha querido escribirme: tengo esta pena mas entre
muchas.

A Dios, y créeme tu amante hermano,

JUAN

2

Madrid, 21 de Agosto de 1858.

Querida hermana mía:

Me alegro hasta cierto punto de que la boda no se haga hasta la vuelta de S. M. [1] de Biarritz. Aquí tal vez no hubiéramos
tenido tiempo para enviar los papeles, etc., si hubiera debido
hacerse el 28. Hoy he caido yo en la cuenta de que Mamá escribió al Duque [2] con fecha 15 de Junio, en vez de 15 de Agosto. La equivocación de la fecha que también venía en su carta,

---

[15] Prosper Merimée, nacido en París (1803-1870). Secretario del conde
de Argut, empleado del Ministerio de Marina. Viajó por España, diri-
gido por Serafín Estébanez Calderón, y tuvo relaciones de amistad con
la familia de Montijo, en especial con la emperatriz Eugenia. Su má-
xima expresión novelístico, buscando el costumbrismo español, fue *Carmen* (1847), convertida más tarde en ópera. Interesado asimismo en sus
obras por la literatura rusa y la historia de la etapa de Carlos IX (1829).

[1] Eugenia de Guzmán, condesa de Teba, emperatriz de los franceses
por su matrimonio con Luis Napoleón Bonaparte (Napoleón III) en 1853,
con el que tuvo un hijo.

[2] Aimable Jean Jacques Pelissier, duque de Malakof, mariscal de
Francia. Nació en Maromme (Sena inferior), y murió en Argel en 1864.
Teniente en 1820, tomó parte en las expediciones de España, Morea y
Argel. En 1848, gobernador de la provincia de Orán, organizó la pri-
mera expedición contra las cabilas y sometió a las tribus del Sur en 1852.
En la guerra de Crimea tuvo el mando del primer cuerpo de ejército,
y en 1855 se apoderó de la Torre de Malakof. Embajador en Londres
en 1858 y gobernador general de Argelia desde 1860 a 1864. Casó con
Sofía Valera y Alcalá-Galiano el 22 de agosto de 1858, en París, de la
que tuvo una hija, Luisa Pelissier y Valera.

hizo que nosotros cayesemos en la misma equivocación. A papá le escribí yo que contestase en español y de su puño; como tiene tan mala letra no ha querido escribir y ha enviado papel en blanco con firma. Yo entonces he puesto la carta en francés, no sé si bueno o malo porque no tengo costumbre de escribir en francés y menos aun estas cosas de ceremonia Pero de todos modos, siento que la carta no vaya autógrafa de papá, aunque fuese en español, que ya ahí se la traducirían al Duque. En fin porque no haya en esto tardanza la enviamos como vá. Tu disculpa á papá de no haberla el mismo escrito, diciendo que tiene reuma en un brazo o cosa por el estilo.

La Duquesita de Alba [3] ha estado amabilísima y finísima con nosotros. Se puso furiosa contra su madre [4] y contra su hermana [5], porque se detenían Vds.: pero no bien supo la causa, dió la detención por bien empleada, y tanto que vino anteayer a dar a mamá la más cordial enhorabuena. Ya ves tu si esto es de agradecer y hasta de admirar en ella, que odia de muerte las visitas. Ayer mamá, (y yo fuí con ella) le pagamos su visita, y la Duquesita estuvo tan afectuosa con nosotros. Nos enseñó el palacio. Yo no le conocía, y le he hallado muy hermoso y de un gusto exquisito: en particular los cuartos árabe y etrusco. La colección de vasos es bellísima, y no hay que decir aunque uno haya visto, como yo, los de Nápoles y de Roma. Todos saben aquí la boda proyectada y nos dan la enhorabuena. Algunas personas han ido ya hasta el extremo de enviarnos los regalos para ti: por ejemplo la Cabarrús [6] un abanico chinesco muy lindo, y su hija Enriqueta [7] una sortija.

---

[3] Francisca de Guzmán, duquesa consorte de Alba, hermana de Eugenia de Guzmán, condesa de Teba, emperatriz de los franceses e hija de doña María Manuela, condesa de Montijo.

[4] Doña María Manuela de Guzmán, condesa de Montijo, madre de Eugenia, emperatriz de Francia, y de Francisca, duquesa de Alba. Verdadera dirigente de la sociedad de su época, quien, tras casar a sus dos hijas, toma bajo su protección, con el apelativo de «tía», a Sofía Valera y Alcalá-Galiano, a la que casará con el duque de Malakof, mariscal de Francia.

[5] Eugenia de Guzmán, emperatriz de los franceses. (Ver nota 1 de esta misma carta.)

[6] Teresa Cabarrús, hija del conde Francisco de Cabarrús, consejero del rey Carlos III. Embajador de España en París y ministro de Hacienda durante el reinado de José Bonaparte. Teresa fue la famosa madame Taillien.

[7] Hija de Teresa Cabarrús y nieta de don Francisco de Cabarrús, conde de Cabarrús.

A papá le hemos disuadido de que te señale alimentos porque no puede darte sino muy poco, y tememos que de esto se rían ahí. El ofrecía 200 francos al mes. Lo que hará papá será dar desde luego lo que pueda para tus gastos. Ya puedes contar con 4.000 duros. Cuando muera papá, lo que Dios no permita, creo que podrá dejarte un caudalito de 20.000 reales anuales: y si papá...

[*Falta el final de esta carta*]

3

Málaga, Agosto 22/1858.

Queridísima hermana mía:

Sé por Papá, Mamá y los periódicos tu casamiento, Dios te haga tan feliz como yo deseo. Tu no me has escrito, mucho te agradecería lo hicieses y me dijeses algo de este negocio arreglado tan pronto; por aquí todo el mundo se ocupa de tí, muchos me dan la enhorabuena y me dicen te la dé a tí en su nombre (no te los nombro porque sería demasiado largo). Unos de buena voluntad y otros con envidia; yo te la doy por mi parte con toda mi alma si este casamiento hace tu felicidad. Alonso [1] me encarga te haga sus cumplimientos tambien.

Es adjunta hermana mía una letra de mil y quinientos francos para que te compres una memoria en mi nombre. Yo quisiera poderte mandar tantos millones como cariño te tengo, pero tu sabes que la voluntad no basta y que me faltan los medios.

Mi salud no es muy buena, el embarazo me incomoda mucho. Dentro de unas horas salgo para Doña Mencía, estaré con Papá unos días y luego me iré a Madrid.

A Dios. Sé dichosa y cree te quiere mucho tu amante hermana,

RAMONA

A la Condesa [2] mil cosas de mi parte.

---

[1] Alonso Mesía de la Cerda, marqués de Caicedo. (Ver nota 14 de la carta 1.)

[2] María Manuela (condesa de Montijo). (Ver nota 4 de la carta 2.)

Madrid, 23 de Agosto de 1858.

Querida hermana mía:

Acabo de recibir de Doña Mencía un testimonio de la hidalguía de los Valera, hecho en 1799 con ocasión de ir el tío Pedro al colegio de Artillería. Como urgía el que viniesen papeles, papá echó mano de este testimonio. En él se habla y dá fé de la ejecutoria, que en un libro de terciopelo con chapas de plata, encerrado en una caja del mismo metal, posee el Jefe de la casa, tu sobrino Salvadorito[1]. La ejecutoria está sobre vitela o pergamino y dada por el Rey Don Felipe V, a principios del siglo pasado, en virtud de documentos que presentó el Jefe de los Valeras de entonces, Dn. Juan de Valera y Roldán, Alferez Mayor de la Villa de Doña Mencía. En dichos documentos se probaba que descendemos por línea recta de varon de Juan de Valera, uno de los 27 caballeros leoneses que vinieron a guerrear contra los moros de Andalucía con el Rey Dn. Alonso XI, en el siglo XIV. Se halló Juan de Valera, como consta en la ejecutoria, en la toma de Olvera y en la de Teba, y en la conquista de otras muchas villas y castillos, y por último en aquella famosa y sangrienta batalla del Salado, donde los Reyes de Castilla y León y de Portugal derrotaron al Miramamolin de los Almohades y acabaron con el gran poder del Africa, batalla que tan altamente ha cantado Camoens[2] en los Lusiadas.

Si a más del testimonio que tengo en mi poder, quiere la Condesa[3] que vaya copia de la ejecutoria, la haré sacar porque ahora hay tiempo para todo. Papá ha enviado los escudos de armas de los Valeras, Viañas y Sanchez de Sanz. Papá se llama Dn. José de Valera, Viaña, Valera y Sanchez de Sanz. De los Viañas y Sanchez de Sanz hay copias legalizadas de las ejecutorias en los archivos de Cabra. Si la Condesa quiere también puede ir algo de esto. Tiene papá en su poder la ejecutoria

[1] Salvador Valera, probablemente hijo de don Agustín Valera, hermano mayor de don José Valera y Viaña, padre de don Juan de Valera.

[2] Luiz de Camoens, nacido en 1524, y murió en Lisboa en 1580. Poeta épico portugués de la corte de Juan III, con una vida intensamente aventurera que le llevó a Macao, Goa, Vietnam, India, etc. Autor de *Os Lusiadas* (1572), obra cumbre de la literatura portuguesa y universal de la época.

[3] Doña María Manuela de Guzmán, condesa de Montijo. (Ver nota 4 de la carta 2.)

de los Galianos [4] que estaba en los archivos de Nicolás [5] nuestro primo, Jefe de la Casa. Esta ejecutoria es muy voluminosa. Papá dice que hará copiar y extractar algo y lo remitirá legalizado. De los papeles particulares de los Marqueses de la Paniega [6], Pepe [7] saca copias en Málaga y las remitirá también. Es cuanto por hoy puedo decirte en compendio sobre nuestra nobleza: siendo lo más notable el poderse asegurar que en Olvera y en Teba combatió sin duda nuestro antepasado Juan de Valera bajo las ordenes de Dn. Alvar Perez de Guzman [8] antepasado de tu protectora [9] la Emperatriz.

A Dios, y créeme tu amante hermano,

JUAN

5

Doña Mencía, Octubre 21 1858.

Mi respetable Mariscal [1] y queridisimo hijo:

La carta que ha tenido Vd. la bondad de escribirme con fecha 13 de este mes, me ha llenado de satisfacción. Dios ha oido mis votos y satisfecho mis deseos de buen padre.

Le lisongeo que hará Vd. la felicidad de mi querida hija So-

---

[4] Se refiere a los Alcalá-Galiano. El apellido Alcalá era originario de Doña Mencía, y el de Galiano, de Murcia, unidos ambos muchos años antes por antepasados de doña Dolores Alcalá-Galiano y Pareja, marquesa de la Paniega, madre de don Juan Valera.

[5] Nicolás Alcalá-Galiano, primo de don Juan Valera.

[6] Marquesado de la Paniega, creado en 1765 para don Juan Alcalá-Galiano y Flores, bisabuelo de doña Dolores Alcalá-Galiano, madre de don Juan Valera.

[7] José Freuller y Alcalá-Galiano, hijo del primer matrimonio de doña Dolores Alcalá-Galiano y Pareja con don Santiago Freuller, general suizo al servicio de España. Reside en Málaga y actúa en política, intentando defender la candidatura de su medio hermano, don Juan Valera, para diputado por esa provincia. Al morir su madre, doña Dolores (1873), heredará el título de marqués de la Paniega.

[8] Alvar Pérez de Guzmán, adelantado mayor de don Alfonso XI, que ganó los territorios de Olvera y Teba contra los musulmanes. Del mismo linaje de don Alonso Pérez de Guzmán, el Bueno, defensor de Tarifa, antepasado de la condesa de Montijo.

[9] Eugenia de Guzmán, condesa de Teba y emperatriz de los franceses. (Ver nota 1 de la carta 2.)

[1] Aimable Jean Jacques Pelissier, duque de Malakof. (Ver nota 2 de la carta 2.)

fía y tengo el convencimiento de que ella hará la de Vd. Tanto me interesa la una como la otra.

Le pido a Dios con todo mi corazon que vivan casados muchos años, y que sean tan dichosos como se merecen.

Cuente Vd. siempre con la gratitud y tierno cariño de su apasionado padre,

JOSÉ VALERA

6

Madrid, 4 de Abril de 1859.

Amadisima hija mía:

Después de mandar al correo mi carta de ayer recibí una tuya fecha del 30 del pasado y me ha consolado mucho su contenido, yo estoy buena y tu papá muchísimo mejor no tiene peligro ninguno el tumor, es una cosa sencilla y la calentura que le dió ya está limpio de ella por que era causada por una indigestión.

Juanito [1] bueno y Ramona [2] regular. Me alegraré que tu estés buena y que lo esté el Mariscal [3] dile mil cosas de mi parte.

Yo te escribo ahora casi todos los días por que no estés con cuidado por la salud de tu padre y también por la mía. Tu padre me encarga te mande un abrazo de su parte y que se encuentra fuera de sus males.

Aquí el tiempo es hermoso, más bien hace calor que frío. Ahí hay tanta nieve. Aquí también hemos visto nevar en Mayo acuerdate cuando estábamos en la calle Jardines.

A Dios, querida hija mía de mi alma. Mil cosas a Julia [4]. Recibe abrazos de tus hermanos y el cariño de tu amante madre,

DOLORES

———————

[1] Juan Valera y Alcalá-Galiano.
[2] Ramona Valera y Alcalá Galiano. (Ver nota 12 de la carta 1.)
[3] Aimable Jean Jacques Pelissier, duque de Malakof. (Ver nota 2 de la carta 2.)
[4] Probablemente, se trata de Julia Krus, amiga de Sofía Valera. (Ver nota 10 de la carta 1.)

Madrid, le 6 Avril 1859.

Cher Mr. le Maréchal [1]:

C'est par ordre de ma mére que je vous écrivis ma dernière lettre. On croyait alors que mon père pouvait mourir d'un jour à l'autre, et dans une situation si triste pour nous tous, nous n'avons guère reflechi à la peine que nous allions causer à ma soeur: nous avons seulement pensé qu'il fallait vous dire toute la vérité et laisser à vôtre prudence à dècider ce qu'on en devait apprendre à Sophie.

A présent je fairai de même et vous dirai franchement l'ètat de la santé de mon père. Il se trouve mieux de l'estomac et de la fièvre; mais la tumeur est toujours un mystère pour les medecins. Ils attendent que la tumeur s'ouvre au moyen de medicaments, ce qui peut encore tarder beaucoup, car elle est très profonde et, à ce qu'on dit, enveloppés de très fortes membranes. Une fois que la tumeur s'ouvrira, nous pourrons vous dire que mon père est sauvé ou qu'il se trouve dans un danger imminent. Aujourd'hui nous ne savons rien. Je vous avouerai cependant que sa faiblesse est très grande. La seule nourriture est l'eau de pain. Le bouillon lui fait mal.

Vous devez comprendre, Mr. le Maréchal que la maladie est très grave et peut-être très longue. Dites à Sophie ce qu'il vous paraîtra plus prudent. Si elle voulait venir voir son père et vous avec elle je suis sûr que mon pauvre père aurait un grand plaisir, quoique il s'est faché quand il a su que nous vous avons tout dit. Il a pleuré, songeant au sentiment que Sophie a du avoir. Si la maladie devenait plus grave encore, et si Sophie voulait venir et vous ne pouviez pas venir avec elle, vous n'avez qu'à me le dire et j'irai á Bayonne chercher ma soeur et l'accompagner jusqu'ici.

En tout cas, j'espere que vous tacherez de consoler un peu Sophie et de la tranquiliser tant qu'il sera possible. Excusez mes fautes de français. Je continuerai à vous êcrire. Votre très dévoué et affectioné beau-frère

J. VALERA

---

[1] Aimable Jean Jacques Pelissier, duque de Malakof. (Ver nota 2 de la carta 2.)

8

Madrid, 6 de Abril de 1859.

Amadísima hija mía de mi alma:

Te considero sumida en la aflicción y así yo también lo estoy y no tengo un momento de tranquilidad. Tu papá tiene un tumor en una pierna sobre la rodilla, se han hecho juntas y lo han visitado los mejores médicos de Madrid como son Tora Cofral, Dramen, Núñez, Ysca y otros de menos fama. Ninguno ha podido caracterizar este tumor y han opinado a ciegas no favorablemente y por lo tanto y por su edad avanzada no se han determinado a hacerle la operación de extraerselo y los homeópatas opinan que reventandose el tumor por si tendrá una supuración sencilla que terminará bien. Tu papá tuvo una indigestión y se le formó unas calenturas gastricas, que se agravó y dió margen a los sacramentos. De esto se ha aliviado, pero sigue el tumor y con las calenturas está endeble. Este es el estado del negocio yo no te lo he dicho por no darte pesar. Si no venías una ansiedad grandísima y si venías un trastorno para el Mariscal [1] y para tí.

Ayer recibí tu carta del 1.º de este y después el parte telegráfico. Juanito [2] estaba en el Congreso y no dando tiempo a que volviese lo contesté yo. Me queda la duda de si recibirás esta carta; pero yo te escribiré todos los días, interín sé si vienes o no. Nosotros deseamos verte con ansia; pero no por este motivo y lo que más me apura es tu estado de aflicción, que como si lo viera te contemplo desde aquí. Si el Mariscal no viene y vienes tu sola podría ir Juan hasta la frontera a traerte.

A Dios, querida hija mía de mi alma, tranquilizate y cree que te ama más que a su vida, tu amante madre

DOLORES

Acabamos de recibir el otro parte telegráfico fecha de hoy, y te mandaremos partes si hay alguna novedad disgustosa por pequeña que sea; si no mandaré cartas todos los días para que sepas el estado de tu padre, cuya enfermedad es larguísima porque el tumor no se supura con facilidad no está siquiera rojo ni inflamado. También es verdad que no tiene grandes dolores.

[1] Aimable Jean Jacques Pelissier, duque de Malakof. (Ver nota 2 de la carta 2.)
[2] Juan Valera y Alcalá-Galiano.

Madrid, 7 de Abril de 1859.

Amadísima hija mía de mi alma:

Ayer recibí una tuya fecha del 3 de este y mucho me alegro que estés buena y el Mariscal[1] dile muchas cosas de mi parte.

Yo estoy regular de salud. Tu papá está mejor de las calenturas, apenas tiene. Lo que si está, es endeble; el tumor lo mismo es indolente y así no le mortifica mucho. Anoche dijo Ysca que se pondría completamente bueno. Dios quiera que acierte y que sea pronto.

Tu hermano[2] aún no te ha subscrito al Estado. Dice que lo hará y todos los días se lo digo y no quiere vaya el criado por que dice no lo va a hacer bien.

Aquí hace mucho calor. De noticias no sé nada y nada tengo que contarte. A Dios, querida hija mía de mi alma, recibe abrazos de tu Papa[3], Juan y Ramona[4] y el tierno cariño con que te ama más que a su vida tu amante madre

DOLORES

10

Madrid, 8 de Abril de 1859.

Amadísima hija mía de mi alma:

He recibido una tuya fecha del 4 y aunque es anterior a los partes telegráficos me alegro que estés buena y que lo esté el Mariscal[1], dile muchas cosas de mi parte.

Yo estoy buena y Juanito[2]. Tu hermana[3] delicada bastante como tu sabes su estado normal. Los niños buenos[4].

---

[1] Aimable Jean Jacques Pelissier, duque de Malakof. (Ver nota 2 de la carta 2.)
[2] Juan Valera y Alcalá-Galiano.
[3] José Valera y Viaña, su padre.
[4] Ramona Valera y Alcalá-Galiano. (Ver nota 12 de la carta 1.)
[1] Aimable Jean Jacques Pelissier, duque de Malakof. (Ver nota 2 de la carta 2.)
[2] Juan Valera y Alcalá-Galiano.
[3] Ramona Valera y Alcalá-Galiano. (Ver nota 12 de la carta 1.)
[4] Se refiere a los hijos de Ramona Valera.

Tu papá sigue malo con su tumor aunque de las calenturas está mejor. El tumor es largo por que como\ ya te he dicho no tiene sintomas de madurarse ni de supurar. Me encarga te mande un abrazo de su parte.

Por fin te subscribió Juan al Estado y ya habrás recibido los días que van del mes. En el de fecha del 6 y en el del 8 van dos artículos de Juan sobre la formula del progreso. Saldrán varios artículos rebatiendo a Emilio Castelar [5] en un folleto que ha publicado.

Yo veo muy poca gente y a nadie le hablo de tus cartas. Anoche tuvo la Condesa [6] un concierto según dicen.

Adios, querida hija mía de mi alma. Te quiere con toda su alma y más que a su vida, tu amante madre

DOLORES

11

Madrid, 9 de Abril de 1859.

Amadísima hija mía:

Ya te dije ayer que había recibido una tuya fecha del 4 y que me alegraba que estuvieses buena y al Mariscal [1] dile mil cosas de mi parte y las que por los *presses papier* que recibí anoche. Son una cosa para un Museo por la memoria histórica que encierra y que cuando tenga tiempo y humor haré poner una inscripción en la bula dorada para memoria y aprecio de la familia que lo posea, aunque pasen siglos.

Tu papá sigue malo con su tumor, te manda un abrazo cariñoso. Yo estoy regular de salud y tus hermanos [2] que te mandan mil cariños.

---

[5] Emilio Castelar nació en Cádiz en 1832 y murió en San Pedro de Pinatar en 1899. Catedrático de Historia de España (Madrid). Fundador del periódico *La Democracia* (1863), de criterio individualista-socialista. Expulsado de su cátedra por un artículo sobre Isabel II (1864). Exiliado. Vuelto a España en 1868, se dio a conocer como orador parlamentario. Presidente del Poder Ejecutivo. Autor literario e histórico. Académico de número de la Lengua.

[6] María Manuela, condesa de Montijo. (Ver nota 4 de la carta 2.)

[1] Aimable Jean Jacques Pelissier, duque de Malakof. (Ver nota 2 de la carta 2.)

[2] Juan y Ramona Valera y Alcalá-Galiano.

Si tengo carta tuya esta tarde te escribiré más. Ahora ni tengo tiempo ni que decir.

Recibe muchos recuerdos de los amigos y el tierno cariño de tu amante madre

DOLORES

12

Madrid, 10 de Abril de 1859.

Amadísima hija mía de mi alma:

Acabo de recibir una tuya fecha del 6 y mucho me alegro que estes buena y lo esté el Mariscal [1]. Dile mil cosas de mi parte.

Veo lo afligida que estás por la enfermedad de tu papá, éste está mejor de sus calenturas, hoy apenas tiene. Lo que si está es endeble; pero esto se irá corrigiendo, hoy le ha mandado Núñez [2] que tome un sopi caldo o sémola o tapioca. Tranquilizate hija mía de mi corazón que Dios querrá ponerlo bueno.

Yo estoy bien, tu hermana [3] regular y tu hermano [4] bueno, que te mandan abrazos cariñosos.

No paran de entrar visitas y no puedo extenderme mas porque no quiero que te quedes sin carta que sería peor.

A Dios, querida hija mía de mi alma, recibe abrazos de tu papá y tus hermanos. Prestame decirte que no se trata ni remotamente de cortarle la pierna, sino de que se le supure el tumor.

Cuidate mucho hija mía de mi corazón y cuenta siempre con el tierno cariño de tu buena madre

DOLORES

---

[1] Aimable Jean Jacques Pelissier, duque de Malakof. Ver nota 2 de la carta 2.)
[2] Núñez, médico que atendía a don José Valera y Viaña.
[3] Ramona Valera y Alcalá-Galiano. (Ver nota 12 de la carta 1.)
[4] Juan Valera y Alcalá-Galiano.

55

13

Madrid, 11 de Abril de 1859.

Mi muy querida hermana:

No puedes figurarte cuanto me aflige el conocer por tus cartas a Valentina [1], tío Agustín [2] y mamá, que todas las he leído, lo apurada y angustiada que estás por no encontrarte al lado de tu padre. Esto temíamos todos nosotros, y por eso, en tanto tiempo, no quisimos decirte nada. Mamá y yo estamos ya arrepentidas de haberte dado tan malas noticias: pero papá se hallaba mucho peor cuando te las dimos y hasta temíamos por su vida. Ahora se halla mejor, a Dios gracias.

Mi madre está muy bien de salud, a pesar de los cuidados continuos y del esmero y desvelo con que cuida a papá. La torbiscona [3] le cuida y papá solamente de ella quiere valerse para ciertas cosas. No sé como la mujer tiene cuerpo.

Los médicos no saben definir la naturaleza del tumor. Puede muy bien acontecer que este nada tenga de maligno y supure al cabo y papá se ponga bueno. De la fiebre gástrico-mucosa, que ahora son epidémicas en Madrid, y que es la enfermedad que con el tumor vino a complicarse, ya vá papá mejorándose. Los médicos todos aseguran que ha tenido alivio.

Creo que sería un trastorno grandísimo para tu marido y para ti el que vinieses a Madrid, y creo que con ello nada remediarías. La naturaleza es quien ha de sanar a papá. Sin embargo, ya he dicho yo al Mariscal [4] que si tu quieres venir y él consiente en que vengas, podría yo ir a buscarte a Bayona. Considera, sin embargo, la dificultad e inconvenientes del viaje y el poco fruto que pudieras sacar de él. Papá más necesita por ahora sosiego para curarse que emociones fuertes, por agradables que sean, y el verte se las causaría. No puedes tu comprender bien cuanto rabió el día que supo que te habíamos dicho que estaba enfermo y lo que caviló sobre los malos ratos que estarías pasando. En fin, hermana mía, yo no acierto a aconse-

---

[1] Dama de compañía de la condesa de Montijo y amiga de Sofía Valera.

[2] Agustín Valera, hermano de José Valera y Viaña.

[3] Sobrenombre de una criada de casa de los Valera, que fue ama de los hijos de Ramona (Alonsito).

[4] Aimable Jean Jacques Pelissier, duque de Malakof. (Ver nota 2 de la carta 2.)

jarte cosa de provecho: mas aunque parezca sobrada frialdad y seca filosofía de mi parte, entiendo que conviene sosegarse y resignarse un poco. No imagines que papá padece. El tumor es indolente, del todo indolente. Y como nuestro padre ha sido y es un hombre tan excelente y honrado y su vida ha sido tan santa y hermosa, no le puede espantar ni le espanta la muerte aunque viniese pronto a terminar sus días. Papá tiene 77 ó 78 años y más desea que vivan y sean felices sus hijos que vivir él. No tienes razón en acusarte de egoista ni en arrepentirte de haberte casado por que no puedes cuidar a tus padres. Estos, y papá muy singularmente, no creo que hayan tenido mayor satisfacción jamás que la que tuvieron el día que te vieron, más que honradamente, ilustremente establecida. Y yo tengo por cierto que papá se complace en verte casada y moriría tranquilo sabiendo que estabas como mereces; pero si estuvieses aquí cuidándole y soltera aún, tendría la amargura de pensar que podía morirse sin dejarte establecida.

Por todas estas razones, aunque confusamente expresadas, te ruego, hermana mía, que te calmes y tranquilices en lo posible, considerando que tu disgusto no puede más que aumentar el nuestro, el de tu marido y el de papá, si lo supiese, que ya nos guardaremos de decírselo.

Adjunta te incluyo una carta de Dolores Sorribas [5].

Ramona y sus niños [6] están bien. Alonso [7] sigue en Adra [8]. La Montijo [9] viene por aquí algunas veces.

Adios. Dá expresiones mías muy cariñosas al Mariscal y creeme tu amante hermano

JUAN

---

[5] Esposa de Agustín Valera y Viaña. (Ver nota 2 de esta misma carta.)

[6] Ramona Valera y Alcalá-Galiano y sus hijos, Alonso, Antoñita y Juan.

[7] Alonso Mesía de la Cerda, marqués de Caicedo.

[8] Municipio de la provincia de Almería, partido judicial de Berja, donde tenían la finca los Mesía de la Cerda.

[9] María Manuela, condesa de Montijo. (Ver nota 4 de la carta 2.)

Madrid y Abril 11/59.

Mi querida sobrina:

Tu carta última me ha dado una nueva prueba de lo que tu vales, pero a el mismo tiempo me ha afligido lo mucho que te está haciendo padecer tu sensibilidad y el gran cariño que tienes a tu buen Padre; éste continua con sus dolencias, que parece han degenerado en una calentura mucosa, pues el tumor no crece ni le duele cosa, y así es que no padece en el día lo que ha padecido: está muy débil, pero yo creo que si las nuevas medicinas homeopáticas, que le están dando hace tres días, corrigen el estómago, cortando la calentura, como puede suceder; su estado se ganará, atendido a que como dejo dicho, el tumor está en el día como muerto y no presenta, a pesar de no haberse reventado, como esperaba Núñez [1], ninguna señal de que sea de caracter maligno o canceroso.

Te aseguro que mi buen hermano está perfectamente asistido, y aunque tu estuvieses en esta, no se permitiría que lo cuidases y estuvieses constantemente a su lado; pues se aflige mucho cuando la familia se ocupa continuamente de él, y les manda salir de la alcoba, no permitiendo que le ayuden en ciertas cosas más que los criados, y sobre todo el ama de Alonsito [2], la que ha adquirido práctica y le dá gusto; y así, querida sobrina, no te mortifiques, tranquilizate cuanto sea posible, y está segura que tu presencia en esta, conociendo yo el carácter y gustos de mi hermano, y visto el firme propósito que tiene de que su familia no padesca a su lado, le afectaría muy mucho, aunque a tí te proporcionase el consuelo de abrazarlo. Yo lo veo dos veses a el día y hablamos de las viñas, de las labores, etcétera, pero solo yo tu madre y hermanos son los únicos que permite entren en su cuarto; estos están buenos y tu madre, a pesar de sus años, se halla robusta y buena y cuidadosa de todo lo que es necesario, para que nada le falte a el enfermo.

A Dios queridísima sobrina Sofía, cuidate mucho, tranquili-

---

[1] Médico de don José Valera. (Ver nota 2 de la carta 12.)
[2] Ama de Alonso Mesía de la Cerda. (Ver nota 13 de la carta 1.)

zate, moderación a tu imaginación de fuego, y recibiendo afectos de tu tía [3] y Primos [4], cree te quiere con extremo tu mejor tío

Mis afectos al ilustre Mariscal [5] y a D. Gubler [6] si lo vieses.

AGUSTÍN

15

Madrid, 11 de Abril de 1859.

Amadísima hija mía de mi corazón:

Ayer te decía haber recibido una tuya fecha del 6 y ahora te lo repito. Tu papá sigue como te dije ayer malo; pero sin ofrecer cuidado y los médicos prometen que se pondrá bueno pronto. Dios lo haga. El tumor está lo mismo que hace tres meses sin supurarse ni reventarse y sin estar rojo ni dolor, de modo que por este lado no hay sufrimiento. La calentura es poca y ayer ya tomó tapioca. No te aflijas ni te apures que Dios querrá ponerlo bueno y que nosotros nos veamos en día en que todos estemos buenos. Yo lo estoy y Juanito [1]. Tu hermana [2] regular de salud. Sus niños [3] buenos.

Aunque no tenga nada que contarte te escribo todos los días para que sepas de tu papá y de nosotros y así lo haré hasta que esté completamente bueno.

Adios querida hija mía de mi alma. Recibe abrazos de tu papá y de tus hermanos. Dile muchas cosas a el Mariscal [4] y tu cuenta siempre con el tierno cariño de tu amante madre

DOLORES

---

[3] Dolores Sorribas, esposa de Agustín Valera y Viaña.
[4] Los hijos de Agustín Valera y Dolores Sòrribas.
[5] Aimable Jean Jacques Pelissier, duque de Malakof. (Ver nota 2 de la carta 2.)
[6] Adolphe Gubler, médico francés, profesor de Terapéutica en París (1821-1879). Hizo importantes estudios sobre las enfermedades del hígado, y se dio su nombre a la ictericia hemafeica y a una reacción en la orina para reconocerla.
[1] Juan Valera y Alcalá-Galiano.
[2] Ramona Valera y Alcalá-Galiano. (Ver nota 12 de la carta 1.)
[3] Hijos de Ramona: Alonso, Antoñita y Juan.
[4] Aimable Jean Jacques Pelissier, duque de Malakof. (Ver nota 2 de la carta 2.)

Madrid, 12 de Abril de 1859.

Amadísima hija mía de mi alma:

Hoy he recibido una tuya atrasada fecha del 3 y antes de ayer recibí una fecha del 6 y tu hermano [1] también recibió una tuya. Por todas vemos lo afligida que estás creyendo que tu papá está muerto, pero no es así gracias a Dios, que está vivo y mejor aunque endeble; pero esto se irá venciendo poco a poco, por que en su edad no puede ser de otra manera.

Yo estoy buena y Juan [2] aunque pasamos malas noches con el cuidado del enfermo. Todos los días te escribo su estado y si hubiese alguna novedad te avisaría por telégrafo, aunque no creo que habrá necesidad por que va mejor.

Ramonita [3] está regular de salud y sus niños [4] buenos.

Tu papá y hermanos te mandan un abrazo. A el Mariscal [5] mil cosas de mi parte, que hoy he recibido y que le contestaré un día de estos. Trata de tranquilizarte lo más que puedas y cuenta siempre con el tierno cariño de tu amante madre

DOLORES

17

Madrid, 13 de Abril de 1859.

Amadisima hija mía de mi alma:

He recibido una tuya fecha del 8 y mucho me alegro que estés buena y lo esté el Mariscal [1], dile mil gracias de mi parte por su saludo por el día de mi santo y mil afectos de mi parte.

Yo estoy completamente buena. Tu papá esta hoy sin ninguna calentura, lo que tiene es que está endeble; pero cesando la causa se pondrá bueno dentro de algún tiempo que se re-

---

[1] Juan Valera y Alcalá-Galiano.
[2] Juan Valera y Alcalá-Galiano.
[3] Ramona Valera y Alcalá-Galiano. (Ver nota 12 de la carta 1.)
[4] Hijos de Ramona: Alonso, Antoñita y Juan.
[5] Aimable Jean Jacques Pelissier, duque de Malakof. (Ver nota 2 de la carta 2.)
[1] Aimable Jean Jacques Pelissier, duque de Malakof. (Ver nota 2 de la carta 2.)

ponga, por lo tanto consuelate como lo estamos nosotros y no te apures.

El Mariscal no es momento este para que venga aquí ni a ninguna parte. Las cosas políticas no permiten á los grandes hombres hacer lo que hace un particular cualquiera. Mucho deseo tengo de que tuvieses un hijo, todavía no es tarde y puede que Dios te lo dé para consuelo tuyo y nuestro. Tu papá te manda un abrazo. Hoy me ha hecho que le lea las cuentas de Doña Mencía [2] y el mismo iba ajustando cuando se las leía. Te digo todos estos pormenores para que juzgues que no está muy malo. Lo ha estado, pero ya gracias a Dios está bien.

A Dios querida hija mía de mi alma. Recibe abrazos de tus hermanos y el tierno cariño de tu amante mamá

DOLORES

18

Madrid, 17 de Abril de 1859.

Amadísima hija mía de mi alma:

El 14 de este mes entre tres y cuatro de la tarde tuvimos la desgracia de perder a mi marido y vosotros a vuestro adorado Padre la providencia de esta casa. Yo caí inmediatamente con fuerte calentura, que hasta hoy no ha cesado y en este momento me acabo de levantar sin licencia del médico.

Juan [1] ha tenido tres días fortísimos ataques de nervios que me han asustado mucho y Ramona [2] lo mismo. Esta noche han dormido tres o cuatro horas y están, aunque afligidos, tranquilos.

Ayer a las 12 le enterraron con toda pompa y un acompañamiento inmenso y más de 100 coches de toda gala. Todo el mundo ha asistido menos el coche del Embajador de Francia [3] que no ni lo mandó, ni una mala tarjeta y no pudiera ignorar que

---

[2] Pueblo de la provincia de Córdoba, donde los Valera tenían una casa, y en el término municipal del mismo estaba la finca de la familia: «El Alamillo».

[1] Juan Valera y Alcalá-Galiano.

[2] Ramona Valera y Alcalá-Galiano. (Ver nota 12 de la carta 1.)

[3] Fue una actuación muy dolorosa para la familia de Valera la «no asistencia» del representante de este país al entierro de don José Valera y Viaña, siendo el suegro del duque de Malakof, mariscal de Francia.

el muerto es el padre político del Duque de Malakof [4]. La Condesa [5] ha estado muy fina. Miguel de los Santos [6] y toda su familia, Fernando Vera [7] y otros muchos, particularmente Mariano [8].

Tu papá ha tenido la muerte del justo tranquilo y hablando, satisfecho de haber sido buen esposo y el mejor de los padres, con una abnegación de su persona en favor de sus hijos. Estoy segura que estará en la gloria. El día antes nos aseguró Ysca [9] que estaba fuera de peligro y aunque no lo creí, me dió alguna esperanza, pero nos sorprendió aquella noche empeorándose mucho, que murió a la hora que te he dicho.

A Dios querida hija mía de mi alma. Otro día te escribiré más extenso, hoy no puedo. Dios quiera te consueles y nos consuele a todos. Tu amante y afligida madre

DOLORES

19

Madrid, 18 de Abril de 1859.

Amadísima hija mía de mi alma:

He recibido una tuya, fecha del 13 y otra fecha del 14. Mucho siento verte tan afectada y más te considero aún, de modo que estoy en una ansiedad grandísima por tí. Dios quiera no se altere tu salud con la funesta noticia de nuestra perdida. Te aconsejo que contemples mucho al Mariscal [1]. Me parece muy bueno y de excelente corazón, y tu por deber, por gratitud y por cariño, debes dedicarte a complacerlo y hacerle la vida grata.

---

[4] Aimable Jean Jacques Pelissier. (Ver nota 2 de la carta 2.)

[5] María Manuela, condesa de Montijo. (Ver nota 4 de la carta 2.)

[6] Miguel de los Santos Alvarez, escritor, que con Pedro Antonio de Alarcón y Maldonado Macanaz fundaron La Malva. Ya en 1840, en los baños de Carratraca, don Juan Valera entabló amistad con él y con Espronceda.

[7] Sin identificar (amigo de la familia).

[8] Sin identificar (amigo de la familia).

[9] Uno de los varios médicos que trató a don José Valera y Viaña hasta su muerte.

[1] Aimable Jean Jacques Pelissier, duque de Malakof. (Ver nota 2 de la carta 2.)

Tu hermana Ramonita[2] está muy delicada de salud, como se ha afectado tanto. Tu hermano[3] ya se ha tranquilizado y yo estoy bien de mi calentura, con que tranquilizate por Dios. Tu padre está en la gloria por que sus virtudes lo merecen, ha sido buen esposo y el mejor de los padres y el más honrado de los hombres.

A Dios querida hija mía, recibe un abrazo de Ramona y un abrazo de tu amante madre

DOLORES

20

Madrid, 21 de Abril de 1859.

Mi queridísima sobrina Sofía:

Tu virtuoso padre dejó de existir cuando menos lo esperábamos y tuvo una muerte tan poco estrepitosa y tan pronta, que calculo que en ella padeció bien poco, porque hallándose en extremo débil y descansado, murió por consunción y sin esfuerzos ni padeceres, pero conservando su razón cumplida hasta el último momento: un vómito corto que hizo, le dejó sin vida en menos de un minuto. Minutos antes estuvo hablando conmigo y diciéndome le tomase el pulso para ver si tenía calentura: como te he dicho no podía ni quería hablar, ver ni pensar en sus hijos y esposa, porque se afligía en extremo, y de tí, como de todos, se acordaba y te tenía presente, estando contento de que no hubieses venido a verlo, y se puso muy incómodo cuando le dijeron que pensabas en venir, manifestando que había sido un disparate e imprudencia el comunicarte su estado.

El entierro tuvo lugar el 16, con lujo y un acompañamiento lucido por el número y clase de las personas. Está enterrado en el cementerio de la Sacramental de San Martín, que es el último que hay a la salida de la Puerta de Fuencarral.

Tu madre como yo tuvimos desate de vientre y dolor de estómago y Juan[1] y Ramona[2] ataques de nervios, pero todos gracias a Dios estamos ya regular de salud.

---

[2] Ramona Valera y Alcalá-Galiano. (Ver nota 12 de la carta 1.)
[3] Juan Valera y Alcalá-Galiano.
[1] Juan Valera y Alcalá-Galiano.
[2] Ramona Valera y Alcalá-Galiano. (Ver nota 12 de la carta 1.)

Alonso [3] que estaba en Adra, llegó ayer y mañana o pasado llegará Pepe [4] y Carmencita [5], que están ya en Granada, de modo que dentro de unos días estará toda la familia reunida en casa de Ramona, y creo que después irá tu madre con Juan, o por lo menos éste, a Doña Mencía, a tomar acta de lo que hay allí.

Te repito, queridísima sobrina, que la muerte de tu padre fué la menos mala que puede haber y que como no tuvo agonía, nada dijo para mitigar su pena a el pensar que iba a separarse de los suyos. No te atormentes pues, por no haberte hallado en esta, pues no te quede duda que has hecho lo que mi pobre hermano quería que hicieses, porque el mayor placer que siempre tuvo, como tu lo sabes, fué vivir para sus hijos y sacrificarse por ellos.

Cuidate mucho, modera tus penas con las lágrimas y tu buen juicio y resignación cristiana y devolviendo mis afectos a tu esposo [6], cree te desea toda la felicidad que tu te mereces tu mejor tío

AGUSTÍN

Mi querida Sofía:

La que tanta parte tomó en tus satisfacciones, no dudarás que las ha tomado en tu justo dolor, y tu primo [7] me encarga te manifieste que se halla animado de iguales sentimientos. Tranquilizate y vive para encomendarlo a Dios y cuidar a tu marido, al que saludarás en mi nombre, y sabes te quiere tu tía

DOLORES

---

[3] Alonso Mesía de la Cerda, marqués de Caicedo, esposo de Ramona Valera y Alcalá-Galiano.

[4] José Freuller y Alcalá-Galiano. (Ver nota 7 de la carta 4.)

[5] Carmen, esposa de don José Freuller, marqués de la Paniega.

[6] Aimable Jean Jacques Pelissier, duque de Malakof. (Ver nota 2 de la carta 2.)

[7] Salvador Valera Sorribas.

21

Madrid, 22 de Abril de 1859.

Amadísima hija mía de mi corazón:

Hace dos días que no te escribo por que lo ha hecho Juan [1] y por que yo no he estado muy buena, con un cólico y calentura. Ya gracias a Dios estoy mejor, casi buena, aunque todavía no tengo el vientre en caja.

Yo estoy llena de aflicción, no solo por la pérdida de tan buen esposo y el mejor de los padres, sino por ver a mis hijos tan afligidos y la delicada salud de Ramonita [2], tu aflicción y lo nerviosa que sé que eres. Todos son motivos poderosos que aumentan mi dolor.

Esta noche espero a tu hermano Pepe [3] y a Carmencita [4], que vienen a que vean los médicos a Carmencita y con el motivo de esta desgracia apresuraron el viaje.

No soy más extensa por que no podría decirte más que cosas que te afligieran. Cuidate mucho, cuida a tu marido [5] y dedicate exclusivamente a él que todo se lo merece.

A Dios querida hija mía. Cuenta siempre con el tierno cariño de tu amante madre

DOLORES

Querida hermana:

Ayer no hubo carta tuya y hoy, aunque ya es tarde, no la hemos tampoco recibido aún. Esto me trae en extremo cuidadoso. Por Dios que nos escribas todos los días o hagas que el Mariscal [6] nos ponga cuatro letras, si por desgracia no estás bien de salud.

Hoy de mañana fui con Alonso [7] a recibir a Pepe y a Carmen, pero en balde. No llegaron a la salida del tren de Tem-

[1] Juan Valera y Alcalá-Galiano.
[2] Ramona Valera y Alcalá-Galiano. (Ver nota 12 de la carta 1.)
[3] José Freuller y Alcalá-Galiano. (Ver nota 7 de la carta 4.)
[4] Carmen, esposa de José Freuller. (Ver nota 5 de la carta 20.)
[5] Aimable Jean Jacques Pelissier, duque de Malakof. (Ver nota 2 de la carta 2.)
[6] Aimable Jean Jacques Pelissier, duque de Malakof. (Ver nota 2 de la carta 2.)
[7] Alonso Mesía de la Cerda, marqués de Caicedo. (Ver nota 14 de la carta 1.)

65

5

bleque y se han quedado allí hasta esta noche que llegarán a
las 11 o las 12.

No sé que decirte, ni que pueda distraerte. Carlitos [8] ha
puesto casa y sigue haciendo conquistas. Miguel [9] y su familia
tan buenos y tan desgraciados como siempre. Todos los amigos
se acuerdan de tí con afecto y te envían memorias.

Adios y creeme tu amante hermano

JUAN

22

Madrid, Abril 23/1859.

Querida hermana mía:

Mucho te he agradecido tus cartas. Yo no te he escrito hace
tanto tiempo porque durante la enfermedad de Papá cuando
ya se agravó, no quería hacerlo porque no quería engañarte
como tu dices y el pobre de Papá nos había prohibido que te
dijeramos su estado, considerando las dificultades que tú habías
de tener para venir. Yo no te escribí por no decir nada, pues
no me hubiera atrevido a mentir cuando ya no tenía esperanzas, como lo había hecho al principio, el pobre Papá murió
hablando, yo oí sus últimas palabras, nos dijo que nos saliese-
mos del cuarto como hacía siempre, le afligía el vernos a su
lado y yo me quedé en la puerta con Valentina [1], y el ama dentro, la llamó y le dijo que lo incorporara un poco que quería
toser. El ama [2] fué a ponerle una almohada y le dijo que no,
tú con tu mano sontenme, más, mas; yo conocí que se moría
y quise entrar, pero Valentina no me dejó. El ama salió diciendo que se moría y el tío [3] y Miguel [4] lo vieron expirar y fué
enseguida, yo creo, que su alma se separó de su cuerpo sin dolor
y su muerte fué la de un justo. Ahora estará en el cielo pidiéndole a Dios por sus hijos y siendo su consuelo allí como aquí.
No ha tenido gangrena como tu crees; es verdad que la en-

---

[8] Carlos Mesía de la Cerda, hermano de Alonso.
[9] Miguel de los Santos Alvarez. (Ver nota 6 de la carta 18.)
[1] Dama de compañía de la condesa de Montijo. (Ver nota 1 de la carta 13.)
[2] La Torbiscona, criada de los Valera. (Ver nota 3 de la carta 13.)
[3] Agustín Valera y Viaña, hermano de don José Valera y Viaña.
[4] Miguel de los Santos Alvarez. (Ver nota 6 de la carta 18.)

fermedad ha sido penosa, pero no ha tenido dolores atroces y su muerte, te repito, que fué muy dulce. Mamá ha pasado muy malos ratos durante la enfermedad y después ha estado un poco mala. Ya gracias a Dios está mejor; cuídate tú, hermana mía, me figuro lo que estarás sufriendo separada de tu familia en esta desgracia, pero no te acrimines por haberte casado, pues nuestro querido padre ha muerto mucho más tranquilo que si no nos hubiese dejado colocadas. Los amigos han hecho cuanto han podido por nosotros. Miguel le cerró los ojos y luego todos lo han estado velando hasta el último momento.

Pepe y Carmen [5] han llegado anoche buenos; dá mis afectuosos recuerdos a tu marido [6], recibelos del mío [7] que te ha escrito desde Adra y cree te quiere mucho tu buena hermana

RAMONA

He recibido el sombrero para la niña [8] y es precioso. Te doy mil gracias como a el Mariscal [9] por sus balas, que las conservaré siempre como un trofeo.

23

Madrid, 23 de Abril de 1859.

Amada hija mía de mi alma:

He recibido una tuya fecha del 22 de este y mucho me alegro que estés buena. Lo que deseo es que no te entregues tanto al dolor, por que afliges al Mariscal [1] y a tu madre. Tranquilizate hija mía y trata de sobreponerte, que así lo aconseja la religión y la razón.

Yo estoy ya buena y pienso en ir a Doña Mencía para ver con que podemos contar allí. También sería menester que tu

––––––––––

[5] José Freuller y su esposa Carmen. (Ver nota 7 de la carta 4.)
[6] Aimable Jean Jacques Pelissier, duque de Malakof. (Ver nota 2 de la carta 2.)
[7] Alonso Mesía de la Cerda. (Ver nota 14 de la carta 1.)
[8] Antoñita Mesía de la Cerda y Valera.
[9] Aimable Jean Jacques Pelissier, duque de Malakof. (Ver nota 2 de la carta 2.)
[1] Aimable Jean Jacques Pelissier, duque de Malakof. (Ver nota 2 de la carta 2.)

marido de un poder, por que aunque los bienes son cortos y la mayor parte míos, lo que te pertenezca ahora se necesita un poder en alguien que te represente aquí.

Tu hermana [2] está un poco mejor, aunque siempre delicada bastante. Juanito [3] bueno y Pepito [4] y su mujer [5] los dos me encargan mil cariños para tí. He recibido la carta del Mariscal [6], que le agradezco mucho y le contestaré mañana o pasado. Te escribo a Londres por que casi estoy por creer que no estarás ahí. Aquí se ha dicho que el Mariscal va á Nancy.

A Dios querida hija mía de mi alma. Recibe un abrazo y un beso de tu amante madre

DOLORES

24

Madrid, 27 de Abril de 1859.

Amadísima hija mía de mi alma:

He recibido una tuya fecha del 13 y mucho me alegro que estés buena y que lo esté el Mariscal [1]. Yo estoy ya bien de salud y no sé por que has de tener esa idea de que he de estar enferma y que te escribo sin poder, cuando lo he estado no lo he hecho.

Nada me dices de la guerra y yo estaba creyendo que ya no estarías en Londres. En fin, allá te escribo, que creo que si no estás te las mandaran y no se perderán las cartas.

Tu hermana [2] está algo más animada y Juan [3] bueno y Pepe [4] y Carmen [5] tambien. Pensamos volvernos a nuestra casa por que aquí tenemos invadida esta casa como unos Vándalos.

---

[2] Ramona Valera y Alcalá-Galiano. (Ver nota 12 de la carta 1.)
[3] Juan Valera y Alcalá-Galiano.
[4] José Freuller y Alcalá-Galiano. (Ver nota 7 de la carta 4.)
[5] Carmen, esposa de don José Freuller y Alcalá-Galiano. (Ver nota 7 de la carta 4.)
[6] Aimable Jean Jacques Pelissier, duque de Malakof. (Ver nota 2 de la carta 2.)
[1] Aimable Jean Jacques Pelissier, duque de Malakof. (Ver nota 2 de la carta 2.)
[2] Ramona Valera y Alcalá-Galiano. (Ver nota 12 de la carta 1.)
[3] Juan Valera y Alcalá-Galiano.
[4] José Freuller y Alcalá-Galiano. (Ver nota 7 de la carta 4.)
[5] Carmen, esposa de don José Freuller.

Todas tus cartas las recibo francas y con exactitud. Hasta el día no ha faltado ninguna.

Recibe abrazos cariñosos de tus hermanos y el más tierno y apretado de tu buena madre

DOLORES

Todos los amigos y amigas y visitas me encargan te dé el pésame de su parte.

25

Madrid, 29 de Abril de 1859.

Amadísima hija mía de mi alma:

Aunque no he tenido carta tuya, la ha tenido Juanito[1] y por ella tengo el gusto de saber que estás buena y el Mariscal[2], de lo que mucho me alegro.

Yo ya estoy buena y lo están Juan, Carmen[3] y Pepe[4]. Hoy nos hemos vuelto a casa y voy a buscar otra que ya tengo encontrada, que aunque no es tan lujosa como esta, no es esta. Yo pienso ir a Doña Mencía donde pasaré ocho meses y después me vendré aquí.

Mucho deseo verte y abrazarte y no pierdo la esperanza de hacerte una visita cuando pueda.

A Dios querida hija mía de mi alma. Dile al Mariscal mil cosas de mi parte y tu cree que te ama más que a su vida tu amante madre

DOLORES

26

Madrid, 4 de Mayo de 1859.

Amadísima hija mía de mi alma:

He recibido una tuya fecha del 30 del pasado mes y mucho me alegro que estés buena. Yo lo estoy completamente.

---

[1] Juan Valera y Alcalá-Galiano.
[2] Aimable Jean Jacques Pelissier, duque de Malakof. (Ver nota 2 de la carta 2.)
[3] Esposa de don José Freuller.
[4] José Freuller y Alcalá-Galiano. (Ver nota 7 de la carta 4.)

Los niños de Málaga [1] vinieron por consolarme y darme el pésame y no porque yo estuviese enferma. Estuve mala los primeros días por la fatiga de mes y medio sin caer en cama y la emoción y la pena; pero esto no lo sabían los niños de Málaga y ya estoy buena gracias a Dios.

Veo que mandas esos lutos y te lo agradezco mucho. Siempre te escribo a París creyendo que ya estarás allí y siento que las recibas más tarde que yo deseo.

Pasado mañana viernes se harán las exequias o funeral de tu padre. Juan [2] está tan contento con esto por que creía que era un tributo que se debía a la memoria del difunto Q. E. P. D. y no podía hacerse en Madrid por ser muy costoso. Yo lo había mandado hacer donde se ha hecho, en Doña Mencía. También en Málaga se ha hecho otro.

Recibe abrazos de tus hermanos todos que están buenos y el tierno cariño de tu amante y buena madre.

DOLORES

Al Mariscal [3] mil cosas de mi parte.

27

Madrid, 12 de Agosto de 1859.

Amadísima hija mía de mi alma:

Son las cuatro de la tarde y aún no he recibido carta tuya y me pongo a escribirte deseándote que estés buena y el Mariscal [1] a quien le dirás mil cosas de mi parte.

Yo estoy mejor de mi pié, pero todavía no buena. Lo que siento es no saber de ti, esto me aflige mucho, por que es el único consuelo que tengo en este mundo. Adjunto te mando las recetas y método que me acaba de dar el Doctorcito que ha vuelto de la Granja. Me dice que eso que padeces o es embarazo o un catarro del cuello de la matriz, que llama vaginal,

---

[1] Alonso, Antoñita y Juan Mesía de la Cerda y Valera.
[2] Juan Valera v Alcalá-Galiano.
[3] Aimable Jean Jacques Pelissier, duque de Malakof. (Ver nota 2 de la carta 2.)
[1] Aimable Jean Jacques Pelissier, duque de Malakof. (Ver nota 2 de la carta 2.)

pero se inclina más a lo primero, con que toma las medicinas de la botica que dice en la misma receta.

Fernando Vera [2] está en París y Mariano [3]. Los dos te harán una visita. Yo deseo que los recibas para que me digan como estás.

A Dios querida hija mía de mi alma. Nada tengo que decirte por que nada sé, solo te repito lo mucho que te quiero y te manda un beso tu amante madre

DOLORES

El lavado de la medicina es en los *paises bajos*. Las recetas no las dejes en la botica, guardalas para poderlas repetir.

28

[Roma, 22, ? 1859?]

Confidencial para Vd. y Luisa [1].

Mi querida Duquesa [2]:

Me sería imposible pintarle el embarazo penosísimo, con que me decido a escribirle estas líneas íntimas y depositadas en el seno de su cariñosa amistad. Solo una necesidad imperiosa, y lo próximo de mi viaje para Madrid que tendrá lugar mañana sábado, ha podido vencer la idea tristísima de que pudiera atribuirse a movil alguno interesado todo aquello que con tan vivo placer he podido hacer en obsequio de Vd. y de Luisa. La protesta de que *jamás aceptaré* nada como recompensa de mi conducta, hija de verdadera amistad, es lo único que puede acallar un tanto mi sentimiento de delicadeza y tranquilizar mi conciencia.

Y consignada esta sincera y sentida protesta, he aquí mi petición amistosa, y la explicación de hechos que pueden en parte atenuar lo insólito de mi gestión, que Paz [3] *ignora* en *ab-*

---

[2] Sin identificar. Parece tratarse de un amigo de la familia de Valera.
[3] Sin identificar. Puede ser un diplomático amigo de Valera.
[1] Luisa Pelissier y Valera, hija del duque de Malakof y de Sofía Valera.
[2] Sofía Valera y Alcalá-Galiano, duquesa de Malakof.
[3] Esposa del conde de Coello.

soluto, y que no me permitiría realizar, aún a costa de desprenderse de todas sus joyas.

Hace dos años, a mi vuelta de Constantinopla, excitado por la fiebre de construcciones que se había desarrollado en Roma, y animado principalmente del deseo de que Paz no viese demolirse su confortable y querido villino, sin tener otro, adquirí por trescientos mil francos, dos mil metros de terrenos. Mil han servido para edificar hotel y jardín, y los otros mil estuvieron y están destinados para revenderlos con alguna ganancia. Mi notario, que es el del Vaticano, me aseguraba que dos años después, hecho el puente, empezado, que va a Piazza del Populo, debían valer el doble. Después, contraté en ciento treinta mil francos la construcción del hotel, que con los extraordinarios importará algo más.

Todo marchaba bien, teniendo yo en caja y en títulos de renta española lo necesario para toda la obra. Pero los gastos imprevistos han excedido, como sucede siempre, a lo calculado, y la terrible crisis edilizia de Roma ha hecho del todo *invendibles* por el momento los mil metros de terrenos sobrantes, en los que tengo un capital muerto de 150.000 francos. Mi cesantía, la pensión de la Epoca y lo poco que tengo en Granada, solo me dan lo estrictamente necesario para vivir.

Al otoño y cuando concluído el hotel tenga que liquidar cuentas con el constructor, me faltarán unos *diez mil* francos, que no quisiera, por ser poco digno, tomar a hipoteca sobre una cosa aún no terminada, o de un banquero italiano, tratándose de suma tan pequeña.

Podría Vd., mi buena amiga, facilitarme esta suma modesta, sin gran sacrificio para Vd. después de tantos como ha hecho, y esto por mitad en Septiembre y los otros cinco mil en Noviembre? Me haría Vd. un favor inmenso, quitándome antes de partir para Madrid una preocupación que pesa fuertemente sobre mi espíritu. Es posible que logre vender antes de Noviembre una pequeña casa en Granada; y entonces solo necesitaría los primeros cinco mil. Bien entendido que *solo* los acepto a título de anticipación, y a reintegrar, apenas vendido mi terreno, o volviendo a mis funciones diplomáticas. Bastaría, si puede Vd. hacerme este señalado favor, que me autorice a que en Septiembre y Noviembre gire yo contra Vd. y a favor de mi constructor Morosi, dos letras de cinco mil francos, cada una, al 1.º de Septiembre y 1.º de Noviembre. Para ello necesitaría antes de partir mañana las señas de su casa en París.

No he tenido valor para pedirle este favor de palabra antes de partir. Me cuesta una grandisima pena. Si le es posible pongame dos líneas sencillas, diciéndome en ellas que no le es este un sacrificio demasiado fuerte, cuando yo habría querido evitarselos todos.

Se lo agradeceré, como a Luisa anticipadamente quien con toda su alma habría deseado que ni la mas leve sombra de interés miserable, empañase el profundo afecto de su buen amigo

Q. S. P. B.
CONDE DE COELLO

Sábado parto.

29

Madrid, 19 de Noviembre de 1862.

Amadísima hija mía de mi alma:

Ayer te escribí y te decía que no había tenido carta tuya y hoy he recibido una fecha del 11 y un retrato de mi querida nieta, que te agradezco mucho. Está monísima, solo que está como avergonzada, con la cabeza baja; dale muchos besos. En este sitio quedó ayer la carta y hoy 20 la tomo para concluirla y decirte que he recibido una tuya fecha del 13 en que me dices que la niña está resfriada y que recibiste melones y pimientos. Mucho me alegro por que ya creía que se habían perdido y estaba disgustada por ello. Estos melones ya te he dicho que es un pequeñísimo regalo que te hace tu madre que quisiera fuesen de oro.

Los cuadros no podrán ir ni a esa ni a Almería hasta que Juan[1] vaya a Doña Mencía, por que Carmen[2] está viejísima y no puede hacer esta maniobra. El Salomón es tuyo e irá también, por estas dificultades no los he mandado ya.

Ramona[3] está mala de la garganta y resfriado al mismo tiempo. Hoy parece que está mejor. Los niños[4] buenos. Todos conocieron a Mini[5] al momento y le hicieron mil cariños; Juanito con mucha alegría dale un besito.

---

[1] Juan Valera y Alcalá-Galiano.
[2] Tía de Juan Valera y Sofía.
[3] Ramona Valera y Alcalá-Galiano. (Ver nota 12 de la carta 1.)
[4] Alonso, Antoñita y Juanito Mesía de la Cerda y Valera.
[5] Luisa Pelissier y Valera.

73

También te llevarían unos canastillos para colgar los melones que compré. No los comas hasta que estén maduros, que alcanzan hasta San Juan y es el modo que estén bien dulces y agradables.

Aquí hace malísimo tiempo, pero es de seco y frío. No llueve nada y los que como yo tienen su subsistencia en el campo estamos bien afligidos.

Yo estoy delicada. Este frío me hace mucho daño. Juanito aún tiene tos; pero está por lo demás bien. Manda mil cariños.

A la Condesa [6] no la he visto desde el día de San Eugenio, que fuí a darle los días.

Adios querida hija mía, abraza al Mariscal [7] por mí y cuenta siempre con el cariño de tu buena y amante madre

DOLORES

30

Adra, 20 de Mayo de 1867.

Querido hijo mío Juanito [1]:

He recibido tu carta y con ella el placer de saber que estás bueno y con tan grandes deseos de aprender a leer. Mucho deseo yo que sepas leer y escribir, y supongo que ya hablarás francés muy bien.

No dejéis vosotros de escribirme diciéndome como está tía Sofía, si sigue mala y ella no puede escribir y dale muchos besos de mi parte.

Adios querido hijo mío: recibe muchos besos de tu Papá [2] y hermanos [3] y cree te quiere con toda su alma tu mamá

RAMONA

---

[6] María Manuela, condesa de Montijo. (Ver nota 4 de la carta 2.)
[7] Aimable Jean Jacques Pelissier, duque de Malakof. (Ver nota 2 de la carta 2.)
[1] Juan Mesía de la Cerda y Valera.
[2] Alonso Mesía de la Cerda, marqués de Caicedo, esposo de Ramona.
[3] Alonso y Antoñita Mesía de la Cerda y Valera.

Doña Mencía, 19 de Noviembre de 1868.

Amadísima hija mía de mi alma:

Por fin quiso Dios que recibiera una carta tuya, fecha del 14 de Noviembre, que desde el 24 de Octubre no había vuelto a saber de tí; tu te quejas de que no tienes carta mía, cuando te he escrito muchas quejándome de tu silencio en una agonía continua, pensando si estarías enferma y que sé yo cuantas desgracias mas. Es menester que tu hagas la resolución de escribirme siquiera una vez a la semana y yo otra vez por que no suceda este disgusto ni a una ni a otra.

Me alegro que estés buena y mi querida nieta, dale un besito de mi parte. Mi salud es regular, salvo un poco resfriada. Ramona [1] ha estado muy mala de los ojos, creyó quedarse ciega. Ya gracias a Dios está mejor y me escribe de su letra, antes lo había hecho Antoñita [2] por que su Mamá no veía ni los bultos, que afligida no estaría la pobre!

Me alegro que ese cuñado [3] haya ido a descansar y que tu te hayas quitado esa plepa y *censo* de encima, redimiendo el censo con enterrarlo. Asi fueran todos los que nos estorban.

Siento que estés resfriada, cuidate querida hija mía y si es posible vete a Compiegny por que ese Sr. con enterrarlo habrá bastante luto.

Estas cosas de España no van muy bien. Los pillos de levita nos van a meter en un berengenal bueno, el pueblo lo que quiere es robar y se deshace por que llegue el momento de repartirse los bienes del que los tiene.

Juan [4] está bueno según me escribe. Yo le rogué ayer que pusiese un parte telegráfico preguntando por tu salud. Me dice que le ha enviado la placa de Comendador a tu cuñado Mr. Coustans [5] y a Carlitos Mesía [6]. Mucho sentiré que se pierda la Isla de Cuba; pero está en el orden de las cosas.

A Dios querida hija mía de mi alma, te doy las gracias por haberme subscrito a la *mode Ilustrée*. Yo he recibido un nú-

---

[1] Ramona Valera y Alcalá-Galiano. (Ver nota 12 de la carta 1.)
[2] Antonia Mesía de la Cerda y Valera.
[3] Hermano del duque de Malakof.
[4] Juan Valera y Alcalá-Galiano.
[5] Cuñado del duque de Malakof.
[6] Carlos Mesía de la Cerda, hermano de Alonso, marqués de Caicedo.

mero, el del 15 de este mes. No sé si me has subscrito desde el 1.º, si es así no he recibido el primer número. Dimelo y reclama el otro número y dime porque tiempo me has subscrito.

A Dios otra vez, te quiere con toda su alma, tu buena madre

DOLORES

32

Adra, 10 de Abril de 1869.

Mi querida hermana:

Aunque sin ninguna tuya a que contestar, te escribo para darte noticias nuestras y suplicarte no seas tan perezosa y escribas alguna vez, diciéndonos como sigues tu y la niña. Mamá me ha escrito que había tenido carta tuya y que seguíais bien, de lo que me alegro en el alma. Nosotros regular; a mi hija [1] le han dado las tercianas y se le han quitado ya dos veces. Esto me fastidia porque es probable que le vuelvan otra vez y otras ciento, hasta que nos vayamos de aquí. No sé aún cuando me iré ni a donde. Ahora estamos en la cosecha de azúcar y es mal tiempo para movernos, por muchos motivos. La cosecha se va haciendo bien hasta ahora, creo que llevaremos ya cerca de la mitad, pero nos quadará hasta fin de Mayo.

Yo no estoy bien hace días, con la garganta malísima, Alonsito [2] tambien se queja siempre de ella. Juanito [3] bueno y hecho un medio salvajito, sin querer leer y muy sucio y lleno de tierra y miel.

Adios mi querida hermana. Dá muchos besos a Luisita [4], recibe expresiones de todos y cree te quiere mucho y de veras tu buena hermana

RAMONA

---

[1] Antonia Mesía de la Cerda y Valera.
[2] Alonso Mesía de la Cerda y Valera.
[3] Juan Mesía de la Cerda y Valera.
[4] Luisa Pelissier y Valera.

Adra, 31 de Mayo de 1869.

Mi querida hermana:

He recibido tu carta y con ella el placer de saber que estás buena con tu hija [1]; nosotros estamos regular de salud; a mi hija [2] hace ya días que no le ha dado la terciana. Alonso [3], Juanito [4] y yo buenos, Alonsito [5] es el que siempre se queja de la garganta.

Como te escribí, pensamos salir de aquí para Madrid hace ya más de un mes, pero como estabamos en plena cosecha y el dinero estaba escaso, hemos ido dejando pasar días y todavía no creo saldremos de este pueblo hasta mediados de Junio.

Mil gracias te doy por tu convite de ir a pasar una temporada contigo en el campo; a mí no me asusta la soledad, antes por el contrario me gusta y estando contigo estaría contenta; pero mis hijos, sobre todo la niña, desean después de tres años de Adra ver gente y quieren ir a Biarritz a pasar allí una temporada; dime donde está ese chateau [6] a donde tu vas y si no es muy lejos y no me cuesta muy caro el viaje, haré lo posible por ir a pasar unos días contigo y tener el gusto de verte.

Nosotros no pensamos volver aquí el invierno, Juanito necesita estudiar y mientras esté aquí no ha de aprender ni a leer y a la niña y Alonsito no los podemos condenar a que pasen su juventud metidos en un cortijo; pensamos si las cosas políticas lo permiten, volver a Madrid en Octubre y pasar allí el invierno.

Adios mi querida hermana; dá muchos besos a Luisita [7] de parte mía, recibelos de mis hijos, memorias de Alonso y cree te quiere de veras tu buena hermana

RAMONA

---

[1] Luisa Pelissier y Valera.
[2] Antonia Mesía de la Cerda y Valera.
[3] Alonso Mesía de la Cerda, marqués de Caicedo.
[4] Juan Mesía de la Cerda y Valera.
[5] Alonso Mesía de la Cerda y Valera.
[6] Sofía Valera tenía un *chateau* en Villerville, playa de moda en esta época, situada entre Deauville y Trouville, y donde iban a veranear los Malakof.
[7] Luisa Pelissier y Valera.

Sevilla, 4 de Julio de 1869.

Amadísima hija mía:

El acervo dolor que me consume no me ha dejado escribirte anunciándote la horrible desgracia que pesa sobre mí. Me anunciaron que mi querida hija Ramona [1] estaba enferma, pero que no era nada de cuidado. Mi corazón tenía horribles presentimientos, puse telegramas, me contestaron *nada de gravedad.* Admírate, fecha del 24 y mi pobre hija murió el 26. A pesar de estas seguridades me puse en camino el 28 para Cartagena, metida en el coche en Córdoba, vino Pepe [2], que yo desde que lo vi conocí la terrible desgracia que venía a anunciarme, aunque el me dijo iba a Málaga me quedé en la estación, no tenía ya coche en Aguilar donde había tomado el tren, y aquí me persuadió Pepe que me viniese unos días. No he salido del cuarto, harto hago con llorar a mi querida hija Q. E. P. D. Me parece imposible que una mujer tan bella y tan joven haya desaparecido en una fonda y con mil circunstancias que me agravan el pesar horrible que lloro y lloraré siempre. Yo vieja y que no hago falta a nadie podía haberla reemplazado, Dios lo ha querido así para hacerme sentir este atroz pesar. No me quiero consolar: Yo me quisiera ir contigo, Dios haga que lo consiga y que los últimos días de mi vida tenga yo a quien volver la cara y una mano cariñosa que me cierre los ojos.

Dios te dé salud y a mi Luisita [3]; ni sé lo que escribo ni lo que digo, estoy tonta completamente, te quiere con toda el alma tu desgraciada madre

DOLORES

35

Sevilla, 15 de Julio de 1869.

Amadísima hija mía Sofía:

Un gran consuelo es para mí recibir noticias tuyas y ayer noche recibí tu carta, fecha no trae. Yo me alegro hayas hecho tu viaje con felicidad y que estés bien en el campo; de buena

---

[1] Ramona Valera y Alcalá-Galiano. (Ver nota 12 de la carta 1.)
[2] José Freuller y Alcalá-Galiano.
[3] Luisa Pelissier y Valera.

gana estaría a tu lado. Yo estoy afligidísima, estoy sin saber que hacer en una inquietud dificil de describir por mi ni de comprenderla nadie.

Anita Quirós [1] se ha ido a Madrid para acompañar a su sobrino Andrés [2] a aguas buenas y visitar a su hermana María [3] en Bayona. El que tiene dinero puede hacer lo que mejor le plazca, el miserable no puede hacer nada más que sufrir y estar humillado. Afortunadamente no durarán mucho tiempo mis sufrimientos, estoy delicada de salud con diarreas y las piernas hinchadas. Soy muy vieja, mi pobre hija era joven y se malogró bien pronto. Esta familia se van a Málaga, yo me quedaré en Aguilar para volver a Doña Mencía.

Aquí estamos en un horno, hace un calor espantoso, con un aire candente que quema la cara.

Me alegraré que mi Luisita [4] se restablezca; dime algo de mis nietos Antoñita [5] y Juanito [6]. No me han escrito ni mis nietos ni Alonso [7]. No merezco ni que se me escriba el pésame, que se ha de hacer, las desgracias han de ser completas. Tampoco me ha escrito la mujer [8] de Juan [9] el pésame, ni su madre [10]. Ahora parece que van a la Granja en lugar de ir a Biarritz, no sé como es esto. No le mando poco trabajo a Juan con este cambio de viaje.

A Dios querida hija mía. La Condesa de Montijo [11] me escribió el pésame en una carta muy fina y su hermana [12] y Enriqueta [13] desde Aux bonnes. Un beso a mi Luisita [14] y otro a Antoñita si está en esa. Recibe tu un abrazo de tu buena madre

DOLORES

---

[1] Ana Quirós, amiga de doña Dolores Alcalá-Galiano, marquesa de la Paniega.
[2] Andrés, sobrino de Ana Quirós.
[3] Hermana de Ana Quirós.
[4] Luisa Pelissier y Valera.
[5] Antonia Mesía de la Cerda y Valera.
[6] Juan Mesía de la Cerda y Valera.
[7] Alonso Mesía de la Cerda, marqués de Caicedo.
[8] Dolores Delavat y Arêas, esposa de don Juan Valera, casados en el verano de 1868.
[9] Juan Valera y Alcalá-Galiano.
[10] Isabel Arêas de Delavat, madre de Dolores, esposa de don Juan Valera.
[11] María Manuela de Guzmán. (Ver nota 4 de la carta 2.)
[12] De la condesa de Montijo.
[13] Hija de Teresa Cabarrús. (Ver nota 7 de la carta 2.)
[14] Luisa Pelissier y Valera.

36

Sevilla, 18 de Julio de 1869.

Amadísima hija mía Sofía:

Con mucho gusto he recibido tu carta, no trae fecha del día que la escribiste. Mucho consuelo tengo en saber que estás buena y mi querida nieta Luisita [1], dale un besito de mi parte.

Desde la desgracia de mi querida y desgraciada hija [2] Q. E. P. D., siempre estoy sobresaltada pensando que todos se van a morir y me parece como que quiero agarrarlos y detenerlos, tonterías, que podría yo hacer miserable mortal? Sigue mi aflicción sin poder contenerla, lo desgraciada que ha sido mi pobre hija no deja de ser consuelo en su muerte, pero yo la siento siempre.

Dentro de pocos días, antes que concluya el mes, se van Pepe [3] y familia a Málaga y yo me quedaré en Aguilar para volverme a Doña Mencía. Veré si puedo reunir algo para ir contigo. Me parece que tendría yo mucho contento y felicidad de estar reunida a tí. Tu no tienes ni yerno ni nuera a quien yo le estorbe, sino una hija a quien tanto quiero.

Juan [4] quiere que vaya con el unos días. Su mujer [5] no me lo ha dicho y ni el pésame me ha escrito. Mi salud es delicada bastante y como vieja no es muy satisfactorio esto.

Anita Quirós [6] se ha ido a Madrid y estará ya en Bayona, ya te lo dije en mi anterior carta.

A Dios querida hija de mi alma. Te quiere con toda su alma tu buena madre

DOLORES

---

[1] Luisa Pelissier y Valera.
[2] Ramona Valera y Alcalá-Galiano. (Ver nota 12 de la carta 1.)
[3] José Freuller y Alcalá-Galiano.
[4] Juan Valera y Alcalá-Galiano.
[5] Dolores Delavat, esposa de don Juan Valera.
[6] Ana Quirós, amiga de la marquesa de la Paniega. (Ver nota 1 de la carta 35.)

Sevilla, 22 de Julio de 1869.

Amadísima hija mía Sofía:

Con mucho gusto he recibido tu carta por saber que estás buena, aunque te veo muy afligida, conservate hija mía, una madre que tiene hijos pequeños hace muchísima falta y aunque no la hiciera, cuando Dios nos tiene en este mundo así convendrá.

Ya te dije en una carta anterior, que había escrito el pésame todo lo sentido que me inspiraba mi pena; ayer recibí la contestación de Alonso [1]. Empieza la carta por decirme *Querida Suegra* no sé que decir a Vd. No he escrito antes por el cansancio del viaje. *Los niños han llorado a mi inolvidable Ramona.* Es una carta modelo de sentimiento, de estilo epistolar y de buena educación digna de conservarse y la conservaré. No me dá las gracias por la oferta que le hago de traerme los niños. Me llama Suegra, expresión chabacana y me dá la noticia de que sus hijos han llorado a su madre, dice que no encuentra que decirme, para quien no siente todo está demás.

A mi querida nieta Luisita [2] un beso; yo deseo darselo por mí.

Mi salud es delicada bastante. La pérdida de mi adorada hija [3] me ha quitado muchos años de vida si tenía que vivirlos. Tengo diarrea y las piernas hinchadas. Para el 27 ó 28 de este, se vá a Málaga esta familia y yo me quedaré en Aguilar y me iré a Doña Mencía, a ver si puedo proporcionar el irme contigo. Me parece que tu me cuidarías y tendría quién me cerrara los ojos, una mano piadosa y cariñosa.

Recibe afectos cariñosos de esta familia y un abrazo de tu buena madre

DOLORES

La mujer [4] de Juan [5] no me ha escrito el pésame por que tiene pereza. Está en La Granja, pero es regular se vaya a Biarritz por que no quiere estar en país bárbaro.

---

[1] Alonso Mesía de la Cerda, marqués de Caicedo.
[2] Luisa Pelissier y Valera.
[3] Ramona Valera y Alcalá-Galiano. (Ver nota 12 de la carta 1.)
[4] Dolores Delavat. (Ver nota 8 de la carta 35.)
[5] Juan Valera y Alcalá-Galiano.

38

Doña Mencía, 6 de Diciembre de 1869.

Amadísima hija mía de mi alma:

He recibido tu carta apreciable con mucho gusto y mucho me alegro que estés buena y que lo esté mi querida nieta Luisita [1], dale un besito de mi parte.

Mi sueño dorado es que vivamos juntas y mi conveniencia, atendiendo a mi edad y que de un día a otro puede darme una perlesía, una enfermedad y que no tengo a nadie que me cuide, ni quien esté a mi lado por que todos mis hijos están lejos de mí. Yo te agradezco en el alma las ofertas que me haces, en que veo todo el cariño filial más acendrado, que te hace querer cargar con una vieja que solo puede esperar una enfermedad larga y la muerte y el entierro; yo conozco en esto todo el cariño de una hija virtuosa y cariñosa; pero cuantas dificultades no tengo que vencer con estas deudas que tengo, yo haré todo lo que pueda para vencerlas y de todos modos si vivo esta primavera haré el viaje y tendré el gusto de estar contigo. Procuraré zanjar estos negocios; yo le he escrito a Juan [2] que nombren persona que se encargue de la administración del Alamillo [3] por que no están muy contentos de la mía. Yo no me quedo con nada, pero si algo me supliéran sería su madre a la que aquilatan, un extraño sería un extraño. Alonso [4] quiere vender su parte de Alamillo y Juan está apurado por que quisiera comprarla y no tiene, con que hará mal Juan en vender él, ya que no puede comprar que se decida y que Alonso venda o no venda lo suyo más vale esto que venderlo todo. Es una hacienda muy buena, más de 20 mil reales han tomado este año pasado.

En fin, yo te agradezco tanto tu cariño, tus ofertas que siempre las tendré presentes y grabadas en mi corazón, recibe toda mi gratitud y las lagrimas que vierto en este momento de agradecimiento. Dios te lo premie como se lo pido.

Este año no he cogido aceite ninguno, es cosa general, pero es una calamidad espantosa por que me falta más de la mitad de la renta, no sé como podré salir adelante. Cuando te escribo

---

[1] Luisa Pelissier y Valera.
[2] Juan Valera y Alcalá-Galiano.
[3] Finca de los Valera. (Ver nota 2 de la carta 17.)
[4] Alonso Mesía de la Cerda, marqués de Caicedo.

me explayo contigo. Eres la única persona a quien puedo hablar con expansión. No creas que te pido nada ni quiero que me des por que a ti te hace falta y aunque no te hiciera; hablo contigo por que eres mi hija y con quién he de abrir mi corazón más que contigo.

A Dios querida hija mía de mi alma, el te dé la salud y felicidad que te desea tu buena madre

DOLORES

39

Doña Mencía, 14 de Diciembre de 1869.

Amadísima hija mía Sofía:

He recibido hoy una carta tuya fecha del 9 en que te quejas de que no recibes carta mía y yo te escribo el mismo día que recibo tu carta, la contesto, es regular que hayas recibido ya carta mía y deseo tu contestación, por que siempre deseo con vehemencia recibir carta tuya y saber de tu salud. La mía no es muy satisfactoria. Mucho me alegraré que Luisita [1] esté buena y de mejor semblante, como si estuviera en el campo, y como cuando estuvo aquí que lo tenía muy bueno.

Yo creo que Moreno [2] le va a mandar a Luisita el valor de sus cabras que dice que ha vendido, porque aquella cabra tuvo hijas y estas hijas tambien. No sé que cuentas hará él, yo le he oído alguna cosa sobre esto, no te dés tu por entendida.

De Juanito [3] he tenido carta y estaba bueno y la familia aunque Juan no está nada contento, o más bien desesperado con ella [4], y es más que probable que ella y su madre [5] no estén contentas con Juan, son bien desgraciados todos.

Aquí siempre angustiados por la falta de agua y de dinero, por consecuencia, no ha habido una arroba de aceite en esta provincia ni en la de Sevilla. Yo estoy más apurada que nunca con esta falta y no sé lo que será de mí. Si estoy enferma haré,

---

[1] Luisa Pelissier y Valera.
[2] Juan Moreno Güeto (1855-1927), rico y culto propietario, fue alcalde de Doña Mencía varias veces.
[3] Juan Valera y Alcalá-Galiano.
[4] Dolores Delavat. (Ver nota 8 de la carta 35.)
[5] Isabel Arêas. (Ver nota 10 de la carta 35.)

83

si me dá lugar, que te lo avisen. Tu bien podrías escribirme más a menudo, siquiera todas las semanas y no que se pasan hasta 20 días sin saber de tí. Estoy muy triste y muy afligida. Lloro mucho sin poderlo remediar, no sé que hacer ni que partido tomar, compadéceme hija mía. Cuando uno es viejo flaquea el alma como el cuerpo.

A Dios amada hija mía de mi corazón, él te dé salud y a mi querida nieta, dale un besito de mi parte y tu cree que te ama más que a su vida tu buena madre.

DOLORES

Sé por Carmen Quirós [6] que los Alonsos [7] estuvieron en Málaga de paso para Adra y que eran buenos. Mi hermana Soledad [8] ha perdido un ojo y el otro casi lo mismo. Parece que son cataratas, según dicen, de mala especie.

40

Doña Mencía, 20 de Diciembre de 1869.

Amadísima hija mía Sofía:

Con mucho contento he recibido tu carta fecha del 16 de este por saber que estás buena y que la niña Luisita [1] estaba mejor aquel día. Dios quiera ponerla buena del todo y robusta. Yo estoy resfriada y con un poco de tos, ahora empieza, veremos en lo que para. Como soy tan vieja, espero de un momento a otro la muerte.

Esta primavera si tengo algún dinero para costearme el viaje iré contigo, mucho lo deseo por que quiero abrazarte antes de morir. Dios quiera concederme este deseo por que suspiro. Como no he tenido ni una chispa de aceite este año, estoy apuradísima.

Tuve carta de mi nieta Antoñita [2] participándome que ha-

---

[6] Hermana de Anita Quirós. (Ver nota 6 de la carta 36.)
[7] Se refiere a la familia de Alonso Mesía de la Cerda y de Ramona, ya fallecida, y sus hijos.
[8] Soledad Alcalá-Galiano, hermana de Dolores, marquesa de la Paniega.
[1] Luisa Pelissier y Valera.
[2] Antonia Mesía de la Cerda y Valera.

bían llegado a Adra con felicidad. Ya es regular que hayas recibido tu noticias suyas. Aquí aún no ha llovido este año. No nos podemos prometer muchas cosechas para el año entrante. Dios le ha anatematizado este país.

Adios querida hija mía de mi alma. Muchos besos a Luisita y tu recibe un abrazo muy apretado de tu buena madre

DOLORES

41

Madrid, 2 de Enero de 1870.

Querida hermana mía:

Recibí a su tiempo tu última grata carta. No extrañes que no te escribe con más frecuencia. Solo desdichas tengo que decirte, y esto es poco divertido. Por la última estafeta, si mal no recuerdo, te envié el Discurso Académico de Canalejas [1] y mi contestación. Iban dos ejemplares: uno para tí y otro para Carlos Mesía [2]. Quisiera saber si los has recibido.

De nuestra desastrada política, ya sabrás por los periódicos. Ahora es posible que tengamos dentro de poco nueva modificación ministerial, y que vuelvan a entrar unionistas.

Con el Duque [3] y con la Duquesa de la Torre [4] estoy muy compinche; y con el poco de politiqueo y el poco de literateo tengo el tiempo muy empleado.

Lo que me atormenta es la desesperación de mi suegra [5] y de mi mujer, que raya ya en el frenesí. Temo que ambas Señoras se vuelvan locas. Sus furores contra España, sus maldiciones

---

[1] José Canalejas y Méndez, nacido en El Ferrol en 1854, y murió en Madrid en 1912. Protegido de Cristino Martos (partido liberal), diputado por Soria en 1881, con Posada Herrera (1883), fue subsecretario de la Presidencia (1884), ministro de Fomento y en otras ocasiones de Gracia y Justicia (1889). Ministro de Hacienda (1894-1895). De Agricultura, Industria y Comercio (1902) (con Sagasta). Tiende a crear un núcleo democrático dentro del partido liberal, con Moret como presidente del Consejo de Ministros. Crítico duro de la política de Sagasta desde su visita a Cuba, anticlerical y socialista. Muere asesinado en la Puerta del Sol siendo presidente del Consejo de Ministros.

[2] Carlos Mesía de la Cerda, hermano de Alonso, marqués de Caicedo.

[3] Francisco Serrano Domínguez (1810-1885), duque de la Torre.

[4] María Antonia, duquesa de la Torre, esposa del general Serrano.

[5] Isabel Arêas de Delavat. (Ver nota 10 de la carta 35.)

horribles a este país, sus vituperios atroces creo que hacen reír a los criados. Las gentes acabarán por no verlas ni visitarlas y se quedarán aisladas por completo. Bien conozco que es una locura, sobre todo teniendo hijas; pero me temo que al cabo no habrá otro recurso sino el de que Dolorcitas, a quien entregaré cuanto trajo en dote, se vaya a Paris o adonde se le antoje con su Sra. madre. Hasta en cuestión de intereses mi mujer es para mí de un egoísmo atroz, y yo creo ser de una delicadeza extremada. Toda su renta se la entrego con cuenta. De ella debe vestirse, comprar la comida, pagar la mitad del alquiler de la casa, de los médicos, de los criados, y de los muebles, etc. La otra mitad del alquiler, de los muebles, de los médicos, de los criados, etc., etc., lo pago yo. El coche lo pago yo por entero. Ya ves por lo dicho que mi situación ha empeorado casándome, y que para cumplir con las atenciones que me he echado encima tendré que utilizar mucho el ingenio y estrujar la bolsa, sobre todo no teniendo empleo, como no le tengo en el día: pero, aún así, mi mujer rabia también sobre este punto, la mamá me echa indirectas como si me hubiera casado por interés con su hija, y Dolorcitas se queja de que lo gasta todo en la casa y de que no tiene para vestirse con todo aquel *chic* de París, con que sueña. En suma, estoy como si me mantuviesen estas Sras., y sin embargo yo gasto más que si estuviese soltero, y no hay medio de achicarme.

Todo esto se podría soportar, si hubiera paz y alegría en mi casa; pero mi casa es un infierno. Aún estoy en la cama, y ya me despiertan, no como a Frai Luis de León, el cual decía en su amena soledad,

>   Despiertanme las aves
>   con su suave canto no aprendido,

sino me despiertan los gritos de mi suegra y de mi mujer, que andan ya riñendo y maldiciendo y peleando con los domésticos.

En suma estoy harto y desesperado, y con todo sufro, porque me quiero pasar de bueno.

El niño Carlitos es muy mono. No me contestes a estos desahogos del corazón. Un beso a Luisita [6]. Soy tu amante hermano

JUAN

---

[6] Luisa Pelissier y Valera.

86

Doña Mencía, 5 de Enero de 1870.

Amadísima hija mía Sofía:

Con mucho contento he recibido tu carta, por saber que estás buena y que la niña Luisita [1] también lo está.

Yo estoy bien de salud a Dios gracias.

De Juan [2] sé que está bueno, pero siempre aburrido con su mujer y su suegra [3]. Las noticias que tengo de estas Sras. son hasta ridículas, no encuentran quien los sirvan por que llena a los criados de denuestos, les muerde, les pegan, los pellizca y ellos le devuelven algunas de estas cosas. Gasta mucho y desde que hizo dimisión Juan y no tiene sueldo, está mas insufrible, según el me dice en una carta que me escribió ayer, y todos los días que me escribe es con el mismo tema.

Yo te contesto todos los días que recibo carta tuya y no sé por que te quejas de mi silencio. Como no tengo ocupaciones ni visitas ni nada, tengo una ocupación agradable en escribiros y siento que no lo hagáis vosotros mas a menudo. Me conformo con lo que queráis darme y os escribo el mismo día que recibo carta vuestra.

Por este país no ha llovido en lo que va de invierno y esto nos tiene bien disgustados a todos los que tenemos campo; parece que Dios nos quiera arruinar.

No sé que contarte por que aquí nada ocurre, es un lugar bien poco ameno como tu sabes, y yo no veo a nadie. A Moreno [4] cada ocho o diez días y a los hombres de la labor. Como siempre estoy tan triste, la soledad me agrada y hasta el pesar me alimenta y me agrada.

A mi querida nieta muchos y tiernos cariños.

Yo no sé que decirte. Te deseo un buen año y que transcurran muchos que sean felices y dichosos y tu querida hija mía, que la veas feliz y cariñosa para con su madre, porque yo cuento esto para una madre como una gran felicidad, que vale más que el dinero y hasta la salud. Que importa la salud y los bienes de fortuna si tiene uno el corazón lacerado con ingratitudes y frialdades de sus hijos.

---

[1] Luisa Pelissier y Valera.
[2] Juan Valera y Alcalá-Galiano.
[3] Isabel Arêas de Delavat. (Ver nota 10 de la carta 35.)
[4] Juan Moreno Güeto (1855-1927). (Ver nota 2 de la carta 39.)

Adios querida hija mía, te quiere con toda el alma tu buena
y cariñosa madre, que te manda un abrazo

DOLORES

43

Doña Mencía, 9 de Enero de 1870.

Amadísima hija mía de mi alma:

He recibido hoy una carta tuya en que me dices que estás
buena; pero que mi Luisita[1] está mala, con resfriado. Mucho
me alegraré que le haya pasado ya. Mi salud es buena gracias
a Dios.

Juanito[2] me ha escrito que tiene un hijo más, que se lla-
mará Luis y de quien debo ser la madrina. El pobre Juan es
muy desgraciado, está casado con una mujer tontiloca; lo que
hay que oir es a los criados, contar ridiculeces, furores y tonterías, que apestan. Nadie la quiere servir por que pega a los
criados y los denuesta espantosamente. No se aviene a nada. Si
está malo el niño llama tres o cuatro médicos, que cuestan un
dineral y pare por el mismo estilo. Todo como si fuese una
princesa de Rusia y a todo esto poniendo a su marido de bestia
y de estúpido que lo cruge. Juan es un buen Juan.

Mucho te agradezco el socorro que me quieres mandar; pero
te suplico muy encarecidamente que no me mandes nada, absolutamente nada por que lo sentiré mucho. Yo estoy atrasada
por que este año no he tenido aceite y me faltan 60 mil reales
que debía valer este artículo; pero iré saliendo. Eso consiste
en no labrar las tierras como debiera. Yo por mi persona no
tengo gastos, no salgo de un vestido de alpaca y por mucho
que coma, no puede comer mucho una persona sola, que todo
lo que come le sienta mal, por consecuencia como poco. Te doy
las gracias por tu regalo, te lo agradezco muchísimo, me en-
ternece tu cariño y conozco que si fueses más rica harías hasta
sacrificios por mí; pero te imploro que no me mandes nada.
Si en llegando la primavera yo no puedo ir a hacerte mi visita
por falta de recursos, te escribiré para que me proporciones
algunos, para ir a darte un abrazo, que tanto lo deseo.

---

[1] Luisa Pelissier y Valera.
[2] Juan Valera y Alcalá-Galiano.

A mi querida nieta un besito y tu querida hija recibe el cariño de tu buena madre

DOLORES

44

Doña Mencía, 1.º de Febrero de 1870.

Amadísima hija mía Sofía:

Mucho siento yo que no estés buena, como me dices en tu carta fecha 27, que he recibido hoy, así como tampoco está con buena cara mi querida nieta Luisita[1]. Dios quiera poneros buenas a las dos. No debías pasar los inviernos en París, que es tan frío. Yo no podría resistirlos, porque el frío me hace mucho daño, como soy tan vieja.

No creo que son exageraciones las de Juan[2], porque todos los criados dicen lo mismo y cuentan y no acaban de las locuras y accesos de furor que tiene esa tontiloca de criolla. Juan, como es ella la rica y él tiene tanta delicadeza no quieren que piensen que lo mantienen y que hace negocio. Yo por eso he sentido tanto que hiciese dimisión de su empleo. Si estuviese soltero me hubiera importado poco. La última carta que recibo de Juan hoy, te la mando para que calcules el estado de esa familia. A mí me dá mucha pena por que a mí no me gusta estar mal ni de mala fe con nadie y menos con quien se vive. Es muy triste vivir entre enemigos y yo estoy en que la mujer de Juan lo aborrece y él no tiene energía ni valor para imponerse a ella y a la suegra, que es otra calamidad. Todas las cuitas de Juan me hacen llorar y hasta temo por su vida, porque esas criollas son capaces de todo, hay mil ejemplares. Yo estoy muy pobre y no he podido ir a Madrid y como había de ir en casa de Juan con esas mujeres tan disparatadas y tan malas en todo sentido?

Si puedo ir esta primavera a verte, al pasar por Madrid me iré a una fonda, mejor o peor. Si tuviere agilidad, me iría por vapor que me embarcaría en Málaga.

Yo estoy bien afligida por muchas razones y no son las menos ver que mis queridos hijos no son felices y Juan es tan

---

[1] Luisa Pelissier y Valera.
[2] Juan Valera y Alcalá-Galiano.

desgraciado! Yo siempre apurada, siempre llena de disgustos.

Adios querida hija mía de mi alma, te quiere más que a su vida tu buena madre

DOLORES

Besos a mi querida nieta.

45

Doña Mencía, 27 de Febrero de 1870.

Amadísima hija mía Sofía:

He tenido una carta de Juan en que me dice que por medio de Joaquín Valera [1] había recibido dos mil reales que tu mandabas para mí; pero que se quedaba con ellos por que estaba apuradísimo y que le mandara más, poniéndoselo todo en cuenta. Mucho te agradezco esta fineza y siento que te prives tú de tu dinero para mí. Yo estoy pobre; pero en no moviéndome de junto mi miseria ando con ella sin quedarme sin comer. Ahora que no puedo moverme de este sitio porque no tengo para hacer ningún gasto extraordinario, gasto al día en toda mi familia 14 ó 15 reales, cuando los gasto. Como el puchero como mis criados; la carne que hay en el pueblo es cabra detestable y yo no la pruebo y como un poco de jamón. Te digo estas cosas para que conozcas mi situación que es mala por que quisiera ir a verte; pero no porque no tenga que comer aquí. El vestir, como yo no me pongo más que un vestido de alpaca y como soy yo no necesito comprame nada. Puede que el año que viene esté menos mal, mucho lo dudo; pero como tendré por Abril 79 años, debo vivir poco y pronto se pasa lo bueno o lo malo.

Mi salud es regular. Mucho me alegraré que la tuya sea buena y la de mi querida Luisita [2], dale un beso de mi parte, que me figuro que estará preciosa. Dios le dé suerte y salud, y a tí también querida hija mía.

Mi pena es estar separada de tí, esto me entristece mucho y me hace derramar muchas lágrimas. Los otros hijos tampoco puedo verlos. Estoy sin el consuelo de ver a mis hijos y que me consuelen en mi vejez. Dejemos estas cosas tan tristes.

---

[1] Joaquín Valera, primo de don Juan Valera.
[2] Luisa Pelissier y Valera.

A Dios querida hija mía. Te quiere con toda el alma, tu buena madre

DOLORES

46

Doña Mencía, 7 de Marzo de 1870.

Amadísima hija mía Sofía:

He recibido hoy tu carta, fecha del 28 de Febrero, por cierto bien atrasada, en que me dices que estás mejor de tu resfriado y mi querida nieta[1] tambien mejor, mucho me alegro y le pido a Dios que os ponga buenas del todo. Yo estoy bien de salud, gracias a Dios.

De Juan[2] tuve carta. Siempre tan apurado de dinero y siempre quejándose de la tontiloca que Dios le ha dado por compañera. Desde que parió está en cama con un dolor en una pierna, no sé si grande o chico; pero el negocio es que está en cama.

Nada me has dicho de dos mil reales que me escribió Juan que habías mandado para mí. Mucho te lo agradezco, pero siento que tu hagas sacrificios por mí; yo no lo necesito para vivir aquí, donde ni se come ni se viste y con poco hay bastante. Juan se quedó con ellos, porque me escribió que los necesitaba, que se los pusiera en cuenta y que le mandara otros dos mil reales más. Ya te he escrito esto; pero como me dices que no recibes mis cartas, te lo repito para darte las gracias por tu regalo y no creas que no los he agradecido.

Aquí no hace frío y llueve, de modo que los labradores tienen esperanzas de buena cosecha; no es malo tener esperanzas.

A Dios querida hija mía de mi alma. Mil besos a mi querida nieta y tu cree que te ama con todo el alma tu buena madre

DOLORES

---

[1] Luisa Pelissier y Valera.
[2] Juan Valera y Alcalá-Galiano.

Doña Mencía, 26 de Junio de 1870.

Amadísima hija mía:

He recibido hoy una carta tuya fecha del 24, el mal estado de tu salud y el día de hoy, aniversario de la dolorosa perdida de mi querida hija Ramona [1], que en gloria esté, me tienen bien afligida y llorosa. De Alonso [2] no he vuelto a tener carta, de Antoñita [3] que es la que escribe. Es probable que adopte la resolución de irme con Alonso, si reuno algún dinero, nada te digo de cierto, porque cuando no se tiene dinero es como cuando no se tiene sangre, que no tiene uno ni energía ni movimiento. El estado de tu salud es el que me anima para verte, para abrazarte, para sufrir contigo los males que te aquejen.

Mi salud es regular; ¡pero cuantas penas me rodean y cuantas amarguras me abruman! No te separas de mi idea ni un momento.

De Juan [4] no he tenido carta hoy. Sé que su mujer y su suegra [5] van a San Ildefonso hasta Agosto, que dicen irán a Francia. Son dos viajes en lugar de uno para mayor economía. Hay gentes que son pobres por que quieren y otras por que Dios los ha hecho para castigo de sus culpas. Aquí hace mucho calor y como no ha llovido este invierno los veneros se secan y las plantas también.

Una de las mulas del coche, la mejor, se ha muerto y estoy sin coche, esto es que no puedo salir de casa, lo que me aburre más que antes me aburría.

A Dios querida hija mía. No me nombras a mi querida nieta Luisita.

Dios quiera que esté buena. Dale un besito de mi parte.

A Dios querida hija mía, te quiere con toda el alma, tu buena madre

DOLORES

---

[1] Ramona Valera y Alcalá Galiano. (Ver nota 12 de la carta 1.)
[2] Alonso Mesía de la Cerda, marqués de Caicedo.
[3] Antonia Mesía de la Cerda y Valera.
[4] Juan Valera y Alcalá-Galiano.
[5] Dolores Delavat de Valera e Isabel Arêas, madre de Dolores.

Madrid, 2 de Abril de 1871.

Querida hermana mía:

No sé qué te he hecho que me tratas tan mal y no quieres escribirme. Yo te he escrito varias veces desde que te fuiste. Sentiré que mis cartas no hayan llegado a tu poder. Tengo noticias tuyas por las cartas que escribes a Carlos Mesía [1].

Exponiendome a molestarte y ponerte de peor humor con mis consejos, en los cuales quizás entre por algo el deseo egoista de tenerte por aquí, me atrevo a aconsejarte que te vengas a Madrid. Desgraciadamente no debes ir ni es prudente que vayas a Francia, y menos a París, por ahora. Y en esa ciudad debes aburrirte de lo lindo y te expones además a que digan los patriotas de tu patria adoptiva que conspiras con los bonapartistas, aunque tu no te metas en tal negocio. Vente, pues, por aquí, donde estarás con tu familia y más antiguos amigos, y lo pasarás menos desagradable y tristemente. Ya te habrán dicho que Alonsito [2] entró anteayer en el ejercicio de sus funciones de mayordomo de semana, en el magnifico besamano que hubo en Palacio por ser los días del Rei [3]. Aún no sabemos que sueldo le darán. Yo creo que 18.000 reales, que no es malo para empezar.

Ayer, después de mil enojos y pendencias, alcancé el difícil triunfo de llevar a Dolorcitas a Palacio y de presentarsela a la Reina [4], que la recibió con una amabilidad y una distinción extraordinarias, tanto que Dolorcitas, con ser tan cocorita y tan dificil y criticona, salió verdaderamente encantada.

No extrañes que te escriba a escape. Estoy ahora ocupadísimo con la instrucción pública. Hoy voy a visitar los Archivos de Alcalá de Henares. Volveré esta noche y asistiré a la junta de los Diputados de la mayoría. Ayer tarde presenté mi acta en el Congreso, pues he sido elegido Diputado por la ciudad de San

---

[1] Carlos Mesía de la Cerda, hermano de Alonso Mesía de la Cerda, marqués de Caicedo.

[2] Alonso Mesía de la Cerda y Valera.

[3] Amadeo I de Saboya, nacido en Turín (1845-1890). Reinó en España desde el 2 de enero de 1871 hasta el 12 de febrero de 1873. Casado con María Victoria de Pozzo de la Cisterna.

[4] María Victoria, esposa de Amadeo I de Saboya.

Cristobal de la Laguna, en la Isla de Tenerife, donde gozo por lo visto de envidiable popularidad.

Adios. Dá expresiones cariñosas a Luisa [5] y no dudes que te quiere de corazón tu buen hermano

JUAN

Mañana será la solemne apertura de las nuevas Cortes, que van a ser más animadas de lo que conviene.

49

Doña Mencía, 8 de Marzo de 1872.

Amadísima hija mía Sofía:

He recibido tu apreciable, fecha del 4, y mucho me ha afligido que mi querida Luisa [1] haya estado con sarampión. Ahora es menester un grandísimo cuidado para que no tome aire por que tiene malas resultas cualquier retroceso. Por lo demas, ya que salió bien, no hay más que guardarlo.

Yo estoy mejor; pero voy a paso de tortuga en mi convalecencia, los muchos años no andan deprisa.

De Juan [2] he tenido carta, estaba bien de salud. Ya te dije que estaba de Director de Instrucción Pública, pero poco le durará. Los Ministerios se suceden unos a otros con gran rapidez; este es un país perdido. Dicen que el Rey Amadeo [3] abdicará y que vendrá después la Internacional, Don Carlos [4] ó Don Alfonso [5]. Todos los partidos se han coaligado, los carlistas con los republicanos y los progresistas para echar abajo lo que hay que es malísimo, y lo que viene, será bueno?

Adios querida hija mía, si puedo iré contigo, cree que lo deseo; pero como realizarlo? Ahí se estrella todo lo que yo deseo.

Un abrazo cariñoso a mi querida nieta Luisita y tu recibe un abrazo muy apretado de tu buena y amante madre

DOLORES

---

[5] Luisa Pelissier Valera.
[1] Luisa Pelissier Valera.
[2] Juan Valera y Alcalá-Galiano.
[3] Amadeo I de Saboya. (Ver nota 3 de la carta 48.)
[4] Carlos María Isidro, Carlos V, hermano de Fernando VII.
[5] Alfonso de Borbón, más tarde Alfonso XII.

Alonsito [6] es el que ha ido a Adra este año. Antoñita [7] se ha quedado con su padre [8] en Madrid.

50

Madrid, 23 de Marzo de [¿1872?]

Querida hermana:

Recibí al cabo carta tuya del 16, que vino a sacarme del cuidado en que estaba por falta de noticias tuyas. Mucho siento que te hayas ido a París con ocasión tan poco oportuna y agradable y deseo que lo pases lo mejor que puedas, que hagas tus negocios pronto y vuelvas a dejar a París hasta que todo quede en reposo.

Aquí los ánimos están bastante soliviantados; pero, hasta ahora, no se mueven más que las lenguas y las plumas y no hay tiros ni siquiera palos.

La Reina María Victoria [1] tuvo una recepción medianamente entusiasta: con todo aquel entusiasmo aparente que pueden producir la curiosidad y novelería del vulgo, que acude siempre donde hay algo nuevo que ver, y el afán de agradar de los enturronados o que aspiran a serlo.

El glorioso Faubourg [2] procuró hacer e hizo hasta cierto punto, una manifestación pacífica y hostil á SS. MM. [3] no colgando los balcones, no iluminando de noche, y no saliendo a ver la entrada de los Reyes. Para extremar esta manifestación han ido estos días a la Fuente Castellana algunas Sras., haciendo alarde de españolismo rancio, para probar su odio a los

---

6 Alonso Mesía de la Cerda y Valera.
7 Antonia Mesía de la Cerda y Valera.
8 Alonso Mesía de la Cerda, marqués de Caicedo.
1 María Victoria, reina de España, esposa de Amadeo I de Saboya.
2 Se trata de un lugar al que se le dio este nombre francés, donde se reunían los grupos nacionalistas españoles, contra la idea de una monarquía italiana de los Saboya.
3 Se refiere a los reyes de España, María Victoria y Amadeo I de Saboya.

Principes [4] extranjeros. La Morny [5] y la Acapulco [6] han sido de las más conspicuas entre las españolísimas, yendo de máscaras a la calle, vestidas de majas del año de 1808, con peinetas de teja, mantilla y otros excesos. Los periódicos de la situación se han burlado mucho de esto y han estado algo insolentes con la Morny, diciendo que es una gran maja y tan buena española como rusa y francesa y sacándole a relucir que fuma. Del bueno de Miraflores [7] también han dicho que ha querido vestirse de españolísimo del tiempo de la guerra de la Independencia; pero que su ayuda de cámara se equivocó y le dió a vestir el traje que usaba cuando era paje del Rey [8] intruso e impuesto José Bonaparte.

Se supone (yo no lo he visto) que en la Castellana algunos cocheros de la aristocracia fuborguiña han atajado el paso al coche de los Reyes, que no se han parado ni saludado, y hasta hay quién afirma que alguien les ha enseñado la lengua al pasar o ha hecho otros signos insolentes. Esto exalta a Serrano [9] y sobre todo a la Duquesa [10], que no despunta ni peca por lo discreta y prudente. Los situacioneros, sobre todo los militares, están muy bravos, y sería de temer que hubiese duelos o por lo menos palizas, si esta tirantez siguiese adelante.

En el Veloz-Club, el día de la entrada de la Reina, no se quitaron el sombrero, antes bien se le encasquetaron con afectación los que en el balcón estaban cuando pasó dicha Sra. De aquí el haber dimitido su calidad de socios del Veloz-Club Ahu-

----

[4] Se refiere a los príncipes italianos, los Saboya, que vinieron a reinar en España.

[5] Sofía Trubetzkoi, casada en primer matrimonio con Charles, duque de Morny, hijo natural de Hortensia, reina de Holanda, madre de Napoleón III, con el conde de Flahault de la Billaderie, adoptado por el conde Morny, esposa de don José Isidro Osorio y Silva, duque de Sexto, y viuda, anteriormente, del duque de Morny.

[6] Esposa de don Mariano Prado y Marín, marqués de Acapulco, diplomático, que ingresó en la carrera en 1844.

[7] Manuel Pando Fernández de Pinedo Macea y Dávila, marqués de Miraflores. Historiador español, nacido en Madrid (1792-1872). Presidente del Senado y del Consejo de Ministros en 1865. Embajador en París y, en Londres (1813-1814). Director del Redactor General de España. Autor de varias obras históricas.

[8] José Bonaparte, José I, rey de España, hermano de Napoleón I.

[9] Francisco Serrano Domínguez, duque de la Torre. (Ver nota 3 de la carta 41.)

[10] María Antonia, duquesa de la Torre, esposa del general Serrano.

mada [11], Queipo [12] hermano de Toreno [13], Benifayó [14] hermano de Fernán-Núñez [15] y bastantes otros. Yo aprovecharé la ocasión y dimitiré hoy, ahorrándome cuatro duros mensuales, que mi sobrada bondad y la pesadez de Bedmar [16] me hacían gastar tontamente. Me saldré del Veloz-Club sin haberle visto.

Ciertas calidades negativas del Rei iban cundiendo demasiado entre los mismos situacioneros; pero la oposición tonta y terca de la aristocracia hace olvidar aquel disgusto y promueve una recrudescencia de dinastismo.

Parece ya decidido que Alonsito [17] sea nombrado Mayordomo de Semana, si bien con sueldo menor del que imaginábamos. No tendrá 24.000 reales sino 16 ó 18.000. Aún así no será malo para empezar y no ha dejado de costarme mil trabajos y fatigas. Alonsito no solo es perezoso hasta lo inverosimil, sino más vano y tieso que Don Rodrigo en la horca.

Tengo el disgusto de que Alonso [18] padre no haya salido Senador. El lo deseaba, pero con la misma pereza y la misma vanidad, que prevalecen en su hijo, quería que todo se lo diesen hecho y nada ha puesto de su parte.

Mi suegra [19], aliviada ya de sus dolores reumáticos, ha ido a Alhama de Aragón a ver si se cura del todo. Ayer mañana, a las 8, salió en el tren, hasta donde la acompañamos mi mujer y yo. Parece que Doña Isabel tiene el propósito de irse a Londres después que vuelva de Alhama.

Mis chicos están buenos.

---

[11] Francisco Javier Ahumada, duque de Ahumada (1805-1872), ministro de la Guerra, fundador de la Guardia Civil.

[12] Hermano del conde de Toreno, José María Queipo Ruiz de Saravia.

[13] José María Queipo Ruiz de Saravia, conde de Toreno. Político e historiador español, nacido en Oviedo en 1786 y muerto en París en 1843. Se levantó contra Napoleón. Sufre persecución por liberal en tiempos de Fernando VII. En 1834 proclama a Isabel II en Asturias. Ministro de Hacienda y presidente del Consejo. Autor de varias obras históricas.

[14] Hermano del duque de Fernán Núñez.

[15] Gutiérrez de los Ríos, duque de Fernán Núñez, hijo de Carlos, segundo duque de Fernán Núñez.

[16] Manuel Antonio de Acuña y Dewitte. Décimo marqués de Bedmar. Diputado a Cortes, del Escuadrón de Lanceros del Rey en Cuba. Nació en 1821, casado en París con Lucía Palladi y Callimachi, princesa viuda de Cantacuzeno, hija de Herman Constantino Palladi.

[17] Alonso Mesía de la Cerda y Valera.

[18] Alonso Mesía de la Cerda, marqués de Caicedo.

[19] Isabel Arêas de Delavat, madre de Dolores Delavat, esposa de don Juan Valera.

97

No recuerdo si sabías ya, antes de irte de aquí, el lastimoso éxito de mi candidatura en Campillos. Pepe [20] supone que fueron tantas las violencias del Gobernador que sus amigos y parciales tuvieron que retraerse a votar al candidato del Sr. Romero Robledo [21]. En fin, ello es que no he salido. Veremos si en Canarias, de donde no hay noticias aún, tengo mejor fortuna.

La oposición vá a ser fuerte y numerosa en el próximo Congreso de Diputados, y si las diversas fracciones de la oposición, carlistas, republicanos, alfonsinos y montpensieristas, votan juntos, podrán tener en perpetuo jaque al Gobierno. Si tienen oradores atrevidos, como lo son Nocedal [22] y otros que salieron, podrán armar un par de escándalos diarios.

A todo esto el Rei parece un Rei de palo, como el de la fábula de las ranas: Si Prim [23] viviese, sería el Almanzor de este Califa Hixen; pero dudo yo mucho que Serrano tenga las calidades suficientes para hacer de Almanzor.

---

[20] José Freuller y Alcalá-Galiano, más tarde marqués de la Paniega.

[21] Francisco Romero Robledo (1838-1906). Abogado. Diputado a Cortes. De la Unión Liberal (1868). Amigo de Sagasta, monárquico. Secretario de Ultramar, Gobernación y Fomento. 1875, ministro de Fomento (Cánovas). Unido más tarde a López Domínguez. 1890, ministro de Ultramar. 1895, de Gracia y Justicia. 1904, presidente del Congreso. Presidente de la Academia de Jurisprudencia. Miembro de la de Ciencias Morales y Políticas.

[22] Cándido Nocedal. Político y escritor español (1821-1885). Promotor fiscal. Director de la Gaceta. Diputado (1843). Subsecretario de Gracia y Justicia (1843). Subsecretario de Gobernación (1850). Ataca la Soberanía Nacional y defiende la Unidad Católica. Líder de la minoría carlista de su época, rechaza honores que provienen de colaboracionistas a la monarquía italiana (Saboya). Funda la Constancia y El Siglo Futuro. Al final de su vida se aparta de don Carlos y funda un partido: «El Integrismo».

[23] Juan Prim y Prats (1814-1870). Hijo de un notario. General diputado por Tarragona, vota la regencia de Espartero, pero luego contribuyó a la caída del regente en 1843. Brigadier (1844), conde de Reus y vizconde del Bruch. Exiliado a las islas Marianas y capitán general de Puerto Rico en 1847. En las Cortes de 1850 es un fuerte estadista y forma parte de las Sociedades Masónicas. En 1853 es enviado en misión a la guerra de Crimea. En 1856, capitán general de Granada. En 1857 es desterrado en Alicante, y al año siguiente, senador. Ganador de la batalla de Castillejos en 1860, es nombrado marqués de Castillejos. En 1862 va como ministro y jefe de las tropas españolas en México (con Francia e Inglaterra). Conspira contra los moderados. Ministro de la Guerra. Presidente del Consejo en la «Revolución de Septiembre» y capitán general. Introduce a Amadeo de Saboya, pero es asesinado antes de su llegada.

Anoche estuve en casa de la Condesa de Montijo [24], donde ví a la gente bien de costumbre. Todos me preguntaron por tí. Esta noche estará la tertulia más lucida e iré de nuevo.

Anteanoche estuve con Dolorcitas en casa de Pepa Calderón [25], donde hubo grande animación y concurrencia.

Mucho sentí que no te quedases aquí para asistir a un escrúpulo de tertulia literaria, donde Zorrilla [26] nos leyó trozos de su Leyenda del Cid. Aunque es obra de *pane lucrando,* tiene algo bueno y además no se pasó mal el rato con la conversación.

Pasado mañana será la recepción de Silvela [27] en la Academia Española. Como Cánovas [28] le contesta, y Cánovas es el coquito de las damas alfonsinas, el Berryer de nuestros legitimistas, la Academia estará hecha un ascua de oro, rebosando de sedas, blondas, peinetas de teja y de elegancia y hermosura.

Ya sabrás que mamá se volvió a Doña Mencía. No sé si irá a Sevilla a la Semana Santa y a la Feria.

---

[24] María Manuela de Guzmán. (Ver nota 4 de la carta 2.)

[25] Esposa del periodista Alfredo Calderón. Nació en Madrid en 1850, murió en Valencia en 1907. Director de *Justicia,* periódico que sigue las inspiraciones de Salmerón. Escribe sobre Derecho natural en colaboración con Giner de los Ríos.

[26] José Zorrilla, poeta español, nació en Valladolid en 1817 y murió en Madrid en 1893. Educado en el Seminario de Nobles de Valladolid. Va a Torquemada, donde fue desterrado su padre, y desde allí a Toledo con un pariente canónigo para estudiar leyes, pero se escapa a Madrid para seguir una vida romántica. Autor de los versos a Larra que le hicieron famoso, autor teatral, tarda en tener éxito hasta *El zapatero y el rey,* y su obra más conocida será *Don Juan Tenorio.*

[27] Francisco Silvela (1845-1905). Nacido en Madrid. Abogado. Diputado, llamado la *Dama Florentina.* Lugarteniente de Cánovas, pero pronto se separa de él. Jefe del partido en colaboración con Polavieja. Combatido por los regionalistas. Vuelve al poder con Maura. Buen escritor. Estudioso y publicista de las cartas de sor María de Agreda.

[28] Antonio Cánovas del Castillo, político, historiador y literato, nació en Málaga (1828-1897). Fundó *La Joven Málaga.* Trasladado a Madrid, protegido por su tío Serafín Estébanez Calderón, se hace abogado. Se emplea en el ferrocarril de Madrid a Aranjuez (protegido por su tío, el marqués de Salamanca). Conoce a Valera en esta época, que le pone el sobrenombre familiar de *Antoñito Tragaleyes.* Publica varios libros liberales de su primera etapa. En 1864 es secretario de Gobernación, y consecutivamente la de Ultramar y Hacienda. Se opone a Amadeo I. Consigue la abdicación de la reina Isabel en su hijo Alfonso, y dirige la educación de éste. A partir del golpe de Estado de Sagunto comienza su vida política intensa, tomando el poder alternado con Sagasta, y luego se alía con él. Es asesinado en Santa Agueda (Guipúzcoa). Miembro de casi todas las Academias, deja muchas obras escritas.

A mi mujer, con el intento de que se distraiga y no me muela tanto con sus melancolías, la he ofrecido y la he animado para que vaya a Sevilla en casa de Pepa, que la convida. Podría ir con Andresito [29] y luego para la vuelta, yo iría cuatro o cinco días antes. Por todo el tiempo no puedo yo ir a causa de la Dirección de Instrucción Pública, que no quiero dejar huérfana. Adios. Escríbeme y creeme siempre tu amante hermano

JUAN

Acabo de recibir tu carta del 19 y por ella veo con placer que estás buena de salud, aunque has pasado un susto con los alborotos de ahí. Escribeme con frecuencia. Yo también te escribiré.

51

Madrid, 3 de Abril de 1872 ?

Querida hermana mía:

Ayer recibí tu carta del 31 y me alegro de ver por ella que estás bien de salud, aunque siento tu tristeza y las causas gravísimas que la motivan. Dios quiera que esa revolución de París se sosiegue y que todo vuelva pronto a su estado normal.

Aquí no estamos muy tranquilos, pero, comparativamente a lo que ocurre en Francia, esto es una Arcadia.

Hoy celebraremos la sesión regia. Tengo curiosidad de ver como lee el Rey [1] el discurso. Sentiré que sea con una voz desentonada y desapacible y con una pronunciación harto dificultosa, según me lo figuro.

Anoche tuvimos en el Senado una reunión previa de la mayoría de Diputados y Senadores. Estuvo la reunión concurrida, pero no ha de negarse que la oposición es muy grande. Dios quiera que se pueda gobernar con ella y que no sea menester disolver las Cortes. Para esto importa que los de la mayoría entremos bien en línea cerrada y tengamos mucho tacto de codos.

Anoche no pude ir en casa de Montijo [2]: pero he oído de-

---

[29] Andrés Freuller, hijo de José Freuller, después marqués de la Paniega.
[1] Amadeo I de Saboya.
[2] María Manuela de Guzmán, condesa de Montijo.

cir, no sé con qué fundamento, que la Montijo piensa en ir a visitar a la Reina [3]. Mucho me alegraría de ello, a ver si esta guerra del Faubourg [4] cesaba. No entiendas, con todo, que la grandeza española está en general contra la nueva dinastía. Decididos en favor de ella están los Duques de Frías [5], Fernán Núñez [6], Veragua [7] y Abrantes [8] y otros de los más ilustres y antiguos. Otras familias están mitad en contra, mitad en pro: como Toreno [9], que tiene un hermano ayudante de Serrano [10], y toda la Oñatería [11]: Blanquita Osma [12], por ejemplo, es isabelina; pero sus tíos materno y paterno, Zavala [13] y Osma [14], están en el cuarto militar del Rey. Resulta, pués, que los únicos fervorosos isabelinos son Bedmar [15] y Alcañices [16] con sus fa-

---

[3] María Victoria, esposa de don Amadeo I de Saboya.

[4] Partido antimonárquico contra Amadeo I. (Ver nota 4 de la carta 50).

[5] Bernardino Fernández de Velasco (1816-1881).

[6] Duque de. (Ver nota 17 de la carta 50.)

[7] Cristóbal Colón de la Cerda, duque de Veragua (1837-1910). Diputado. Senador. Vicepresidente del Congreso y del Senado. Ministro de Fomento (1890) y de Marina en 1902 (con Sagasta).

[8] Angel María Carvajal y Téllez Girón, duque de Abrantes. Diplomático. Ingresado en la carrera en 1869.

[9] José María Queipo Ruiz de Saravia, conde de Toreno. (Ver nota 13 de la carta 50.)

[10] Francisco Serrano Domínguez, duque de la Torre. (Ver nota 3 de la carta 41.)

[11] Se refiere a los condes de Oñate.

[12] Sobrina de Guillermo Joaquín de Osma y Scull. Político y arqueólogo español (1853-1922). Estudió en la Sorbona y Oxford. Diplomático. Diputado, senador vitalicio, secretario de Ultramar (1895-97). Con Maura (1903-1904 y 1907-1908) fue ministro de Hacienda. Presidente del Consejo de Estado. Fundador del Instituto Valencia de Don Juan (nombre del condado de su esposa).

[13] Juan Zabala y de la Puente, conde de Paredes de Nava y marqués de Sierra Bullones. Nació en Lima en 1808 y murió en Madrid en 1897. Hijo del marqués de Valle-Umbroso. A la independencia del Perú vuelve a España. Figura entre las filas carlistas. Ministro de Estado y Marina. Con altos cargos con Amadeo I. En 1874, ministro de la Guerra. Senador.

[14] Guillermo Joaquín Osma y Scull. (Ver nota 12 de esta misma carta.)

[15] Manuel Antonio Acuña y Dewitte, marqués de Bedmar. (Ver nota 16 de la carta 50.)

[16] Marqués de Alcañices. Título concedido por los Reyes Católicos a don Francisco Enríquez de Almansa. Se refiere a don José Isidro Osorio y Silva, duque de Sexto. Nació y murió en Madrid (1825-1909). Amigo de O'Donnell, alcalde y gobernador civil de Madrid, casado con Sofía

milias, y además ciertas ilustres notabilidades como la Marquesa de Acapulco [17], porque dejaron cesante a su marido, que sirvió mas de un año a la Revolución, y cobró sueldo de ella mientras yo fuí Subsecretario de Estado, y que luego quedó cesante. El furor y despecho de la cesantía y el afán de darse charol de aristócratas hace a no pocos isabelinos.

Ayer hice una expedición muy curiosa a Alcalá de Henares, donde yo no había estado nunca. Fuí a ver los archivos generales, que están en un hermoso Palacio del siglo XV, que es ya de suyo una curiosidad y una preciosidad aunque ruinoso por muchos lados. Los marmoles de la escalera parecen encaje; los arabescos de algunas paredes son de un primor admirables y los techos artesonados son de una labor exquisita y de una riqueza que pasma. Este palacio, con galerías preciosas, con extensos salones y con patios de columnas de rara hermosura, donde crece con todo larga la hierba y hay una soledad misteriosa, contiene los archivos, en infinidad de armarios, que parece que nunca concluyen. Hay un salón inmenso, que es de lo más estimable y provocante a la curiosidad, pués encierra todos los papeles de la Inquisición de España. Cada cuaderno de aquellos millares de legajos es una causa, es una novela histórica, palpitante de interés.

El Jefe de los Archiveros, que es el famoso Padre Vera [18], gran socarrón maldiciente y amigo de burlas y bromas, nos dió un almuerzo a lo Camacho, donde figuraba en primer lugar una enorme paella, divinamente condimentada, y en la que había una verdadera arca de Noé, enterrada entre el arroz y los pimientos.

Estuvimos también a ver en la Parroquia, en que se bautizó Cervantes, su partida de bautismo y la pila. Y fuímos por último a la antigua Universidad, bellísimo monumento también de Arquitectura, gloria del gran Cardenal Cisneros [19]. Aquel edificio estaba abandonado desde que la Universidad se trajo a Madrid; pero ahora le cuidan los padres Escolapios, que en él tienen un colegio. La fachada, el Paraninfo, la Capilla y dos

---

Trubetzkoi, de nacionalidad rusa y viuda del duque de Morny. Defensor de la monarquía con Isabel II y privado de Alfonso XII.

[17] Esposa de don Mariano Prado y Marín, marqués de Acapulco, diplomático, que ingresó en la carrera en 1844.

[18] Director en esta época del Archivo Nacional de Valladolid.

[19] Confesor de Isabel I y regente a la muerte de Isabel la Católica.

patios, son de singular belleza, y las piedras prolijamente labradas y llenas de lindas esculturas.

Mi suegra [20] volvió anoche de Alhama de Aragón: en otro tren más tarde que el que a mi me trajo. Por eso no nos hallamos en el camino, que es el mismo. Doña Isabel viene algo reconciliada con España, pués, según parece, la han tratado bien en Alhama; así es que confiesa que esto ha adelantado bastante en los últimos años. Yo creo que si tanto mi mujer, como mi suegra, saliesen un poco más de Madrid e hiciesen sus excursioncillas, acabarían por no hallar esto tan malo. Aranjuez, por ejemplo, estará ahora delicioso, y Toledo es un prodigio, un sueño de las edades pasadas que toma cuerpo. Carlitos [21] y Luisito [22] están ambos muy bien de salud. Juegan mucho en mi jardín, donde, si no hay flores en abundancia, hay verdura. Mamá está buena y creo que con ánimos de ir a pasar en Sevilla la Feria y la Semana Santa. Andresito [23] ya se fué a esta expedición.

De hoy en ocho días empezará la Semana de servicio de Alonsito [24]. Parece que comen con los Reyes [25] y pasan todo el día en Palacio. Alonsito está sin duda muy contento con este excelente turrón.

Adios, mi querida hermana. Dá cariñosas expresiones a Luisa [26] y creeme tu amante hermano

JUAN

52

Madrid, 8 de Abril de 1872 ?

Mi muy querida hermana:

En casa de Alonso [1], donde comí el otro día, hemos hablado mucho de tí, y todos con deseo de que te vinieses a esta coronada Villa. Comprendemos, sin embargo, que no debes volver

---

[20] Isabel Arêas de Delavat, madre de doña Dolores.
[21] Carlos Valera Delavat, hijo de Valera.
[22] Luis Valera Delavat, hijo de Valera.
[23] Andrés Freuller, hijo de José Freuller.
[24] Alonso Mesía de la Cerda y Valera.
[25] Amadeo I y su esposa María Victoria.
[26] Luisa Pelissier y Valera.
[1] Alonso Mesía de la Cerda, marqués de Caicedo.

a casa de Montijo [2]. La Condesa es algo cócora, por más que le guste estar muy rodeada, sobre todo cuando vive en Carabanchel, donde ha menester de más estímulo y señuelo para atraer visitantes y tertulianos. Por otra parte, las Ninfas que rodean a esta vieja Calipso, en su Insula Carabanchelera, suelen ser unas cursilones, que te cansarán y enojaran a la larga.

Yo me alegraría de que tomases casa y vivieses en Madrid, donde estaríamos juntos y nos veríamos todos los días. Además, y digan lo que se quiera; aquí se vive mucho más barato que en París. Con ocho ó diez mil duros anuales, podrías vivir aquí, con buena casa y coche, y yendo a Francia a pasar cada año tres o cuatro meses. Yo estoy siempre apuradísimo porque mi mujer solo tiene cuatro mil duros (20 mil francos) bastante mal contados, y de esto y de mis miserables rentas, sueldos y ganancias, ha de salir todo, lo cual ya calcularás que es prodigioso.

Ya sabrás que la Montijo y otras damas del Faubourg tuvieron el otro día, en la inclusa, una entrevista con la Reina [3]. Aún no he podido hablar de esto con la Montijo y oirle referir sus impresiones.

En las Cortes se ha constituido ya la mesa interina y el lunes empezarán á discutirse y aprobarse las Actas. Dentro de 10 ó 12 días es de suponer que quede definitivamente constituido el Congreso. La oposición es enorme, cuenta con gente habil y habladora, y las Cortes prometen ser animadísimas, cuando no alborotadas y borrascosas.

Yo deseo que me nombren de la comisión para redactar y defender el mensaje; pero no he de pretenderlo, pués me llevo la regla de no pretender nada.

Por hoy no se me ocurre decirte nada más. Ayer y anteayer estuve encerrado en casa escribiendo una cosa que tenía que escribir, y no he hablado con nadie.

Mis chicos están muy bien de salud. Dá tu cariñosas expresiones mías a Luisa [4], y no dejes de escribir a tu afectisimo hermano

JUAN

De mamá tengo buenas noticias.

---

[2] Condesa de Montijo, María Manuela de Guzmán.
[3] María Victoria, esposa de Amadeo I de Saboya.
[4] Luisa Pelissier y Valera.

Madrid, 8 de Abril de 1872 ?

Querida madre mía:

Hoy no he tenido carta de Vd. Estoy afligidísimo porque estas cosas llegan ya al último extremo. Mi mujer es el mismo demonio. Ayer me ha dado un día espantoso, y hoy, durante el almuerzo, me ha armado otra camorra no menos horrible. Esto no se puede sufrir, y sin embargo no hay más recurso que sufrirlo. Sería ridículo, odioso, bestial, que tuviese yo que pegar a esta muchacha, y me temo que las cosas puedan llegar hasta el extremo de tener que pegarle. No me perdonaría yo en la vida si incurriese en un acto tan grosero e indigno; pero aseguro a Vd. que es menester tener toda mi paciencia, toda mi calma, toda mi dulzura, para no incurrir en acto semejante. Anoche, durante la comida, y hoy, durante el almuerzo, ha hecho y dicho mi mujer cien veces más que lo que hubiera podido decir la mujer de cualquiera otro para recibir quince o veinte soplamocos. No sé si lo hace adrede para producirme una indigestión y obligarme a que reviente. No entro en pormenores sobre todo esto porque sería cuento de nunca acabar.

La solución más satisfactoria que este negocio pudiera tener sería la de que mi mujer se fuese con su madre a donde le diese la gana y se llevase toda su dote. Yo me quedaría con gusto con uno de los chicos; pero si quiere llevarse los dos, que se los lleve con tal de que se vaya.

Me he engañado por completo. Crea Vd. que no hay criatura de más perversa índole que mi mujer. Yo creo que hubiera sido un marido excelente con otra mujer cualquiera.

Adios. Consérvese Vd. buena, cuídese mucho y quiérame.

A veces ¿qué digo a veces? casi siempre estoy deseando tenerla a Vd. a mi lado. Pero ¿qué iba Vd. a hacer en esto? Mejor es que no esté Vd. aquí. Soy su amante hijo

JUAN

54

Madrid, 9 de Abril de 1872 ?

Querida hermana mía:

Acabo de recibir tu carta del 7 con ciertas preguntas etimológicas, a las que voy a ver si contesto satisfactoriamente. En cuanto a la palabra *despotes* es antigua voz griega del verbo *desposo*, mandar, dominar. *Despotes* o *despota* que es el vocativo en griego de donde se ha formado el nominativo español, equivale a *dueño* o *amo*. *Despotes* es el amo de un esclavo, y *Kyrios* el amo de un criado o servidor libre. *Despoina* se llama aún en Grecia a la señora, y *Desposyne* a la hija de la casa o Señorita. En el Bajo Imperio se llamaban *despota*s los hijos, los hermanos, los yernos del Emperador y aún otros altos personajes de la Corte; más por excelencia fué llamado *despota* el sucesor del Imperio, el primogénito del Imperante. Hubo tiempo también en que al Kan de los turcos y al mismo Emperador bizantino les llamaron con el título de *megas despotes* o *gran despota*, y aún el heredero presuntivo de la corona fué llamado *gran despota* o *primer despota* para distinguirle de otros despotas más pequeños sobre los cuales sobresalía y predominaba. Despota, en general, era alguien que tenía dominio. La palabra *despotatos* fué empleada para designar un gobierno o provincia dominada por alguien.

Del vocablo Sebastocrator dice Meurzio en su *Glossarium Gralobarbarum hic proximus a Despota, ab Imperatore tertius.* Se vé pues claro que no era el príncipe heredero el Sebastocrator, sino alguien que ocupaba un grado inferior. El Sebastocrator, con todo, tenía derechos a la Corona y tratamiento de *V basileia anton,* que es como si dijeramos Su Real Magestad. El título de Sebastocrator no dependía de ningún oficio o principado, *sed summis tantum principatibus et prefecturis destinabatur,* lo mismo que los títulos de Despota y de Cesar. Hubo varias personas a la vez que se designaban con el título de Sebastocrator, y aún fué hereditario el título en los Príncipes de Tesalía hasta el reinado de Andrónico Paleologo. Parece que en Palacio y cerca del Emperador, no hubo Sebastocrator hasta el reinado de Alejo Comneno, quien dió este título a su hermano Isaac. *Sebastos* equivale a *venerable,* augusto, de *sebas, admiración, veneracion;* y *crator* viene de *kratos, fuerza, poder.*

En cuanto a la palabra *Cesar* o *Calsar* viene de *cado cor-*

tar, porque dicen que el primero de la familia que llevó este nombre salió abriendo el vientre a su madre, después de muerta. Desde que Julio César hizo tan gran papel en el mundo se han llamado Cesares los Emperadores y más derecha y estrictamente sus herederos.

Del río Guadiana nada tengo que decirte más que lo que tu sabes. *Guad* es río en lengua arábiga. El río se llamaba Ana o Anas antes de la venida de los árabes. Yo no sé si será coincidencia que Ana se parezca a *amnis corriente,* en latín. Quizás la etimología de *ana* viene del vascuence, de donde vienen casi todas las etimologías de nuestros nombres de lugares más primitivos. Guillermo Humboldt ha escrito sobre esto un curiosísimo Tratado que recomiendo al Mariscal Vaillant[1], pués tan aficionado es a estas cosas. En cuanto a Guadalupe debe venir de (Guad-río) y *loboia* o cosa por el estilo, que viene a significar aprisco, esto es, un lugar para recoger el ganado y defender de la intemperie.

Lo cierto es que de diez o doce palabras vascas, combinadas unas con otras, o desfiguradas por la pronunciación diversa, provienen casi todos los nombres primitivos de ríos, montes, poblaciones y demás localidades de España. Así, por ejemplo de *Asta peña* y *ura agua,* vienen Asturias y otras mil voces: *Basoa* bosque dá origen al nombre de *vasco, Vizcaya,* etc. De *ibaia crua rio espumoso* se ha formado Ibero, Ebro e Iberia. Pero baste ya de esto y no nos metamos en profundidades.

La Condesa[2], con otras cuatro o cinco Sras. recibieron a la Reina[3], cuando la Reina fué a ver la inclusa y salieron encantadas. Así me lo dijo anoche la Montijo, protestando, con todo, de que no era dinástica de la nueva dinastía, y que solo un lazo de *caridad* mutua la había unido durante tres horas a la Duquesa de Aosta[4].

Alonsito[5] ha entrado hoy de servicio. Supongo que desde

---

[1] Jean Baptiste Vaillant. Mariscal francés (1790-1873). Toma parte en las campañas de Rusia y de los Cien Días. Construyó las fortificaciones de Argelia (1834-1838). Director de la Escuela Politécnica. Toma parte en el golpe de Estado de 1851 y es nombrado senador y mariscal. Ministro de la Guerra. Desterrado. Cuñado del mariscal Pelissier, duque de Malakof.

[2] María Manuela de Guzmán, condesa de Montijo. (Ver nota 4 de la carta 2.)

[3] María Victoria, esposa de Amadeo I de Saboya.

[4] María Victoria, esposa de Amadeo I de Saboya.

[5] Alonso Mesía de la Cerda y Valera.

las 9 de la mañana estará en Palacio, donde almorzará y comerá, yendo solo a casa para mudarse de traje.

Adios. Conservate buena: expresiones a Luisa. Soy tu afectísimo hermano

JUAN

55

Madrid, 11 de Abril de 1872 ?

Querida hermana mía:

Sin carta tuya a que contestar, te escribo por que me dices que te divierte que te escriba, aunque nada nuevo ni importante tengo que contarte de esta Coronada villa. Mi suegra sigue rabiando y encontrando ordinarísimas y vulgares a todas las Sras. españolas, y a los españoles muy inferiores en cultura y en inteligencia a los macacos del Brasil. Mi mujer repite lo que oye a su madre, a quién cree una Madame de Sevigné, cuyas cartas sabe mi suegra muy bien; casi de memoria. En fin, mi suegra es una mujer superior. Yo sigo dando pruebas maravillosas de paciencia.

Esta noche habrá tertulia en casa de Pepa Calderón[1], a cuya casa irá Dolorcitas, aunque, como es natural y no podía menos de suceder, halla a Pepa ordinarísima: *very vulgar:* mi suegra siempre dicta este fallo en inglés, para darse más charol de *comm il fautería.* Buen par de tontas, insufribles, están mi mujer y mi suegra.

No sé si habrás leido en los periódicos que el pobre de Dn. Javier Isturiz[2] pasó a mejor vida. Se ha muerto de sus 80 y pico de años. El tío Agustín[3] es de los que más han sentido esta muerte.

---

[1] Esposa del periodista Alfredo Calderón. (Ver nota 25 de la carta 50.)

[2] Francisco Javier Istúriz nació en Cádiz en 1790 y murió en Madrid en 1871. Distinguido en la guerra de la Independencia. Presidente de las Cortes (1823). Absolutista. Exiliado en Inglaterra, vuelve con la Reina Gobernadora (1834). Presidente del Estamento de Procuradores. Batido con Mendizábal, le sustituye en sus puestos. Derribado por el «motín de La Granja», huido otra vez a Inglaterra, aceptó la Constitución del 37. Dirige la sublevación contra Espartero. Jefe del Gobierno en abril de 1846. Varios cargos diplomáticos. Pasa casi toda su vida conspirando, hasta sus últimos días en 1871.

[3] Agustín Valera y Viaña.

Carlos Mesía está muy *intrigado* con las preguntas etimológicas que me hiciste y de que le he hablado. No me explico que tenga esto de extraño para intrigar.

Mis chicos están monísimos; pero cada día recelo más que van a ser dos modelos perfectos de mala crianza.

Deseo de veras que los trastornos de Francia terminen pronto y del mejor modo posible; pero, si no terminan, creo que lo mejor que podrías hacer era venirte por aquí a pasar otros dos o tres meses.

Este verano, como mi mujer está tan adelantada en su embarazo, no creo que vaya a ninguna parte: ni a la Granja siquiera. Yo, si insistiese en ir a la campagne, como supongo que iban la Sevigné [4] y la Grignan [5], les propondría que tomasemos en Carabanchel una casita.

Adios. No se me ocurren hoy más que tonterías y te las digo para llenar papel. Otro día procuraré estar más ocurrente. Soy tu afectisimo hermano

JUAN

Expresiones cariñosas a Luisa [6].

56

Madrid, 16 de Abril de 1872 ?

Mi querida hermana:

Por la última carta tuya, fecha del 13, veo con gusto que estás bien de salud, aunque, como es natural, muy disgustada con las cosas de París. Ojalá se remedien pronto. Aquí estamos todos buenos.

---

[4] Marie de Rabutin-Chantal, marquesa de Sevigné. Célebre dama y escritora francesa. Nació en París (1626-1696). Educada por un tío e infeliz en su matrimonio con el marqués de Sevigné (1644), hasta la muerte de éste en un duelo en 1651. Su hija, la condesa de Grignon, al separarse de ella, fue la causa de las famosas cartas de madame de Sevigné, verdadera síntesis inteligente sobre la vida social, familiar y las costumbres de la época.

[5] Françoise Marguerite de Sevigné, condesa de Grignon (hija de madame de Sevigné). Casada con François de Castellane-Adhêmar de Monteil, conde de Grignon (1669). (Ver nota 4 de esta misma carta.)

[6] Luisa Pelissier y Valera.

Veo que el Mariscal Vaillant [1] lee a Moncada [2] y que es aficionado a sacar la etimología de todas las palabras. La de *almogavar* viene de la lengua arábiga, y según el Padre Alcalá [3], en el Vocabulario que publicó en 1505, significa *corredor que roba en el campo*. El *almogavar* era el *hulano* de entonces. Sobre la milicia de los almogavares hay mucho escrito, y es muy curiosa una disertación de Serafín Estébanez Calderon [4] sobre el asunto.

Carlitos Mesía [5] saldrá de aquí es probable que hoy. Se vá a San Sebastian, donde se detendrá algunos días. Sus sobrinos [6] están bastante cargados con él y él con sus sobrinos, y es lo peor que todos tienen razón. La miseria y roñosería de Carlitos raya en lo fabuloso, y el poco respeto de los sobrinos para con él tampoco es de aplaudir. No solo no ha hecho Carlitos el menor regalo a los sobrinos en el tiempo que aquí ha estado, sino que el otro día les faltó dinero para enviar a la plaza, se lo dijeron claro, le pidieron prestados 25 ó 30 duros, mientras recibían dinero de Adra, y Carlitos se excusó y no le dió.

Siento que no te guste Madrid, como me dices. Claro está que es inmensamente inferior a Paris: pero aquí tienes parientes y antiguos amigos y en París no tienes a nadie. Por lo demás persisto en creer que aquí se vive con mucho menos: tal vez con la mitad. Ahora tomo yo la cuenta de la plaza, porque mi mujer se pasaba sin tomarla dos y tres semanas, de lo que nacían mil desordenes y disputas y pérdidas para nosotros. Te aseguro que para mantener a las dos Sras., a mi, a los dos niños, que ya comen, y a ocho o nueve criados, tendríamos que gastar en París tres veces lo que aquí gastamos. El Teatro, la casa y casi todo lo demás, menos el vestido, es aquí más barato que en París.

---

[1] Jean Baptiste Vaillant, mariscal de Francia. (Ver nota 1 de la carta 54.)

[2] Francisco de Moncada. Marqués de Aytona y conde de Osona. Nació en Valencia (1586) y murió en Gach (1635). Historiador español. Mayordomo de la archiduquesa Isabel Clara. Gobernador de Milán y embajador en Alemania. General de los ejércitos de Flandes. Autor de obras conocidas, como *Expedición de catalanes y aragoneses contra turcos y griegos* (1623), *Vida de Boecio.*

[3] Alfonso de Alcalá. Judío converso y médico español del siglo XVI, a quien el cardenal Cisneros encargó la revisión del texto de la Biblia Políglota Complutense (1520).

[4] (Ver nota 4 de la carta 1.)

[5] Carlos Mesía de la Cerda y Valera.

[6] Alonso, Antonia y Juan Mesía de la Cerda y Valera.

Alonsito [7] acabó ayer su Semana de servicio con toda felicidad y me parece que muy contento. Aún ignoramos lo que tendrá de sueldo; pero tal vez sean 24.000 reales. Nunca será mal turrón, aunque solo le dén 18.000.

En la Academia Española acabamos de premiar una Memoria histórica etimológica, en extremo curiosa e interesante, sobre los apellidos castellanos. Cuando se imprima enviaré un ejemplar al Mariscal Vaillant. Ahora hay bastantes recepciones en la Academia. Hoy entra Dn. Cayetano Fernández [8] y el domingo que viene entrará el gran Dn. Salustiano de Olózaga [9]. Hace dos o tres domingos entró Silvela [10], y Cánovas [11] le contestó. En esta recepción estuvieron las damas más lindas y elegantes del Faubourg [12], de quienes es Cánovas el ídolo, a causa de su alfonsismo. El Discurso de Cánovas fué muy bueno, y las Sras. se entusiasmaron y le llamaron Pico de Oro, como si fuera otro San Juan Crisostomo, pués esto significa Crisostomo, como sabrás. La Campo-Alange [13] y la Morny [14] son de las más fervorosas admiradoras de Cánovas.

En casa de Osma [15] tuvimos el miércoles último un precioso baile. Dolorcitas estuvo, ya despicada.

Mis chicos buenos.

Adios. Escribeme y creeme tu afectísimo hermano

JUAN

---

[7] Alonso Mesía de la Cerda y Valera.

[8] Cayetano Fernández y Cabello. Escritor español (1820-1901). En 1852 ingresó en la Congregación de San Felipe Neri, de Sevilla. Director espiritual del príncipe de Asturias, después Alfonso XII. Autor de las famosas *Fábulas ascéticas* (1858), *El gran Castaña* (novela picaresca) y *Monografías científicas*.

[9] Salustiano de Olózaga. Político español (1805-1873). Estudia leyes y letras. Abogado en Logroño. Detenido por conspirador. Evadido hasta la muerte de Fernando VII. Gobernador civil de Madrid. Diputado del proyecto 1837 (oponente). Embajador en París (Narváez). Enemigo de Espartero. Presidente del Consejo (1843). Desterrado en Portugal, Francia e Inglaterra. Diputado (1847), pero es encerrado (Pamplona). Desterrado nuevamente. Vuelve a España. Jefe de los progresistas y detenido en Madrid. Reconciliado con Espartero, ataca a la Unión Liberal y tiene que marchar a Francia. Embajador en París. En 1869, presidente de las Cortes. Muere en 1873.

[10] Francisco Silvela. (Ver nota 27 de la carta 50.)

[11] Antonio Cánovas del Castillo. (Ver nota 28 de la carta 50.)

[12] Grupo del partido antimonárquico de Amadeo I. (Ver nota 2 de la carta 50.)

[13] Don Juan Moretegón, conde de Campo Alange, diplomático.

[14] (Ver nota 5 de la carta 50.)

[15] Blanquita Osma. (Ver nota 12 de la carta 51.)

111

57

Biarritz, 17 de Junio de 1872.

Amadísima hija mía Sofía:

He llegado aquí buena, estoy en casa de Mariquita Parladé [1]. Mi baúl me lo han dejado en Alsasua. Estoy haciendo diligencias para encontrarlo. Si aparece, Dios lo haga, saldré mamañana para Burdeos y el otro estaré en París a la noche. Ya te mandaré un telegrama desde Burdeos.

No me he encontrado en el camino ningún carlista.

Muchos besos a mi querida Luisita [2] y tu cree que te ama muy de veras tu buena y cariñosa madre

DOLORES

58

Málaga, 27 de Mayo de 1873 ?

Querida Sofía:

Acabo de recibir tu carta fecha del 21, que como la dirigiste a Sevilla, viene atrasada.

Veo en ella que me vuelves a reclamar el costo del entierro de nuestra querida madre, el cual no te he remitido hasta el presente, por absoluta imposibilidad.

Mi pensamiento desde que sucedió la desgracia, fué que su buen nombre no padeciese y por eso hice los sacrificios que esto me cuesta. Por ello no quise que se vendiesen a la *subasta* todas sus tierras libres para pagar los créditos que contra ellas había y aparecieron a su muerte y acepto encantadisimo de ellas, por el alto aprecio que se les dió, del que no he pedido rebaja. Para ello tuve que pedir dinero prestado, que no he podido pagar, y sí ha aumentado la deuda con sus fuertes reditos, porque queriendo ser deferente con Juan, acepté un Administrador que en vez de darme un solo céntico, me ha hecho remitirle muchos miles para labores. Por último ha tenido que poner otro encargado y parece que aquellos bienes serán algo productivos de aquí en adelante, y si esto es así, estoy decidido a pagar los créditos y el que tengo hacia tí no será el último. Este lo acepté desde el momento que me lo dijiste, a pesar de no haberlo yo

---

[1] Amiga de Sofía Valera.
[2] Luisa Pelissier y Valera.

dispuesto y como es en honor de una madre, tan buena como desgraciada, y tu lo dispusiste, repito que acepto el alto guarismo que costó el funeral. Sé que de menos precio no hubiera sido digno para todos y especialmente para tí, que era la que parecía que lo costeaba, puésto que no se conocía que debía entrar en el quinto de sus bienes dejados a mí.

La imposibilidad de saldar contigo, como ya saldé con Juan y Alonso, es tan cierta, que es mi deseo que los restos de nuestra madre se depositen en el panteón de sus mayores. No lo he llevado ya a efecto porque hasta que aquello tenga lugar no lo he querido hacer. Así pués, confía en que no será muy largo este plazo, pués me pesa mucho, puesto que estás tan falta de recursos.

Lamento el estado financiero de nuestro hermano y yo quisiera librarlo de él, pero poco puedo hacer en el día más que no apurarlo por un pico que a mí me debe, cuando yo lo estoy tanto o más que él, puesto que las cosechas de aquí han sido tan malas, que he tenido una *perdida* de 70.000 y pico de reales.

Siento haber tenido que hacerte esta historia para que sepas que no es olvido el que tengo hace cerca de 7 años, sino que cada año de estos han sido otros tantos aumentos de lo que por beneficio de la testamentaría tuve que hacer, y que me ha quitado años de vida.

Por último, si los productos del caudal no llegan a ser verdaderos y no concluyo ciertos negocios que tengo entre manos, venderé, aunque sea por la cuarta parte y saldaré con todos y contigo; y para mi gobierno de entonces, o para si algo puedo dar antes, dime que es la cantidad que debo enviar a Juan.

Saluda a tu hija, recibelos de los míos asimismo de tu hermano

PEPE

59

Madrid, 12 de Junio de 1873.

Querida hermana mía:

No tengas cuidado que nadie leerá tus cartas más que yo. Aunque me pese, yo las rasgaré, según me encargas, a fin de que nadie las lea.

8

Esto está mil veces más desordenado que Francia, y nadie columbra en lo porvenir una salida a esta situación. O los revolucionarios españoles han sido más listos que los franceses o nuestros conservadores han sido más tontos. Lo cierto es que aquí se ha hecho una cosa que no se ha hecho en Francia, y que nos imposibilita de tener un Presidente por el estilo de Mac-Mahón [1]. Aquí el ejército está disuelto y el poco que queda se halla en la más completa insubordinación. En Málaga el pueblo echó y desarmó a los soldados: en Granada los pocos carabineros que había lucharon con el pueblo y con los voluntarios de la república y aunque pocos en número, se defendieron bien, pero tuvieron que ceder: hubo 18 ó 20 muertos y muchos heridos. En Cataluña los soldados no obedecen a Velarde [2] que ha salido huyendo. En las Provincias el poco ejército que nos queda se burla del General Nouvilas [3]. En suma, todas las poblaciones, empezando por Madrid, están entregadas a gente del pueblo, en armas y con gorros colorados. Hay conatos de formar un ejército revolucionario de francos; pero hasta ahora se alistan pocos. Los pocos que se alistan son los ciudadanos más perdidos y levantiscos de cada casa. Donde cae un tropel de francos es una calamidad. En Aranjuez unos francos se atrevieron con unas mujeres, en medio de las calles: gente del pueblo volvió por las mujeres ofendidas, y hubo una refriega en que los francos llevaron la peor parte. Las Cortes Constituyentes son de republicanos modernos en su mayoría; pero tienen miedo de que los rojos los maten o apaleen o desuellen y nada

---

[1] Patricio-Maurice Mac-Mahón, marqués de Mac-Mahón, duque de Magenta. Mariscal francés y segundo presidente de la República francesa. Nacido en Sully en 1808, muerto en Laforest (1893). General en Argelia y en la guerra de Crimea (dirige el asalto de la Torre de Malakof en 1855). En 1857 somete a los árabes en Argelia. En la guerra de Italia contra Austria decide la suerte de la batalla de Magenta (1859). En la guerra francoprusiana pierde la batalla de Worth (1870) y participa en la catástrofe de Sedan. Prisionero de guerra. Presidente de la República (1873).

[2] Fernando Velarde. Poeta español, que nació en Santander en 1821 y murió en Londres en 1880. Reside muchos años, a partir de 1840, en Centroamérica. Autor de *Cánticos de medio mundo,* publicada en Nueva York en 1860.

[3] Ramón Nouvilas y Rafols. General español nacido en Castellón de Ampurias (1812-1880). Distinguido en las guerras carlistas. Pacifica Navarra (1844). Bate a los carlistas en Cataluña (1847). En 1868, general del ejército del Norte. Capitán general de Cataluña. En 1873, capitán geenral de Castilla la Nueva, y más tarde, ministro de la Guerra. Desterrado a las Canarias; muere en Madrid.

hacen de bueno. Lo han querido hacer en varias ocasiones, luego han cedido por miedo. Ayer Castelar [4], Salmerón [5] y otros
prohombres, quisieron formar un Ministerio moderado y dar
la batalla a los rojos. Figueras [6] les hizo traición y se ha fugado
de Madrid. Los rojos son dueños de todo. Castelar y los suyos
han logrado, con todo, que se forme un Ministerio, aunque rojo,
templado por algunos conservadores de entre los republicanos,
y esto es lo que tenemos. Estébanez [7] es Ministro de la guerra.
Hace un año era un teniente desconocido: hoy es el árbitro de
todo, y si tiene entendimiento, puede ser nuestro Dictador. Es
de Canarias, de buena familia, dicen que bien parecido y joven
aún. Ha tenido una vida de muchos lances y aventuras y es
algo poeta. Es lo que llamamos en España un trueno, y todo
el mundo sospecha que este trueno puede ser el amo de España. En fin, es cosa de pedir a Dios que dé habilidad y no quite
energía a este canario Estébanez, para que lo encarrile y recomponga todo.

De todos modos este país está perdido para mucho tiempo.

Por no gastar, no saldremos de aquí este verano. Espero que
mi mujer se resignará a vivir aquí este verano y no irse a Biarritz u a otro punto, a gastar lo que no tiene.

De buena gana me iría contigo, si no a vivir siempre contigo, como te agradezco que desees y como yo quisiera, a pasar

---

[4] Emilio Castelar. (Ver nota 5 de la carta 10.)

[5] Nicolás Salmerón. Nacido en Alama (Almería) (1838-1908). Estudió
Derecho y Filosofía y Letras. Discípulo de Sanz del Río. Catedrático de
Historia (Oviedo). Catedrático de Filosofía en Madrid (1866) y Metafísica (1869). Encarcelado varias veces por «manejos revolucionarios»,
Ministro de Gracia y Justicia (1873). Partidario de la separación de la
Iglesia-Estado. Sustituye a Pi y Margall en la Presidencia de la República. Refugiado en Francia. Pacta con Ruiz Zorrilla en Francia. Forma
un partido centralista a la muerte del rey. Diputado por Barcelona.

[6] Estanislao Figueras y Moragas. Abogado y político español, nacido
en Barcelona (1819-1882). Abogado en 1844. Del partido progresista.
Diputado por Tarragona en 1851. En 1869, diputado de las Cortes Constituyentes. Al dimitir Amadeo de Saboya, se debe a él la proclamación
de la República (1873), de la que será el primer presidente, seguido por
Pi y Margall. Alejado de la política durante la Restauración, tiene una
conferencia en París con Ruiz Zorrilla. Forma el partido federal orgánico, que trabajó en favor de la unión republicana.

[7] Nicolás Estébanez, gobernador civil de Madrid, moviliza a los batallones de voluntarios republicanos, cercando el Congreso y creando
una crisis gubernamental el 7 de junio de 1873, efectuando los siguientes cambios: Gracia y Justicia, Pedregal; Guerra, Estébanez; Marina,
Oreito; Fomento, Palanca; Hacienda, Carvajal, y Ultramar, Sorni.

una temporada; pero no puedo salir de Madrid, sino para Cabra y Doña Mencía. Esto mismo no será hasta Julio.

Ya te escribiré más extenso aún. Tengo mucho que contarte. Mis chicos bien. Besos a Luisa. Soy tu afectísimo

JUAN

El tribunal de oposiciones de que yo era Presidente terminó ya sus tareas: pero aún tenemos sesiones en la Academia Española. Este verano tengo que escribir el Discurso para mi entrada en la Academia de Ciencias Morales y Políticas que deseo sea en Octubre. Don Antonio Benavides me contestará.

El marqués del Duero [8] se ha hecho con suma felicidad la operación de las cataratas, con Cervera, gran oculista y uno de los más importantes de los prohombres republicanos.

Excusame con Carlitos de que no le escribo. Ya le escribiré otro día, elogiando sus versos.

60

Madrid, 27 de Diciembre de 1876.

Querida hermana:

Recibí a su tiempo tu grata carta del 16, por la cual ví con sentimiento que te quejabas de la poca salud de Luisita [1]. Deseo que sean exageraciones tuyas, nacidas del mucho cariño. Yo estoy bueno, pero atribulado y descorazonado como nunca, y por eso no te he escrito, pués me disgusta que sean mis cartas una perpetua lamentación.

Antoñita [2] vive con nosotros, mientras ambos Alonsos [3] es-

---

[8] Manuel Gutiérrez de la Concha. General español, nacido en Córdoba de Tucumán (1808-1874). Durante la guerra civil alcanzó el grado de mariscal de campo. Dirigió el movimiento iniciado en Andalucía contra Espartero y fue ascendido a teniente general. En 1847 mandó un cuerpo de ejército que pasa a Portugal para la defensa de doña María Gloria. Nombrado marqués del Duero. En 1848 es capitán general de Cataluña, donde lucha contra los «montemolinistas» y republicanos. En la guerra civil (1873-1875) fue general en jefe de los ejércitos del Norte. Muerto en campaña en Navarra.

[1] Luisa Pelissier y Valera.

[2] Antonia Mesía de la Cerda y Valera.

[3] Se refiere a Alonso Mesía de la Cerda, marqués de Caicedo, y a su hijo Alonso Mesía de la Cerda y Valera.

tán en Adra, tratando de arreglar aquellos negocios harto enma-
rañados.

Mi mujer y Antoñita suelen pelearse a menudo y ponerse
como hoja de peregil. No sé cual de ellas está peor educada:
pero al fin hacen las paces, se van juntas de bureo y me dejan
en paz. La estancia aquí de Antoñita [4], es descanso para mí.

Mi mujer sigue vacilando entre irse a Pau o quedarse por
aquí. Me parece que estas vacilaciones seguirán hasta el verano
o por lo menos hasta la primavera.

Me alegro de que te haya entretenido el comienzo de *El Comendador Mendoza* [5]. Lo malo es que, en periódicos de tan poca
lectura como *El Campo* [6], tendrá que ir apareciendo la novela
por dosis infinitesimales.

Procuraré no olvidar tu empeño de la cruz para el Sr. Nia-
la. Cánovas [7] es un enemigo político muy afectuoso, amigo mío
particular y creo que me dará gusto, aunque yo le muelo con
empeños frecuentes.

El maestro Arrieta [8] no compone, ni siquiera creo que ha
empezado a componer la música de mi zarzuela, de suerte que
aquella esperanza que por ese lado tenía yo de ganar algún dinero, o se desvanece o se hunde en los abismos del porvenir.

La fortuna no quiere sonreirme por ningún estilo.

Adios, querida hermana. Conservate buena y creeme tu
afectísimo hermano

JUAN

61

Madrid, 3 de Enero 1877.

Querida hermana mía:

Mucho me aflige tu carta del 30 de Diciembre último, donde te muestras mucho más triste y desesperada que yo he es-

---

[4] Antonia Mesía de la Cerda y Valera.

[5] Publicada en diciembre de 1876 a mayo de 1877 en *El Campo*.
Primera edición (con «La cordobesa» y «Un poco de crematística»),
Madrid, Aribau, 1877.

[6] Periódico de carácter literario-rural, donde se publicó entre los
años 1876-1877 «El comendador Mendoza». (Ver nota 5 de esta misma carta.)

[7] Antonio Cánovas del Castillo. (Ver nota 28 de la carta 50.)

[8] Emilio Arrieta, compositor español nacido en Puente la Reina
(1821-1894). Estudió en Milán, intérprete de óperas, profesor de Isabel II, compositor de cámara. Su obra más celebrada es *Marina*.

tado nunca, diciéndome que la muerte es la única cosa que te sonríe. Confieso que estos hondos pesares tuyos tienen para mí no poco misterio. No veo bastante causa positiva. Mis pesares por el contrario son y yo procuro y procuraré que sigan siendo siempre harto inferiores a las causas que los producen. Así es que yo apenas hablo de mis pesares, sino de los motivos o causas que tengo para estar pesaroso.

Mi mujer hace más de cinco años que no es mi mujer, sino mi enconada enemiga. Dice que me odia o que me desprecia, y no obstante sigue viviendo en mi compañía para achicharrarme la sangre. Las peloteras que tenemos son espantosas. Como ella tiene su dinero y yo no quiero que diga que me mantiene, me veo obligado a gastar en la casa, aunque desde Abril último dejé el coche, y cada día estoy más ahogado y apurado. Ella vive aquí, tiene su cuarto al lado del mío, me hace a veces que la acompañe, y no me dirige la palabra sino para decirme una injuria. Tu dirás que ¿por qué lo sufro? Lo sufro por mis hijos a quienes quiero: lo sufro porque mis excitaciones a que nos separemos no valen de nada, y yo tendría que huir dando un escándalo ridículo o echar a mi mujer por un balcón, dando un escándalo trágico.

Ahora, desde hace meses, Dolores está diciendo que se vá a Pau con su madre; pero ni acaba de irse ni yo creo que se vaya. Aquí, en la sociedad, al verla y oirla decir que se vá a Pau con su madre y hasta fijar el día de su partida, como a veces la ha fijado; se han hecho mil comentarios, los cuales han llegado a sus oídos y han sido causa de nuevas peloteras. En suma, sería cuento de nunca acabar el contarte todos los fundamentos y razones que hay para que yo me ahorque. Cualquiera que no tuviese mi calma, ha tiempo, se hubiera ahorcado: pero yo no quiero dar este gusto a Dolorcitas.

Con Antoñita[1] va siempre de paseo y tertulia: pero dice que también la aborrece. Se pelea a menudo con ella y yo no sé como no vienen a las manos. A Juanito Mesía[2], que venía a comer aquí durante la ausencia de su padre, le dijo el otro día mil insolencias y punto menos que le echó de casa. Juanito, que está muy mal criado, le contestó otras frescas, y a mi me puso en un compromiso. Imaginate si hubiera yo tenido que pegar a Juanito, que ya es un hombre. Lo que es para que yo

[1] Antonia Mesía de la Cerda y Valera.
[2] Juan Mesía de la Cerda y Valera.

busque a Alonsito [3] y le mate o me haga matar por él, ha hecho ya mil veces mi mujer cuanto ha podido. En suma, esto es vivir con una loca furiosa.

En medio de la continua sobreexcitación que me producen todos estos disgustos, tengo que leer y que escribir y que ir a discutir al Senado y a la Academia. Imaginate que esfuerzos de voluntad no me serán necesarios para serenarme e ir a estas obligaciones. En suma, estoy aviado.

Adios, y comparate conmigo y mira que es ofender a Dios el considerarte desgraciada. Te quiere de corazón tu afectísimo hermano

JUAN

No me contestes a mis quejas contra Dolores.

62

Madrid, 31 de Diciembre de 1878.

Mi muy querida hermana:

Con pena veo por tu carta del 27, que no te hallas tan bien de salud como yo te deseo. Ojalá te restablezcas por completo y tengas un año nuevo felicísimo. Yo estoy regular y no puedo quejarme de las fuerzas físicas, en vista de que tengo ya 54 años, voy para 55, y he rabiado mucho y he tenido disgustos graves en esta pícara vida.

El tío Agustín [1] se encuentra algo mejor, pero de todos modos está el pobre muy caído de ánimo, muy endeble de cuerpo y con grandes dolores.

Voy perdiendo las esperanzas de que el Rey [2] llame al poder a los Constitucionales y de ser por lo tanto Ministro Plenipotenciario en Londres o en otra parte cualquiera. Mis correligionarios, en general, no pierden, sin embargo, las esperanzas. En fín, allá veremos.

Poco o nada tengo que contarte de por aquí que pueda interesarte. Mi mujer ha insistido mucho en estos días en que yo vaya a verla. Yo me he excusado hasta ahora por falta de tiempo y de dinero. Ella quiere suponer que yo mismo por razones económicas la induje a vivir en Pau: pero yo le respondo que

---

[3] Alonso Mesía de la Cerda y Valera.
[1] Agustín Valera y Viaña.
[2] Don Alfonso XII.

no hay tal cosa. Si hubiéramos vivido en buena armonía, no hay razones económicas que me hubieran movido jamás a separarme de mi familia. Lo que me llevó a desear esta separación fué el cúmulo de desdenes, de insultos y de rabietas, con que mi mujer me abrumaba y vejaba: no poniendo en cinco o seis años las manos en mí sino para arañarme como una furia del infierno. En fin, yo no sé como la he sufrido. Ahora está más mansa, pero no más afectuosa. ¡Qué horrible pesadilla y que desgracia tan enorme fué mi matrimonio con esta muchacha tonti-loca! Algún delito feroz debí yo cometer, si no en esta vida, en otra anterior, cuando el cielo me ha dado tan espantoso y duro castigo.

Aquí no hay bailes, pero si muchas reuniones y los teatros están muy concurridos. Yo tengo ocho o diez de los mejores cocineros y siempre estoy de servilleta en hojal: ya en casa de Bauer [3], ya en la de Fernán Núñez [4], ya en la de Bedmar [5], ya en la de Osma [6], etc.

Tal vez tenga yo que abandonar por unos días todos estos convites e ir a Cabra y a Doña Mencía, a poner orden en mis asuntos. El Administrador me roba sin piedad.

Adios. Mil cariñosas expresiones a Luisa. Soy tu afectísimo hermano

JUAN

No recuerdo si te he enviado mi último retrato, que me parece ha salido bastante bien. Ahí vá.

63

Madrid, 29 de Mayo 1879.

Mi querida Sofía:

Es cierto que hace tiempo que no te he escrito, pero no lo extrañarás sabiendo cuantos malos ratos he pasado, la noticia de la enfermedad del Príncipe [1], la trágica muerte del pobre

---

[3] Ignacio Bauer (1827-1895), judío húngaro, vino a España, donde se asoció con el banquero Daniel Weisweller. Su mujer se llamaba Ida; Gustavo, casado con Rosa Landauer, y Paulina eran sus hijos.
[4] Gutiérrez de los Ríos, duque de Fernán Núñez. (Ver nota 15 de la carta 50.)
[5] Manuel Antonio de Acuña y Dewitte. (Ver nota 16 de la carta 50.)
[6] Guillermo Joaquín de Osma y Scull. (Ver nota 12 de la carta 51.)
[1] Don Alfonso XIII (entonces príncipe de Asturias).

Medinaceli [2], han ocupado mi espíritu, de tal suerte que me era imposible hacer otra cosa que pensar, y llorar, felizmente lo del Príncipe no fué nada, pero lo de Medinaceli, desgraciadamente fué terrible, salir a paseo bueno y sano, con una escopeta en la mano, subir a un montecillo donde había unas rocas cubiertas de musgo medio helado, por el frío que hacía, ver pasar un conejo, tirarle, recibir un culatazo en el hombro que le hizo perder pié y caer rodando la montaña abajo, con su escopeta en la mano, que le servía de punto de apoyo como si fuese un bastón, encontrar una piedra y darle al gatillo, salir el tiro que le entró todo por la ingle al vientre, la carga era de perdigones y le abrió un boquete enorme destrozándole las entrañas. La mujer estaba cerca de él, llamó a los guardas y todos se despojaron para tratar de contener la sangre que salía de la herida, lo llevaron a la casa y fueron a buscar al cirujano del pueblo que está a tres cuartos de legua del Chalet, en tanto se telegrafiaba a Madrid a los Torrecillas [3] que marcharon en un tren exprés, acompañados de los cirujanos de lo mejor que hay aquí. En cuanto registraron la herida, le dijeron a los padres que no tenía remedio y que no podía vivir más que unas horas. Mandaron por el cura y el escribano a las Navas. Cuando estos llegaron acababa de fallecer, ¡pobrecito! Luisa [4], vivió con él cinco meses. Casilda [5] seis y el pobre tenía veintiocho. ¡Qué pocos días de felicidad ha gozado en la tierra! Pero como era tan bueno, es de esperar que estará al lado de Luisa, gozando de la felicidad eterna.

Este año no tenemos calor aún, las noches son friísimas y hace pocas hubo una gran helada, no he visto en mi vida una primavera igual, pero yo gracias a Dios yo estoy buena y sin tos, pero salgo poco a causa del frío, y aún no sé cuando podré ir a Carabanchel.

---

[2] Luis María de Constantinopla Villanueva y Pérez de Barradas, hijo de Luis Tomás de Villanueva y Angela Pérez de Barradas, duque de Medinaceli.

[3] Debe de referirse a don Juan Manuel Benavides y Alocise, primer conde de Calatrava y vizconde de las Torrecillas, por concesión del 19 de mayo de 1815.

[4] María Luisa Fitz-James Stuart, de la casa de los duques de Alba, primera esposa de don Luis María de Constantinopla Villanueva y Pérez de Barradas, duque de Medinaceli.

[5] Casilda de Salabert y Arteaga, condesa de Ofalia, segunda esposa de Luis María de Constantinopla Villanueva y Pérez de Barradas, duque de Medinaceli.

Las aguas de Spa son muy buenas, sobre todo para las personas débiles, estoy cierta te harán provecho.

Adios hija mía, mil afectos a Luisa [6] y un abrazo de tu amante tía

MARÍA

64

Carabanchel, 1.º de Julio 1879.

Mi querida Sofía:

He visto que Ronher [1] ya está en París, y me temo no lo hayan seguido, por eso te dirijo esta carta a Chislehurst, para que te la envíen en caso necesario.

Mucho te agradezco todo lo que me dices de mi hija [2]. Ayer tuve carta de Carlos [3], y creo que su estado de salud general está mejor, aunque no come aún, y eso es lo que me atormenta.

En efecto, si el Príncipe [4] no llega hasta el 28 de Julio y no encuentras casa en Chislehurst, haces bien en volverte a París, aunque en viaje de ida y vuelta dos veces, debe de ser muy penoso, mejor sería que encontrases una casita en Chislehurst, porque dentro de pocos días la Emperatriz [5] te podrá ver, y tu compañía siempre le será muy agradable, ¡pobrecita mía!, no hago más que pensar en ella, figurándome todo lo que debe sufrir, por la pérdida tan inmensa que ha tenido y que es irreparable, así solo el tiempo puede obrar y suavizar un tanto esa pena que será eterna. Añade tú, a todas las que yo sufro por ella y por el Príncipe Imperial, la pérdida en aquellos días de mi pobre Enriqueta [6], que sabes he tratado como una hija y que entrambas os he mirado siempre con el mismo cariño. Me he traido a sus niñas, que pasarán todo el verano conmigo, después ya veremos lo que se ha de hacer. Angelitos, en diez meses se han quedado sin padre ni madre! Todas son desgracias en este mundo, pero la de mi pobre hija la tengo clavada en mi corazón. Mientras estés allí no dejes de escribirme ni un

---

[6] Luisa Pelissier y Valera.
[1] Parece ser un diplomático. Sin identificar.
[2] Eugenia de Guzmán, condesa de Teba, emperatriz de los franceses.
[3] Pariente de la condesa de Montijo. (Sin identificar.)
[4] Debe de referirse al hijo de Napoleón III y Eugenia de Guzmán, su esposa.
[5] Eugenia de Guzmán, emperatriz de los franceses.
[6] Protegida de la condesa de Montijo.

solo día, para decirme como se encuentra, con los más detalles posibles.

Afectos mil a Luisa [7] y un abrazo para tí de tu amante tía

C. María

65

Carabanchel, 23 de Septiembre 1879.

Queridísima Sofía:

He recibido tu carta de Villerville dándome los días, y te recuerdas de los buenos ratos que hemos pasado en otros tiempos, en días semejantes, ¡qué contraste, hija mía, con los de este año! Los he pasado aún convaleciente, sola, con los que habitan en casa, que son M.ª Antonia [1] y Valentine [2], y tristísima como puedes figurarte. Ya gracias a Dios estoy bien, me paseo, lo que me hace mucho provecho, tenemos una temperatura hermosa y un sol radiante. Ya sabes que el otoño es siempre bueno en Madrid. Siento que no lo disfrutes conmigo.

Aquí tengo ahora a los de Guitand [3]. Han venido a hacerme una visita y pasar una temporadita conmigo. Estamos en Carabanchel, que han encontrado muy hermoso y muy cambiado desde que no lo veían.

Ya sabes que mi pobre hija [4] se va a Escocia, a un chateau cerca de Balmoral, que le ha dado la Reina [5]. El cambio de objetos le será muy provechoso y reanimará su moral, pobrecita, bien necesita un sacudimiento. Yo le agradezco mucho a la Reina de Inglaterra que haya pensado en ella.

Me parece que te atormentas demasiado sobre la salud de Luisita [6]. Es delgadita pero fuerte, cuando acabe de crecer y de formarse engordará más.

Adios mi querida Sofía. Abraza a tu hija de mi parte. Recibe expresiones de todos estos habitantes y el cariño de tu amante tía

C. María

---

[7] Luisa Pelissier y Valera.
[1] Dama de compañía y amiga de la condesa de Montijo.
[2] Dama de compañía y amiga de la condesa de Montijo.
[3] Amigos franceses de la familia de Montijo. (Sin identificar.)
[4] Eugenia de Guzmán, emperatriz de los franceses.
[5] Se refiere a la reina Victoria de Inglaterra (1837-1901).
[6] Luisa Pelissier y Valera.

Madrid 14 de Noviembre
1879

Mi querida So
fia, justamente te ba yo
a escribir quejandome de
que me tubieses tan olbi
dada, yo he sido la ulti
ma que te he escrito, y
la verdad, estaba un poco
picadilla por tu negligen
cia. Habra unos ocho dias
que he vuelto del campo ye
enteramente buena a Dios
gracias, y me he ocupa
do mucho del socorro de

124

los inundados, yo veo que
en Paris tambien han ocu
pais de ello, he visto que
has asistido al entierro de
Baron Billaut, pobre chico
en la flor de su edad como
el nuestro, y dicen que eran
muy amigos, al abuelo le co
noci mucho, cuando era Mi
nistro.

El 27 de este mes deve
casarse el Rey, dicen que habra
fiestas, es lástima que Luesi
ta no este aqui para que dis
fruti de ellas, dicen que ven
dran muchos estrangeros.

La cuestión de la Habana se complica mucho, las negociaciones de Martínez Campos no han servido para nada los insurrectos estan otra vez en armas, mas vale que hubiese dado sablazos que dinero.

Adios hija mia Carlota esta aqui con Guitaud, vino para Carabanchel donde estubo dos meses y medio, y ahora nos hemos buelto a Madrid juntas, expresiones a tu hija y para

te un abrazo muy apre-
tado de tu tia y amiga

(firma ilegible)

66

Madrid, 16 de Noviembre de 1879.

Mi querida Sofía:

Justamente te iba yo a escribir quejándome de que me tuvieses tan olvidada, yo he sido la última que te he escrito, y la verdad, estaba un poco picadilla por tu negligencia.

Hará unos ocho días que he vuelto del campo, ya enteramente buena a Dios gracias, y me he ocupado mucho del socorro de los inundados. Ya veo que en París también os ocupáis de ello. He visto que has asistido al entierro de Duson Billant. ¡Pobre chico, en la flor de su edad como el nuestro! y dicen que eran muy amigos. Al abuelo le conocí mucho, cuando era Ministro.

El 27 de este mes debe casarse el Rey[1]. Dicen que habrá fiestas, es lástima que Luisita[2] no esté aquí para que disfrute de ellas. Dicen que vendrán muchos extranjeros.

La cuestión de la Habana[3] se complica mucho. Las negociaciones de Martinez Campos[4] no han servido para nada. Los insurrectos[5] están otra vez en armas. Más valía que hubiese dado sablazos que dinero.

Adios hija mía. Carlota está aquí con Guitand. Vino para Carabanchel donde estuvo dos meses y medio y ahora nos he-

---

[1] Se refiere al matrimonio de Alfonso XII con la archiduquesa María Cristina (29 de noviembre de 1879).

[2] Luisa Pelissier y Valera.

[3] Ya Valera en sus primeros informes como jefe de la Legación de España en Washington, afirma desde su llegada que las «cuestiones de Cuba están perdidas» para los españoles.

[4] Arsenio Martínez de Campos. Nació en Segovia (1831-1900). Oficial de Estado Mayor. Hace la campaña de Marruecos. Destinado como brigadier a Cuba, regresa a España en 1873. Tiene el mando de la provincia de Gerona. Reconquista Valencia, en poder de los federales. En 1873 es capitán general de Cataluña. Toma Bilbao contra los carlistas. Partidario de la restauración de Alfonso XII, participa en el acto de Sagunto (1874). Teniente general, jefe del ejército de Cataluña. Termina la guerra del Norte en Navarra. General en jefe del ejército de Cuba que pacifica la isla (Tratado de Zanjón, 1878). Presidente del Consejo de Ministros (partido fusionista). En 1893 sufre un atentado. Hace un tratado con el sultán de Marruecos (fin de la guerra de Melilla). Presidente del Senado.

[5] Conocidos con el nombre de «filibusteros», se reparten desde su central en Nueva York por toda la zona de Florida, sobre todo en Cayo Hueso, donde dan grandes quebraderos de cabeza al cónsul español de

mos vuelto a Madrid juntas. Expresiones a tu hija y para tí un abrazo muy apretado de tu tía y amiga

C. María

67

Lisboa, 19 de Enero de 1881.

Mi querida hermana:

Acabo de recibir tu carta del 14, a la cual te contesto en seguida, aunque estoy harto cansado de tanta fiesta[1], de tanto chisme y de tanta chinchorrería.

Digan lo que digan los periódicos[2] españoles de oposición, nuestros Reyes[3] han sido recibidos aquí con el mayor afecto, así por la Corte[4] como por el pueblo.

Don Alfonso[5] va contentísimo y la Reina Cristina[6] igualmente. Don Alfonso está encantado del Príncipe heredero[7] de aquí y se ha hecho muy amigo de él. El Príncipe es guapo mozo, listo, instruído, hablando bien muchas lenguas y entre ellas el castellano, y diestro y animoso en todos los ejercicios corporales, como cabalgar y tirar las armas. Díselo así a la Reina Isabel[8], cuya carta recibí y á quien no me dejan tiempo para contestar mil quehaceres. Ya le escribiré otro día.

Ahora será menester llevar al Príncipe a Madrid, si hemos de lograr el gran negocio.

Puedes decir también a la Reina que tengo en mi poder la

─────────

aquella ciudad. Contaban, sin duda, con la posición neutralista de «no intervención» de los Estados Unidos, lo cual les beneficiaba. En 1859 estaba al mando de la isla de Cuba, y a pesar de sus esfuerzos, no logró nada en pro de la pacificación.

[1] Las tensiones producidas por los partidarios y contrarios a la candidatura de don Amadeo y su destronamiento y los acontecimientos posteriores, convierten los hechos como este que se está viviendo ahora, la boda de Alfonso XII con doña María Cristina, en un asunto polémico y motivo de tensión social.

[2] Los periódicos de esta época eran *La Tribuna, La Justicia, El Liberal, El Imparcial*, etc.

[3] Don Alfonso XII y doña María Cristina.

[4] Se refiere a la corte de Portugal, Luis I y María Pía de Saboya.

[5] Alfonso XII.

[6] Esposa de don Alfonso XII.

[7] Carlos I (1889-1908).

[8] Isabel II, reina de España.

9

comunicación oficial, dirigida a Asselín [9], de que fué nombrado Vizconde el día 5 del corriente Enero. No la remito porque puedo quizá necesitarla para sacar el título, etc. Sobre esto, con la bulla de las fiestas, etc., no he dado aún paso alguno.

Mi mujer ha estado muy obsequiada, ha sido muy distinguida, le han hecho muchísimo caso, hasta la Reina de Portugal [10] la ha paseado en su coche en las expediciones de Villaviciosa, etc.: de modo que Dolorcitas casi está contenta y medianamente sufrible.

Además de la Gran Cruz de Carlos III, el Gobierno Portugués me ha de dar la Gran Cruz de la Concepción de Villaviciosa. Así lo afirma el Sr. Fontes [11], Presidente.

A pesar de esto dicen los periódicos de la oposición en España que lo he hecho muy mal y que debo presentar mi dimisión. Ya están frescos. Yo creo, y me parece que Dn. Alfonso y sus Ministros creen también, que lo he hecho perfectamente.

Ahora voy a entrar en los horrores de pagar cuentas. SS. MM. estuvieron a almorzar aquí y les dí una fiesta espléndida, con música y otros excesos y primores.

Aquí recibieron SS. MM. a los españoles residentes en Lisboa.

Anoche a las 9 volvimos de cazar en Villaviciosa, y de acompañar, después de la cacería, a los Reyes de España hasta Badajoz.

Dolores y yo fuímos solo a esta excursión y los demás de la Legación se quedaron.

Adios. Me alegraré que Luisa [12] se alivie. Dale cariñosas memorias. Tu créeme tu afectísimo hermano

JUAN

---

9 Para el que luego sería el vizconde de Asselín, Sofía Valera le había pedido una condecoración al Gobierno portugués, tramitada por su hermano.

10 María Pía de Saboya, esposa de Luis I.

11 Antonio Fontes Pereira de Mello. General de división y hombre de Estado portugués. Nació en Lisboa (1819-1889). Diputado conservador (1848). Ministro de Marina (1851), Hacienda e interino de Obras Públicas. Presidente de Gabinete durante dos etapas (1870-79 y 1881-86). Asume la jefatura del partido conservador.

12 Luisa Pelissier y Valera.

68

Lisboa, 22 de Enero de 1881 ?

Querida hermana:

Te envío apertoria esa carta para la Reina Isabel[1] por, si tienes curiosidad, que la leas. Lo que digo es exacto, sin la menor adulación cortesana. Dn. Alfonso[2] ha gustado aquí mucho. La visita regia ha sido provechosa. El enlace futuro le creo posible y aún probable, si le trabajamos con prudente habilidad.

No he tenido aún tiempo para sacar el título Asselin[3] y dejarlo todo en regla, pero lo haré enseguida.

No puedes imaginar que jaleo he traido en estos días.

Mi mujer se ha lucido con sus trajes y recepciones, pero me sale carísimo el lucimiento. ¡Cómo nos ha robado Constantino![4].

Adios. Mil cariñosas expresiones a tu hija[5]. Soy tu afectísimo hermano

JUAN

69

Lisboa, 17 de Febrero de 1881 ?

Mi querida hermana:

He recibido tu carta del 12, por la que veo con pesar que tienes dolores y que estás melancólica. Decididamente nosotros debiéramos vivir juntos, a fin de consolarnos el uno al otro. Yo tampoco estoy bien de salud. Tengo mil alifafes, y el continuo rabiadero de mi mujer me los aumenta.

Carmencita[1] sigue con calenturas, y el humor de mi mujer sube con esto a tanta altura de perversidad y de insufribilidad que no es posible aguantarla.

---

[1] Isabel II de España.
[2] Alfonso XII, rey de España.
[3] Vizconde de Asselín. (Ver nota 9 de la carta 67.)
[4] Cocinero de Valera en Portugal mientras él está de ministro de España en Lisboa.
[5] Luisa Pelissier y Valera.
[1] Carmen Valera Delavat.

Anoche hubo un magnífico baile de trajes en casa de los Duques de Palmella[2]. Mi mujer había ya hecho el gasto, que no será flojo, en su vestido, y a última hora resolvió no ir. Yo no fuí tampoco, cargado y desesperado de tanto molimiento como había tenido durante todo el día.

Mi situación es terrible. Yo daría la mitad de lo que ganase y tuviese a mi mujer (fuera poco o mucho), con tal de que ella se lo gastase donde le diera la gana y no viviese conmigo para atormentarme.

En fin, allá veremos. Es muy posible que el Gobierno de Sagasta[3], o bien cual está, o bien modificado, dure mucho aún: pero yo estoy tan harto de todo, tan molido y desesperado, que no sentiré que Sagasta caiga, dándome motivo para presentar mi dimisión.

Ya sé por telegrama de la Reina Isabel[4], muy afectuoso, que S. M. recibió el diploma para Asselín[5].

Conservate buena: dá a Luisa[6] muy cariñosas expresiones mías cuando le escribas, y créeme tu buen hermano

JUAN

---

[2] (Ver nota 5 de la carta 81.)

[3] Práxedes Mateo Sagasta. Nació en Torrecilla de Cameros (1825-1903). Ingeniero de Caminos. Del partido progresista. Presidente de la junta revolucionaria. Diputado por Zamora. Redactor de *La Iberia*. Comandante de un batallón de milicianos. Opuesto a O'Donnell. Ingresado en la masonería y separado públicamente de ella. Profesor de la Escuela de Caminos (1857). Sublevado con Prim en Villarejo (1866). Emigró a París. En 1868 llega a Cádiz. Ministro de la Gobernación (Gobierno provisional). Apoya a Amadeo como rey. Disiente con Ruiz Zorrilla (1871). Ministro de Estado. Pacta con Cánovas el turno de los Gobiernos. Sucede a Cánovas (1881). Presidente del Congreso (1883). Pacto del Pardo (entre Sagasta y Cánovas). Vuelve a la Presidencia en la etapa de 1892.

[4] Isabel II de España.

[5] Vizconde de. (Ver nota 9 de la carta 67.)

[6] Luisa Pelissier y Valera.

70

Lisboa, 1.º de Abril de 1881.

Mi querida hermana:

Acabo de recibir tu carta del 28 del mes pasado. Mucho me alegro de ver por ella que estás bien de salud. También lo estoy yo, aunque harto afanado en los horrores de la instalación.

Esto es hermoso y te gustará; no lo dudo. Debieras venirte por acá para el 10 de Mayo, y estar conmigo todo el tiempo que quisieses. En Julio iríamos a Cintra, que es divino, y antes podríamos visitar juntos Caldas, Coimbra, Alcobaça, Oporto y aún ir hasta Galicia, que es uno de los paises más fértiles y bellos del mundo. Lo más pesado es venir hasta aquí. Desde Madrid a Lisboa, como los ferrocarriles van en España tan despacio, se emplean 30 y pico de horas, pero Bauer [1] te daría un salón o una berlina-cama, con todos los requisitos y recomendaciones. En Madrid, el tiempo que estuvieses, pararías en mi casa, donde Pepa [2], mi criada, cuidaría de tí y de Fanny [3], y podrías comer en compañía de los Caicedos [4], que viven ahora a un paso; Claudio Coello, 3, yo, y Villanueva, 12, ellos.

Aquí no me habías de aumentar el «budget» [5] con tu estancia, mientras viviésemos en la casa de la Legación, y cuando fuésemos a Cintra y demás puntos de veraneo, pagarías tu parte y en paz.

Ayer fui recibido en audiencia solemne por este Rey [6], le entregué la credencial y le eché mi discurso. El Rey estuvo conmigo en extremo amable.

Mi mujer y los chicos menores siguen en Madrid, pero yo espero que se hallen aquí para el 10 del próximo Abril.

No te pongas tan afligida ni te apures de los olvidos de

---

[1] Ignacio Bauer (1827-1895). (Ver nota 3 de la carta 62.)
[2] Criada que tienen los Valera al cuidado de su casa en Madrid (Claudio Coello, 3)..
[3] Luisa Pelissier y Valera.
[4] Alonso Mesía de la Cerda, marqués de Caicedo, y sus hijos, que vivían en Villanueva, núm. 12.
[5] Gasto.
[6] Luis I de Braganza, rey de Portugal.

Luisa [7], que ahora, en su luna de miel, estará harto preocupada para...

[Falta el final de esta carta]

71

Lisboa, 8 de Mayo de 1881 ?

Mi querida hermana:

Ayer recibí tu carta del 2, y me apresuro a decirte que mi mujer tendrá (yo la conozco de sobra), una gran satisfacción y un placer en que te vengas con nosotros todo el tiempo que quieras. Si ella no te lo escribe es por que es muy floja para escribir. Yo tampoco quiero decirle que es posible y próxima tu venida, a fin de que su libertad sea completa, y se vaya, si quiere, a Biarritz, como medita. Yo no sentiría que se fuese y me dejase en paz. Si me ha de atormentar, mejor es que se vaya, aunque me prive del gusto de estar con los chicos. En ambas hipótesis deseo yo y es convenientísima tu venida. Si se vá mi mujer a Biarritz, porque tú me harás compañía en mi abandono; y, si se queda, porque ella contigo estará más distraída, contenta y ocupada, y dejará de molerme. Casi, si vienes, se pondrá muy amable conmigo, para que tu creas que es una alhaja. Ya ves si de todos modos tu venida me trae provecho.

Cintra es un lugar fresco y delicioso, pero el viaje es penoso desde París a esta ciudad. Entrado el verano, hace mucho calor. Es menester venir a fines de Mayo o principios de Junio, o en Septiembre. Claro está que yo prefiero que te vengas ahora. En Madrid podrías reposarte cuatro o cinco días en mi casa, calle de Claudio Coello, 3, principal. Si estabas en Madrid, en los días 25, 26 y 27 del corriente, verías las magníficas fiestas, procesiones, etc., que se preparan para el centenario de Calderón [1]. Yo no pienso ir a estas fiestas: pero tú me avisarías de tu ve-

---

[7] Luisa Pelissier y Valera.
[1] Pedro Calderón de la Barca (1600-1681). Estudió en el Colegio Imperial de la Compañía en Madrid y en las Universidades de Alcalá y Salamanca. Tomó parte en combates en Fuenterrabía y Cataluña. Con un hijo con dama desconocida (1648). En 1651 se ordena sacerdote. Dramaturgo de los reyes. Autor de los autos sacramentales, etc.

nida a Portugal y yo saldría a recibirte hasta la frontera o hasta Badajoz.

Como mi casa de Madrid está ahora a un paso de la de los Caicedos[2], los días que estuvieses en Madrid estarías muy acompañada por ellos e irías a comer con ellos para no comer sola. Para el almuerzo y aún para la comida si querías comer en casa, la Pepa[3], a quién conoces, te serviría bien. Allí está en casa, al cuidado de todo. Anímate y ven.

Adios. Mil expresiones cariñosas a Luisa[4] cuando le escribas. Tu créeme tu afectísimo hermano

JUAN

72

Lisboa, 13 de Mayo de 1881 ?

Mi querida hermana:

Acabo de recibir tu carta del 9. Por ella veo que estás bien de salud; a pesar de lo mucho que me muele mi mujer, yo estoy regularmente.

Mientras me dure esto, he ofrecido a mi mujer, si quiere largarse y dejarme en paz, la suma de 1.500 pesetas mensuales, pero yo creo que lo que ella pretende es aburrirme y ponerme en ridículo. Es muy posible que después de vacilar mucho, se vaya Dolores a Biarritz a pasar el verano y vuelva por aquí en Octubre a molerme de nuevo.

Veo por tu carta que no podrás venir a hacerme visita hasta fin de Septiembre. Si vinieses a mediados de dicho mes, aún podríamos pasar en Cintra dos o tres semanas. Cintra es delicioso.

En España han entrado las cosas en cierto estado normal y pacífico y es más que probable que el actual Gobierno dure bastante, como no disparate y tontée mucho. Considero, pués, que la canongía de esta Legación me durará tiempo.

---

[2] Alonso Mesía de la Cerda, marqués de Caicedo, y sus hijos Alonso, Antonia y Juan Mesía de la Cerda y Valera.
[3] Criada de los Valera. (Ver nota 2 de la carta 70.)
[4] Luisa Pelissier y Valera.

Los dos chicos míos que se hallan aquí están bien de salud. Escribeme cuando puedas y dame noticias tuyas. Adios. Conservate bien y créeme tu afectísimo hermano

JUAN

73

Lisboa, 1.º de Junio de 1881 ?

Querida hermana:

Acabo de recibir tu carta del 28. Veo el cuidado en que te pone no recibir carta de Luisa [1]. Luisa estará muy divertida y por eso no te escribirá. Así lo espero.

Me alegro que no te haya parecido mal la traducción francesa de *El Comendador Mendoza,* de la cual te ha enviado un ejemplar el Sr. Alberto Savine [2].

Yo aquí estoy muy contento.

Mi mujer me muele bastante; pero, a fuerza de paciencia la sufro.

Muchísimo favor me harás en venirte por aquí: mi mujer, estando tú, se reportará algo y no hará tanta necedad: muchas cosas, aprobadas por una Duquesa, no le parecerán tan cursis, etc.; no me indispondrá con tapiceros, etc., de aquí, y no me hará gastar el doble.

Te tengo destinado aquí un cuarto precioso y muy alegre. Mi mujer se irá a Biarritz hacia fin de este mes. Estará por allá Julio, Agosto y Septiembre, y volverá aquí en Octubre. Ven tú cuando quieras, pero me alegraré mucho de que vengas antes. Si no tienes miedo al mar, tomando el vapor en Burdeos, puedes venir aquí con mayor comodidad.

Adios. Créeme tu afectísimo hermano

JUAN

Me alegraré de que lo pases muy bien en Londres.

---

[1] Luisa Pelissier y Valera.
[2] Hispanista y crítico francés, nació en París (1856) y murió en Antibes (1901). Cultivó la novela histórica con localización en España. Trabaja en obras críticas del castellano y del catalán. Traductor de *El comendador Mendoza,* de Valera.

Mis chicos se van con Dolores a Biarritz. Yo me quedo solo. Esto es más melancólico, pero es también más descansado. Dolores me ha molido de un modo feroz.

74

Lisboa, 22 de Junio de 1881 ?

Mi querida hermana:

Acabo de recibir tu carta del 17 y mucho contento con tu decisión de venirte por acá en el mes de Agosto, o a fines de Julio. Este sería el mejor tiempo para la navegación y el tiempo mejor también para ir a Cintra, donde podríamos pasar muy agradablemente algunas semanas.

Estoy seguro de que Cintra te ha de gustar. En cuanto a Lisboa, lo que es hasta ahora no hace calor ninguno. Este clima es delicioso.

Mi hermano[1] está ahora en Madrid con sus asuntos de la guerra civil religiosa que trae en Doña Mencía y que le dá muchos disgustos y quehaceres.

Andrés[2] está en Madrid también, muy aliviado de sus males. Va a tomar las aguas de Urberuaga, en las provincias vascongadas.

Antoñita[3] me ha escrito desde Santillana (la patria de Gil Blas), donde vive en una quinta con la Marquesa de Casa-Mena[4].

Me parece que mis amigos políticos van a durar tiempo en el poder y esto me alegra, pués no me vá mal en Lisboa.

No se me ocurre hoy cosa alguna que contarte de aquí, a donde a nadie conoces.

He hecho, en Doña Mencía, nuevo cambio de Administrador, pués el que tenía, que era el de Pepe[5], me saqueaba de

---

[1] José Freuller y Alcalá-Galiano.
[2] Andrés Freuller.
[3] Antonia Mesía de la Cerda y Valera.
[4] Puede ser la esposa de don Ginés de Mena y Márquez, marqués de Casa-Mena, diputado en las legislaturas de 1866-1867 por la provincia de Almería. Muere sin sucesión, pasando el título a su hermano Juan.
[5] José Freuller y Alcalá-Galiano.

137

un modo atroz o era tan bruto que tenía todo aquello perdido de labores y nada me producía. Veremos si aquello se remedia. Mi mujer se irá pronto a Biarritz. Ya está en Pau desesperada y rabiosa. Es su fatalidad. No atina a estar contenta ni tranquila en parte alguna.

Dá mil expresiones mías cariñosas a Luisa [6], cuando le escribas y créeme tu afectisimo hermano

JUAN

75

Lisboa, 9 de Julio de 1881 ?

Mi querida hermana:

Acabo de recibir tus cartas del 5 por la que veo con pena que te contraría no poder alquilar tu quinta de esa y tu casa de París. Mucho me alegraría yo de que lo consiguieses, según lo deseas.

Los sucesos de Orán me tienen disgustado, más que por ellos mismos, aunque han sido horribles, por que pueden dar ocasión a una ruptura entre Francia y España, lo cual sería una calamidad. Dios dé prudencia y moderación a todos, pués lo que conviene es paz, alianza y amistad entre españoles y franceses. En España, fuera de *El Imparcial* y de tres o cuatro periódicos clericales, toda la prensa está juiciosa y muy favorable a Francia.

Mis amigos en el poder van llevándolo todo, a mi ver, con mucho tino. España está en vías de gran prosperidad. Sería un dolor que fuésemos arrastrados a meternos en aventuras. Sin embargo, dado que nos metiésemos, yo preferiría que fuese con Francia y no contra Francia. En fin, yo espero que todo se arreglará con Francia amistosamente. Ese país es tan rico que no debe importarle mucho dar una limosna a las víctimas españolas. Además, ¿quién, si los españoles no emigran a Argelia, ha de colonizarles y cultivarles aquello?

Muchísimo me alegraré de que vengas por aquí pronto a hacerme compañía. Las cosas se han dispuesto de suerte que yo no tengo familia. Mi mujer, no sé si es capaz de querer a alguien, pero a mi no me quiere y me tiene agraviado por todos

[6] Luisa Pelissier y Valera.

estilos. Mis chicos, como educados lejos de mí, no me quieren tampoco.

Tu venida aquí me será útil por mil razones, aún cuando venga Dolores. Tu presencia la contendrá y no hará tanta sandez como hace y por donde yo a veces tengo miedo de que vuelva.

Los vientos del norte, que reinan aquí de continuo, impiden que haga calor. La temperatura es deliciosa. Dicen, con todo, que en los meses de Agosto y Septiembre suelen cesar dichos vientos. Entonces no dudo que el calor ha de ser fuerte en Lisboa, pero quedará el recurso de Cintra. Lo que es ahora el clima es aquí inverosimil. Ayer fui a la quinta de Perry[1], a la orilla del Tajo. Iba en coche abierto, a las seis de la tarde, y tuve que ponerme mi gabán, y un gabán de invierno, por que tenía frío con mi traje de verano.

Los sábados, y hoy es sábado, tengo tertulia en casa. Vienen los del Cuerpo Diplomático y algunos del país. Doy té y helados y se juega al whist y al tresillo.

La mujer del Secretario de esta Legación hace los honores. Mi mujer no consintió en estas tertulias mientras aquí estuvo, porque no sé cuantas cosas le faltaban y todo lo hallaba incompleto y poco elegante.

Adios. Conservate buena. Dá a Luisa[2] memorias mías muy cariñosas cuando le escribas. Creeme tu afmo. hermano

JUAN

76

Lisboa, 18 de Julio de 1881 ?

Querida hermana:

Ayer recibí tu carta del 12. No te contesté enseguida porque ayer traje muchísimo jaleo con la Escuadra Española de instrucción, que está aquí ahora de paso para El Ferrol. Tuve que llevar al Almirante y a su Estado Mayor a presentarlos al Rey[1] y a la Reina[2], que es un viaje: luego fuí a los toros con

---

[1] Horacio Perry, diplomático, que ingresó en la carrera en el año 1852.
[2] Luisa Pelissier y Valera.
[1] Luis I de Braganza, rey de Portugal.
[2] María Pía de Saboya, esposa de Luis I de Portugal.

el Almirante; luego le dí una comida; y por último tuve recepción de marinos en mis salones, con té y helados.

Anteayer fuí a visitar la Escuadra con toda pompa: me tocaron la Marcha Real y me hicieron salva con 17 cañonazos. Fuí a esto en una hermosa lancha de vapor y llevé a la Secretaria y a otras damas de Lisboa, a falta de mujer.

En tu carta del 12, a la que contesto, me sales con unos disparatones enormes. El único inconveniente que hallo para tu venida es que te marees, que esto no te divierta o que la mudanza de clima te haga daño: pero, por egoismo, para mí no hay más que ventajas en tu venida y la estoy archideseando. Egoistamente digo pués: decídete y vente el 5 de Agosto. No creo que hará calor grande: aquí nunca le hace: pero además tenemos el recurso de Cintra, que es delicioso.

Tu cuarto en esta casa está ya preparado y aguardándote. Es grande y bonito.

Yo no sé si el vapor francés en que te deberás embarcar el 5 de Agosto toca en Vigo. Si no toca, no hay más que venir directamente a Lisboa; pero si el vapor toca en Vigo o en otro puerto de Galicia, sería más agradable que vinieses allí y no a Lisboa. Yo iría a Vigo a esperarte, y desde allí nos vendríamos juntos por tierra, viendo puntos preciosos, como el mismo Vigo, Braga, Oporto, Coimbra, Alcobaça y Caldas. Todo esto se vé sin fatiga y barato en ferrocarril.

Vé, pués, si el vapor toca en Vigo y vente a Vigo. Avísame de todo. Aún viniendo directamente a Lisboa, puedo yo salir a esperarte a la desembocadura del Tajo.

Muchísimo, muchísimo te agradezco esta venida.

Yo espero que no te sobrevenga por ello ningún mal. Ahora el mar está tranquilo. Ojalá toque el barco en Vigo. Así tendrás menos que navegar, y yo viajaré contigo desde Vigo hasta aquí.

Créeme tu afectísimo y agradecido hermano

JUAN

140

77

Lisboa, 23 de Julio de 1881 ?

Mi querida hermana:

Acabo de recibir tu carta del 18. Veo que en París hace mucho calor. En todas partes le hace, menos en Lisboa, aunque parezca inverosimil. Menos calor hará en Cintra, donde nos iremos, si quieres, en cuanto vengas.

Yo no me atrevo a aconsejarte sobre el camino que debes traer. Por tierra es más seguro, pero más incómodo. Por mar no tienes más que embarcarte en Burdeos.

Tu visita lejos de molestarme, me encanta y me conviene por todos estilos. Estando yo aquí de Ministro de España no podía, porque a mi mujer se le antojó plantarme e irse a tontear a Biarritz, suprimir coche, cocinero y criados, y casa y muebles: todo esto sigue, y el gasto también, aunque sea para mí solo. Ven, pués, por aquí, a fin de que todo esto no sea para mí solamente. Aunque nos vayamos a Cintra, allí nos llevará nuestro coche, y allí nos servirá.

La casa es bastante espaciosa, hay cuarto para mi mujer, para mi suegra, para los niños, para el aya, para mí y para tí. Nadie se estorbará.

Dolores volverá por aquí en Octubre. Espero que, hallándote tú aquí, será más razonable, tendrá verguenza de hacer y de decir tonterías, me molerá menos y no me pondrá en ridículo. Aunque sólo sea con esto, me harás un bien inestimable viniéndote.

Además tú dirás que muchas cosas no son *cursis,* y ella no me aburrirá con que casi todo es cursi, ni me hará gastar más y perder paciencia.

Mucho espero de tí.

Adios. Lo de Vigo es proyecto vano pues creo que los vapores que salen de Burdeos no tocan en Vigo. Si tocasen en Vigo, sería mi gusto que vinieses solo a Vigo por mar, a donde iría yo a recibirte.

Créeme tu afectisimo hermano

JUAN

141

Lisboa, 26 de Julio de 1881 ?

Mi muy querida hermana:

Sin carta tuya a que contestar, te escribo para decirte que estoy con la esperanza de que vengas por aquí en el barco de vapor que sale el 5 de Agosto de Burdeos. Yo estoy triste, creo que tú no estás muy alegre, y es menester que mutuamente nos consolemos.

Aquí, no debo engañarte, ha empezado, aunque tarde, a hacerse sentir el calor, durante el día, de 11 á 5 de la tarde; pero las noches siguen frescas y tenemos además el recurso de Cintra.

Muchísimas cosas tengo que contarte y no pocas confidencias que hacerte, que no son para escritas, sino para referirlas a solas.

Mi mujer sigue disparatando. A veces delira o me parece que delira y me pone delirante también. Sin duda que yo, en otra vida, hube de cometer algún grande pecado, cuando tan duramente se me hace expiar ahora. Lo singular es que mi mujer me infunde más piedad que ira.

Adios. No me atrevo a excitarte para que vengas. El viaje es penoso, y esto poco ameno. Solo te diré que te agradeceré mucho que vengas.

Creeme tu afectisimo hermano

JUAN

Aquí los cocineros son inverosimil y superlativamente ladrones. Ayer despedí al mío, porque ya no podía más: iba a comerme cuanto tengo. Sé que tú tienes en París una cocinera excelente. Me alegraría de que te la trajeses contigo. Ya se volvería cuando tú te volvieses o antes si esto no le gustaba. Seguro estoy de que con ella comeríamos mejor y más barato que con cualquier cocinero que yo tome aquí.

Ya buscaríamos, en los primeros días, quién la sirviese de guía y de interprete en el mercado. Aquí casi todo el mundo habla francés.

Lisboa, 27 de Julio de 1881 ?

Mi muy querida hermana:

Acabo de recibir tu carta del 23 y muchísimo contento de
saber que el 5 te vendrás en el barco de vapor que sale de Burdeos. Te ruego que por telégrafo me avises de tu salida, no vengas directamente hasta aquí, no te quedes en Vigo o en La Coruña. Si te quedases en Vigo o en La Coruña, yo iría hasta allí
a buscarte y nos vendríamos por tierra.
Yo ignoro los ferrocarriles que hay en Galicia y si tendríamos que andar demasiado en coche o en diligencia, pero como
dicen que Galicia en lindísima, no sería gran pena que durase
más nuestro viaje. Haz, no obstante, lo que te parezca mejor.
Aunque vengas directamente a Lisboa, no por eso dejaremos
de ir a Oporto, a Coimbra y a otros bellos sitios de Portugal,
a donde se vá en ferrocarril.
Si no te cuesta mucho el billete de pasaje (en segunda clase), te podrías traer a tu cocinera, que nos haría aquí grande
avío. Yo he tenido que despedir al cocinero que tenía por demasiado sisón, pero, aunque no traigas tu cocinera, no te faltará
quién te guise y no mal.
Siento que te asuste algo el mar y deseo que el viaje, como
la estación lo promete, sea de lo más próspero y bonancible.
Adios, querida hermana. Mucho desea abrazarte tu hermano afectísimo

JUAN

80

Lisboa, 18 de Diciembre de 1881.

Mi querida hermana:

Ahí te envío esa carta para la Reina Doña Isabel [1], a quién
me harás el favor de entregarsela o remitirsela. Te aseguro que
daría yo cualquiera cosa por poder servir a S. M. que es en extremo amable y que siempre me fué simpática: pero estos portugueses son vanos y soberbios, y de esto nacen todas las dificultades punto menos que invencibles.

---

[1] Isabel II, reina de España.

En fin, yo no desisto. Allá veremos lo que se logra.

Dí a la Reina que el último deseo, que tan francamente expresó en la carta que le dirijo, tiene en mí mucha fuerza, y que haré cuanto pueda por que se logre, pero no tomaré iniciativa, porque yo, aunque no soy portugués, soy también orgulloso; y como ni para mi hija he de buscar, ni para mis hermanas busqué novios nunca, no he de dejar ver que los busco para más altas personas, que me son muy queridas.

Sin embargo, hasta donde la cosa sea compatible con la prudencia y el decoro, yo he de poner los medios para que S. M. Fidelísima-hembra, sea en lo venidero, una muchacha tan graciosa y dulce y bonita como Doña Eulalia [2].

Aquí se preparan grandes fiestas para recibir a nuestro Don Alfonso [3], quién vendrá el 10 de Enero. Habrá baile en Palacio, funciones regias en los Teatros de San Carlos y Doña Mencía, cacería en Villaviciosa, *touradas imponentes,* iluminaciones, fuegos de artificio, exposiciones y otros excesos.

Por la mente de la Reina María Pía [4] ha pasado, a no dudar, la idea de casar a su hijo [5] mayor con Doña Eulalia. En fin, allá veremos. De lo del título no desespero, aunque lo hallo dificil, a pesar de las esperanzas que Vedra [6] y otros agentes me dan. El Rey Don Alfonso, cuando venga, no será posible que decorosamente tome cartas en lo del título, pués pondría a Don Luis [7] en la disyuntiva de hacerle un feo o de que dijese que le violentaba a hacer algo contra su gusto. Lo del título para Asselin [8] o lo he de conseguir yo o nadie.

Ruega de mi parte a la Reina que tenga espera y que me perdone la involuntaria pesadez.

Mil y mil cariñosas expresiones a Luisa [9] cuando le escribas.

Adios y créeme tu afectisimo hermano

JUAN

Dolores muy contenta hasta donde su condición desabrida puede dar lugar a contento. Anoche sábado tuvimos brillantí-

---

[2] Infanta doña Eulalia, hermana de Alfonso XII.
[3] Alfonso XII, rey de España.
[4] María Pía de Saboya, esposa de Luis I de Portugal.
[5] Carlos I de Portugal (1889-1908).
[6] Luis Bretón y Vedra, diplomático, destinado en 1884 en la Legación de España en Lisboa.
[7] Luis I de Braganza, rey de Portugal.
[8] Vizconde de Asselín. (Ver nota 9 de la carta 67.)
[9] Luisa Pelissier y Valera.

sima tertulia. Para el sábado que viene, que será Nochebuena, prepara Dolores un árbol de Navidad para obsequiar a los hijos de los amigos. En fin, todos son gastos, pero ella se divierte y mangonea.

A pesar de nuestras rabietas, Alcovia [10] no ha acabado aún de poner los salones de arriba, pero creo que estarán pronto. Los chicos míos bien de salud. Adios, repito, tuyo

JUAN

81

Lisboa, 8 de Febrero de 1882 ?

Mi querida hermana:

Hace días que no recibo carta tuya, lo que me tiene con algún cuidado. Me alegraré de que no sea por falta de salud.

Yo estoy bueno, si bien algo escamado con las noticias de Madrid, donde sospecho que se prepara la caida del Ministerio. Si vuelve Cánovas [1], la negra honrilla me obligará a presentar mi dimisión. ¿Qué le hemos de hacer? En fin, allá veremos. Puede que sea una falsa alarma.

La Reina Doña Isabel [2] me dá prisa por medio de un telegrama, al que ya he contestado, para que le envíe el Diploma del Vizconde de Asselin [3]. No le escribo a fin de no molestarla con nueva carta. Si tú sin molestia puedes verla, ten la bondad de decirle que yo no retardé el hacer las diligencias sino los días en que estuvieron aquí el Rey Don Alfonso [4] y su Corte, días en que no se pudo pensar ni hacer nada que no fuese las fiestas; pero que no bien Don Alfonso ido, me empleo en sacar el diploma, y, si esto tarda es porque son aquí muy pesados y porque hay trámites que no se pueden excusar ni abreviar.

Creo, no obstante, que el diploma del nuevo Vizconde estará ahí dentro de seis o siete días.

Mi mujer buena y muy obsequiada y contenta hasta donde puede estarlo con su mal caracter. Los chicos bien de salud.

---

[10] Tapicero y mueblista que tiene Valera decorándole la Legación y la casa en Lisboa.
[1] Antonio Cánovas del Castillo. (Ver nota 28 de la carta 50.)
[2] Isabel II, reina de España.
[3] Vizconde de. (Ver nota 9 de la carta 67.)
[4] Alfonso XII, rey de España.

10

Lisboa está muy animada y divertida. Mucho baile. El 16 darán uno de trajes los Duques de Palmella [5].

Dá a Luisa [6] de mi parte las más cariñosas expresiones.

Soy tu afectísimo hermano

JUAN

Escribeme y dime de tu vida, cuando nada mejor tengas que hacer.

82

Lisboa, 20 de Febrero de 1882.

Mi muy querida hermana:

Acabo de recibir tu carta del 15 y mucho me alegro de ver por ella que estás bien de salud. Yo estoy regular, pero mil veces más atormentado que nunca.

La niña Carmencita [1] ha caido enferma con calenturas. Hace ocho días que las tiene. Aún no decide el médico si son las fiebres que llaman de Lisboa o si degenerarán en tifoideas. De esta segunda parte del pronóstico no quiero decir nada a mi mujer, a fin de que conserve su juicio. Mi mujer, estando todos en salud, está nerviosa, desabrida y triste. Figurate como estará ahora. Esto es no vivir. Esperemos que no sean tifoideas las calenturas y que se cure pronto la niña.

Cuando Carmencita esté bien, por más que sea muy doloroso para mí el estar separado de mis hijos, entiendo que nada estaría más atinado que el que mi mujer se fuese a Biarritz. Si tu piensas pasar una larga temporada este verano en Villerville y me convidases a mi mujer y a mis chicos, si esto no te molestaba ni me costaba mucho, me convendría para paz y economía. Mi mujer, como tu haces en mi casa, y con doble o quíntuple motivo, pués somos una caterva, debería pagar su manutención, quedando esto callado entre Vds. Yo idos de aquí los de mi familia, despediría cocinero y coche, y viviría con poco. Bien he menester de esto para reponerme de grandísimos

[5] Duques de Palmella. Hijo de don Pedro Souza Holstein, primer duque de Palmella.
[6] Luisa Pelissier y Valera.
[1] Carmen Valera Delavat.

146

gastos. Sin coche, sin cocinero, sin pinche, y con un solo criado gastaría poco.

En Agosto pediría licencia, o tal vez en Julio, y te haría una visita de un mes en Villerville.

Escríbeme, háblame de estos planes y dime cuales van a ser los tuyos este verano. Si mi empleo aquí durase mucho, podrías venirte por acá en Septiembre, y estar aquí Octubre y Noviembre.

No escribo nada, no me dejan escribir nada.

Consérvate buena. Dime de aquel encargo de Garnier [2].

Créeme tu afectísimo hermano

JUAN

83

Lisboa, 23 de Febrero de 1882.

Mi querida hermana:

Hoy te escribo por encargo de Dolores, que no tiene gusto, ni humor, ni cabeza para nada con la enfermedad de la niña [1]. Esta enfermedad es, en efecto, fiebre tifoidea. Mi mujer lo ignora aún, y no es posible decirle, todo lo grave de la cosa. El médico me dá muchas esperanzas.

Parece que Dolores te debe no sé qué cantidad y me encarga que te envíe la adjunta letra para que Pepito Delavat [2] la cobre, pague la cuenta que remito adjunta, y te pague tambien a tí. Hazme el favor de hacer este encargo de mi mujer.

Hace días que tengo esta letra sacada y entregada a mi mujer, la cual, con las fiestas primero, y luego con esta enfermedad, no ha pensado en remitirla. No se la envío yo al tonto de Delavat, por no saber donde vive, y porque no tengo gana de escribirle. Sobre todos los favores que le he hecho y le estoy haciendo, pués nada sería sin mí, le envié la Encomienda de

---

[2] Auguste Garnier. Editor y literato francés, nacido 1812-1887. Fundador, con su hermano Hipólito, de la casa editorial que lleva su nombre (especializados por mucho tiempo en literatura española y portuguesa).

[1] Carmen Valera y Delavat.

[2] José Delavat y Arêas, hermano de Dolores Delavat y Arêas, diplomático.

147

Cristo, y esta es la hora en que ese mentecato no me ha dado las gracias.

Mi mujer está insufrible, pero me inspira gran compasión. Tú sabes lo fastidiosa, insolente y desabrida, que es conmigo, cuando no hay razón de pesar; figurate como estará ahora. Dios me dé paciencia.

Su venida aquí ha sido una calamidad económica, haciéndome gastar locamente mucho más de lo que tengo. Ahora, con la enfermedad de la niña, la calamidad crece de punto y nos alcanza a todos.

No te dés por entendida de mis quejas al contestarme.

Adios. Escribeme y conservate buena. Tu afectísimo hermano

JUAN

Supongo que Dolores, cuando se cure Carmencita, como espero, se irá de aquí y tomará a esto en gran aborrecimiento. Me alegraría que pasase una temporada de verano en Villerville contigo. Ella es insufrible; pero tú eres tan buena y tan dulce que todo lo aguantas.

Yo, cuando ella se largue, quitaré coche, despediré cocinero y pinche, y viviré economicamente, mientras siga de Ministro en Lisboa.

Adios. Tu afectísimo hermano

JUAN

84

Lisboa, 25 de Febrero de 1882.

Querida hermana:

La enfermedad de Carmencita [1] sigue su curso. Hay momentos en que nos dá mucho cuidado. Mi mujer se sacrifica por la niña como madre cariñosísima. En esto merece los mayores encomios. Pero si mi mujer me muele, cuando está bien y debiera estar dichosa, cuando tiene bailes, y luce trajes, y hace papelón de Ministra, figurate cuanto no me molerá y afligirá ahora que tiene motivo para estar con grave pesadumbre. Los gastos, además, no los escatima, ni yo me opongo a ninguno, ni a los más

---

[1] Carmen Valera Delavat.

148

irracionales. A Madrid ha pedido por telégrafo una hermana de la caridad, porque aquí no las hay sino portuguesas y la quiere francesa. Por telégrafo ha pedido tambien a Madrid la mejor muñeca posible, con muchos vestidos, pués ninguna de las de aquí le han gustado y todas las de aquí tienen poca ropa. Para que mi mujer se sosiegue y se persuada de que el médico no es un bruto, ha sido menester tener ayer una consulta. En fin, es una verdadera locura. Dios quiera que la niña se ponga buena y todo lo doy por bien empleado. Después de la convalecencia, lo mejor que puede hacer mi mujer es largarse a escape a Francia o donde se le antoje.

Muchísimo me alegraría de que el editor Garnier [2] quisiera hacer ediciones de mis obras, con tal de que las pagara decentemente. El libro que tengo ahora más disponible es *Las ilusiones del Doctor Faustino*. Quedan 220 ejemplares por vender de la tercera edición.

De mi traducción de *Dáfnis y Cloe,* con notas e introducción, quedan unos 350 ejemplares. Aquí, quiero decir en España, se venden bastante mis libros. Creo que en América se venderían más y mejor, y para América imprime Garnier.

A Don Herminio [3], el que corrió con sacar el título, dí 40.000 reis de gratificación, porque esto no daba espera. Para dar el *conto* de reis a los Asilos nocturnos esperaba el permiso de S. M. [4]. Ya le daré. De todo irá cuenta justificada y devolveré lo sobrante.

Carmencita está hoy algo mejor, pero ni con mucho fuera de cuidado.

No rabies tú ni te desesperes. Te aconsejo lo mismo que me aconsejas: ten calma y firmeza de espíritu.

Nosotros somos sobrado benignos y hemos nacido para que nos muelan y nos exploten: pero todo debe tener sus límites.

Escríbeme y cuéntame cosas de por ahí, y sobre todo de tu vida y proyectos. Repito que me alegraré de que Garnier quiera hacer, pagando decentemente, algunas ediciones de obras mías. Espero que ese Señor, amigo tuyo, trate esto bien con Garnier.

Adios. Soy tu afectísimo hermano

JUAN

---

[2] Auguste Garnier (1812-1887). (Ver nota 2 de la carta 82.)
[3] Persona encargada por Valera de ocuparse de las gestiones de sacar el título del vizconde de Asselín.
[4] Luis I de Braganza, rey de Portugal.

85

Lisboa, 26 de Febrero de 1882.

Mi querida hermana:

La niña Carmencita [1] está mejor, aunque no mucho. Mi mujer, como era de temer, es la que ha caído enferma. Dios quiera que mi mujer se cure pronto, y la niña también, y que se vayan y me dejen en paz. Yo daría (comprometiéndome a ello por escritura pública), la mitad de cuanto pudiese adquirir en mi vida para que mi mujer se lo gastara, a más de lo que ella tiene, donde y como quisiera, con tal de que me dejase tranquilo. A la Reina [2] escribiré cuando esté más sosegado mi espíritu y le daré cuenta de todo.

Tranquilízate que ya te escribirá tu hija, la cual se estará divirtiendo y por eso tarda en contestarte.

Veo por la nota que me envías, en una de tus últimas cartas, que esos editores franceses no son más espléndidos con los autores que los editores de España. Yo he sacado bastante más del 10 por 100 del valor, en el mercado, de los libros míos que se han vendido. Aquí, pués, no insisto con empeño en que el Señor Garnier [3] me compre nada. Como vino a verme un hijo o sobrino, llamado Hipólito [4], y me dijo si quería tratar con su casa, por eso fué el escribirte.

En fin, veremos qué dicen a ese amigo tuyo, que piensa hablarles, y así satisfaré una curiosidad.

Mi mujer está más feroz y más desabrida que nunca contra mí. Yo por piedad, aunque no la merece, y para que no dijera que no quería compartir con ella esta buena posición de ahora, la rogué que viniese a compartirla. ¿Cómo había yo de prever este infortunio de la enfermedad que ha sobrevenido?

Resulte de ella lo que resulte, pienso, si puedo, hacer que me nombren Ministro en Washington, donde no me seguirá Dolores y donde tal vez ahorre yo algo. En fin, allá veremos.

Créeme tu afectísimo hermano

JUAN

---

[1] Carmen Valera y Delavat.
[2] Reina Isabel II de España.
[3] Auguste Garnier (1812-1887). (Ver nota 2 de la carta 82.)
[4] Hipólito Garnier, hermano de Auguste. (Ver nota 2 de la carta 82.)

Cuando pueda, y espero sea pronto, llevaré al Rey Don Luis [5] la carta de S. M. la Reina Doña Isabel [6].

86

Lisboa, 28 de Febrero de 1882.

Querida hermana:

A pesar de cuantos esfuerzos hice por mí y valiéndome del médico Barbosa para que se lo aconsejase y aún mandase, mi mujer se ha cuidado poco, ha dormido junto la niña, y la niña la ha contagiado de su mal. La niña está mejor: casi fuera de peligro: más para mí es ya casi evidente que Dolorcitas tiene calenturas tifoideas.

Esta enfermedad es grave y de peligro. Yo, con todo, no me atrevo a decir nada por telégrafo a mi madre política. La buena Señora está muy anciana y delicada de salud, ama mucho a su hija, y sería capaz de emprender el viaje y de venirse aquí, lo cual la medio mataría o mataría del todo.

Las calenturas tifoideas aún no están declaradas en Dolores. El médico recela que lo serán. Aquí se le prodigan los cuidados. Tiene tres visitas diarias del médico: todos los criados de casa atendiendo a su servicio, y dos hermanas de la caridad. Yo mismo la acompaño, siempre que ella quiere sufrir mi presencia.

Sucederá lo que Dios quiera, pero no faltarán a Dolores todos los cuidados y todos los médios de que recobre pronto su salud. El médico dá muchas esperanzas. Figurate como estaré yo, y cuan arrepentido por todos lados de que mi mujer haya venido a Lisboa. Dios querrá que se salve, y entonces se irá con los niños donde le parezca.

No sé si te he dicho que Luisito está en casa de Madame Goyri [1], y Carlitos en casa del Cónsul [2], a fin de apartarlos del contagio.

---

[5] Luis I de Braganza, de Portugal.
[6] Isabel II de España.
[1] Cuando Dolores Delavat tiene las tifoideas, Luisito reside en casa de madame Goyri, familiar de uno de los empleados de la Legación.
[2] Probablemente, se trata de Horacio Perry, diplomático, que empezó en la carrera en 1852.

Si mi mujer se agrava, si llega a estar de peligro, te lo diré por telégrafo para que, en tu prudencia, decidas lo que debes decir a su hermano Delavat [3]. Este verá lo que conviene decir a su madre.

En fin, tal vez esto pase y todo salga bien. Dios lo haga.

Quiero, sin embargo, tenerte prevenida, a fin de que cualquier telegráma alarmante, si tengo que ponerlo, no te sorprenda demasiado.

Créeme tu afectísimo hermano

JUAN

87

Lisboa, 1.º de Agosto de 1882.

Mi querida hermana:

Hasta ayer no he recibido tu carta del 25 del mes pasado, a la que contesto. Por ella veo que estás bien de salud y de mejor humor que de costumbre. Yo sigo lo mismo: esto es, convencido más cada vez de que me paso de longánimo, hasta rayar en estúpido, aguantando las canalladas e infamias de mi mujer.

Ahora, con Antoñita [1] en nuestra compañía, que, a mi ver, no hay defecto que no tenga, se me ha doblado el encantamiento.

Esperemos que Antoñita, al menos, se largará dentro de un mes o mes y medio.

Yo quisiera, con toda mi alma, tenerte por aquí alguna temporada: este sería un gran consuelo. Estoy rodeado de enemigos, de personas que me aborrecen, y deseo vivir con la única persona que verdaderamente me quiere. Madame, la Baronne de Greindl [2] ha ido a Bruselas, de donde volverá a Lisboa, dentro de dos meses. Por qué, si para entonces, estás sola en París, porque tu hija y tu yerno se han ido ya a Polonia o a Viena, no te vienes a Lisboa con la Baronesa, a pasar conmigo los meses de Noviembre, Diciembre y Enero, y pasar en París en

---

[3] José Delavat y Arêas, hermano de Dolores.

[1] Antonia Mesía de la Cerda y Valera.

[2] Barón Jules de Greindl y esposa (1835-1897). Diplomático belga, ministro de Bélgica en Lisboa, a quien conoció Valera en esta época y con quien mantendrá una correspondencia que, aunque no es muy voluminosa, será una de las más sinceras, indicando su profunda amistad.

el fin de Enero o en Febrero? La Baronesa piensa ir a verte a su vuelta de Bruselas y lleva encargo de seducirte, si puede, y de traerte por aquí.

Tú has dejado aquí los mejores recuerdos. Todos te celebran de llana, de bondadosa, de agradable, de guapa, de cuanto puede ser una persona celebrada. Siempre me hablan de tí y siempre me preguntan con interés si vuelves y cuando. Aquí gastarás bien poco, y, si quieres, no gastarás nada. Mis chicos están muy robustos y graciosos. Esto me consuela un poco de mis melancolías.

La pobre Madame Delavat[3] me dá compasión. Mi mujer la trata muy mal. La buena Señora está siempre mortificada y parece una sombra, que apenas osa desplegar los labios, para que Dolorcitas no la riña. Ahora tiene además el gravísimo disgusto de la enfermedad de su hijo Pepito[4], el cual es tonto y desgraciado; pierde al juego y vá a perder lo menos un ojo con la enfermedad que le aqueja. De resultas de esta enfermedad es posible que al fin se cansen, y, como abandona su puesto, acaben por no tenerle los excesivos miramientos que le tienen, por consideración a mí, y pierda también la carrera. Imaginate que desdicha la de Pepito, incapaz de hacer nada, acostumbrado a vivir a lo Príncipe, con su caudal casi consumido por vicios y tonterías, y sin empleo. Vá a ser una gran calamidad.

Adios. Escribeme y créeme tu cariñoso hermano

JUAN

He rasgado tu carta, rasga tu también la mía, pués hablo en ella con demasiada franqueza.

88

Lisboa, 9 de Agosto de 1882.

Querida hermana:

Ayer, después de escrita mi carta, recibí una tuya del 4, a la que contesto ahora.

Muchísimo me ha alegrado y consolado que tengas el pro-

---

[3] Isabel Arêas, madre de Dolores Delavat.
[4] José Delavat y Arêas, hermano de Dolores Delavat, diplomático.

pósito de venir por aquí a hacerme una larga visita. Considero la mejor época a principios de Octubre. Para entonces volverá de Bélgica la Baronesa de Greindl [1] con quien pudieras venirte. La Baronesa irá a verte, si para entonces estás en París. Dime el número y calle de la nueva casa donde vives.

Recordaré a mi mujer el encargo de Luisa [2] para que le haga. Una vez comprada la mesa, se puede facilmente enviar a Francia por mar. En cuanto a los libros, todo lo que Luisa quiere se halla en París con más facilidad que en parte alguna. Los autores que citas; a saber: Zorrilla [3], Teatro, Leyendas y Poema de Granada, están impresos en París por Baudry [4]. Lo mismo digo de la Expedición de Catalanes contra turcos y griegos de Moncada y de la Conquista de Méjico de Solís. Ambas historias, y creo que tambien la Rebelión de Cataluña de Melo, están en un solo tomo de la indicada Biblioteca de Baudry. En cuanto a Calderón [5], creo que en dicha Biblioteca está lo más escogido. Si Luisa quiere un Calderón más completo, puede comprar la edición de Leipzig, de Jorge Keil, en cuatro tomos: hermosa y correcta.

Mi traducción de Schack, *Poesía y arte de los árabes en España,* irá desde Madrid por el correo, y asimismo haré que te envien algunos libros más, de lo nuevo, para Luisa. Dime si Luisa tiene míos *Cuentos y diálogos.* Si no los tiene, los enviaré.

Pués los de Bedmar [6] están por ahí y los ves a veces, dales cariñosas expresiones mías.

Mi mujer vendrá hoy de Cintra con Antoñita [7] a tiendas. Con ellas me volveré a Cintra.

[Falta el final de esta carta]

---

[1] Esposa del barón Jules de Greindl. (Ver nota 2 de la carta 87.)
[2] Luisa Pelissier y Valera.
[3] José Zorrilla. (Ver nota 26 de la carta 50.)
[4] Famoso editor francés, especializado en temas españoles, que edita varias obras de Zorrilla.
[5] Pedro Calderón de la Barca. (Ver nota 1 de la carta 71.)
[6] Manuel Antonio de Acuña y Lucía Palladi. (Ver nota 16 de la carta 50.)
[7] Antonia Mesía de la Cerda y Valera.

Cintra, 14 de Agosto de 1882.

Querida hermana:

Anteayer y ayer hemos pasado las penas derramadas en esta casa. Vino telegrama de Londres, diciendo que Pepito Delavat [1], peor de su ojo enfermo, y amenazado el sano, iba, por orden de los médicos oculistas a hacerse la operación horrible, nada menos que de sacarse un ojo. Las angustias, los llantos y las quejas de Madame Delavat [2] no tienen cuento con este harto fundado motivo. Quería irse volando a Londres para acompañar y consolar al paciente. Hubo muchos telegramas de aquí para allá y de allá para acá. Todo esto, a más del sobresalto y del dolor, es una ruina para todos.

Recibimos, por último, otros telegramas en que se nos decía que Pepito, menos mal, retardaba la tremenda operación e iba o había ido ya a París a consultar a Liebreich [3] y no sé qué otros maestros en el arte.

Mi suegra, que iba a ponerse en camino para Londres, saldrá hoy para París. Mi mujer, Antoñita [4] y yo, la acompañaremos hasta Lisboa, y allí echaré esta carta al correo. Si vas a París, cuando mi suegra y mientras estén, te ruego que los atiendas. A mi suegra la acompañará hasta París una criada. Esta vida mía trae continuas desazones, enormes gastos y escasísimos gustos. Te aseguro que estoy bien poco divertido.

Nuestra sobrina Antoñita es de una vanidad y una imprudencia maravillosas, que cada día se manifiestan más, exasperada como está con el mal éxito de sus conquistas y coqueterías. Nadie es más noble que ella y todos son *cursis* y plebeyos. Aquí ya se ha peleado con el nuevo Secretario Villa-Urrutia y con su mujer [5], a quienes ha echado en cara su plebeyez y su cur-

---

[1] José Delavat y Arêas, hermano de Dolores.
[2] Isabel Arêas, madre de Dolores.
[3] Conocido oculista alemán, residente en París, al que consulta la familia Delavat.
[4] Antonia Mesía de la Cerda y Valera.
[5] Wenceslao Ramírez de Villa-Urrutia, marqués de Villa-Urrutia. Diplomático y escritor español, nació en La Habana (1850) y murió en Madrid en 1933. Miembro de la Real Academia en 1916, fue agregado y secretario de Embajada en Washington, Londres, Lisboa y París. Ministro plenipotenciario en Constantinopla y Atenas (1896) y embajador en Viena, París y Quirinal. Tiene escritos numerosos libros históricos,

sería. Al Sr. Bocage [6], aquél que hacía la corte a Madame Goyri [7], le atrajo con sus coqueterías. De aquí rivalidades y medio pendencias con la Goyri y con su marido, quienes no sé como tienen paciencia para aguantar a Antoñita y a mi mujer. Así que Bocage empezó a ponerse frío con Antoñita, esta dijo a quienes con él la embromaban, que el Marqués de Caicedo [8] no consentiría nunca que ella fuese la Capitana Canela, aludiendo a que el Sr. Bocage no es más que Capitán, y *cursi* por supuesto. Aquí son chismosos y se lo han dicho todo a Bocage, el cual, naturalmente, sin picarse ni nada, dicen que ha dicho que estaba por ver aún que él (el Capitán Canela), aspirase a la mano de la Marquesita.

En fin, te aseguro que esto es una diversión. Y gracias a que la *high life* portuguesa, *cursi* y todo, como es, según Antoñita, es dulce, sufrida y de una amabilidad, a prueba de desdenes aristocráticos y de tonterías soberbias.

Juanito [9] también hace de las suyas por su lado. Se empeña en enamorar a la Pepita Sandoval [10], hija de mi ex novia Julia Krus [11]. Pepita se divierte algo con él, pero no le hace caso. Esto tiene también furiosa a Antoñita, que pone de *cursis* y de plebeyos a los *Kruses*. Dios quiera que todo esto no llegue a algún extremo ridículo. Yo llevo con paciencia que los Kruses y mi ex novia sean tan tildados de poco nobles y de poco comme il faut. ¡Qué le hemos de hacer! A lo que parece, y según mi mujer me ha dicho, cuando se pelea con Antoñita, Antoñita no nos halla a nosotros muy nobles tampoco. En suma, es una manía singular la que le ha entrado de creerse tan ilustre.

Adios. Mil cariñosas expresiones a Luisa [12]. Créeme tu afectisimo hermano

JUAN POCO NOBLE

---

muy documentados, siendo su mayor atractivo el gracejo picaresco con que perfilaba sus personajes.

[6] Hijo de Manuel María Barbosa de Bocage, poeta portugués que fue militar. Su hijo, capitán portugués, intenta atraer a Antoñita Mesía de la Cerda y Valera, siendo rechazado por ella.

[7] (Ver nota 1 de la carta 86.)

[8] Alonso Mesía de la Cerda.

[9] Juan Mesía de la Cerda y Valera.

[10] Hija de Julia Krus. (Ver nota 10 de la carta 1.)

[11] (Ver nota 10 de la carta 1.)

[12] Luisa Pelissier y Valera.

Cintra, 17 de Agosto de 1882.

Mi querida hermana:

Acabo de recibir tu carta del 13 y mucho contento de ver por ella que estás bien de salud. Yo estoy fastidiadísimo por todos estilos, lados y razones. Los disgustos llueven sobre mí, de parte de mi mujer y de todo lo que le atañe.

Es una gran desgracia: pero ¿qué culpa tengo yo? ¿Qué no he hecho para remediarla o aliviarla?

Al cabo logré que Pepito Delavat[1] sea nombrado Primer Secretario de la Legación de España cerca del Rey de Italia[2]: pero Pepito tiene, a lo que parece, una enfermedad gravísima en un ojo. Es ya casi seguro que habrá que arrancarselo. Si no sobreviene cambio, esta operación tendrá lugar hoy en Londres, a las 5 de la tarde. De todo nos enteramos aquí por telegramas. Maldita sea la invención del telégrafo. Figurate como estará mi mujer. Su madre, camino ya de París, llegará mañana tempra-no a dicha ciudad. Cuando sepa que ya no está allí su hijo, irá a Londres en su busca. Te agradeceré que escribas a Dolores, condoliendote de sus penas, pero expresándolas de un modo vago, no sea que se enoje de que yo he dicho que su hermano va a perder un ojo: no sea que repugne que esto se divulgue y sepa. Háblale vagamente de todo en la carta que le escribas.

No sabes cuanto te agradezco el que vengas por aquí. Yo te necesito. Estoy muy triste y tú eres mi consuelo. Mi mujer te recibirá con gusto, yo lo espero así. No le hables de tu ve-nida aún, porque yo nada le he dicho de que te he rogado que vengas, y, como es tan cavilosa, supondrá que al hacerte dicho ruego, como es la verdad, me he quejado de ella. Ya compondré yo todo esto, del modo más suave, pués es preciso aguantar a este demonio, y, si no preciso, conveniente para evitar camo-rras. Indica en tu carta que te vas a quedar sola, cuando se vaya tu hija, y quéjate de tu soledad. Esto hará que sea ella misma la que, al contestarte, te excite y convide a venir por aquí se-gunda vez.

La mesa para Luisa[3], como te he dicho, irá pronto: antes

---

[1] José Delavat y Arêas, hermano de Dolores.
[2] Víctor Manuel III.
[3] Luisa Pelissier y Valera.

del plazo que me das. Supongo que con 12 libras habrá bastante para comprarla tan buena como la que yo tengo en mi despacho.

Ya pensaré en libros españoles para Luisa. Por lo pronto espero que haya recibido *Poesía y arte de los árabes en España.* Filósofos tenemos nosotros pocos, al gusto del día. Casi estoy por enviar la *Historia de los heterodoxos españoles* que acaba de publicar Menéndez y Pelayo [4]. Otro libro también muy interesante es la *Historia de los judíos de España* de Amador de los Ríos [5]. Propiamente filósofos hay poco moderno de importancia. Tal vez, no obstante, gustaría Luisa de las obras de Padre Ceferino Gonzalez [6], actual Obispo de Córdoba, que es un grande y sabio expositor de la filosofía de Santo Tomás de Aquino [7].

Adios. Mañana voy a Lisboa a saludar al Rey [8] de vuelta de su viaje a las Provincias del Norte. Conservate buena y créeme tu cariñoso y buen hermano

JUAN

Con el Rey Don Luis, cuando vaya a Madrid, no podré estar mas de diez días en todo. Esta corta ausencia no ha de ser pués inconveniente para que tu te vengas por aquí, aún antes de dicha corta expedición.

---

[4] Marcelino Menéndez Pelayo. Nació en Santander (1856-1912). Polígrafo e historiador español. Catedrático de Literatura española (Universidad de Madrid). Director de la Biblioteca Nacional. Crítico literario. Revisionista de la cultura española e hispanoamericana en innumerables obras de crítica e investigación. Amigo de Valera, con el que mantiene una larga correspondencia, que fue publicada (aunque faltan de ella algunas cartas).

[5] José Amador de los Ríos. Historiador, crítico y orientalista español. Nació en Baena (1818), murió en Sevilla (1878). Protegido por Lista y el duque de Rivas. Académico de la Historia. Catedrático de Historia crítica de la Universidad Central. Académico de Bellas Artes, inspector general de Instrucción Pública. Publica muchas obras sobre temas orientales, artísticos y literarios.

[6] Fray Ceferino González. Dominico español (1831-1892). Desterrado en Filipinas, enseñó Teología y Filosofía. Su obra más importante es *Estudios sobre la filosofía de Santo Tomás* (1864). *Filosofía elemental* (1873). *Estudios religiosos, filosóficos, científicos y sociales* (1873). *Historia de la Filosofía* (1878-79). Restaurador del Tomismo. Obispo de Córdoba en 1875. Cardenal y arzobispo de Sevilla.

[7] Nació en Rocarecca (Nápoles) (1225-1274). Doctor de la Iglesia. Autor de la *Summa Theologica* (1267-1273).

[8] Luis I de Braganza, rey de Portugal.

Cintra, 18 de Agosto de 1882.

Querida hermana:

Después de escrita la carta anterior se quedó aquí sin ir al correo. La abro para decirte que le angustia de ayer, con motivo de la enfermedad de Pepito Delavat [1] se resolvió ya de un modo cruel, pero trayendo una situación menos penosa que la incertidumbre y el temor de perder también el ojo bueno. A Pepito Delavat le hicieron ayer la extirpación del ojo enfermo. Parece que está todo lo bien que después de esto puede estar una persona.

Mi mujer también, sabido este lance, se ha serenado algo y no me muele tanto.

Antoñita [2], durante los más crueles momentos de incertidumbre que ayer hubo, no quiso perdonar las carreras de caballos que había y se fué a ellas, tan campante. Dolores se quejó de esto conmigo: pero, al fin, todo se lo perdona a Antoñita.

El furor de Antoñita contra las dos Secretarias, Madame Goyri [3] y Madame Villa-Urrutia [4], no puede ser más cómico. Toda la causa está en que el Sr. Bocage [5], a quien conoces, sin duda por estar de monos con Madame Goyri, coqueteó con Antoñita para dar a Madame Goyri *picon*, y porque Madame Villa-Urrutia embromó a Antoñita con este coqueteo. Antoñita dice ahora que nunca hizo caso a Bocage; que ¿Cómo ella, tan noble y distinguida, había de aceptar por lo serio, a un capitancete, sobrino de un médico, etc.? En suma, mis Secretarias son unas *cursis refinadas,* pero me temo que ambas se rien de Antoñita, a pesar de su clase superior y de su elegancia de pura ley y elevados quilates.

Adios. Te quiere mucho tu hermano

JUAN

---

[1] José Delavat y Arêas, hermano de Dolores, esposa de Juan Valera.
[2] Antonia Mesía de la Cerda y Valera.
[3] Esposa de Goyri, secretario de la Legación de España en Lisboa.
[4] Wenceslao Ramírez de Villa-Urrutia. (Ver nota 5 de la carta 89.)
[5] Capitán portugués. (Ver nota 6 de la carta 89.)

92

Cintra, 24 de Agosto de 1882.

Mi querida hermana:

Sin carta tuya a que contestar, y aunque se hagan pesadísimas las mías, te escribo para proseguir en mis lamentos.

Ya creo haberte dicho la desgracia de Pepito Delavat[1], a quien han tenido que arrancar un ojo. Está en Londres, algo mejor, a pesar de operación tan cruel, y mi suegra Doña Isabel está allí acompañándole.

Mi mujer es durilla de entrañas y no ha sentido mucho el mal de su hermano: pero ha hecho bastantes almanaques, por pasar por sensible y a fin de molerme. Por ejemplo, ha gastado un dineral en telegramas.

Esto no impide que vaya en giras en burro, que baile, y se jalee en compañía de la noble Antoñita[2], la cual está cada día más impertinente. Hasta con Dolores se pelea Antoñita de vez en cuando, sobre todo cuando está rabiosa porque se le van unos novios y no vienen o saltan otros. En fin, yo espero que Antoñita, que lleva ya tres meses o más de estar con nosotros, se irá pronto a Madrid o donde quiera.

Me hace mucho reconcomio y me escarabajea en el pensamiento una frase de tu última carta. Decías en ella que estarías conmigo hasta Enero o Febrero *si tu ne portais beaucoup sur les nerfs de ma femme*. Yo creo y espero que mi mujer tendrá mucho gusto en tenerte aquí; pero si no le tiene, peor para ella, porque tendrá que disimularlo y aguantarse. Por ella he tenido yo aquí a su madre y la he aguantado; he tenido y tengo a Antoñita y la aguanto; y en suma, la aguanto a ella y está todo dicho. La más ruin manceba, que yo tuviese conmigo, fingiría amarme, me mimaría, y me adoraría. Mi mujer me trata peor que al más despreciable de los seres, y sin embargo se come todo lo que gano, a más de lo que tiene ella, y todo le parece poco, e imagina que yo debía hacer por ella prodigios de actividad para ganar más dinero o el milagro de pan y peces para que cundiese el que gano y bailase a todos sus antojos, despilfarros y desorden.

Lo que sería conveniente es que mi mujer se resolviese a

---

[1] José Delavat y Arêas, hermano de Dolores, esposa de Juan Valera.
[2] Antonia Mesía de la Cerda y Valera.

160

dejarme y yo le daría 5.000 reales de vellón al mes, o sean 15.000 francos al año, sobre lo que ella tiene. Esto sería lo mejor. Pero de todos modos, yo espero que tú vengas. Yo necesito consuelo. Necesito a alguien que me quiera un poco y esté a mi lado. Me siento abatido y humillado de verme tan odiado y despreciado de los que me rodean. Mis propios hijos, al ver sin duda la sequedad y desvío de la madre conmigo, me muestran poco amor y ningún respeto.

Rasga esta carta y créeme tu afectísimo hermano

JUAN

Memorias cariñosas a Luisa [3].

93

Cintra, 11 de Septiembre de 1882.

Querida hermana:

Con mucho gusto he recibido tu carta del 5, donde me reiteras tu promesa de venir por aquí en Noviembre. No te puedes figurar cuanto lo deseo. Cuando llega uno a la vejez siente una casi necesidad de tener a su lado alguien que le quiera, y yo no tengo aquí a nadie. Pero dejemos a un lado las quejas, que ya pecan de cansadas.

Haré que envíen a tu hija la *Historia de los judíos en España* de Amador de los Ríos [1]. Es libro sumamente curioso, si bien, por el estilo, un poco cansado de leer.

También espero que llegue a tiempo la mesa. Tengo encargado a Alcovia [2] (el *estafador* que conoces), para que me la busque.

La época en que piensas venir por aquí, a principios de Noviembre, me parece muy buena. Los meses de Noviembre, Diciembre y Enero, son deliciosos en Lisboa, por el clima, y en punto a sociedad no se pasa mal tampoco, pués la gente es muy amable.

No extraño que Madame Greindl [3] te haya escrito carta tan

---

[3] Luisa Pelissier y Valera.
[1] José Amador de los Ríos. (Ver nota 5 de la carta 90.)
[2] Decorador que trabaja en la Legación de España en Lisboa.
[3] Esposa del ministro de la Legación belga en Lisboa. (Ver nota 2 de la carta 87.)

amable. Greindl es muy bueno y nos quiere bien: creo tener en él un excelente amigo.

Aquí no lo pasamos mal, y lo pasaríamos mejor si nos llevasemos bien mi mujer y yo: pero esto no es posible.

Todos los domingos recibimos y están muy animados nuestros bailes. Sin embargo, la gente empieza a abandonar a Cintra y a irse a Cascaes, donde ya está la Corte [4].

De aquí a Cascaes la distancia es corta y pensamos ir a menudo.

Mi viaje a Cabra con los chicos será del 20 en adelante. Pienso estar aquí de vuelta el 7 o el 8 de Octubre.

Adios. Créeme tu afectísimo y buen hermano

JUAN

94

Lisboa, 9 de Octubre de 1882.

Mi querida hermana:

Esta mañana llegué a esta ciudad, de vuelta de Cabra, con los chicos bien de salud; examinados ya con nota de sobresalientes, y matriculados al tercer año, en el cual tienen que estudiar nada menos que Aritmética y Algebra, Historia Universal, y Retórica y Poética. Pienso enseñarles yo mismo todo esto y ahorrarme así el profesor, aunque mi mujer rabie, ya que nada de cuanto yo hago halla gracia a sus ojos.

Aquí he recibido carta tuya. No deduzco claro de ella si estarás ya en París o seguirás en Villerville, a donde dirijo aún esta carta. Dame de nuevo las señas de tu casa de París, y perdona el olvido o la torpeza: Se me han ido de la memoria.

La mesa debió de enviártela Alcovia [1] durante mi ausencia. Aunque no he visto aún a Alcovia me lo ha dicho el portero Domingos.

No sé si te he dicho que mis chicos han sacado a relucir en Cabra y Doña Mencía una nueva habilidad: la de ser cazadores. Ambos, y sobre todo Carlos, tienen mucho tino. En Córdoba les compré a cada uno una buena escopeta Remington,

---

[4] María Pía de Saboya y Luis I de Portugal.
[1] Decorador de la Legación española en Lisboa.

de las fábricas de Eibar, a 40 francos. Están locos de contentos:
pero la madre vá a chillar mucho cuando los vea armados.

Para cualquier tontería ha estado yendo y viniendo de Lisboa a Cintra y de Cintra a Lisboa: pero no se ha movido para
venir a esperar a sus hijos. Esta tarde nos iremos a Cintra.

Aquella miseria de caudal menciano cada vez vá peor y
cada vez produce menos.

Desde Madrid me han enviado el número de la *Revue Britanique,* donde está el artículo *Un diplomate romancier.* Trae
manuscrito lo siguiente: «Al Excelentísimo Señor Don Juan
Valera, homenaje respetuoso.—Jorge de Trézale, Agregado a la
Embajada de Francia.» Claro o casi claro es, pués, que este señor de Trézals es el autor del artículo y le escribiré dándole
gracias. Mucho siento que no puedas venir aquí hasta Diciembre: pero como quiera que sea, te agradeceré muchísimo que
te vengas en cuanto se vaya a Viena Luisa [2].

Procuraré las chirimoyas, y, si las hallo buenas, te las enviaré, bien acondicionadas, a ver si llegan sin pudrirse.

Créeme tu afectísimo y buen hermano

JUAN

95

Lisboa, 22 de Octubre de 1882.

Mi muy querida hermana:

Acabo de recibir tu carta del 19 por la cual veo con gusto
que estás bien de salud.

Tengo muchísima gana de verte y de que vivamos juntos
una temporada. Así, pués, creo que harías un acto de afecto
fraternal si tuvieses preparadas todas tus cosas para cuando Luisita [1] se fuese a Viena y te vinieses tú aquí en seguida.

Ignoro lo que el tunante de Alcovia [2] pondrá en cuenta por
el cajón y el porte de la mesa. Lo que es la mesa misma, que
yo he hallado bonita y con mucho carácter, se jactaba él de que
la sacaría por 9 Libras. En todo caso no creo que ponga más
de 10. Me alegraré de que Luisa haya gustado de la mesa.

---

[2] Luisa Pelissier y Valera.
[1] Luisa Pelissier y Valera.
[2] (Ver nota 1 de la carta 94.)

Mi mujer, con los niños y con Antoñita[3], sigue aún en Cintra. Parece que se vendrá mañana, o, a más tardar, pasado, definitivamente a Lisboa.

Desde aquí se volverá Antoñita, con su hermano Juanito[4], dentro de tres o cuatro días, a Madrid.

En Madrid hay mucho movimiento político, pero no creo que el Gobierno caiga por ahora. De todos modos dudo yo que, aunque haya mudanzas, sean estas tan radicales que me obliguen a hacer dimisión. Mi puesto de Ministro en Lisboa me parece seguro, al menos por algunos meses. Si mi mujer no fuese estorbo e inconveniente para todo, más que caída, podría yo prometerme medros y ventajas. En fin ¿qué se le ha de hacer? A veces estoy tan desesperado y abatido que considero mi único recurso y término retirarme a Cabra, a donde este demonio no me seguirá y me dejará tranquilo.

Adios. Mil cariñosas expresiones a Luisita. Creeme tu afectísimo hermano

JUAN

Hoy he recibido una carta de Montevideo del Director y Propietario del periódico *La Colonia Española,* proponiendome la impresión por él y allí de mis obras. Cuanto mejor sería que esto lo hiciese Garnier[5]. De seguro que ganaba dinero, aunque me pagase bien. Por qué no trata de esto tu amigo el literato, cuyo nombre he olvidado? Yo le autorizo para todo.

96

Lisboa, 30 de Octubre de 1882.

Mi querida hermana:

Acabo de recibir tu carta del 27 y mucho contento de ver por ella que estás bien de salud, aunque siento tus disgustos, nacidos, en su mayor parte, de la debilidad de tu carácter. Me atrevo a decirte esto con claridad, porque es mi defecto que reconozco yo en mí, en el mismo grado o en grado superior al que tú lo tienes.

---

[3] Antonia Mesía de la Cerda y Valera.
[4] Juan Mesía de la Cerda y Valera.
[5] Auguste Garnier. (Ver nota 2 de la carta 82.)

Mis condescendencias con mi mujer, que me maltrata, que me detesta, que me desdeña, tienen mucha menos explicación que las tuyas con tu hija[1], que al cabo es tu hija. Pero en fin ¿qué hemos de hacer? *Genio y figura hasta la sepultura,* dice con razón el proverbio. Ya, hasta la muerte, tendremos que seguir siendo así, y es un delirio pensar en ser de otra manera. Algo, sin embargo, debemos hacer para mitigar los malos efectos de nuestra debilidad con nuestras *tiranas.* Tú debes no dejarte arruinar por completo, y yo debo procurar lo mismo.

La indigna salida de tono del Duque de la Torre[2] ha producido en España un verdadero trastorno. Grande agitación hay, y amenaza de mudanzas. Yo seguiré fiel a Sagasta[3], que a mi ver lleva razón, aunque tenga que quedarme sin este puesto. Estas cosas de la política han venido a complicar mi mala situación. Yo, en mi carácter y con mis antecedentes, no puedo apandarme. Además el apandarme no me traería cuenta. Supongamos que me apandase; que viniese El Duque[4], y que me dejase aquí. Me quedaría sin autoridad, sin prestigio y como por lástima, expuesto a que en un momento de mal humor me dejasen cesante. Lo mejor es tomar en todo parte activa, y esto haré cuando la ocasión llegue.

De todos modos, por muy mal que vengan las cosas, es de creer que algunos meses me ha de durar aún el ser Jefe de esta Legación. Así, pués, aguardo siempre tu venida.

Antoñita[5] y Pincha-ratas[6] siguen por acá todavía. Parece que se irán pasado mañana, convencidos de que aquí todos son *cursis* y poco nobles, y de que ellos son el *non plus ultra* de la distinción aristocrática.

Mi mujer también chilla mucho contra Lisboa; pero no se vá, en lo cual me haría grandísimo favor, si no que, a pesar de lo que esto le desagrada, sigue aquí aburriéndose, sin duda para molerme.

Mi mujer no te ha escrito porque para ella es una obra de romanos escribir una carta: y esto no por torpeza, sino por una desidia que excede los límites de lo verosimil.

---

[1] Luisa Pelissier y Valera.
[2] Francisco Serrano Domínguez. (Ver nota 3 de la carta 41.)
[3] Práxedes Mateo Sagasta. (Ver nota 3 de la carta 69.)
[4] Francisco Serrano Domínguez. (Ver nota 3 de la carta 41.)
[5] Antonia Mesía de la Cerda y Valera.
[6] Juan Mesía de la Cerda y Valera.

Adios. No sé qué otra cosa he de contarte de por acá.
Vente pronto. En cuanto se vaya a Viena tu hija.
Soy tu afectísimo hermano

JUAN

97

Lisboa, 21 de Noviembre de 1882.

Mi querida hermana:

Acabo de recibir tu carta del 17; y la para mí más triste
moraleja que sale de toda ella es la de que tu hija[1] y tu yerno[2]
se hallan a gusto en tu casa, no se irán en mucho tiempo, y tú
tardarás en hacerme o no me harás la visita prometida.

La verdad es que fuera del gasto del viaje, y, aunque tú me
ayudes aquí o pongas una parte, esto os saldría barato, propor-
cionalmente, aún viniendo tus hijos. Aquí tendríais coche, aunque malo, y casa buena, para vivir tú, y ellos recibir: todo esto
sin gasto alguno. Todo el gasto sería aquí, a lo más, 20 francos,
que costasen las habitaciones del hotel, en que tus hijos se hos-
pedasen, y con otros 20 ó 25 francos más estaría hecho el gasto
mayor de la comida y del almuerzo para todos. Si vinieses tra-
yéndote a tu cocinera, que será buena, nos harías el favor más
grande que puedes imaginarte. Por 50 francos diarios estoy seguro de que comeríamos todos admirablemente aquí, incluídos
todos los gastos y aún los días de convite, esto es, teniendo casi
de diario alguien de fuera a la mesa. Esto en realidad no es
caro, sino que los criados sisan de mas, y el Gobierno Español
paga mezquinamente para la posición que tengo yo que sostener.

Yo me lisonjeo de que son aprensiones tuyas todo lo que
me dices de la enfermedad de Luisa. En cuanto al disgusto de
no ser recibida ella en la Corte de Austria[3] no le comprendo.
Yo me reiría del Emperador[4] y de su Emperatriz[5], y no se
me daría de ello un pitoche. Por lo demás, hallo más incom-

---

[1] Luisa Pelissier y Valera.
[2] El conde J. Zamoyski, esposo de Luisa Pelissier y Valera.
[3] Francisco José I, emperador de Austria, e Isabel, Amalia, Eugenia
(hija de Maximiliano José, duque de Baviera).
[4] Francisco José I, emperador de Austria.
[5] Isabel, Amalia, Eugenia (hija de Maximiliano José, duque de Baviera).

166

prensible aún el que no quieran recibir a Luisa. Esa Corte debe ser harto estrafalaria: pero, de todos modos, y dicho sea inter nos, yo entiendo que si Luisa fuese mujer de otro iría a la Corte. La falta es del Conde Zamoiski [6].

De hablar yo o escribir al Rey de España [7] o a Doña Isabel [8] sobre que no han hecho caso de su carta, no tendría yo dificultad ni me cuesta trabajo: pero es menester buscar y hallar ocasión oportuna, a fin de que no parezca que se dá importancia grande a la cosa. Yo, por mi gusto, no me quejaría para mí: pero buscaría ocasión de quejarme, siquiera para ellos. Con el Rey y la Reina de España, se me muestran tan afables, como lo han estado siempre: y con Doña Isabel, desde luego, pués no puede estar más amable de lo que está.

La mesa ya la pagarás cuando vengas aquí. Espero que no pasará de diez u once libras, con porte y todo.

Créeme tu afectísimo y buen hermano

JUAN

98

Lisboa, 5 de Diciembre de 1882.

Mi querida hermana:

Nuestras cartas del uno al otro son un dúo de lamentaciones, no dulces como

El dulce lamentar de dos pastores,

sino amargas, como la retama. En fin ¿qué le hemos de hacer? Armémonos de paciencia, de energía y de calma.

En España, me parece que el Gobierno cuenta con muchos votos y fuerza, en Senado y Congreso, de suerte que Sagasta [1] durará, y yo duraré en este puesto. No sé si me alegre o lo sienta. Porque ¿qué voy yo ganando en estar aquí? Gasto cuanto me dan, y otro tanto, que Dios sabe de donde sale y a costa de qué apuros. Y si esto fuera para adular el gusto y la vanidad

---

[6] Esposo de Luisa Pelissier y Valera.
[7] Alfonso XII.
[8] Reina de España Isabel II.
[1] Práxedes Mateo Sagasta. (Ver nota 3 de la carta 69.)

y ganarme el cariño y el respeto y la gratitud de mi mujer, todavía podría tolerarse: pero mi mujer está peor que nunca, parece loca furiosa: me pone de animal y de egoísta que me cruje; dice que no sirvo para nada; en suma, muerde. Uno de sus furores y manías, expresada ahora casi de diario, es la de que siempre estoy bien de salud, y dice que me desea una buena y dolorosa enfermedad. Como los criados no pueden sufrirla, los tenemos nuevos a cada instante, y nos sirven de mala gana, y nos llevan más de salario, y nos sisan más.

Los Secretarios de esta Legación distan mucho de ser ningunas alhajas; pero al cabo hay que vivir en paz con ellos. Estas guerras intestinas son ridículas y enojosas, y sin embargo, mi mujer se ha compuesto de suerte que estamos punto menos que en guerra con los Secretarios.

Te aseguro que mi vida es de lo menos agradable que puede imaginarse, y que Dios, en efecto, puede que mi mujer tenga razón, debiera disponer que me diese una buena enfermedad que acabase conmigo.

Supongo que mi mujer te habrá escrito diciéndote lo que hay que hacer con el cajón que te envió. Yo no sé nada de eso.

De la mesa, que envió Alcovia [2], y que aún no sé bien si la recibiste o si no la recibiste, ya te enviaré la cuenta, cuando se la pida a Alcovia y él me la entregue.

Adios. Conservate buena y créeme tu afectísimo hermano

JUAN

99

Lisboa, 25 de Diciembre de 1882.

Mi querida sobrina Luisa:

Si no estás en París extraordinariamente divertida, haz una calaverada benéfica, y llena de caridad hacia tu tío, y vente con tu madre a pasar siquiera un mes en Lisboa.

Esto no es muy ameno ni animado: pero la gente es bonachona: el clima delicioso: y la ciudad admirable y pintoresca por su posición.

Daremos bailes, si vienes, y no te aburrirás mucho.

---

[2] (Ver nota 1 de la carta 94.)

El cuarto que ofrezco para tu alojamiento es muy bonito, grande y alegre. Anímate, pués, y tú, que lo puedes todo con tu madre, decídela a hacer este viaje, y vente con ella. Yo os esperaría en Madrid, donde podríamos pasar una semana antes de venir a estas riberas del aurífero Tajo.

Adios. Te quiere mucho tu tío

JUAN

100

Lisboa, 25 de Diciembre de 1882.

Mi querida hermana:

Días ha que no recibo carta tuya, lo cual me tiene con algún disgusto y cuidado. Celebraré que no sea por falta de salud.

La mía es regular, a pesar de mis rabietas, disgustos y apuros.

Te deseo y deseo a tu hija [1] felicísimas pascuas y más feliz año nuevo.

Ahora, sin falta ya, a no ser que alguna enfermedad lo estorbase, iré a Madrid, donde tengo negocios, el día 28 ó 29 de este mes, y permaneceré en Madrid hasta el 15 de Enero.

Tú y Luisita debierais hacer una calaverada. Veníos a Madrid, del 10 al 12 del próximo mes, y luego, desde Madrid, nos vendríamos juntos aquí, donde podríais pasar un mes o dos, o más. Esto no será muy divertido, pero es delicioso como clima.

Mi casa es grande, bien la conoces. Tú tendrías habitación donde siempre, y Luisa, o sola, o con su marido, podría alojarse en el salón, que está entre tu cuarto y mi despacho, que es el más agradable y alegre salón de la casa, y que prepararíamos convenientemente para recibir a los Condes Zamoyskis. Puede que este clima sentase bien a la salud de Luisa. A mí y a mi mujer nos darían Vds. un gustazo con esta venida.

Mi mujer estaría contenta y distraída y no me molería y parecería otra de la que es cuando no hay nadie que la acompañe. ¿Por qué no han de venir Vds.?

Adios. Créeme tu afectísimo y cariñoso hermano

JUAN

---

[1] Luisa Pelissier y Valera.

Probablemente irá de mi parte a hacerte una visita Don Pablo Morillo, Agregado a esta Legación, que está ahora en París. Es hijo del Conde de Cartagena.

101

Lisboa, 19 de Marzo de 1883.

Mi querida hermana:

Te escribo hoy, sin carta tuya, por instigación de mi mujer, más no sin conocer que esta vez tiene razón en lo que pide.

Aquí los cocineros son malos y guisan picaramente. Constantino es el único sufrible. Desde que le despedí la segunda vez hemos ido de peor en peor. Así, pués, nos convendría una cocinera francesa. El adelanto o gasto de pagarle el viaje es una economía.

Te ruego que atiendas a mi mujer en lo que te pide mi carta de hoy y busques y envíes cocinera.

Si por venir aquí quiere más de 60 francos al mes, puedes ofrecerle hasta 75, que es lo que aquí pagamos al cocinero: vino además y ropa limpia. Si nos vamos de aquí, la cocinera podrá ir a Madrid con mi mujer, de suerte que tiene para largo, si se conduce bien y honradamente.

No sé que más decirte hoy que te interese.

Escríbeme y cuéntame de tus proyectos. Yo digo a Dolores que aún tengo esperanzas de que has de venir a hacernos una visita: pero ella supone que no vendrás, que tu hija no te dejará venir, y que este verano te llevará a Villerville sin duda alguna. Bien podría Luisa acompañarte y venir por aquí. Así la veríamos y admiraríamos los portugueses, y ella conocería esta tierra, que al menos por poco tiempo merece ser visitada.

Adios. Créeme tu afectísimo hermano

JUAN

Lisboa, 28 de Abril de 1883.

Mi muy querida hermana:

Veo por tu última carta del 20 que estás un poco resfriada, lo que siento mucho y te deseo el alivio.

Nada me dices de Luisita [1]; supongo que estará buena.

De tus palabras deduzco ya claramente que no vendrás por aquí este verano y echo la culpa a Luisa, que se quedará en Francia contigo y querrá ir a Villerville: pero si esto no ocurriese y Luisa se fuese el verano a Polonia con su marido, insisto en rogarte que te vengas por aquí.

No sé si te he dicho que hacia el 20 del próximo Mayo SS. MM. fidelísimas [2] irán a Madrid. Yo, como es natural, iré acompañándolas. Estaremos en Madrid 8 días, y se preparan grandes fiestas. Esto debía tentar a Luisa e ir a Madrid en tu compañía.

Mi mujer no quiere dejar de hallarse en este jolgorio, e irá a Madrid algunos días antes que yo.

Mis chicos están bien de salud y muy guapos. Ellos son el único contento que el matrimonio me ha traído y la única causa de que yo no rompa por todo, en vez de seguir aguantando a la tonti-loca de mi mujer.

Con todo, luego que deje este puesto, o bien para quedar cesante, o bien para tomar otro, tengo hecho el propósito más firme de no vivir bajo el mismo techo con Dolorcitas, y, si es posible, de no vivir en la misma población.

Ha sido menester toda mi buena pasta, toda mi absurda y apenas increíble paciencia para aguantar a esta mujer durante tantos años.

Créeme tu afectísimo hermano

JUAN

---

[1] Luisa Pelissier y Valera.
[2] El rey don Luis I de Braganza y doña María Pía de Saboya, su esposa.

103

Lisboa, 29 de Julio de 1883.

Mi querida hermana:

Acabo de llegar a esta ciudad muy bien de salud. Pasado mañana creo que presentaré las recredenciales y me quedaré apeado de mi destino.

Luego pasaré en Cintra dos o tres meses, o al menos los pasará allí mi familia.

Sagasta [1] me ofreció, antes de salir de Madrid, un puesto en el Consejo de Estado. Yo naturalmente, le dije que no me convenía.

Lo que me conviene, y lo que acaso me dejará tentar, si me lo ofrecen, es ir a Washington. Calculo que me lo ofrecerán y que será pronto, cuando se haga la vacante.

Mi cuñado y mi suegra llegaron ayer. Mi mujer vino a recibirlos desde Cintra. Lo más correcto hubiera sido que se hubiera quedado aquí esperandome, pués sabía que yo debía venir hoy; pero ella se volvió a Cintra. Allí iré a verla.

Ya te harás cargo de que si voy a Washington o a Berlín, o a cualquier otra Legación, no volveré a incurrir en la necedad de llevar conmigo a mi mujer, enemigo doméstico, que en vez de acariciarme me araña y que lo gasta todo.

Créeme tu afectísimo hermano

JUAN

104

Cintra, 14 de Agosto de 1883.

Mi querida hermana:

He recibido tu carta del 7. Muchísimo siento que te sigan esos dolores reumáticos y deseo que de ellos te alivies.

Yo estoy regular de salud, aunque cada día más cargado contra mi mujer. Bien examinadas las cosas, en el fondo, ella tiene la culpa de cuanto malo me sucede. Si no estuviese yo punto menos que desesperado siempre con tener la horrible com-

---

[1] Práxedes Mateo Sagasta. (Ver nota 3 de la carta 69.)

pañía de Dolorcitas, ni hubiera ido a Madrid, ni hubiera tenido que hacer dimisión. En fin, más vale no hablar de esto.

Aún no sé si recibirías unos cuantos libros que te hice enviar desde Madrid por el librero Fé. Dime si los recibiste y si crees que seran del agrado de Luisa.

Tal vez, si yo me empeñase, iría ahora a Washington de Ministro, pero creo de mal efecto el pretender y aún el aceptar tan pronto, exactamente de los mismos Ministros, de quienes ha sido aceptada mi dimisión, un puesto equivalente al que he perdido. Lo razonable, lo decente, aunque duro, hallándome, como me hallo, tan mal de dinero, es aguardar mejor ocasión en la cesantía.

De Andrés [1], en efecto, pienso lo mismo que tú: que su bello ideal es cobrar el sueldo y vivir en Málaga, con sus amados padres.

Esta casa es un encanto: tiene todos los deleites de la familia. Además de los desdenes y sofiones de Dolorcitas conmigo, tengo que sufrir las pendencias que arma Dolores con Antoñita [2], que está aquí, ya con su madre, ya con su hermana. Estoy deseando que llegue el mes de Septiembre para irme a Cabra y a Doña Mencía y perder de vista este infierno. No hay más que una cosa que me consuele y que me haga sobrellevar esta vida: la excelente condición de mis guapísimos chicos, que tienen buen carácter, a pesar de ser hijos de Dolores.

Escríbeme cuando puedas, dame nuevas de tu salud, y créeme tu afectísimo hermano

JUAN

105

Cintra, 18 de Agosto de 1883.

Mi querida hermana:

Recibí a su tiempo tu carta del 11 con el sentimiento de ver que no te has aliviado de tus dolores reumáticos y que te disponías a ir a Plombières a ver si te curabas.

En Plombières te supongo ya, pero sin embargo dirijo esta carta a París, según me lo encomiendas.

---

[1] Andrés Freuller, hijo de José Freuller y Alcalá-Galiano.
[2] Antonia Mesía de la Cerda y Valera.

Me alegro de que hayas recibido los libros que mi librero de Madrid te enviaba por orden mía. Yo tengo cuenta con el librero. Si tu hija quiere más y sube la cuenta, ya trataremos de ello y yo haré que me la pagues. Nunca será mucho, porque los libros españoles no son más caros que los franceses. Si no sube la cuenta, es una miseria la cantidad gastada.

La insurrección que ha habido en España, en mi sentir, aunque sofocada, ha desacreditado al Gobierno, el cual caerá y se modificará dentro de poco. Para entonces creo que podré yo aceptar mi nuevo puesto, si me le ofrecen.

Me parece que Antoñita[1], aunque está de color verde espiritada y consumida, conquistaría, si quisiese, al pobre Pepito Delavat[2] pero creo que no quiere, porque hace, sin duda, la misma reflexión que haces tú: que para pasar pobrezas y apuros bien se está soltera.

Creo, no obstante, que a veces coquetea un poco con Pepito.

Mis chicos y Dolores están gordos, fuertes, de buen color y florecientes de salud. Ahí te envío sus últimos retratos en fotografía. Ninguno de los tres pimpollos es tonto: pero Luis vá manifestando cada día más claramente extraordinaria disposición para todo saber, y empiezo a concebir esperanzas de que tengamos en él un hombre eminente, en lo futuro. Ya pasma la facilidad con que aprende y lo mucho que ha aprendido: Sabe latín, francés, español, portugués e inglés, pero muy bien y no así como quiera: ha leído infinidad de libros: como tiene excelente memoria, recuerda cuanto ha leido; y de aritmética y algebra sabe regularmente hasta las ecuaciones de segundo grado inclusive. Naturalmente, yo estoy muy hueco con esto.

Adios. Créeme tu afectísimo hermano

JUAN

106

Lisboa, 29 de Agosto de 1883.

Mi querida hermana:

Anteayer recibí tu carta, desde Plombières, y mucho pesar al ver que esas aguas no te habían hasta entonces aliviado de tus males. Deseo que te alivies.

[1] Antonia Mesía de la Cerda y Valera.
[2] José Delavat y Arêas.

Yo vine ayer a Lisboa para negocios y además para descansar de mi mujer, durante algunos días.

Cada vez se me hace más insufrible la vida con ella, y sin embargo la consideración de mis hijos, mi debilidad, mi horror al escándalo, hasta cierta piedad que a ella tengo, me retienen a su lado.

A veces pienso en abandonarlo todo y en meterme en Cabra o en Doña Mencía. En fin, estoy aburridísimo, desesperadísimo: mal de dinero y de todo.

Dicen que en España habrá pronto completa o casi completa mudanza ministerial. Si vienen al poder Ministros amigos y me ofrecen otro puesto, le aceptaré, pero con el firme propósito de que mi mujer no me acompañe. Ella se quedará en Madrid o donde se le antoje.

Su estancia aquí me ha hecho gastar triple de lo que hubiera gastado de otra suerte aún dándole 1.500 francos o 2.000 francos al mes: me ha hecho hacer un papel ridículo, porque no hay papel más ridículo que el de un marido a quien su mujer desdeña; y me ha llevado a pelearme con los Secretarios [1], lo cual jamás hubiese ocurrido, estando yo solo. Yo solo con nadie me peleo.

No tengo más que una consolación y compensación, que mis chicos son inteligentes y bondadosos, y están robustos y agiles y muy graciosos. Creo que no me engaña el amor paternal.

Adios. Cuidate y recobra toda la salud, como lo desea tu afectísimo y buen hermano

JUAN

107

Cintra, 4 de Septiembre de 1883.

Querida hermana:

Con mucho gusto he recibido tu carta del 26, por la que veo que estás mejor de salud y más animada. Yo estoy regular, aunque disgustadísimo siempre a causa de mi mujer, que sigue pareciéndome una criatura abominable, y sin embargo por piedad, por no dar un escándalo, por consideración hacia los chicos y hasta por cierto cariño inconcebible que le tengo, sigo aguantándola, aunque su convivencia conmigo es causa de rui-

---

[1] Goyri y Villa-Urrutia, de la Legación de España en Lisboa.

na, de que yo pierda porque me pone en ridículo con sus desdenes, y aunque me pelee y disguste con muchas personas, con las cuales me llevaría yo bien, si no fuese por las sandeces, piques y chismes que ella tiene y arma. En fin, fué una gran desgracia mi casamiento.

Si yo no la hubiese traido a Lisboa, hubiera ahorrado a estas horas unos cuantos miles de duros, en vez de deberlos, y aún seguiría de Ministro, pués la barbaridad de haber hecho dimisión nace del disgusto en que yo estaba y de mi afán de ir a Madrid por unos días para no verla y descansar. Siento tener siempre que hablarte de esto: pero ¿qué le hemos de hacer? Soy muy desdichado.

Dentro de pocos días voy a Cabra con los chicos, donde pienso permanecer bastante tiempo. Sin embargo, como yo no quiero abandonar por completo la política y perder toda esperanza de volver a ser algo en el mundo, tendré que volver a Madrid.

Saldré de aquí para Doña Mencía y Cabra el 10 ó el 11 de este mes. Escríbeme pués allí: provincia de Córdoba-Cabra.

Estoy escribiendo y publicando una serie de cartas, bajo el título «*Metafísica a la ligera*». Cartas a Campoamor [1] acerca de su Ideismo. Ahora salen las cartas en un periódico. Luego se recogerán y aparecerán coleccionadas en un libro, que enviaré a Luisa [2], pués me dice que gusta de leer filosofía.

Antoñita [3], aunque es sabia, declara que no entiende palabra de mis cartas: pero yo espero que Luisa las entenderá.

Adios. Conservate buena y créeme tu afectísimo hermano

JUAN

Claro está que cuando se publiquen mis cartas en libro, irán a tu poder dos ejemplares: uno para tí y otro para Luisa.

---

[1] Ramón de Campoamor. Nació en Navia (Asturias) (1817-1901). Estudia medicina y es empleado de Hacienda, gobernador civil, diputado, conferenciante ateneísta y consejero de Compañías de ferrocarriles. De la Academia Española. Poeta romántico. Autor de las *Doloras* (1846), *Pequeños poemas* y las *Humoradas*.
[2] Luisa Pelissier y Valera.
[3] Antonia Mesía de la Cerda y Valera.

Cintra, 7 de Septiembre de 1883.

Mi querida hermana:

Acabo de recibir tu carta del 2 de Septiembre.
Mucho me alegro de ver por ella que estás mejor de salud.
Yo estoy regular, aunque disgustadísimo. La cosa no es para
menos.

En los dos años y meses, que he estado aquí de Ministro,
he gastado, sobre poco más o menos, 200.000 francos. He dado
además a mi mujer una brillante posición. Todo ello no me ha
valido más que sofiones, malos tratos, desvergüenzas y todo linaje de agravios.

Pasado mañana saldré para Doña Mencía y Cabra con Carlos y Luis. Muchísima gana llevo de quedarme allí para siempre.

Dí a Luisa [1] que le agradezco mucho los generosos elogios
que hace de mis obrillas literarias, que se deben sin duda al
cariño con que ella los mira.

Tengo no pequeña curiosidad y mayor deseo de que Luisa
me comunique ese plan de novela, que ella tiene, a fin de aprovecharle yo, si no quiere ella aprovecharle, y escribir una novela bonita, debida en gran parte a mi querida sobrina.

Si yo, sin bajarme y humillarme, lograse ser de nuevo Ministro Plenipotenciario iría solo, a ver si ahorraba algo y me
ponía a flote, que bien lo he menester.

Dicen que pronto habrá crisis. Si saliese del Ministerio Vega
Armijo [2], si entrase otro Ministro de Estado, y si me ofreciesen
el puesto de Washington, iría yo a Washington.

En fin, allá veremos. Hasta que vuelva el Rey de España [3]
de su viaje a Alemania no creo que se resuelva la crisis hasta
entonces aplazada.

---

[1] Luisa Pelissier y Valera.
[2] Antonio de Armijo Aguilar y Correa, marqués de la Vega de Armijo. Político español (1834-1908). Estudió Leyes. Participa en la revolución de 1854. Secretario de las Cortes. Gobernador de Madrid (1858).
Vicepresidente del Congreso (1856-1861). Ministro de Fomento (1861).
Vicepresidente en las Cortes después de la Revolución de «Septiembre».
Embajador en París (con Serrano). Se une a Sagasta después de la Restauración. Ministro de Estado (1881-1883). Embajador en Roma en 1887.
Ministro de Estado (1888-1890). Presidente del Congreso (1893-1902).
[3] Don Alfonso XII.

Escríbeme a Cabra, provincia de Córdoba. Tus cartas me consuelan.

Soy tu cariñoso y buen hermano   JUAN

Antoñita [4] sigue con nosotros. Todos los días se pelea con mi mujer: pero sigue aquí.

109

Cabra, 16 de Septiembre de 1883.

Mi querida hermana:

Ayer tarde, al llegar aquí, recibí y leí una carta tuya, que me estaba aguardando. Traía fecha del 11, desde Bourbonne les Bains. Estabas en casa de tu cuñada Aglae, a la cual, así como a su marido el General [1], te ruego que des cariñosas expresiones mías.

Mis chicos están bien de salud y contentos y divertidos. Paramos en casa de Joaquín Valera [2], que está aquí con su mujer [3] y demás familia. Hemos llegado a Cabra en plena feria, cuando esto está brillantísimo. Hoy domingo, habrá toros y por la noche teatro. Hay además música en el paseo y un kiosko muy grande, que se iluminará y donde se bailará de noche.

Mucho me alegro de que Luisa [4] sea tan aficionada a la filosofía. Así leerá mi *Metafísica a la ligera* y me dará su parecer. Es evidente que pensará de mí como de Caro [5]; que no hago sino repetir lo que los otros han dicho. En Metafísica es difícil decir nada nuevo.

La novedad no puede estar sino en el método y en el estilo.

Apuradísimo y afligidísimo me tiene la cuestión económica. Nadie siente mejor que yo la necesidad de tomar otro puesto y de no llevar a él a Dolorcitas a fin de ponerme a flote: pero

---

[4] Antonia Mesía de la Cerda y Valera.
[1] Jean Baptiste Vaillant. (Ver nota 1 de la carta 54.)
[2] Primo de don Juan Valera. Empleado del Ministerio de Estado, con quien Valera mantiene una extensa correspondencia.
[3] Dominga, esposa de Joaquín Valera.
[4] Luisa Pelissier y Valera.
[5] Elme Marie Caro. Escritor y filósofo francés (1823-1887). De la Academia Francesa y de la de Morales y Políticas. Catedrático del Instituto Bonaparte de París, desde donde fue a la Sorbona, sucediendo a Garnier. Obras: *Pesimismo en el siglo XIX* y *Misticismo en el siglo XVIII. El materialismo y la ciencia.*

es menester buscar bien la ocasión de tomar ese otro puesto, y Dios sabe cuando llegará. Las cosas políticas andan aquí muy revueltas y es dificil columbrar el porvenir que se prepara. Mi hermano Pepe [6], que triunfó al fin en la guerra que tuvo con los Muñoces [7] por la hermandad mayor de Nuestro Padre Jesús, es posible que venga de un día a otro a Doña Mencía, a gozar de su triunfo.

Allí le veré o mejor dicho, le veré cuando pase por Cabra y con él me iré a Doña Mencía.

Los niños tienen antes que examinarse. Este año se examinan de Algebra y de Retórica y poética.

Adios. Créeme tu afectísimo hermano

JUAN

110

Cabra, 20 de Septiembre de 1883.

Mi querida hermana:

He recibido tu segunda carta de Bourbonne les Bains, fecha del 14, y mucho gusto de saber por ella que estás bien de salud. La mía es muy regular; y lejos de Dolorcitas, que siempre me está moliendo, vejando y humillando, mi humor mejora y mis tristezas se disipan, a pesar de todos los apuros económicos, que no son flojos.

Hoy he tenido verdadera satisfacción de amor propio, como papá y como maestro, porque mis hijos y discípulos, Don Carlos y Don Luis, (Don Luis, sobre todo, que es más aplicado) han hecho unos exámenes brillantes, de multitud de materias.

Pasado mañana nos vamos a Doña Mencía.

Aquí estamos hospedados en casa de Joaquín Valera [1], quién está aquí con Dominguita. Esta pobre está mal del pecho: tose mucho: el médico ha decretado hoy que tiene un comienzo de tisis. Figurate cuan afligido estará Joaquín.

A pesar de estos pesares, mis chicos no lo pasan mal. Tienen aquí algunos primos agradables, de la edad de ellos, con

___

[6] José Freuller y Alcalá-Galiano.

[7] Es la familia contra la que lucha José Freuller y Alcalá-Galiano, en competencia para ser nombrado hermano mayor de la Cofradía de Nuestro Padre Jesús, en Doña Mencía.

[1] Primo de don Juan Valera. (Ver nota 2 de la carta 109.)

quienes juegan: Nicolás Albornoz [2], hijo de Lola Portocarrero y Valera [3], y los hijos de Federico Romero [4]. Van además al teatro donde se divierten mucho, por que hay una gran prestidigitadora; Mademoiselle Auguinet.

Nuestro hermano [5] está en Málaga, con toda su familia. Ha estado a punto de venir por aquí, pero se ha arrepentido. Le llamaban a Doña Mencía sus parciales para que hiciese allí entrada triunfal, después de la completa victoria que ha logrado al fin sobre los Muñoces [6] en la contienda sobre Nuestro Padre Jesús, de cuya devota imagen es ya indisputable patrono. En fin, aunque Pepe no venga por aquí, es casi seguro que yo le veré en Málaga o en Sevilla, a donde pienso ir para negocios. Sigue tú escribiéndome, o a esta ciudad o a Doña Mencía, donde será mi cuartel general por ahora. No sé que más decirte de por aquí, donde ya a nadie conoces ni nada puede interesarte.

Dá a Luisa mil cariñosas expresiones mías y dile que tengo deseo de que nos veamos y charlemos, si bien preferiré que esto sea yendo yo a Viena de Ministro de España.

Lejos veo esto por ahora. La política se vá poniendo mal, sobre todo para mí.

Dominga y Joaquín te envían buenos recuerdos. Escríbeme y créeme tu afectísimo hermano

JUAN

111

Doña Mencía, 23 de Septiembre de 1883.

Querida hermana:

Aquí me tienes desde ayer, tratando de poner orden en este caudalillo y sacar de él algún dinero. Todo está en desorden espantoso y más perdido cada día.

Luis y Carlos, naturalmente, han venido conmigo, y están buenos y contentos. No se parecen a su madre en el carácter. En todas partes les vá bien y con cualquiera cosa se divierten.

---

[2] Hijo de Lola Portocarrero y Valera (primos de los hijos de Valera).
[3] Esposa de Nicolás Albornoz.
[4] Primos de los hijos de Valera.
[5] José Freuller y Alcalá-Galiano.
[6] Familia de Muñoz. (Ver nota 7 de la carta 109.)

En Cabra han estado contentísimos jugando con la multitud de primos que tienen allí. Aquí juegan con los hijos del Administrador de nuestro hermano Pepe [1].

En Madrid preparan la crisis, esperando la vuelta del Rey [2].

Si la crisis se resuelve, saliendo de ella un Ministerio amigo, procuraré que me dén otro puesto diplomático e iré solo. No quiero gastar doble o triple de lo que el Gobierno me dé y seguir arruinándome en vez de ponerme a flote, para vivir en rabiadero continuo y recibir sofiones y puntapiés en el trasero.

Si la crisis no se resuelve como a mí me conviene, veré el modo de vivir escribiendo.

Estoy en tratos para alquilar en Cabra una casa, bastante bonita, que me costará 6 ú 8 reales diarios. Aquello es barato. Traeré a Cabra los muebles de desecho que tengo en Madrid, amueblaré dicha casa, y pasaré en ella largas temporadas.

Con mi jubilación, si me decido a pedirla, y con mi asignación de Consejero del Ferrocarril reuniría, aunque mis literaturas nada me valiesen, ni el caudal tampoco, la suma de 15 mil pesetas, con lo cual podría yo vivir en Cabra como un príncipe.

Entretanto, y por lo pronto, estoy bastante fastidiado.

Adios. Escribeme y créeme tu afectísimo hermano

JUAN

112

Doña Mencía, 29 de Septiembre de 1883.

Mi querida hermana:

Veo con gusto por tu última carta del 25 que estás bien de salud. Nosotros aquí estamos buenos y mis chicos divertidísimos, echando globos y suscitando la admiración de los mencieños, que jamás habían visto, ni por lo general oido, que hubiese tal cosa.

Mañana nos volvemos a Cabra. Allí estaremos poco e iremos a Córdoba, Málaga y Sevilla, pero Cabra será mi cuartel general: escríbeme allí.

Mucho me lisonjea que hayan traducido en polaco *Pepita*

---

[1] José Freuller y Alcalá-Galiano.
[2] Alfonso XII.

Jiménez [1]. Yo no lo sabía. Aunque no entiendo palabra de polaco, me alegraré de que pidas a Luisa [2] y me remitas un ejemplar de esa traducción polaca, a fin de tenerla como curiosidad con otras traducciones de *Pepita Jimenez* en otras lenguas.

Escribiré a Luisa poniendo la *adresse* que me das. Supongo que ese viaje a Crimea, Georgia y Grecia, de que me hablas, no le hará Luisa hasta dentro de un mes lo más pronto.

Mi mujer sigue en Cintra con su madre y hermano, Carmencita y Antoñita [3]. Creo que volverá a Madrid a mediados de octubre. Yo ando en tratos para alquilar en Cabra una casa, que me costará 3,50 pesetas al día. Allí me vendré a pasar largas temporadas si no me dán otro turrón.

Se anuncia crisis total para la vuelta del Rey [4] y es posible que el nuevo Ministerio me le dé entonces. Bien lo necesito, pués estoy archi-tronado.

Sigue adelante mi *Metafísica a la ligera* y publicándose a trozos en el periódico El Día. Cuando salga en libro, te enviaré dos ejemplares: para tí uno y otro para Luisa.

Mi esperanza para vivir está en el puesto del ferrocarril; en el empleo que pueda aún obtener del Gobierno y si no en la jubilación; en las 1.500 ó 2.000 pesetas, que pudiera sacar de la Academia; y en el producto de mis libros. Lo que es el caudalillo produce menos cada día.

Mi mujer tiene sus rentas, y como para gastar lo suyo no es pródiga, no temo que se arruine. Supongo que volverá pronto a la Capital de todas las Españas.

A pesar de todas las *pamemas* que han hecho en Madrid a la vuelta de nuestro Don Alfonso, en el fondo nadie está aquí muy furioso contra los franceses: y lo que hubieran creido más razonable es que Don Alfonso no hubiera ido a Alemania, ni hubiera aceptado la *coronelía hulana,* y no hubiera ido a París tampoco. Esto hubiera sido lo más prudente, lo más barato y lo más discreto. No se culpa por eso al Rey, que es simpático, atrevido, joven y amigo de farolear y brillar, sino a los Ministros que no le quitaron de la cabeza la expedición de que por desgracia ha vuelto silbado.

---

[1] De la estancia en Doña Mencía el año 1872 data la germinación de *Pepita Jiménez*. Obra tardía, pero que le dio la impresión universal como escritor a Valera.

[2] Luisa Pelissier y Valera.

[3] Carmen Valera Delavat y Antonia Mesía de la Cerda y Valera.

[4] Don Alfonso XII.

Ahora tenemos Ministerio nuevo. Todos o casi todos los Ministros son amigos míos particulares. No sé si la posición los endiosará y no me harán caso. Si me hacen caso y me ofrecen nuevo puesto diplomático, le aceptaré en seguida, porque estoy tronadísimo y le necesito. Al Ministro de Estado [5], contra mi costumbre, le he escrito casi pidiéndole turrón para mí. A tal extremo me han traído mis grandezas de Lisboa y el gustazo de vivir allí en compañía de mi amante esposa.

Veremos lo que me contesta y lo que hace por mí el nuevo Ministro de Estado, que es un buen señor llamado Don Servando Ruiz Gomez.

El Duque de la Torre [6] es como patrocinador del nuevo Ministerio: el poder superior oculto, cuyo principal representante en el Gabinete es su sobrino el General López Domínguez [7].

Estoy hospedado por Joaquín [8] y Dominga [9], quienes tienen aquí una hermosa casa para lo que se usa en estos lugares. Mis dos chicos, Carlos y Luis, siguen en mi compañía. Ambos están bien de salud y muy guapos.

Pepito Valera [10], hermano de Dominga, se vá a casar aquí, en uno de estos días, con una Señorita de Baena. Yo no he visto aún a la novia. Dicen que es agraciada. Lo que es él, el pobre, es feo, tontito y canijo, pero bonachón.

Se irán a casar a Doña Mencía, en la capilla y altar de la ilustre casa de Valera, que hay en aquella hermosa Iglesia. El festín nupcial será después en la casa de la Paniega [11], visto que los Valeras ya no tienen casa en Doña Mencía. Los novios se vendrán luego a Cabra a pasar la luna de miel. A pesar de lo tronado que estoy, como estos primos me hospedan, he juz-

---

[5] Marqués de la Vega de Armijo. (Ver nota 2 de la carta 108.)

[6] Francisco Serrano Domínguez. (Ver nota 3 de la carta 41.)

[7] José López Domínguez. Militar y político español (1829-1911). Asiste a las guerras de Crimea y Piamonte (1854). Agregado a la Embajada de París. Asiste a la guerra de Africa. Diputado de la Unión Liberal (1859-1865). Nombrado brigadier por la batalla de Alcolea. Subsecretario de la Presidencia. Ayudante de Amadeo I. Capitán general de Burgos (1873). Toma parte contra los carlistas. Vuelve a la vida política. Ministro de la Guerra con Posada Herrera (1883). Funda con Romero Robledo el partido reformista. Ministro de la Guerra (1892), etc.

[8] Joaquín Valera, primo de don Juan Valera.

[9] Esposa de Joaquín Valera.

[10] Hermano de Dominga, cuñado de Joaquín Valera.

[11] En Doña Mencía. Los marqueses de la Paniega (Alcalá-Galiano) tenían casa en Doña Mencía, la población más próxima al «Alamillo», propiedad de la misma familia.

gado indispensable hacer un regalillo a la novia. Le he traido de Sevilla un bonito abanico.

En Sevilla me he hospedado en casa de Santiago [12], nuestro sobrino, y en Málaga en casa de Pepe [13]: siempre de *gorra*. Parece milagro como Pepe se conserva. Tiene ya muy cerca de 70 años y parece un pollo. No me sucede a mí lo mismo, pués padezco doscientos mil alifafes. Pasado mañana, 18, día del Señor Evangelista San Lucas cumplo 59 añitos.

Vaya yo ahora o no vaya a nuevo puesto diplomático, quiero darme el lujo de tener una casa-refugio, donde estén mis muebles viejos y mis libros, y donde pueda yo vivir sin estar de huesped como hoy. Voy, pués, a ver si alquilo aquí una casa por 7 reales diarios.

Mi mujer tendrá que buscar casa en Madrid, cuando llegue de Lisboa. No la podrá buscar ni tomar bastante grande para que quepa todo y me enviará aquí todo lo que le parezca *cursi*, con lo cual amueblaré la casa de Cabra. Ya tengo aquí muchísimo libro.

Mis chicos vivirían aquí contentísimos largas temporadas. Aquí se divierten mucho, y más se divertirían si tuviesen casa nuestra, donde hubiese palomos, conejos, y hasta unas jaquitas para salir a paseo, pués ambos gustan mucho de cabalgar.

Adios. Mil cariñosas expresiones a Luisa cuando le escribas. Yo quiero escribirle: pero como rasgo tus cartas, he rasgado aquella en que me ponías las señas de Luisa y no las recuerdo.

Adios, repito. Te quiere mucho tu hermano

JUAN

113

Cabra, 16 de Octubre de 1883.

Querida hermana:

Acabo de recibir carta tuya, no sé de que día, porque no lo dice, si bien viene fechada del Château de Cosquer, a donde de contesto. Yo he pasado 15 días, la mitad en Sevilla y la mitad en Málaga, y he vuelto a estos lugares, donde aún tengo algo

---

[12] Sobrino de Juan Valera.
[13] José Freuller y Alcalá-Galiano.

que hacer. Además el lastimoso estado de inopia, en que me veo, no me impulsa mucho a volver a Madrid, donde no sé como he de vivir sin dinero.

Mi mujer sigue aún en Cintra con Carmencita y Antoñita [1]: pero...

[Falta una cuartilla de esta carta]

A ella no le importa que yo gaste, me empeñe y me apure, con tal de no sacarme ni de apuros ni de empeños. De esto, si bien me ofende porque me deja ver a las claras el monstruoso egoísmo de mi mujer y el ningún cariño que me tiene, me alegro por otro lado, pués no quiero que se queje ella, con razón, de que el casarse conmigo, le trajo material perjuicio.

Adios. Luis y Carlos te envían cariñosas expresiones. Te quiere mucho tu buen hermano

JUAN

114

Cabra, 21 de Octubre de 1883.

Mi querida hermana:

En esta diminuta ciudad, he recibido tu grata carta del 13. Mucho me alegro de ver por ella que estás bien de salud. Yo estoy regular y mis chicos inmejorables de salud y de humor. Aquí se divierten en grande y son muy admirados y queridos. Hoy han ido a cazar pajarillos con red, cimbel y reclamo. Esto los vá a encantar, si por dicha los pajarillos acuden, y ellos logran hacer buena presa. En Málaga se deleitaron mucho viendo sacar un copo. Verdad es que aquella costa es prodigiosa por la abundancia de peces. Sacaron en el copo más de 48 arrobas. Era un asombro ver vivos, brincando y tratando de romper las mallas de la red a tanto prisionero plateado: boquerones, sardinas, lenguados, merluzas y hasta pulpos deformes.

Mañana vamos a Doña Mencía a la boda de Pepito Valera [1], que se celebrará en el altar de la ilustre casa de Valera, que está en la Iglesia mayor, al lado del altar de los Marqueses de la Paniega.

---

[1] Carmen Valera y Delavat y Antonia Mesía de la Cerda y Valera.
[1] Hermano de Dominga, esposa de Joaquín Valera.

La novia con su familia irá de Baena, y el novio y nosotros de aquí, a encontrarnos en Doña Mencía a las 10 de la mañana. Después de la ceremonia religiosa, habrá almuerzo en casa de Pepe, nuestro hermano.

Yo seré testigo.

He hecho a la novia el regalo de un abanico, bastante bonito, que me ha costado solo 150 pesetas. Supongo que Dolores regalará también algo, pués debemos a Joaquín[2] favores bastantes. Yo me alegraría de que tú hicieses también un regalillo a la novia: con otros 150 francos, como yo, creo que estaría bien. Ellos te agradecerán el recuerdo. Si no te han dado parte anticipado del casamiento, ha sido, sin duda, por modestia y para no ponerte en la precisión de regalar.

El pobre Pepito no es nada guapo ni tiene la de Salomón: pero la novia, a juzgar por el retrato en fotografía, pués no la ví aún, es linda muchacha y de buena familia. Se llama Eguilaz, parienta de Condes y personas de la primera nobleza de Granada, y sobrina carnal de un Catedrático de aquella Universidad, escritor de mérito y buen amigo mío. Creo que es pobre. Si no lo fuera, no es probable que apechugase con Pepito.

Mi mujer salió anoche de Lisboa y vá a estas horas caminando a Madrid y ya muy cerca. Allí la espera el tremendo jaleo de buscar casa, tomarla, mudarse, etc.

La traslación de nuestro equipaje a Madrid será también pesado y costoso. Llevamos cerca de 60 cajones: y eso que en Lisboa hemos vendido algo.

Como estoy tronadísimo y el nuevo Ministro de Estado[3] es amigo, le he escrito sin rodeos pidiéndole que me envíe a Viena, a Berlín o a Washington. Aún no me ha contestado. Es la primera vez en mi vida que pretendo. Por lo pronto no iré aún a Madrid. Ya te contaré todas mis andanzas.

Adios. Creeme tu afectísimo y buen hermano

JUAN

Mañana sin falta escribiré a Luisa, a quien agradezco en extremo su convite.

---

[2] Joaquín Valera, primo de don Juan Valera.
[3] José de Posada Herrera.

115

Madrid, 4 de Noviembre de 1883.

Querida hermana:

Acabo de llegar aquí, de un tirón, en compañía de mis chicos, y de Joaquín Valera [1], Dominguita [2] y dos sobrinas, que tienen ellos consigo. Mi mujer supone ella que es la misma actividad: la eficacia personificada: pero el caso es que no ha tomado casa aún. He tenido que meterme, muy a mi pesar, en casa de los Caicedos [3]. Casi estoy arrepentido de haber salido de Cabra.

Si mi mujer no fuese como es y sí razonable, mi situación ahora no sería mala: pero no hace ni hará sino tonterías que me perjudican, y verdadero auxilio no me presta, ni con sus obras, ni con su dinero, ni con su crédito.

El actual Ministro de Estado [4] dice que me adora, y, por su gusto, me enviaría a París de Embajador: pero la política exige que vaya el Duque de la Torre [5] o Cristino Martos [6]. No queriendo ir ninguno de estos dos Señores, hay, pués, remota esperanza de que me envíen: y la tengo más fundada de que me envíen a otro punto.

En fin, allá veremos. Yo aún no he visto a nadie, porque vengo molido del viaje, y además mi ropa y todo está en desorden, lo cual me quita gana de salir hasta que todo se arregle.

Mis chicos están florecientes de salud.

La pobre Dominguita es la que creo que no está muy allá de sus males. El médico de Cabra supone que no volverá a Cabra: pronostica que está tísica y que no durará un año. Claro es que no se lo ha dicho a Joaquín que no quiere creerlo, y que no llevó a Dominguita a Panticosa cuando dicho médico se

---

1 Primo de Juan Valera y amigo.
2 Dominga, esposa de Joaquín Valera.
3 Alonso Mesía de la Cerda, marqués de Caicedo, y su familia.
4 José de Posada Herrera.
5 Francisco Serrano Domínguez. (Ver nota 3 de la carta 41.)
6 Político y jurisconsulto español. Nació en Granda (1830-1893). Toma parte en las revueltas de los estudiantes contra Bravo Murillo. Abogado de éxito. Condenado a muerte (1866) con Castelar, Sagasta, Ruiz Zorrilla y Becerra. Se relaciona con Prim. Presidente de la Diputación de Madrid. Vicepresidente de las Cortes Constituyentes (monárquico). Ministro de Estado (1869) y con Amadeo I. Ministro de Gracia y Justicia. En 1881, presidente del Congreso. Gran orador.

lo dijo, hace meses. Según él, Dios quiera que se equivoque, el mal ha tomado tal vuelo, que no tiene ya remedio en lo humano.

Estas opiniones del médico cabreño no las he oido yo de sus labios: pero las ha dicho a los parientes de Cabra con quienes él tiene confianza. Y como en Cabra el tal médico tiene crédito, todos dan por cierto el mal de Dominguita, menos Joaquín que no lo sospecha o no quiere sospecharlo. En Cabra, desde hace cinco meses, dán por seguro el mal.

Adios. Conservate buena y créeme tu afectísimo hermano

JUAN

116

Madrid, 8 de Noviembre de 1883.

Querida hermana:

Por la última carta tuya, que me escribes desde Villerville, veo con gusto que estás bien de salud. Lo que siento es que estés inquieta por falta de noticias de Luisa [1]. Espero que habrá sido solo pereza de ella para escribirte, y que ya te habrá escrito, y estarás tranquila.

Después de muchas rabietas, vacilaciones y dificultades, mi mujer se decidió al fin a tomar casa. La tomamos ayer: calle de Santa Teresa, número 9, principal. El cuarto es precioso, aunque pequeño. Nos cuesta 4.200 pesetas al año. Ahora van a empezar los trabajos y horrores de la mudanza.

Los objetos, que teníamos en Lisboa, llegaron ya aquí: supongo que bien, pués aún no se han desencajonado. Son 75 cajas, nada menos.

Esta política vá mal, y me temo que los constitucionales, que se fueron, y los izquierdistas, que mandan hoy, acabaran por pelearse, y hacer que el Rey [2] se vea en la precisión de volver a llamar a Cánovas [3].

Como quiera que ello sea, yo, si esta gente me ofrece un buen puesto diplomático, le aceptaré, dure lo que dure, e iré solo, a ver si en vez de salir con deudas salgo con ahorros.

Creo, no sé por qué, que me van a ofrecer algo. Allá vere-

---

[1] Luisa Pelissier y Valera.
[2] Don Alfonso XII.
[3] Antonio Cánovas del Castillo. (Ver nota 28 de la carta 50.)

mos. ¿Quién sabe si al cabo querrán enviarme a los Estados Unidos?

Mi cuñado Pepito [4] está aquí de nuevo. Se ha venido, casi fugado, a causa de los furores de Mazo [5], que es un grande animal: pero Pepito es tonto y sobrado manso y ambas cosas le perjudican. En fin, por consideración a mí, supongo y espero que van a trasladar a Pepito a Bruselas. Doña Isabel, mi suegra, se quedará probablemente en compañía de mi mujer.

El empeño de tu hija me temo que no se ha de lograr. Cuando no hemos logrado lo del Cardenal Arzobispo, Primado de las Galias y de Germania, nada menos, ¿qué podemos esperar ya, en nuestro favor, del ilustre Marqués de la Vega de Armijo? [6]. A pesar de todo, aunque no me he atrevido hasta hoy a pedirle la Encomienda de Isabel la Católica, con placa, para tu recomendado, espiaré ocasión oportuna, y se la pediré, por si pega.

Me pides noticias de toda la familia y voy a dártelas. Mi suegra está algo repuesta. Dolores, buena. Luis y Carmen, ambos guapísimos, alegres y divertidos.

Antoñita [7] sin perder fiesta ni paseo: con amigas que la llevan en coche y al teatro. Tiene un semi-novio, diputado por Sevilla, rico y ya maduro. Se llama Fernández Bedoya. Me parece que son ilusiones que se forja Antoñita. Solivianta al sevillano, y, como es natural, él la piropea. Sobre tan fragil base levanta Antoñita el caramillo de sus esperanzas matrimoniales.

Alonsito [8] sigue en Adra donde vá a tener que trabajar mucho para cobrar las rentas del que tiene arrendadas sus tierras.

Seguimos en la duda de si se casará o no Joaquín Valera [9] con la Condesa viuda de Catres, con quién está muy metido. Ella es rica, acaso tenga más de 160.000 pesetas o francos de renta. Ahora trata de que se rehabilite el título de Condesa de Guadiana [10], con grandeza, que fué de su abuela.

---

[4] José Delavat y Arêas.
[5] Cipriano Mazo y Gherardi, diplomático, empezó en la carrera en el año 1868.
[6] Antonio de Armijo Aguilar y Correa, marqués de la Vega de Armijo. (Ver nota 2 de la carta 108.)
[7] Antonia Mesía de la Cerda v Valera.
[8] Alonso Mesía de la Cerda y Valera.
[9] Primo de don Juan Valera y amigo íntimo.
[10] Esposa del conde de Guadiana, título concedido en 1771, y lo posee desde 1909 don Emilio Dávila Ponce de León y Pérez del Pulgar.

Mi cuñado Delavat[11] sigue aquí con licencia, mientras que le han destronado al Emperador[12] cerca del cual estaba acreditado como Ministro de España. Como él no quería volver al Brasil, esto, en cierto modo, le viene bien. Supongo que le darán otro puesto o lo colocarán en el Ministerio. Durante su permanencia en Río de Janeiro, hizo una cosa buena y hasta salvadora para la hacienda de mi mujer. Lo más de ella, sobre 250.000 francos, estaban en acciones del Banco de aquel país, que son nominativas. Con poder de mi mujer, que yo autoricé, las vendió y se trajo el dinero a Europa y le han empleado en otros fondos. Algo ha empleado en obligaciones del ferrocarril de San Pablo; pero esto no está, ni con mucho, tan en peligro.

Nuestro cuñado Alonso[13] se halla ahora en San Luis de Potosí (México) y tiene más probabilidad de ganar algo que entre los *yankees*. Se ha hecho amigo (y hasta creo que vive con ellos y está cuidado por ellos), de unos comerciantes españoles, a quienes yo conozco y me quieren bien, porque los serví en Washington cuanto pude en una importante reclamación que tienen contra aquél Gobierno.

Ya te he dado noticias de toda la familia de por acá.

Basta por hoy.

Adios y créeme tu afectísimo hermano

JUAN

117

Londres, 1.º de Enero de 1884.

Querida hermana:

He llegado a esta gran ciudad felizmente y con un feroz apetito. Este no es mal síntoma.

He venido a parar al Hotel que me recomendó tu yerno[1] el de Longo, autor de Dáfnis y Cloe. En él se come bastante bien. El roast-beef excelente, y muy sustanciosa la sopa de rabo del propio bicho.

Aún no he visto a nadie, ni nada aún. Imito al yerno. Es-

---

[11] José Delavat y Arêas.
[12] Pedro II, emperador del Brasil (1825-1891).
[13] Alonso Mesía de la Cerda, marqués de Caicedo.
[1] Conde de Zamoyski. (Ver nota 2 de la carta 97.)

cribo cartas. Como son las 12 de la noche dadas, te pongo por fecha 1.º del mes y del año, y te le deseo felicísimo, así como a la linda, simpática y elegante nipotina [2]. Si mi dulce esposa o mis destacados vástagos o cualquiera me escribe y recibes las cartas, envialas aquí (Legación de España) o a Liverpool (Consulado de España), o a Washington, según calcules que pueden llegar.

He olvidé de decir en el Hotel d'Albe, que, si allí iban cartas para mí te las enviasen. Hazme el favor de que así lo encargue tu criado.

El día 3 pienso irme para Liverpool. En la corta travesía de Boulogne a Folkestone, ningún mareo. Verdad que la mar estaba muy tranquila.

Adios. Te quiere mucho tu afectísimo hermano

JUAN

Ya te escribiré más por extenso.

Dí a Luisa que sacuda la pereza y me escriba, en francés, si quiere.

118

Londres, 3 de Enero de 1884.

Mi querida hermana:

Sin carta tuya a que contestar, te escribo de nuevo desde esta gran ciudad para decirte que retardo mi viaje a Liverpool hasta mañana.

Rancés [1], que ha estado muy amable conmigo, es quien me detiene.

Anoche me convidó a comer en compañía del numeroso personal, masculino y femenino, de la Legación; de Gayangos [2], del Ministro de Suecia y de otros sujetos. Hoy voy a almorzar con él para ver y hablar al Sr. Russell Lowell [3], Ministro ame-

---

[2] Se refiere a Luisa Pelissier y Valera.

[1] Puede ser Salvador o Manuel Rancés y Villanueva, que estaba de cónsul en Londres en 1884. Empezó en la carrera diplomática en 1858.

[2] Pascual de Gayangos. Escritor y erudito español, que en esos años trabaja en la catalogación de los documentos españoles del Museo Británico.

[3] James Russell Lowell. Poeta, diplomático y crítico norteamericano, nacido en Cambridge (Mass.) (1819-1891). Desde 1877 a 1890 fue embajador de Estados Unidos en España.

ricano aquí, y celebre literato y poeta, allá en su tierra. Yo le conocí y traté en Madrid, donde también estuvo él de Ministro.

Me siento bien de salud y me dá el corazón que voy a pasarlo bien por esos mares.

Mil y mil cariñosas expresiones mías a la linda Condesa Zamoyska, mi Señora Doña Luisa Pelissier y Valera de Malakof, cuyos pulidos y graciosos piés beso.

Tu créeme tu siempre afectísimo y buen hermano

JUAN

119

Cunard Royal Mail Steamship «Cephalonia»,

5 de Enero de 1884.

Querida hermana:

Aprovecho la detención de este barco en Queenstown para escribirte algunas palabras y decirte que voy bien de salud, y no mareado: verdad es que llevamos un tiempo hermoso.

Son ahora las diez y media de la noche. Te escribo antes de irnos a acostar. Mañana daré la carta para que la lleven al correo.

En Liverpool tuve el gusto de ver y charlar largo rato con Pepe Galiano[1], que vino expresamente para verme y despedirme, desde New Castle, donde está de Cónsul.

Mucho siento los percances y jaleos de tu hijo político[2] con la policía, y celebraré que termine todo ello de una manera dichosa.

No dejes de escribirme a Washington, siempre que puedas y no te moleste.

Apenas salimos a alta mar esta mañana, cuando las nieblas pasaron y ví el sol, que no había visto desde que salí de San Sebastián. Esto me quitó algo el spleen.

Adios. Mil cariñosas expresiones a Luisa. Créeme tu afectísimo hermano

JUAN

A pesar de los asustadores recortes de periódicos, que envías en tu última carta, espero que no ocurra nada malo en España.

---

[1] Probablemente se trata de un hijo de Emilio Alcalá-Galiano y Valencia, conde de Casa Valencia, que estaba de cónsul en New Castle en enero de 1884. (Ver nota 3 de la carta 1.)

[2] El conde Zamoyski. (Ver nota 2 de la carta 97.)

CUNARD · ROYAL · MAIL · STEAMSHIP · "CEPHALONIA"

5 de Enero · 1884.

Querida hermana: Aprove-
cho la detencion de este barco
en Queenstown para escribirte algunas palabras y decirte q. voy bien de salud, y no
mareado.: verdad es q. llevamos un tiempo hermoso.

Son ahora las 10½ de la noche. Te escribo antes de irnos á acostar. Mañana
daré la carta para que la
lleven al correo.

13

En Liverpool tuve el gusto de ver y charlar largo rato con Pepe Galiano, que vino expresamente para verme y despedirme, desde New-Castle, donde está Laureal.

Mucho siento los percances y jaleos de tu hijo político con la policía, y celebraré que termine todo ello de una manera dichosa.

No dejes de escribirme á Washington, siempre que puedas y no te moleste.

Apenas salimos á alta
mar esta mañana, cuando
las nieblas pasaron y ví el
sol, que no habia visto desde
q. salí de San Sebastian. Esto
me quitó algo el spleen.

Adios. Mil cariñosas ex
presiones á Luisa. Creeme
tu afmo hermano

Juan,

á pesar de los asustadores re
cortes de periódicos, q. enviaste
en tu última carta, espero q.
no ocurra nada malo en España

Liverpool, 5 de Enero de 1884.

Mi muy querida hermana:

Llegué anoche aquí con toda felicidad, entre niebla espesa, que no me ha dejado ver nada de esta fair England.

Dentro de dos horas o antes me embarcaré.

Te escribo para darte la más cariñosa despedida. Escríbeme a Washington. Ya anuncié por telégrafo mi salida de aquí al Secretario Encargado de Negocios [1].

Mucho deseo que Luisa [2] y su marido [3] estén y sigan bien de salud, pero más deseo aún que tú no te atormentes ni aflijas, sino que te cuides mucho y estés tranquila de espíritu, a fin de que seas ejemplo de dichosa longevidad, y a fin de que nos volvamos a ver, remozados, dentro de dos años, y te vengas conmigo a pasar un invierno entero en Cabra, donde ya verás de qué sol tan radiante y de que cielo tan azul disfrutamos. ¿No es preferible la pobreza con aquel cielo y aquel sol glorioso que la riqueza entre esta tierra húmeda y engendradora de spleen?

Adios. Soy tu afectísimo hermano

JUAN

---

[1] Enrique Dupuy de L'Ôme. Ministro de España en funciones, después del suicidio de don Francisco de Barca y del Corral en Nueva York en 1883. Esperaba su nombramiento de ministro, y queda desilusionado ante el puesto que es ofrecido a don Juan Valera. Años más tarde, Dupuy será ministro de España en Washington, durante la etapa de la guerra hispanonorteamericana de 1889.

[2] Luisa Pelissier y Valera.

[3] El conde Zamoyski. (Ver nota 2 de la carta 97.)

A bordo del Cefalonia,

15 de Enero de 1884.

Querida hermana:

Este barco vá sumamente despacio y me temo que hasta el 18 no hemos de llegar a Nueva York. Como una vez allí habrá no pocos quehaceres y distracciones, aprovecho ahora la sobra de tiempo para escribir cartas. Naturalmente con solo el hecho de recibir esta sabrás que he llegado bien, pués yo he de echarla en el correo.

Aquí estuve algo mareado los primeros días, pero ahora me encuentro bien de salud y paso mi tiempo leyendo. Hablar puedo poco, porque apenas hay pasajero que hable más que inglés y yo hablo un inglés muy pícaro. Sin embargo, creo que soltaré pronto a hablar regular y fluidamente el inglés.

Lo que más importa es que voy más que bien de salud, por lo cual espero, cuidándome, pasar en América dos o tres años y volver sin deudas, lo cual hará llano el logro de mi deseo de no tomar turrón y pasar mi tiempo literateando, entre Paris, Madrid y Cabra. A veces vendrás tú a Cabra a pasar allí conmigo largas temporadas. Ya verás que bien estamos allí. Yo te pagaré las visitas a Villerville.

Adios y adios prolongado hasta el 18, día del desembarque.

Dá mil cariñosas expresiones a Luisa[1], a quien ya supongo en Italia o camino de Italia.

Y tú, te animas y vas a Roma con Andrés?[2].

Escribeme sobre todo esto.

Yo te contestaré en mis futuras cartas algo de mis impresiones de los Estados Unidos, sobre las cuales o mejor dicho, con las cuales pienso hacer un libro.

Créeme tu afectísimo y buen hermano

JUAN

---

[1] Luisa Pelissier y Valera.
[2] Andrés Freuller, hijo de José Freuller y Alcalá-Galiano.

Legación de España
en
Washington D. C.

4 de Febrero de 1884.

Mi querida hermana:

Tiempo ha que no recibo carta tuya. Escríbeme siquiera una vez por semana. Yo te dirijo esta carta a París, aunque bien pudiera ser que hubieras ido a Roma, en compañía de Andrés [1] como pensabas.

Aquí me vá bastante bien de salud, y, en cuanto a diversiones, hallo que si esto peca por algo, es por demasiado divertido. Cada noche hay dos o tres tertulias y en algunas se baila.

Entre las gentes del país he conocido a Madame Bonaparte [2], que vive aquí muy principescamente, y me ha hablado mucho de tí, diciéndome que te veía a menudo en casa de su tía la Princesa Matilde [3]. Debe de haber sido esta Señora bastante guapa. Ha estado amable conmigo. Habla bien francés, aunque con mucho acento yankee.

El hotel es aquí carísimo y he tomado casa a escape por economía. La casa amueblada, bastante grande, me cuesta 150 dollars al mes. El Hotel me cuesta 150 dollars por semana. Hoy, por dicha, le dejo y me mudo.

Juanito Mesía [4] es un niño calamitoso, pero es mi sobrino, y no puedo menos de llevármelo conmigo. Así se ahorra él de pagar casa. En cuanto a la comida, que yo haré fuera, Juanito pagará lo suyo. Tal vez más adelante, tome yo una negra para que nos haga el almuerzo. Entonces daré también de almorzar a Juanito. Ahora, por lo pronto, desde que llegué aquí, y mientras he vivido en el Hotel, he dado de comer a Juanito: de modo que mi venida aquí le ha traído no corta ventaja.

---

[1] Andrés Freuller. (Ver nota 2 de la carta 121.)
[2] Carolina Bonaparte, mujer de Jerónimo Napoleón Bonaparte, nieto de Jerónimo Bonaparte.
[3] Matilde, Leticia Guillermina Bonaparte, hija de Jerónimo Napoleón. Nació en Trieste (1820-1904). Se casó en 1840 con el príncipe ruso Anatolio Demidof de San Donato (separada a los cuatro años). Reside en París. Durante el Segundo Imperio su casa se convierte en el punto de reunión más preciado de literatos y artistas. Apasionada de la música y la pintura.
[4] Juan Mesía de la Cerda y Valera.

Juanito divierte mucho a la gente, pero un poco a su costa, lo cual me carga: no sirve para casi nada; y es además viciosillo. Anoche, por ejemplo, se puso a jugar al baccarrat, en casa del Ministro de Rusia [5], y perdió casi toda la mesada, que acababa de recibir.

Aquí tengo que luchar con no pocas dificultades, pero espero vencerlas todas, y pasar aquí mucho tiempo.

Mi mujer no me escribe: pero ¿qué le hemos de hacer? Yo sé ya que ha recibido dos mil pesetas, que le he dado por la mesada de Enero. Me parece que no se podrá quejar de mí si sigo dándole 2.000 pesetas mensuales, como confío en poderselas dar.

La casa a que me he mudado es en Lafayette Square, número 14; en el sitio mejor y más céntrico, con vistas muy buenas a preciosos jardines.

Este pueblo debe de ser...

[Falta el final de esta carta]

123

Legación de España
en
Washington D. C.

10 de Febrero de 1884.

Querida hermana:

Con mucho gusto he recibido hoy tu carta del 25, por la que veo que estás bien de salud.

Yo estoy regular. Esto es caro y la comida abominable. Hasta en casa del Presidente de la República [1], donde he asistido ya a un banquete, le envenenan a uno. Los manjares se tragan

---

[5] Charles Struve, ministro de Rusia en Washington, uno de los dos que, con el ministro de Inglaterra, dirigen la vida social y diplomática de Washington. Llega a tener una gran amistad con Valera, y al final de su puesto diplomático, inesperadamente queda arruinado.

[1] Chester Alan Arthur. Veintiún presidente de los Estados Unidos. Nació en Albany (1830-1886). Abogado en Nueva York, pro abolicionista. Fundador del partido republicano. Al ser nombrado presidente, Garfield Arthur es nombrado vicepresidente, y lo tiene que sustituir al ser asesinado el presidente en 1881.

a fuerza de pimienta, y se cojen, por ende, irritaciones de tripas y estreñimientos feroces. Creo que en todo Washington, y quizá en todos los Estados Unidos, solo se come bien en dos casas: en la de Madame Bonaparte[2] y en la del Ministro de Rusia[3]. Ni en una ni en otra me han convidado aún. La gente no me divierte demasiado. Verdad que casi nadie habla más que inglés y yo le hablo muy mal: pero por la poca gente que habla francés y por lo que me dicen, considero que si el inglés no sirviese sino para entenderla, no valdría la pena de aprender el inglés.

Lo que es precioso es esta ciudad. Todo se vuelve jardines, arboledas y césped. En Mayo será esto un paraíso. Ahora mismo es lindo todo, salvo las casas demasiado rojas, y algunos monumentos públicos, que habrán costado un dineral, pero que son de un gusto inverosimil por lo pésimo.

Los *politicians*[4] de aquí me parecen unos tíos muy ordinarios, por lo general.

Del hotel, que encargué cuarto barato aunque decente, tuve que mudarme a escape, por que no podía yo con el gasto. Me costaba el cuarto 15 dollars al día.

He tomado casa entera, amueblada, por 150 dollars al mes. A Juanito[5] me le he llevado conmigo para que me haga compañía, lo cual le ha venido como anillo al dedo.

Mi casa es capaz y en el mejor sitio; pero los muebles pocos, viejos y malos. Solo abundan las camas. Aquello parece un hospital.

Ya veremos como se arregla todo, gastando lo menos posible.

Hasta ahora sigo comiendo y almorzando en restaurant, lo cual es incómodo. El plato favorito de aquí se llama *terrapins*, que son unos galápagos, de cierta clase, dicen, aunque yo los hallo idénticos o casi idénticos a los de España, aunque algo verdes. Todos los días hay *terrapins* en las fondas y restaurants. Yo me iré de aquí sin probarlos, temeroso de echar el cuajo por la boca.

---

[2] Carolina Bonaparte. (Ver nota 2 de la carta 122.)
[3] Charles Struve. (Ver nota 5 de la carta 122.)
[4] Las críticas que hace Valera a las formas políticas de los Estados Unidos, en sus informes diplomáticos, cartas, etc., son atroces y desaforadas y sólo se las puede entender teniendo en cuenta los prejuicios básicos del español en esta época.
[5] Juan Mesía de la Cerda y Valera.

A pesar de la mudanza completa de Ministerio y de política, creo que Cánovas [6] es muy buen amigo mío y me dejará con gusto por aquí. Yo no pienso hacer dimisión, como no advierta que me tratan con despego y con poca confianza.

Muchísimo te agradecería que escribieses a Madame Bonaparte y que hicieses que le escribiese también la Princesa Matilde [7] recomendándome mucho. Ya no pega que yo mismo lleve las cartas a la mano. Las cartas serían de buen efecto, si viniesen de ahí, directamente a dicha señora.

Necesito aquí ganar amigos y simpatías, porque mi oficio aquí es muy ingrato, pués consiste principalmente en hacer la policía, en delatar conspiradores cubanos, en pedir que los prendan, y en hacer otras reclamaciones.

Hago esfuerzos grandes para salir hablando bien inglés y no pierdo la esperanza de conseguirlo.

Yo no quiero permanecer aquí arriba de dos años o tres a lo más: luego si Dios me dá vida, y ya a flote, me ilusiona la idea de vivir confortablemente y tranquilamente en España, más largas temporadas en Cabra que en Madrid.

Esto, sumado todo, no me divierte ni me interesa. Solo por consideración a mis hijos, y a mi mujer, que no me lo agradece, he hecho el sacrificio de venir por aquí.

Adios. Mil cariñosas expresiones a Luisa, cuando le escribas. Y tú, no vas a Roma?

Soy tu bueno y afectísimo hermano

JUAN

124

Legación de España
en
Washington D. C.

20 de Febrero de 1884.

Querida hermana:

Acabo de recibir tu carta del 4. Muchísimo me alegro de ver por ella que estás bien de salud y que tu hija [1] lo está también en Roma, donde se divierte mucho. Yo supongo que ya

---

[6] Antonio Cánovas del Castillo. (Ver nota 28 de la carta 50.)
[7] Matilde Leticia Guillermina Bonaparte. (Ver nota 3 de la carta 122.)
[1] Luisa Pelissier y Valera.

estará por allí Andrés [2], el cual no ha ido de Secretario de la Legación o Embajada cerca de la Santa Sede, sino de Secretario de la Legación, cerca del Rey de Italia [3]: lo cual nada tiene que ver con el Marqués de Molins [4].

Aquí me hallo bien de salud y muy contento, a pesar de que el Gobernador General de Cuba [5] me obliga a hacer, contra mi gusto, no pocas tonterías, harto comprometidas, que yo no quisiera hacer.

La Señora Bonaparte [6] me convidó ayer a comer. Parece muy amable, si bien se nota en ella cierta vanidad, mezcla de la que funda en la sangre imperial de su marido y de la que funda en sus riquezas de ella. El Coronel Bonaparte [7] es un hermosote de muy buena pasta y cortos alcances.

Espero que las joyas todas de la Condesa Zamoyska lleguen felizmente a Roma.

Aquí he tenido que tomar casa porque en el hotel salía más cara la vida. La casa está amueblada, pero con pocos y malos muebles. Algo sería menester gastar para ponerla decente. He comprado ropa de cama y mesa y toallas y vajilla; todo barato.

He tomado una cocinera francesa, que guisa bastante bien. No sé aún si será o no muy ladrona.

Tengo a Juanito [8] viviendo conmigo, de modo que mi venida aquí le ha traído gran ventaja.

De las fiestas, bailes y recepciones de aquí estoy ya tito. Aquí no es como en Madrid, donde casi nadie recibe de día, sino de noche. Aquí, durante el día y la noche, hay un constante visiteo.

Las señoritas solteras son bastante desaforadas, traspasando los límites de la *flirtation* [9] y llegando a los mayores extremos

---

[2] Andrés Freuller, hijo de José Freuller y Alcalá-Galiano.

[3] Víctor Manuel III de Saboya.

[4] Mariano Roca de Togores. Político y escritor español, nació en Albacete (1812-1889), hijo del conde de Pinohermoso y de la condesa de Villa-Leal. Varias veces ministro y diplomático. Discípulo de Lista y autor de varias obras. Académico de la Española.

[5] Teniente general Calleja.

[6] Carolina Bonaparte. (Ver nota 2 de la carta 122.)

[7] Jerónimo Napoleón Bonaparte, nieto de Jerónimo, hermano de Napoleón. (Ver nota 2 de la carta 122.)

[8] Juan Mesía de la Cerda y Valera.

[9] Se refiere Valera al tema que tanto le llama la atención de la distinta escala de valores morales de los Estados Unidos con España, en esa época. Tema que repetirá en las correspondencias de Menéndez Pelayo, Narciso Campillo, etc.

del sobamiento. Juanito, aunque parece un macaco, es de los que más soban. El sitio más a propósito para estos *diálogos* por señas, pués Juanito no habla inglés, es en las escaleras. Aquí se recibe en el piso bajo. Las escaleras van a los cuartos de dormir. En las escaleras o en algún rincón sombrío, se sientan las señoritas con los galanes. Algunas son de extraordinaria belleza. A lo que parece, luego que se casan, suelen tener mucho juicio.

Adios. Cuidate mucho para que lo pasemos bien en Cabra, dentro de un par de años. Soy tu afectísimo hermano

JUAN

125

Legación de España
en
Washington D. C.

25 de Febrero de 1884.

Mi querida hermana:

Acabo de recibir carta tuya del 11, por la cual veo con gusto que estás bien de salud. La mía no es ahora tan buena como al principio, ni el humor tampoco. He cogido un resfriado muy grande y además no estoy bien del estómago. Esperemos que esto me pase.

Supongo que Cánovas [1] que es amigo y que tiene buen concepto de mí, no solo me dejará aquí con gusto, sino dándome toda la confianza y toda la vara alta que yo necesito. De otro modo prefiero volverme a Europa. Esto no es nada barato y hay que estar haciendo mil cálculos, si he de vivir aquí con la decencia debida y ahorrar alguna cosa para enviar a Dolores y pagar algunas deudas.

Mi mujer, según costumbre, sigue escribiéndome poquísimo, y naturalmente los chicos la imitan. Hace más de 20 días que no sé de ellos. Ya he recibido carta de muchos amigos, contestando a las mías desde aquí; pero de mi familia no las he recibido aún.

Washington no es por ningún estilo como París, donde todo el mundo se pierde entre la muchedumbre. Aquí el Ministro

---

[1] Antonio Cánovas del Castillo. (Ver nota 28 de la carta 50.)

de España hace papel, aunque no quiera, y es conocido hasta de los perros que van por la calle. No tienes, pués, que poner más *adresse* en las cartas que *Spanish Minister*.

Yo no sé, además, en que consiste; tal vez en que ahí vá lo peor de España, y nos conocen por el peor lado: pero es lo cierto que nadie nos desdeña más que los franceses. Aquí nos querrán quitar a Cuba; nos armarán mil líos y dificultades: pero no hay desdén, y eso que los Gobernadores Generales de Cuba y mis predecesores han hecho no pocas tonterías.

Me alegro de que Luisa esté contenta y divertida en Roma y celebraré que esto se pueda conciliar con la debida prudencia económica.

Adios. Conservate buena y crée tu afectísimo y buen hermano

JUAN

Mi sueño dorado es ponerme a flote y meterme en Cabra, donde si me acompañases algunas temporadas, yo te pagaría las visitas en Villerville y en París.

126

Washington, 6 de Marzo de 1884.

Querida hermana:

Ayer recibí tu carta del 20 de Febrero. Por ella veo que estás bien de salud. Lo que siento es verte tan triste y apurada con motivo de los gastos de tu hija.

Yo estoy todo lo bien que puede estar un hombre que se vá acercando ya a los 60 años; que no fué nunca muy robusto; y que ha tenido una vida trabajada y poco dichosa: pero en fin, voy tirando.

Con Juanito[1] estoy contento. El se conduce bien conmigo. Nos damos mutua compañía, lo que es un gran consuelo.

A él, además, le trae mucha cuenta economicamente vivir conmigo. Mientras viví en el hotel le convidé a comer de diario. Después, desde que me vine a esta casa, le he tenido en ella. Hasta el 13 de Febrero, pagándole el almuerzo, y dejando

---

[1] Juan Mesía de la Cerda y Valera.

204

que él pagase solo la comida. Desde el 15 de Febrero tengo cocinera y comemos en casa. He tenido que comprar mil cosas, aunque la casa dicen que está amueblada. No había en ella mantas para la cama, ni colchas, ni sábanas, ni toallas, ni ropa de mesa. No había vajilla, ni cristal, ni cubiertos, ni otras doscientas mil cosas. Todas las he tenido que comprar. Figurate lo escuálido que se habrá quedado mi bolsillo.

Desde el 15 de Febrero hasta fin de dicho mes he sostenido a Juanito por completo. Luego le he dicho que yo soy pobre, que tengo que enviar dinero a mi familia, como en efecto lo envío todos los meses; y que además tengo que pagar muchas deudas. Por consiguiente, que es menester que concurra algo a los gastos. Yo, con todo, soy para esto archi-blando de corazón y le he hecho demasiado buen partido. No quiero que pague sino la tercera parte de los gastos ordinarios de comida y vinos: pero aún así he ido más allá. Hemos calculado que la cocinera, con todos sus gastos y el vino, no deberá costarme más de 900 francos (180 dollars) mensuales. Ahora bien; yo he concertado con Juanito que, si sale más caro, él no pagará sino 300 francos (60 dollars) y si sale más barato, pagará menos. Yo creo que tal vez nos salga más barato. La cocinera es lista: no quiere que la despida y no sisará. Las cosas de comer, en general, son aquí baratas. En los 15 días de Febrero, durante los cuales nos ha dado de comer y almorzar la cocinera, a mí, a mi sobrino y a dos criados que tengo, habiendo comprado la cocinera todos los chismes de cocina, mesas, sillas, cubiertos y vajilla y vasos para ellos, los criados, en fin todo porque no había nada; hasta una caja inmensa, donde se tienen en hielo las carnes, etc. ¿cuánto crees tú que me ha costado todo? Pués maravillate y entra en ganas de venir a América. Todos estos enseres y nuestra alimentación de 15 días se han hecho con 150 dollars (750 francos). Y eso que hemos tenido dos o tres días amigos a comer.

En cambio hay cosas caras. La leña y el carbón me han costado en Febrero 300 francos.

El gas no me parece caro, porque yo gusto de mucha luz y velo, y la casa es grande. El gas me ha costado 40 francos en un mes.

El coche, bastante bonito, aunque de un solo caballo, me cuesta 750 francos, (150 dollars) mensuales.

Lo malo ha sido los gastos extraordinarios de instalación, que he tenido que hacer. Y eso que aún deja esto muchísimo que desear. Aquí una casa amueblada dista mucho de ser lo que será sin duda en París; y es en Pau o en Biarritz, que yo conozco. Además esta tiene fama de ser la más picaramente amueblada de Washington: pero está en el mejor sitio; es hermosa; caben en ella, sin exageración, ocho o diez casas como esa tuya. Claro está que aquí una casa es toda la casa y no un piso o un pedazo de un piso. Tengo además jardín y cochera y caballeriza de que no me sirvo. Vivo en el mejor sitio de la Capital. En la plaza de Lafayette, que es un square, grande como un parque, con hermosos jardines. El Palacio del Presidente[2], o sea la Casa Blanca, está enfrente.

He escrito al banquero Huth[3], de Londres, rogándole que pague a Mr. Hoskier[4] las 161 libras y pico, el día 1.° de Abril; cantidad que el banquero de la Legación aquí, Mr. Riggs[5], se tomará de mi sueldo. Espero que Mr. Federico Huth no ponga dificultad en esto: pero esta paga me vá a dejar despampanado. Además yo quisiera que la cosa fuese en otra forma. Por todo esto, si no tienes en ello grande inconveniente, quisiera yo que arreglases con Mr. Hoskier, que es amable, las cosas de este modo. 1.°: Que el 1.° de Abril envíe solo a Huth una letra sobre mí de 100 libras y que por las restantes 61 libras y pico, envíe al mismo Mr. Huth, o si quiere a Riggs, contra mí, una letra de dichas 61 libras y pico, más los intereses, por estos dos meses más, el 1.° de Junio próximo: esto es para que yo la pague aquí el 1.° de Junio próximo.

Si esto pudiera ser hecho así, me sería más fácil de pagar, y además, viniendo la letra de Mr. Hoskier, contra mí, no tendrían que enterarse ni Huth, ni Riggs de que yo debía al Sr. Hoskier desde hacía meses las 161 libras.

Si fuera solo por lo que yo gasto y aún tengo que gastar aquí, andaría yo hasta sobrado de dinero; pero tengo que enviar

---

[2] Se refiere a la Casa Blanca, como explica a continuación, donde vive entonces el veintiún presidente de los Estados Unidos, Chester Alan Arthur. (Ver nota 1 de la carta 123.)

[3] Valera, al llegar a Londres, camino de Liverpool, para tomar posesión de su puesto en Washington, cancela unas deudas que arrastraba desde España y se equipa para la salida a los Estados Unidos, firmando unas letras al banquero inglés Federico Huth. Más tarde encargará de los pagos y trámites con él a su hermana Sofía.

[4] Es el representante de la Banca de Federico Huth (Inglaterra) en París.

[5] Banquero de la Legación de España en Washington. A este banquero es a quien adeudará una verdadera fortuna don Francisco de Barca y del Corral, llegando al suicidio.

a mi mujer y a mis hijos y además para pagar otras deudas. A Dolores le he enviado ya 4.000 francos y para pagar deudas 3.000.

Claro está que si te repugna o molesta hacer lo que te digo cerca de Mr. Hoskier, no lo hagas, que ya está avisado Mr. Huth y ya veré yo como me las compongo.

Aún no he recibido carta de Cánovas [6], contestando a dos que le he escrito: pero no dudo de que me conservará aquí muy gustoso.

Elduayen [7], que es el Ministro de Estado, me ha escrito una carta muy fina y amable.

Mi mujer, a pesar del dinero que le envío, me escribe muy de tarde en tarde. Los chicos me escriben más a menudo, y por ellos tengo noticias de mi casa.

Aquí, algunos de mis predecesores, cuando había aún mucho dinero en Cuba, han hecho su Agosto. Con pretexto de velar por aquella isla y de salvarla, han gastado de un modo feroz; a veces hasta más de un millón de francos al año. Así se armaron Mantilla [8] y Roberts [9]: pero el mucho desorden trae orden, y además el tesoro de Cuba está apuradísimo. Ahora solo me envían de Cuba 100.000 francos al año, que no alcanzarán, pués hay que pagar pensiones, a mi ver inútiles las más, pero que el Gobernador de Cuba [10] no quiere que se supriman. Así es que me encontré, al tomar posesión de esto, con un deficit de 8.000 duros (40.000 francos) en el dinero que viene de Cuba, y debiendo además muchos miles de duros, de tunantes a quienes se les habían ofrecido y no se les dan. Pero estas deudas me tienen sin cuidado. Ya el Gobierno las pagará, si quiere. Yo creo que debe pagar, y luego mandar a paseo a los que cobran y no darles ni un ochavo más, que no por eso perderemos

[6] Antonio Cánovas del Castillo. (Ver nota 28 de la carta 50.)
[7] José de Elduayen. Político español, nació en Vigo (1823-1898). Ingeniero de caminos, especializado en ferrocarriles. En 1854, diputado. Ministro de Ultramar y de Hacienda. Senador y presidente del Senado. Alfonso XII le nombra marqués del Pazo de la Merced, y la reina le concede el toisón de oro.
[8] Joaquín Mantilla. Funcionario del Ministerio de Estado. Recaudador. Ingresado en la carrera diplomática en el año 1863.
[9] Juan Roberts Samnuel, funcionario de la Legación de España en Washington, que empezó su carrera diplomática en 1883. En estas fechas hay dos diplomáticos más con este mismo nombre: Dionisio Roberts y Prendergast, ingresado en 1851, y Tomás Roberts, ingresado como vicecónsul en 1858.
[10] Teniente general Calleja.

a Cuba más pronto. Tal vez nos respeten más, cuando vean que sacudimos la obligación absurda de tan estúpidos tributos.

Estos son secretos de nuestra política que dan asco. En este país los *politicians* son unos bellacos. Creen que tenemos miedo y nos saquean. Hay además constantes reclamaciones que son la mayor ladronera. En poco tiempo ha tenido España que pagarles frecuentemente ocho millones de pesetas por perjuicios causados a súbditos americanos en Cuba, durante la guerra civil.

Adios. Conservate buena y créeme tu afectísimo hermano

JUAN

127

Legación de España
en
Washington D. C.

20 de Marzo de 1884.

Querida hermana:

Las dos últimas cartas tuyas, que he recibido, es una del 29 de Febrero: la otra debe de ser posterior, tal vez del 4 ó 6 de este mes; pero trae la fecha equivocada. Por ambas cartas veo tus disgustos y la enfermedad de tu yerno [1], que siento por todo. Supongo y espero que ya estará completamente bien.

Aquí me vá regular, por más que ya los señores del Ministerio me han hecho una mala pasada, suprimiéndome, en virtud de cierto artículo del Reglamento, mal interpretado, en mi sentir, 17.000 francos de lo que yo creía corresponderme por gastos de instalación. Todavía los disputo. Veremos lo que logro.

Esto no es muy caro queriendo vivir con modestia: pero, sin embargo, en estos primeros meses, siempre será menester gastar más de lo que después se gastará.

Voy haciendo en el inglés más progresos de los que yo me creía capaz de hacer. Creo que, si sigo aquí un año, le hablaré medianamente y no le escribiré mal.

Aunque no fuese más que por esto, me alegraría yo de con-

---

[1] Conde Zamoyski. (Ver nota 2 de la carta 97.)

208

tinuar aquí. Hasta ahora el Ministro Elduayen[2] está bastante amable conmigo.

Cánovas[3] aún no me ha escrito, pero no lo extraño porque con las conspiraciones, elecciones y demás jaleos, no tendrá tiempo ni para rascarse la cabeza, cuanto más para escribir cartas particulares: pero yo creo que Cánovas me quiere bien y me considera bastante y esto es lo que importa.

Aquí me parece que la gente es muy amable conmigo; en la sociedad se entiende. En las relaciones oficiales siempre tenemos negocios poco gratos y poco amistosos. Los *politicians* de aquí son muy canallas.

Me alegraré de que Mr. Hoskier[4] me cobre solo el 1.º de Abril 100 libras, como ya te rogué en una carta que le dijeses, y las otras 61 más adelante.

Juanito[5] bien de salud y sigue viviendo en mi casa.

De mi familia hace un siglo que no tengo noticias, como si la tierra se la hubiese tragado.

Adios. Dá a Luisa, de mi parte, mil cariñosas expresiones. Créeme siempre tu afectísimo hermano

JUAN

128

Legación de España
en
Washington D. C.

24 de marzo de 1884.

Mi querida hermana:

Por tus últimas cartas del 7 y del 10 veo con gusto que estás bien de salud y que tu yerno[1] está fuera de peligro y casi restablecido.

Yo no estoy mal. Cuidémonos ambos para que nuestro proyecto de pasar en Cabra temporadas de invierno y en Villerville veraneos, llegue a cumplirse, después de tres o cuatro años de estar yo aquí, poniéndome a flote. Espero que esto se logre,

---

[2] José de Elduayen. (Ver nota 7 de la carta 126.)
[3] Antonio Cánovas del Castillo. (Ver nota 28 de la carta 50.)
[4] Banquero. (Ver nota 4 de la carta 126.)
[5] Juan Mesía de la Cerda y Valera.
[1] Conde Zamoyski. (Ver nota 2 de la carta 97.)

14

si sigo aquí siquiera dos años y si a Dolorcitas no se le antoja venir por aquí.

Durante muchos días, Dolorcitas ha estado sin escribirme, muy furiosa. Por último, el otro día, recibí carta suya, con muchos lamentos, quejas y furores, porque dice que no le hacen caso. No comprendo que caso quiere que le hagan. Se lamenta también de que yo he tomado casa aquí. Quisiera que yo no gastase nada y gastarlo ella todo. Y sin embargo, desde que estoy aquí le he enviado a razón de 2.000 francos al mes: total 6.000 francos hasta ahora.

Juanito sigue viviendo conmigo y está todo lo bien que él puede. Siempre me cuesta y me costará algún dinero, pero me hace compañía. Otra cosa es peor que el gasto pequeño de dinero: el gasto de paciencia que es menester a veces para sufrirl y no hacer una escena tonta y ridícula de pendencia entre tío y sobrino.

Ahora cree Juanito posible casarse aquí con alguna señorita que tenga dos millones de duros. Con menos no se contenta.

Las muchachas son aquí muy amables, francas y amigas de divertirse y reir, y esto creo que engaña a Juanito. Yo doy por seguro que ninguna con mucha dote le querrá: pero, aquí hay tanto dinero, que creo factible, si él no fuese tan presumido y bajase su precio que tal vez podría casarse, aplicándose a buscarla, con alguna chica guapita, que tuviese dos millones de reales, lo cual le vendría muy bien.

Dá mil cariñosas expresiones mías a Luisa y créeme tu afectísimo y buen hermano

JUAN

129

Legación de España
en
Washington D. C.

6 de Abril de 1884.

Querida hermana:

Con mucho contento he recibido tu carta del 20 del mes pasado, ya que por ella veo que estás bien de salud y que tu yerno[1] se encuentra restablecido. Yo estoy regular y aquí no

---

[1] Conde Zamoyski. (Ver nota 2 de la carta 97.)

lo paso mal, aunque tengo mis trabajos, dificultades y rabietas.

Los señores Huth [2] habrán pagado a estas horas la letra de Hoskier [3], y sobre esto creo que no hay más que hablar. Como no me halle muy necesitado de dinero no giraré contra él las 60 libras. Espero poder pagarlo todo.

Mi mujer se desespera y fastidia mucho en Madrid, y desde Madrid, en sus cartas, me aflige contándome sus cuitas. De ellas hay, algunas fundadas: pero yo no tengo la culpa. La buena de mi suegra está muy achacosa, y, aunque ha sido extremadamente cariñosa para sus hijos y nietos, ahora no vale sino para dar mucho cuidado. Yo creo que mi mujer la quiere hasta donde ella es capaz de querer: pero, por hacer gala de cariño, rabiará más y hará más tonterías y gastará más dinero.

Al término de todo preveo la pronta muerte de Doña Isabel [4]. En alguno de los ataques al cerebro que tiene, sospecho que se quedará.

Carmencita ha tenido sarampión al mismo tiempo que estaba mala su abuela. Figúrate cuanto habrá rabiado Dolores.

Como mi mujer saldrá a veranear en Julio, me alegraría de que fuese hacia donde tu estés para que vieses a mis chicos. Yo creo que están muy guapos. Juanito está muy prendado de una Miss bastante guapa y con la libertad de que gozan aquí las señoritas, anda con ella siempre de bureo. Sentiré que se comprometa demasiado y tengamos casorio. No creo que la muchacha tenga dote.

Adios. Dá mil cariñosas expresiones a Luisa y a su marido. Tu créeme tu afectísimo hermano

JUAN

---

2 Federico Huth. (Ver nota 3 de la carta 126.)
3 Banquero. (Ver nota 4 de la carta 126.)
4 Isabel II, reina de España.

Legación de España
en
Washington D. C.

14 de Abril de 1884.

Querida hermana:

Sin carta tuya a que contestar te escribo por gusto de charlar contigo desde tan lejos y por el deseo, además, de hacerte algunos encargos. Encomienda a alguien de Burdeos que me envíe uno o dos toneles de vino mediano, rojo; y cinco o seis docenas de botellas, o un tonel también, si sale más barato, de Sauternes. Aquí me está costando un dineral el vino y le puedo hacer venir sin pagar derecho, y beberle barato. Que la misma casa que envíe el vino, gire sobre mí por el valor de su importe. El vino puede traerle a Nueva York cualquiera de los vapores que salen del Havre, con rótulo a mí, para pedir sin dificultad la franquicia.

Quiero también que me mandes comprar y remitas, por idéntico modo y conducto, una docena de terrinas de foie gras, bueno y dos docenas de cajas de cepes de Burdeos, que me gustan muchísimo. Deseo, por último, que me compres en el Bon marché y me remitas, tres manteles bonitos, como para ocho o diez personas y dos docenas de servilletas, buenas también y de lo mismo que los manteles: todo con mi cifra bien bordada. También deseo una docena de servilletas de té, chiquitas.

Esto ya me dirás tú lo que es para que yo te lo pague.

Aún no tengo aviso, pero supongo y espero que Mr. Huth[1] habrá pagado a Mr. Hoskier[2].

Aquí no lo paso mal, pero tengo algunos disgustos. He hecho cuanto ha estado a mi alcance para detener la expedición filibustera a Cuba: pero este Gobierno, a quién avisé con tiempo de sobra, y a quién instigué cuanto prudentemente pude, nada ha hecho o por mala fé o por impotencia. En fin, ello es largo de contar. Lo que más te importa es lo que a mí se refiere, y te diré que razonablemente el Gobierno[3] no puede quejarse de

[1] Federico Huth. (Ver nota 3 de la carta 126.)
[2] Banquero. (Ver nota 4 de la carta 126.)
[3] Se refiere al Gobierno que preside don Antonio Cánovas del Castillo, que sustituye al de don José de Posada Herrera, del año 1883.

mí en Madrid. Esto no quita, con todo, que yo deje de pasar aquí algunas rabietas.

Mis chicos me escriben de vez en cuando. Mi mujer me escribe muy poco. Y sin embargo, yo hago un sacrificio en estar aquí y solo estoy aquí por ellos. En esta casa, que llaman amueblada, no hay casi nada bueno, y lo que es chirimbolitos y cuadritos, perdone Vd. por Dios. Los retratos en fotografía de amigos y parientes son mi mejor adorno. Mándame, pués, tu mejor retrato en fotografía y también el de la linda Condesa Zamoyska [4]. Supongo que su marido [5] estará ya completamente bien.

Cada día me convenzo más, mientras más viajo, que lo mejor del mundo, por suelo, cielo y gente, es Francia, España, Portugal e Italia. Esto es grande, aquí se cría mucho cochino, pero, ya se asa uno de calor, ya tirita de frío, abominable clima, y la gente ordinaria, zafia y nada amena: prefiero mil veces el trato de Don Juan Fresio, de Morenito y del Cura Piñón [6].

Hay algunas mujeres guapas, pero esto se pondera demasiado: las francesas y las españolas valen mil veces más.

En suma, esto no tiene más aliciente que el sueldo. Por lo demás, estaría yo arrepentido de haber venido y rabiando por irme.

Aquí me han hecho muy bien mi fotografía. A tí y a Luisa os la enviaré, si la queréis, y me enviáis las vuestras.

Adios. Mil expresiones cariñosas a tu hija y yerno, y a tus cuñadas [7] del Luxemburgo. Allí sí que se vivirá bien. En estos últimos días he pasado malísimos ratos con dolor de dientes. Ya estoy mejor.

Juanito tan campante y muy engolfado en coqueteos con una Miss, bastante bonita.

Créeme tu afectísimo hermano

JUAN

---

[4] Luisa Pelissier y Valera.
[5] Conde Zamoyski. (Ver nota 2 de la carta 97.)
[6] Se trata de personajes de Cabra y Doña Mencía, amigos suyos de la infancia, muchos de ellos con quien mantiene correspondencia, como es el caso de los dos últimos.
[7] Se refiere a las esposas del mariscal Vaillant y del general Pelissier, respectivamente.

Legación de España
en
Washington D. C.

26 de Abril de 1884.

Mi querida hermana:

Por tu carta del 14, que acabo de recibir, veo con gusto que estás bien de salud. Yo estoy muy bueno: como y duermo perfectamente y tengo pocas rabietas.

Siento mucho que tu hija [1] y tu yerno [2] te dén algunas. Procura tener calma y no atormentarte por mal que no tenga remedio.

Te he hecho varios encargos de ropa de mesa, comestibles y *bebestibles,* que deseo me envíes, mientras más pronto mejor. Si ya no me los han enviado, lo mejor sería que viniesen, naturalmente para mí, a fín de no pagar derechos, pero dirigiendo el *conocimiento,* y los objetos, a la casa de E. de Merolla et. Co., en Baltimore, Merolla, antiguo diplomático italiano, que se ha metido a comerciante, y a quién conozco y de quién soy amigo, desde hace 40 años, sacará mejor esto de la Aduana, y desde Baltimore me lo remitirá con menos gasto que me lo remitirían desde Nueva York.

En fin, si ya salieron para Nueva York los encargos que te hice, sirva para otra vez la indicación que te hago de que es mejor enviarlos en adelante a Merolla.

Nuestro sobrino Juanito [3] se ha ido a solazarse, durante unos días, a la Fortaleza Monroe [4], donde hay amenos campos, y un Hotel enorme, para contener 2.000 personas, todo lleno ahora. Lo singular, y rasgo característico de las costumbres de esta tierra, es que Juanito se ha ido con dos señoritas solteras, de la sociedad de aquí; solos los tres; sin que a nadie le choque, aunque van a pasar varias noches y días juntos.

En efecto, aquí las señoritas andan sueltas por completo, y no suelen tener avería mayor: pero en cambio el besuqueo y el sobajeo son feroces. Figurate además que la amada de Jua-

---

[1] Luisa Pelissier y Valera.
[2] El conde Zamoyski. (Ver nota 2 de la carta 97.)
[3] Juan Mesía de la Cerda y Valera.
[4] Al borde del río Potomac, que defiende el estrecho, y próxima a la ciudad de Baltimore. Célebre lugar de veraneo en la época de 1884.

nito, muy guapa, llamada Miss Mac Ceney, no habla más que inglés y que Juanito no dice palabra en inglés. Tienen, pués, que entenderse por el tacto. De aquí resulta que Juanito parece el espíritu de la golosina, de revejido y cacoquimio. Todo ello prueba, por último, que las mujeres gustan de que se las lleve el diablo, aún cuando sea en el carro de la basura.

Hago algunos progresos en inglés y creo que acabaré por hablarle. Al uso de aquí (y sin que sea lícito poner malicia en ello), tengo maestra y no maestro. La maestra viene tres veces por semana a darme lección: es guapa y tendrá 22 ó 23 años. Esto a nadie choca aquí. La Señorita, aunque pobre, es de familia principal y antigua, y muy estimada aquí y recibida en la sociedad. El otro día tuve una comida, very informaly. Comieron conmigo el Ministro de Francia [5], y cinco Señoritas de las más guapas, entre ellas Miss Mac Ceney. De casa eramos Juanito y yo. Después vino un negro trovador, y cantó, bailó y tocó su bandurria. La fiesta fué divertida, y duró hasta las 12 y media de la noche.

Adios y créeme tu afectísimo y buen hermano

JUAN

132

Legación de España
en
Washington D. C.

4 de Mayo de 1884.

Mi querida hermana:

En este papel casi de oficio porque ahora no tengo otro a mano, te escribo para decirte que he recibido tu carta del 21 con gran pesar de ver lo que te apuras y atormentas con las locuras de tu yerno [1] y de tu hija [2]. Yo me aflijo a veces de verme solo por aquí, pero otras veces le doy gracias a Dios porque así estoy tranquilo y nadie me muele. Mi mujer me escribe muy de tarde en tarde, siempre para darme o tratar de darme desazo-

---

[5] M. Roustand, ministro de Francia en Washington en el año 1884.
[1] El conde Zamoyski. (Ver nota 2 de la carta 97.)
[2] Luisa Pelissier y Valera.

nes, quejas y disgustos: ya porque no le hacen suficiente caso, ya por otros motivos no menos discretos y justos.

A pesar de todo me vá bien de salud y medianamente de humor. Con los Secretarios[3] estoy a partir un piñón, gracias a que no tengo aquí ni a Dolores ni a Antoñita[4] que me pongan en guerra abierta con ellos.

El vino y los comestibles y cuanto te he pedido que me envies me está haciendo mucha falta, y por lo menos es de 100 por 100 el ahorro que me harás enviándomelo. Te ruego, pués, que me envies lo que te pedí: el vino sobre todo.

Juanito[5] sigue en la Fortaleza Monroe[6] con Miss Mac Ceney, su amor, y otra Señorita Baltimoriana, a quién sirve el Coronel Agregado Militar, de la Legación. Ayer me escribió Juanito pidiendo ochavos, porque consumió ya lo que llevaba. Se los he enviado, excitándole a volver. También he escrito a Miss Mac Ceney, diciéndole: My dear and beautiful niece: Y pray you to return the soonest possible, because. Y am very sorrow to be alone in this house and Don Juan will not return without you. Believe me always your good uncle and devoted friend. Lo malo de todo esto es que la Señorita no tiene dote, y Dios sabe si hermano o papá o mamá saldrán más tarde diciendo que Juanito la ha comprometido y que es menester que se case con ella. Yo me tranquilizo, con todo, considerando que tal vez Miss Mac Ceney misma no aspira a casarse con Juanito, sino que le lleva para divertirse, como quien lleva un dije, brinquillo o colgajo: todo de broma.

Aquí las Señoritas son muy raras y gozan de unas libertades extraordinarias. La *flirtation* no tiene límites. Figurate tú la que se armará en el Hotel en que están el Coronel y Juanito, con las niñas, donde hay más de mil personas solazándose, juntos de día y noche. El Hotel es todo mitológico. Se llama Hotel de Higia, Diosa de la Salud, y el amo del Hotel se llama Febo.

Adios. No dejes de escribirme cuando puedas; no tomes a pecho las contrariedades; y créeme tu afectísimo y buen hermano

JUAN

---

[3] Mantilla y Roberts. (Ver notas 8 y 9 de la carta 126.)
[4] Antonia Mesía de la Cerda y Valera.
[5] Juan Mesía de la Cerda y Valera.
[6] (Ver nota 4 de la carta 131.)

Washington, 26 de Mayo de 1884.

Mi querida hermana:

Recibí las servilletas y los manteles, el foie gras y las cepes de Burdeos, que te agradezco mucho. También me escribe el Cónsul de España en Nueva York [1], diciéndome que le dan aviso de que viene vino para mí. Te suplico que encargues, para otra vez, que cualquiera cosa que me envíen, aunque venga consignada o recomendada al Cónsul de España en Nueva York, venga también expresado que es para mí (para mi uso o consumo), a fin de que no haya dificultades, como las ha habido ahora en la Aduana para la franquicia. Las servilletas para té son bonits, pero yo deseo que me envíes otra docena mejores y más elegantes, aunque naturalmente cuesten más caras.

El vino me está haciendo mucha falta, pués, comprado aquí, me cuesta un dineral.

Tú, que eres más ordenada que yo, llevarás cuenta de lo que importan todos los encargos que te hago, y yo te los pagaré, escribiendo a Huth [2], de Londres, que envíe al Sr. Hoskier [3] la suma que te adeude yo.

El que me envíe o me haya enviado ya el vino, puede girar contra mí por su importe.

El retrato de Luisa [4], que me has enviado, es precioso. Ya con su marco (no de buen gusto porque aquí lo tienen rematado de malo para todo, pero si de cierto esplendor), figura dicho retrato en mi *parlour*. Dá a Luisa mil gracias. Enviame también retrato tuyo. Dime si recibiste dos míos, que te envié con un Diplomático brasileño, llamado el Barón de Arimos, a quién recomendé además que de mi parte te hiciese una visita.

Hasta ahora no he hecho venir cigarros para mí de la Habana: pero pronto los haré venir, y encargaré que envíen algunos para tu yerno [5], como se lo tengo prometido.

---

[1] Don Miguel Suárez Guanes, que se encargará de toda la cuestión del suicidio de don Francisco de Barca y vivirá en la mitad de todas las tensiones que produzcan en Nueva York los exiliados cubanos (filibusteros), que usan a esta ciudad como central de propaganda.

[2] Federico Huth. (Ver nota 3 de la carta 126.)

[3] Banquero. (Ver nota 4 de la carta 126.)

[4] Luisa Pelissier y Valera.

[5] El conde Zamoyski. (Ver nota 2 de la carta 97.)

Dí a tu yerno que en un día, en que no tenga muchos quehaceres y no le sirva de molestia, vaya a ver al sastre sucesor
de Alfred, y le encargue, para mí, dos o tres trajes completos
para verano (pantalón, *americana* o como se llame, y chaleco).
Que tu yerno elija las telas, y si no, que lo deje a gusto del sastre. Lo que es menester es que lo envíe pronto: a Nueva York,
encargado al Cónsul de España para el Señor Ministro. Supongo que antes de un mes, si quiere Alfred, podré tener los trajes
en mi poder. Naturalmente él se entenderá conmigo para el
pago. El sastre tiene mis medidas. Aquí hace muchísimo calor,
y naturalmente yo quiero los trajes frescos y ligeros: dos de
mañana: y otro que sea levita negra, de seda o lana leve, que
pueda llevarse de noche.

Juanito [6] se pone insufrible a veces: pero yo tengo mucha
paciencia y le sufro. Ya, por dicha, se le vá pasando el amor a
la Señorita Mac Ceney, la cual le ha comido muchos confites y
le ha hecho gastar muchos dollars en flores, ni largar la suya,
ni fruto de ningún género.

No sé qué contarte de por acá que pueda interesarte. Esto
es hermoso como naturaleza: como clima es harto incómodo,
pués los fríos son feroces, y el calor, en verano, intolerable.
Acaso, dentro de dos o tres siglos, venga a estar aquí el centro
o foco de la civilización del mundo: pero, por ahora, deja esto
muchísimo que desear. La *máquina de coser* es lo que yo admiro
de cuanto han inventado los americanos. Lo demás no me gusta. París seguirá siendo aún lo más ameno, culto, ilustrado y
grato del globo terráqueo, durante centenares de años: y después de París, Roma, Viena, Florencia y Madrid. En los demás
puntos, se resignará a vivir el que haya allí nacido, o el que
esté allí para ganar dinero. Por esto me resigno yo a vivir en
Washington, y nada más que por esto. La gente de aquí más
high life, se parece a los Sres. de la Alameda de Málaga: los
politicians de aquí son como Morenito [7] el menciano, por lo
judas y tunantes: y luego, como pueblo, muchos negros, muchos irlandeses escapados, muchos alemanes hambrientos de
lo peor, que inmigran aquí; y por último toda la hez y la esco-
ria de China, de Cuba y de las repúblicas hispano-americanas.
Todo esto, mal amalgamado constituye los elementos de esta

---

[6] Juan Mesía de la Cerda y Valera.
[7] Juan Moreno Güeto (1855-1927). (Ver nota 2 de la carta 39.)

Gran República. Ya ves que la admiración que me inspira es muy moderada.

Créeme tu afectísimo y buen hermano

JUAN

134

Washington, 3 de Junio de 1884.

Querida hermana mía:

Con mucho pesar he recibido una carta tuya, sin fecha, escrita por otra mano, en la cual me dices que has tenido un ataque de gota. Muchísimo deseo que por completo te restablezcas y el mal no se renueve.

Yo estoy bien de salud, si bien fastidiado a veces con asuntos enojosos y con las cartas de mi mujer, la cual está furiosa, desesperada en Madrid, porque dice que no le *hacen caso*.

El vino que me dices haberme enviado me satisface en lo tocante al precio. Yo no quiero exquisiteces y primores. Aquí hay sin duda muchísimo dinero, pero aquí, menos que en parte alguna, se atan los perros con longaniza. El lujo de aquí no pasma a nadie, aunque venga de la pobre España. Lo que pasma es la economía de esta gente. ¿Quieres creer que en esta Capital de la más poderosa de las repúblicas, con pretexto de que hay luna, no se enciende un farol casi ninguna noche, y las calles están oscuras como boca de lobo, y camina uno por ellas dando tropezones? Trenes y caballos de valor ni se ven ni se usan. No hay apenas una casa que tenga aspecto de Palacio, donde viva un particular. En todas, cuando hay baile o tertulia, este empieza, en cuanto abren la puerta de la calle. El convidado entra con su gabán y hasta con sus chanclos; hace como que no vé y no conoce; sube al piso principal o el segundo; deja por el suelo o sobre una cama su abrigo, sus chanclos y a veces (casi siempre) su sombrero, y baja a la tertulia, que es siempre en el piso bajo. Entonces, se dá ya por conocido, y saluda a los dueños de la casa y a todos. Cuando pasa el jaleo de subir y bajar la escalera para dejar los abrigos, los escalones de la estrecha escalera, donde solo caben dos en fondo, son un lugar delicioso. Allí se sientan a *flirtear* las Señoritas más guapas y coquetas. Como las casas son pequeñas y acude mucha gente, casi todos están de pié. Son tertulias, digamoslo así, verticales.

219

Es, pués, un regalo sentarse en las escaleras. Parecen estos un cuadro de ánimas. Generalmente hay, al empezar cada escalera, seis o cinco parejas amorosas o *flirtadoras*. Y se sientan con arte y previsión. Por ejemplo, Juanito está con una Miss en el escalón tercero, y la Miss está a su derecha. Periquito está en el escalón cuarto con otra Miss a su izquierda; y en el escalón segundo está Dominguito con otra Miss a su izquierda también. De este método alternado y entreverado, resulta que cada Miss se halla enteramente circundada, envuelta en carne humana masculina: hombre al lado, hombre por detrás y hombre por delante: con contacto y rozamiento trino; y a cada hombre le sucede lo propio con tres Señoritas. Convengamos en que es original esta flirtación *escaleril*. La libertad de las solteras es notable. Ellas reciben, ellas visitan, ellas viajan, y van de paseo solas con un hombre, a pié, en coche, en ferrocarril y a caballo. Hombre hay que es íntimo de una Miss e ignora meses y aún años quienes son sus padres y si los tiene o si nació como hongo. Al cabo de mucho tiempo, puede ocurrir que se encuentre uno de manos a boca con una vieja y que la Miss le diga: «esta es mamá»; y uno dá la mano a la vieja y dice: *Y am very glad to make your acquaintance.* Después se pasan otros cuantos meses sin que vuelva a ver a la vieja, que se escabulle. En fín, este país es muy curioso.

Adios. Cariñosas expresiones a Luisa. Desea tu restablecimiento más completo tu bueno y afectísimo hermano

JUAN

135

Washington, 15 de Junio de 1884.

Mi querida hermana:

Ya creo haberte dicho en otras cartas que recibí el retrato de Luisa [1], que me parece precioso, y que está en el sitio más lucido de mi salón, adornándole y autorizándole. Ahora te suplico de nuevo que me envies un buen retrato tuyo, si le tienes. Creo haberte dicho que recibí los comestibles y las servi-

---

[1] Luisa Pelissier y Valera.

lletas que me enviaste. Ahora te digo que también he recibido el vino. El precio de este le pagaré en letra que me anuncian me envían, y que aceptaré y haré efectiva. Me queda, pués, por pagar los otros encargos.

Pronto tendré dinero a disposición mía en casa de Huth [2] de Londres, y entonces te avisaré para que el Señor Hoskier [3] gire contra Huth por la suma que te debo, y que tu cobrarás de Hoskier. Vuelvo a insistir en suplicarte que tu yerno [4], y si él no quiere o no puede, tú, por medio de otra persona, vea al sastre sucesor de Alfred, donde están mis medidas, y le encargue a la mayor brevedad la ropa que te mandé. El me la enviará aquí en seguida. Aquí la ropa barata es muy cursi y fea, y la buena, si la hay, cuesta carísima. Por esto es lo mejor vestirse con Alfred. Repito que deseo tres trajes completos.

Aquí tengo algunos negocios enojosos, de bastante responsabilidad, y harto ocasionados a ganarse enemigos; pero yo no quiero apurarme ni sulfurarme por nada. Hasta ahora me vá muy bien, y creo que el Gobierno está contento de mí, por manera que esto me durará el tiempo que a mí se me antoje, como no haya en España un cataclismo.

De mis chicos, tengo buenas noticias. Luis estudia bastante y aprende mucho, porque es muy listo. Carlos no es tan inteligente ni tan aficionado al estudio, pero es muy bueno. De cualquier modo que sea yo estoy muy contento con ambos.

Aún no sé donde irá mi mujer este verano, si a Biarritz; a la Granja o a Cintra.

Aquí sigue Juanito conmigo, haciendo muchísima tontería. Mucho me alegraría de que le dieran un ascenso, y se le llevaran con ascenso a otra parte, pués si bien por un lado me hace compañía, por otro me acarrea más gastos y no pocas desazones. Temo además que él, que es enfermizo, tenga un día alguna seria dolencia, o bien que por su desvergüenza y malísima educación, se meta en algún lance poco agradable.

Dios querrá, sin embargo, evitarlo todo.

Dentro de pocos días se irá por ahí todo el mundo a veranear y yo también me iré: pero Washington será siempre mi cuartel general. Sigue escribiéndome a Washington.

---

2 Federico Huth. (Ver nota 3 de la carta 126.)
3 Banquero. (Ver nota 4 de la carta 126.)
4 Conde Zamoyski. (Ver nota 2 de la carta 97.)

Adios. Cuidate mucho a fin de que no se renueven esos ataques de gota o de reuma, que has tenido.

Soy tu afectísimo y buen hermano

JUAN

136

Washington, 19 de Junio de 1884.

Mi querida hermana:

He recibido tu carta del 4, fechada en Villerville, por la cual veo con gusto que estás mejor de salud. Muchísimo deseo que te restablezcas del todo. De quienes nada me dices es de tu hija[1] y de tu yerno[2]. Están en Villerville contigo o se han ido a Polonia?

Me alegro de que, sea por lo que sea, no hayas enviado a Juanito[3] esos dulces que te pide. Sería un gasto tonto, hicierale quien le hiciera. Los dulces serían para que se los comiese alguna Miss de aquí, en compañía de sus adoradores yankees, burlándose del *attaché* español que hizo el regalo. A Juanito no se le puede decir nada de esto, porque se pone furioso. Se cree divino, irresistible, amenísimo, tremendo y maravilloso por todos estilos. Es menester, pués, dejar que de el se burlen, sin darse por entendido de la burla.

Como yo pierdo o sepulto en el cúmulo de otros papeles todo papel que me interesa y no rompo, no sé donde anda la cuenta pagada del sastre de París, sucesor de Alfred, que me hizo la ropa, y así no atino a poner bien la *adresse,* que en dicha cuenta venía. Por esto te he rogado y te vuelvo a rogar que por medio de alguien hagas saber al sastre la ropa que deseo y la prontitud con que la deseo.

Mis chicos ignoro si irán a veranear a la Granja, a Biarritz o a Cintra. No sé que decidirá mi mujer. Mucho celebraría yo que te hiciesen una visita en Villerville y que los vieses. Es verdad que Villerville está lejos: pero, desde aquí y acostumbrándose a las cosas de aquí, todos los sitios de ahí parecen cercanos unos a otros. Dentro de poco, tendré yo también que irme

---

[1] Luisa Pelissier y Valera.
[2] Conde Zamoyski. (Ver nota 2 de la carta 97.)
[3] Juan Mesía de la Cerda y Valera.

222

a veranear: en Washington no se puede sufrir el calor, y esto queda desierto. Las expediciones veraniegas son singulares. La gente se va a veranear a mayores distancias que de Madrid a la Persia. Y como de París a Petersburgo no es nada.

Yo andaré un poco por todas partes y así veré el país. Ya te hablaré de mis peregrinaciones, que empezarán del 10 al 15 de Julio.

Adios. Créeme tu cariñoso y buen hermano

JUAN

137

Washington, 30 de Junio de 1884.

Mi querida hermana:

No recuerdo si contesté o no a tu carta del 12. En la duda, te escribo hoy. Yo estoy bien de salud. Aquí no me divierto gran cosa; pero me vá bien de salud, que es lo importante.

Juanito [1] me fastidia o exaspera a veces, pues, sobre no ser posible seguir con él una conversación de tres o cuatro minutos como con cualquiera otra criatura racional, ha dado en la manía de cantar sin reposo ni pausa. Yo creo que es una enfermedad nerviosa: algo de extraño y febril. Su canto no para ni cuando come, ni cuando vá al común, ni cuando pasea, ni cuando rara vez copia mal algún Despacho. Es el canto gangoso y nasal, más de nariz que de pecho y de garganta, y suele repetir las mismas notas y la misma tonada durante horas y horas, sin tomar resuello, sin el menor cambio, y persistiendo con diabólica obstinación en su fatigosa cancamurria. Otras veces, sobre todo antes de acostarse, el canto se interrumpe para dar lugar a palabras rápidas, y que jamás llegué a entender, que Juanito dirige no sé a qué invisible personaje. A veces recelo que Juanito se vuelva loco: otras, que, como le he dado a entender con cariñosa afabilidad que esa música incesante me incomoda, diga él, y es capaz, pués, por lo mismo quiero cantar más y más, para jorobar a este tío impertinente que se atreve a ser mi Jefe y a no gustar de mi música.

En fin, estoy aviado con el canto perpetuo de Juanito.

---

[1] Juan Mesía de la Cerda y Valera.

Las noticias de que hay cólera en Toulon me afligen y sobre-saltan. Dios quiera que la epidemia se aisle y extinga allí. Cuí-date y está a respetable distancia, si puedes.

Mi mujer y mis hijos pensaban ir a Biarritz, donde Dolores debe de haber tomado la casa de siempre. Aunque pierda el precio del alquiler, celebraré que no vaya, si sigue el cólera en Toulon o se extiende por el mediodía de este país.

Yo aún seguiré en Washington un par de semanas. Después será menester irse. No hay blanco que quede aquí: solo negros quedan. Yo calculo además que, si queda algún blanco, debe de achicharrarse y ponerse negro como tizne. Este clima es ex-tremoso por el calor y por el frío. En invierno era helarse: aho-ra es derretirse.

Vuelvo a suplicarte, por si no recibiste mi carta, o por si lo olvidaste sin hacerlo, que encomiendes a alguien que vaya a casa del sastre, sucesor de Alfred, para que me haga tres trajes completos de verano y me los envíe. Pueden ir a Nueva York. Esté yo donde esté, allí los recogeré y me los remitirá el Cónsul de España [2].

Escríbeme y dime con quién están y donde tu hija [3] y tu yerno [4].

Yo tuve ayer noticias de Pepe [5] y de Andrés Freuller [6], que están bien: esto es Andrés siempre delicado pero con algún alivio. Nuestro hermano ha sido elegido Senador.

Aquí voy a tener renovada la Legación por completo. Como tercer Secretario me han enviado al Conde de Cumbres Altas [7], hijo del Conde de Puñonrostro, hoy Presidente de nuestro Senado.

No sé quién vendrá como primer Secretario en vez de Du-puy [8], que vá a Berlín, y sale de aquí hoy para su nuevo puesto.

Adios. Conservate bien: quiereme mucho como te quiere tu buen hermano

JUAN

---

2 Miguel Suárez Guanes. (Ver nota 1 de la carta 133.)
3 Luisa Pelissier y Valera.
4 Conde Zamoyski. (Ver nota 2 de la carta 97.)
5 José Freuller y Alcalá-Galiano.
6 Hijo de José Freuller y Alcalá-Galiano.
7 Francisco Matheu, diplomático, hijo de Francisco Javier Arias Ma-theu Carandolet y Castaños, conde de Puñoenrostro. Ingresó en la ca-rrera diplomática en 1876.
8 Enrique Dupuy de L'Ôme. (Ver nota 1 de la carta 120.)

138

Washington, 13 de Julio de 1884.

Querida hermana mía:

Tu última carta es del 29 del mes pasado. Por ella veo con gusto que estás bien de salud, por más que me apesadumbren tus apuros y desazones.

Yo no los tengo pequeños de algún tiempo a esta parte. Las nuevas del cólera en ese país me traen muy inquieto y sobresaltado. No permita Dios que se propague la epidemia por Francia y España.

Juanito [1] me dá grandísimos disgustos, sin querer y queriendo. Es tan nervioso, mal educado y consentido, que a menudo se desvergüenza con la gente y temo que un día tenga un lance pesado. Conmigo no gasta la menor consideración. Se me pone a la derecha cuando vá conmigo; entra antes que yo donde halla una puerta; y me corta la palabra y habla él siempre que yo quiero hablar. Además, no cesa de cantar (entre gruñido y canto) y me muele a todas horas. Gasta más que yo. Me fuma los cigarros, etc., etc. Esto, en salud. Pero es lo peor que Juanito está enfermo con frecuencia. Le dan ataques al corazón y convulsiones. Tiene cólicos y me despierta a las tres de la madrugada, chillando y diciendo: yo me muero. Yo me muero. En suma, es una amenidad el tal Juanito. Hoy le tengo en cama, de resultas de un espantoso colicastro. Me ha hecho pasar la noche en vela. A las 4 de la madrugada fué menester hacer venir al médico. Por fortuna, ya casi pasó el mal.

Las ropas de París, con las servilletas, no están aún en mi poder, pero sé que llegaron a Nueva York en el vapor Canadá. Pronto las tendré en Washington.

Aquí tengo ahora de tercer Secretario a un hijo del Conde de Puñonrostro [2], que me parece excelente persona.

La primera Secretaría es la que está vacante. Bien quisiera yo que viniese Andrés Freuller [3], que me haría buena compañía; pero no lo consiente el estado delicado de su salud.

Aquí hace mucho calor. Esto se ha quedado desierto. Yo

---

[1] Juan Mesía de la Cerda y Valera.
[2] Francisco Javier Arias Dávila Matheu Carandolet y Castaños. Ingresó en la carrera diplomática en 1855.
[3] Hijo de José Freuller y Alcalá Galiano.

aprovecharé el veraneo para ver algo de este gran país. Espero emprender mi peregrinación del 20 al 25 de este mes.

Naturalmente Juanito vendrá conmigo. Es una carga inevitable más que un compañero ameno y cariñoso.

Créeme tu afectísimo y buen hermano

JUAN

139

Washington, 20 de Julio de 1884.

Querida hermana:

La última carta tuya, que he recibido, es del día 1.º del mes corriente. Por ella veo con gusto que te hallas en París bien de salud. Yo estoy con grande cuidado y disgusto por el cólera. Ojalá que no se extienda por Francia ni por España.

Mi mujer y mis hijos iban a Biarritz, donde han tomado casa, pero supongo que ahora no irán, aunque el dinero del alquiler tenga que pagarse en balde. Ya creo que te dije que recibí el vino de Burdeos. En letra contra mí me cobraron tambien el importe.

Yo te debo ahora las servilletas y las cosas de comer que me enviaste. Haz que Hoskier[1] te le dé y envíe una letra sobre mí para cobrarle.

Con el sastre, cuya ropa recibí y está bien, me entenderé yo.

En este país no me encuentro mal de salud: pero el país es aburridísimo, al menos para mí. Washington está ahora desierto. Juanito[2], a pesar de su canto perpetuo, de su perversa educación y de que de nada serio puede hablar conmigo, ni haber entre nosotros comunión de espíritus, es casi una compañía, pero es una compañía que me sale harto cara. Gasta más que yo. Es neciamente manirroto. En suma, es una alhaja por todos estilos. Al resto del personal de la Legación, si se les exprime el cerebro en una prensa hidráulica, no arroja un adarme de discreción y juicio. Yo, sin embargo, me llevo bien con todos. Antes tenía un primer Secretario[3], que era listo, inteligente y

---

[1] Banquero. (Ver nota 4 de la carta 126.)
[2] Juan Mesía de la Cerda y Valera.
[3] Enrique Dupuy de L'Ôme. (Ver nota 1 de la carta 120.)

trabajador: pero se hartó de América, y se ha ido con igual destino a Berlín. Veremos a quien me envían ahora.

Yo tengo ganas de ver el Niágara y otras cosas de aquí y pronto saldré de viaje: pero le temo a los gastos, a lo detestable que es la comida en los hoteles, a la necesidad de la compañía de Juanito, compañía que en gran parte me costará dinero, etcétera, etc.

A pesar de todo creo que saldré de aquí a fines de este mes. Escríbeme a Washington siempre, desde donde me enviaran las cartas.

Adios. Expresiones cariñosas a Luisa [4] y créeme tu afectísimo y buen hermano

JUAN

140

Washington, 3 de Agosto de 1884.

Mi querida hermana:

Será portador de esta carta mi colega y amigo el Señor Roustan, Ministro de Francia en esta República. Tiene la bondad de encargarse de una visita para tí de mi parte, visita que yo deseo mucho se realice (esto es que tú te halles en París y en tu casa cuando él vaya a verte) porque, a más de conocer y tratar a persona tan afable y amena, tendrás nuevas de mí, con pormenores que en cartas no suelen ponerse, y que Roustan dará, sobre la vida que aquí llevamos, condición de esta gente y otras curiosidades. El Señor Roustan, que quiere bien a nuestro sobrino Juanito [1], te enterará de sus *flirteos* y varios lances de amor y fortuna.

Mil cariñosas expresiones a Luisa [2], a quien supongo contigo, y créeme tu afectísimo y buen hermano

JUAN

---

[4] Luisa Pelissier y Valera.
[1] Juan Mesía de la Cerda y Valera.
[2] Luisa Pelissier y Valera.

227

Washington, 4 de Agosto de 1884.

Mi muy querida hermana:

Con mucho contento acabo de recibir tu carta del 23 del mes pasado, por la que veo que estás bien de salud. La mía es bastante regular, a pesar del calor que hace, que es espantoso.

Pronto pienso irme por ahí de viaje. Aquí no hay criatura racional con quién hablar. Esto está imposible.

No creas que en invierno me encanta esto tampoco. América es la cloaca de Europa, donde Europa vacía sus inmundicias. De aquí no se puede esperar gran cosa, hasta dentro de dos o tres siglos, en que esto se vaya purificando.

El Sr. Roustan, Ministro aquí de Francia, lleva carta mía para tí y te hará una visita. Me alegraré que le obsequies en lo que puedas. Es excelente señor, buen colega, amable y alegre, aunque algo ordinarillo.

Ya sabrás que murió tísica la pobre Dominguita[1]. Escribe el pésame a Joaquín[2], si aún no le has escrito.

Mi mujer está en la Granja con mis chicos. Ya he tenido cartas de ellos, con fecha de allí.

Mucho me contenta que te haya interesado algo la fotografía de mi casa. Aquí sacan la fotografía de todo. Por la de mi casa, calcularás el aspecto de mi vivienda, aunque solo sea por de fuera. Dista mucho de poder compararse con la casa de Lisboa: pero aquí no se conocen aquellos lujos. Además, como en esta casa no tengo quien me muela ni quien me desdeñe, esta casa me parece mejor.

Juanito[3] es una criatura imposible de mal educada, egoísta e impertinente: pero aún así, me hace compañía en mi soledad y sentiría yo que me dejase. En mi excursión veraniega, Juanito vendrá conmigo.

Dá mil cariñosas expresiones a Luisa[4] y créeme tu afectísimo hermano

JUAN

[1] Dominga Valera, esposa de Joaquín Valera.
[2] Joaquín Valera, esposo de Dominga Valera.
[3] Juan Mesía de la Cerda y Valera.
[4] Luisa Pelissier y Valera.

Te escribiré, aún cuando sea muy en compendio, de mis impresiones de viaje.

142

Washington, 12 de Agosto de 1884.

Mi muy querida hermana:

Con mucho contento he recibido tu carta del 30 de Julio, por la que veo que estás bien de salud. Yo no lo paso mal, y, si sigo detenido aquí sin hacer aún mi proyectada excursión veraniega, es porque hay negocios en la Legación que me detienen. Espero terminarlos pronto y salir de viaje.

Juanito [1] es por todos estilos una enorme calamidad: pero ¿qué le hemos de hacer? Juanito vendrá conmigo, y me costará el dinero, y en vez de agradecimiento recibiré algunas coces. También, aunque con menos fundamento, pués son unos hidalgos de gotera y nada tiene de histórico su apellido, los Caicedos [2] están, como tu yerno [3], infatuados con la nobleza de su sangre, y creen que todo por ella les es permitido.

Esta ciudad está desierta. Yo no sé ni soñé nunca cosa semejante. Sin embargo, no me fastidio, y si no fuera porque es menester ver algo del país y conocer y tratar gentes, no me movería de aquí en todo el verano.

Mi mujer no me escribe casi nunca, y cuando me escribe es para darme alguna desazón, o bien quejándose de los chicos, o bien aconsejándome que no gaste para que gaste ella, o bien pidiéndome más dinero aún del que le envío, o bien desatándose en quejas, lamentos y furores contra España, porque le hacen poco caso. En fin, cuando puede y como puede trata de molerme desde tan lejos.

Los chicos me escriben también, aunque no con la frecuencia y extensión que yo quisiera.

Todos están en la Granja, donde espero y supongo que no lo pasarán mal.

De verdad siento que Andrés [4] esté tan delicado de salud.

---

[1] Juan Mesía de la Cerda y Valera.
[2] Se refiere a Alonso Mesía de la Cerda, marqués de Caicedo, y a sus hijos Alonso, Antonia y Juan.
[3] Conde Zamoyski. (Ver nota 2 de la carta 97.)
[4] Andrés Freuller, hijo de José Freuller y Alcalá-Galiano.

Andrés es excelente, bien educado, prudentísimo, discreto y agradable en todos sentidos. Con él si que me llevaría yo bien si le tuviese de Primer Secretario.

Ahora estoy sin Primer Secretario y me van a enviar a un Señor Flores [5], que ignoro como será.

Ya sabrás que murió Dominguita [6]. Mucha curiosidad tengo de ver que hará ahora Joaquín [7], en cuanto pasen los primeros meses del dolor de viudo. Yo comprendo que se halla en la soledad. Buscará nueva esposa. Buena ocasión sería esta para que Antoñita [8] no se quedase para vestir imágenes. Si le pusiese los puntos a Joaquín, ¿quién sabe? Acaso tendría éxito. Y Joaquín es un buen partido. Pues ser Jefe de Misión pronto, y además es rico, hasta cierto punto. Acaso tenga más de 6.000 duros al año. Como Antoñita no es tonta, aunque es soberbia, creo que habrá caido en esto, y acaso acometa la empresa.

Dime si has escrito a Joaquín dándole el pésame.

Adios. Expresiones cariñosas a Luisa [9] y créeme tu afectísimo hermano

JUAN

143

Washington, 16 de Agosto de 1884.

Mi muy querida hermana:

Por tu carta del 3 veo con gran sentimiento las penas y disgustos que te causan las locuras de tu hija [1]. Creo que no debes imitarla, haciendo tú, por debilidad de carácter y amor maternal, más locuras que ella. Socórrela hasta donde tus rentas alcancen. Ya esto es un enorme sacrificio: pero no gastes tu capital ni te arruines por ella.

Yo aquí tengo que bregar con Juanito [2], que es una calamidad. Miente y dice tonterías de vanidad siempre que habla: presume de valiente y tremendo: no ha quedado ser humano,

---

[5] Que va a sustituir a Enrique Dupuy de L'Ôme como primer secretario de la Legación de España en Washington.

[6] Dominga Valera, esposa de Joaquín Valera.

[7] Joaquín Valera.

[8] Antonia Mesía de la Cerda y Valera.

[9] Luisa Pelissier y Valera.

[1] Luisa Pelissier y Valera.

[2] Juan Mesía de la Cerda y Valera.

con quien haya estado en comunicación, a quién no le haya dicho mil frescas y no le haya metido el resuello para dentro: su nobleza y los timbres de su casa son extraordinarios: todo el mundo es *cursi* menos él: y sobre todo esto gasta lo que tiene y lo que no tiene y siempre está sin un ochavo.

Negocios de la Legación aún me detienen aquí: pero deseo irme, aunque al mismo tiempo estoy temblando de irme. ¿Donde dejo a Juanito? ¿Como me desprendo de él? Y si viene conmigo, el gasto de Juanito al mes calculo que será 1.500 francos, que él no tiene. En fin, allá veremos como se arregla todo lo menos mal que se pueda.

Aquí, durante cuatro meses y medio, Juanito ha contribuido con diez francos al día, por los cuales le tenía yo alojado, alumbrado, comido, bebido y calentado: pero como a Juanito para nada le alcanza, y además, de dar tan pequeña suma resultaba, en su mente al menos, que él tenía más derecho que yo a todo lo de esta casa, he suprimido esta contribución de Juanito, que ya no dá nada, como sucedió en los primeros tiempos de mi estancia aquí.

Cómo viviría Juanito cuando no estaba aquí yo? Ahora, salvo en vestirse y en vicios, en nada tiene que gastar. Y aún así ha gastado 4.000 francos, que yo les debía a los Caicedo [3], del Alamillo [4], y que le he dado, y su sueldo que es de 580 francos al mes.

Mi mujer está en la Granja. Sigue haciéndose la desdeñosa conmigo y me escribe poco. Recibe no obstante 2.000 francos míos mensuales. Ya ves que resulto un marido cómodo.

Washington es precioso como ciudad. Esto parece ahora un Paraiso. ¡Que árboles, que paseos! ¡Cuanta verdura y cuantas flores! Pero vivir aquí es vivir en el yermo. No se ve un alma. No hay con quién hablar. Todo el día me le paso leyendo o escribiendo. Por la noche mi única diversión es jugar al tresillo con Pedroso [5] y Juanito: pero esta diversión tiene sus amarguras. Juanito pierde casi siempre y yo gano. Claro está que nunca le cobro. Pero, a pesar de esto, su amor propio se ofende de perder: brama, chilla, blasfema, deplora su mala suerte; jura que no volverá más a jugar, si bien luego falta a sus juramentos. En fin, para Pedroso, que es calmosísimo es una diversión: pero no lo es para mí, que soy el tío del deli-

---

[3] Alonso, Alonso (hijo) y Antonia y Juan Mesía de la Cerda.
[4] Finca de los Valera. (Ver nota 2 de la carta 17.)
[5] Agregado de la Legación de España en Washington.

rante, el cual se pone además insolentísimo y desvergonzado, y sería ridícula una pelea con él.

Yo propongo también, allá en mi interior que el tresillo termine: pero luego mi aburrimiento y mi debilidad de carácter hacen que yo falte a lo que me propuse, y volvemos al tresillo con todos los furores, blasfemias y desesperaciones que le acompañan.

Adios. Cuídate. Mucho me alegraré de que las aguas te alivien los dolores. Mis chicos me escriben más a menudo que su mamá y están buenos.

Créeme tu afectísimo hermano

JUAN

144

Washington, 22 de Agosto de 1884.

Querida hermana mía:

Con muchísimo pesar he visto tu carta del 11. Me parece que Luisa [1] hará muy bien en separarse de un hombre que es majadero, pobre, vano, y que no le dá ni posición ni dinero, sino bofetones y sombrerazos.

Armate de resolución y no des un real, ni albergue, ni nada, al tal Conde Zamoyski. Sigue la sentencia de Quevedo que dice que nadie debe, con dama alguna.

No siendo el Marqués del Gasto, ser Conde de Puñonrostro.

Por lo demás, yo creo que aún siendo el Marqués del Gasto, no tiene derecho un hombre jamás a poner la mano violentamente en una mujer, y que es cobardía infame hacerlo.

No te apures, ni llores, ni te des malos ratos. Desahogate con tu yerno y dile las verdades, sin alterarte, y lo que me dices de que es bruto y sinverguenza, díselo a él. Acude también a Pellisier [2], tu cuñado, y aconsejate con él, y que él te ayude, a fin de que el Conde polaco no solo no os coma, sino que también no os sacuda el polvo.

Sufrir tales cosas es tontería de marca mayor, cuando hay o debe haber mil medios de evitarlas.

Mi sobrino Juanito [3] ha estado famoso. Como yo, por nego-

---

[1] Luisa Pelissier y Valera.
[2] Hermano del mariscal Pelissier, duque de Malakof.
[3] Juan Mesía de la Cerda y Valera.

232

cios de la Legación, no me iba de viaje, determinó ponerse enfermísimo: ya tenía convulsiones, ya dolor de costado, ya calentura, ya cólico, ya reuma, ya todos los males a la vez: ponía el grito en el cielo, pataleaba, se revolcaba en la cama como furioso, con soponcios y congojas, etc., etc. Escribió a su familia pidiendo que le sacasen de aquí por que aquí se moría. En suma, ha estado tremendo. Yo, al fin, le he rogado que se vaya a Newport, que es el Trouville o el Biarritz de por aquí, donde vá toda esta *High life* de presidiarios enriquecidos. Juanito se acaba de ir a Newport en este momento, curado ya por completo de todos sus males.

Quiera Dios que no recaiga, lo cual será fácil si se gasta el dinerillo que lleva, o si Miss West [4], a quién hace la corte, halla o tiene por allá a otro mozo que le gusta más y no hace caso a mi sobrino.

Adios. Dá mil cariñosas expresiones a Luisita y dile de mi parte que se cuide, que sacuda la melancolía, que coma y se ponga gorda, y que no aguante que la vapulee nadie.

Créeme tu afectísimo y buen hermano

Juan

145

Newport, 9 de Septiembre de 1884.

Mi muy querida hermana:

Con mucho contento acabo de recibir tu carta de 25 del mes pasado, con malas noticias de tu salud. La mía no es buena. Negocios desagradables y comprometidos la han alterado. He salido a viajar y a distraerme, pero la carestía de todo y mi bilis me acibaran el gusto que en viajar pudiera tener. Creo, pués, que me volveré a Washington antes de lo que pensaba.

Ya he estado en Filadelfia, en Nueva York y por último estoy aquí, que es como un Biarritz o un Trouville de estas regiones, aunque por la magnificencia, fertilidad y grandeza de todo, más bello sin duda.

Cuando esté mejor de salud y de humor, te escribiré por extenso.

---

[4] Victoria Sackville-West, hija del ministro de Inglaterra en Washington.

Acaso, antes de volver a Washington, vaya a Boston y al Niágara.

Juanito [1] está aquí conmigo. Perdió al juego lo que tenía, y me le he encontrado sin un céntimo y debiendo el hotel y todo.

Este muchacho me acompaña y me distrae a veces, a pesar de lo egoista y superficial, que es: pero, por el lado económico, es una calamidad.

Adios. Perdona lo lacónico de mi carta. No estoy bien de la cabeza. Ya me aliviaré y te escribiré. Mil cariñosas expresiones a Luisa [2].

Créeme tu afectísimo hermano

JUAN

146

Boston, 18 de Septiembre de 1884.

Mi querida hermana:

Muchísimo me apesadumbra ver lo que me dices en tu última carta de disgustos y pendencias entre tu hija [1] y el Conde Polaco [2]. Ciertamente que yo tengo más paciencia que Job y soy capaz de aguantar mil cosas para evitar un escándalo: pero tu me pintas tan horrible la situación que, a mi ver, lo mejor sería que los mal casados se divorciasen. El General Pelissier [3], que está ahí, pudiera intervenir en esto. Supongo que él no querrá que arruinen a la hija de su hermano mayor, y que además la abofeteen y la escupan, y que debiera poner, a tanto mal, pronto y eficaz remedio.

Mi viaje veraniego va harto mal. Salí de Washington con el pié izquierdo. Todas han sido para mí calamidades desde entonces, y soy el rigor de las desdichas.

En Newport estuve bastante enfermo con calenturas biliosas. Apenas me repuse me vine a esta ciudad, donde he tenido grandes dolores de muelas, y flucción a la boca. Todo un lado de la cara se me ha hinchado. No ha habido más remedio para

[1] Juan Mesía de la Cerda y Valera.
[2] Luisa Pelissier y Valera.
[1] Luisa Pelissier y Valera.
[2] Conde Zamoyski. (Ver nota 2 de la carta 97.)
[3] Hermano del mariscal Pelissier, duque de Malakof.

curarme que apelar al remedio heroico de sacarme unos raigo-
nes, operación harto dolorosa, que he sufrido hoy.

Los hoteles son aquí carísimos, y por lo mismo que son in-
mensos, le cuidan a uno mal, y siente uno que no tiene personalidad y que queda reducido a un número. Aquí soy el número 136. En Nueva York era yo el 522. Claro está que viene
uno a parar muy cerca del cielo: en un cuarto o quinto piso.
Aunque hay *elevador* es por demás molesto subir y bajar a tanta
altura.

En fin, yo no puedo echar de menos la paz y la ventura del
hogar doméstico, porque de esto no he disfrutado jamás: pero
echo de menos la patria, los hijos, los amigos de por allá, y a
tí y a Europa entera.

Esto me es menos simpático cada día.

Juanito[4] me acompaña algo: pero hay entre nosotros poca
o ninguna comunión de espíritu, y apenas si puede haber conversación. Además, por muchas cuentas que yo le haga al Marqués de Caicedo[5], no pocos de los gastos de Juanito se me
pegarán a las costillas, y esta compañía de Juanito me saldrá
muy cara.

Por dicha, he hallado aquí un Cónsul y un Vice-Cónsul españoles, lo más serviciales, lo más amables y lo más cariñosos
que se puede imaginar. Mucho me han consolado, acompañado
y valido ambos.

Esta ciudad es hermosa y espléndida por sus edificios públicos. Pasa por ser la Atenas de América, esto es, el principal
foco y asiento de ciencias y letras. Muchas Bibliotecas, Museos
e Institutos de enseñanza.

Poco he visto. La flucción a la boca no me dejaba humor
ni reposo para nada. Además lo caro de los coches me asusta.
Un coche cuesta aquí 12 dollars al día: 55 francos. Ir a pié o
en tranvía no tiene chiste, sobre todo hallándome enfermo.

Han venido a visitarme dos sabios o semi-sabios de aquí,
que se dedican a literatura española. Ambos son amabilísimos:
pero uno de ellos, que se llama Mister Palmer, es muy adefe-
sio: y el otro, que es muy distinguido por todos estilos, está
muy viejo y ciego. Se llama este Señor Mister Bradford. Es
afectuoso y excelente: debe de ser muy rico, y se conoce que es

---

4 Juan Mesía de la Cerda y Valera.
5 Alonso Mesía de la Cerda, marqués de Caicedo.

de la primera sociedad por sus modales y porte. Era íntimo amigo del ilustre poeta Longfellow [6].

En fin, sea como sea, yo estoy tan intercadente, asendereado y melancólico, que apenas si tengo ya gana de ver nada, y, ya que no puedo volverme a Europa, siento el deseo de volverme a Washington, donde gasto poco, en proporción, y vivo con sosiego.

Tal vez, en mejor ocasión, cuando me sienta yo con más salud y brío y menos deprimido de ánimo, haga viaje de mayor amenidad y provecho.

Adios. Mil cariñosas expresiones a Luisa. Cuidate mucho y no te apures por nada. Las malas noticias del cólera en España me tienen muy cuidadoso y triste.

Créeme tu afectísimo y buen hermano

JUAN

147

Washington, 30 de Septiembre de 1884.

Mi querida hermana:

Acabo de recibir carta tuya del 8, a la que contesto.

Ayer llegué a esta ciudad, de vuelta ya de mi excursión veraniega, que no ha durado un mes completo, y de la cual estaba ya cansado, y más que cansado, asustado, por la enorme carestía de los hoteles, y de todo, en este magnífico pero pícaro país.

Me he detenido en Filadelfia, Newport, Nueva York, Boston, Albany, Saratoga y Niágara. Este último punto es lo más interesante: es espléndido, único en el mundo. Lo demás será rico y cuanto se quiera, pero sin carácter, sin historia, igual todo, sobre poco más o menos; y muy poco ameno, y archicursi. El lujo es de un gusto rematado de malo: los hoteles son unos falansterios o conventos profanos, donde hay a veces 2.000 huéspedes, y mal atendidos por consiguiente. Le encajan a uno cerca de las nubes: en un piso quinto o sexto y gracias, pues hay hotel que tiene 12 pisos y le dan de comer un rancho, solo

---

[6] Henry Wodsworth Longfellow. Poeta norteamericano, nació en 1807 y murió en 1882. Viaja por España, Italia, Francia, Alemania e Inglaterra. En 1836, catedrático de Harward. Publica libros de poesía. Hace traducciones de varias lenguas.

que en vez de meter la cuchara en el caldero común, como hacen los soldados, le sirven a uno en porcioncitas separadas, puestas en platos pequeños.

Si no llegas a la hora del rancho, ni en el hotel más caro y lujoso de este país, te servirán una taza de caldo: no le hay. Cuando le hay es detestable, pero la mucha pimienta hace que te le tragues.

Un coche cuesta dos duros por hora: 12 duros por día. En el Niágara ya lo tomaba yo a risa. En cada puentecito que se pasaba había que dar medio duro por persona de portazgo. En cada caminito, medio duro de portazgo. Cada otra cosa que había que ver costaba otro medio duro.

Juanito [1], mi criado y yo, bajamos bajo el arco que forma el agua al despeñarse, y nos costó un duro a cada uno: pero el espectáculo lo merecía. Claro está que íbamos vestidos todos de hule y con capuchas: pero aún así nos mojamos bastante. Visitamos también los rápidos y remolinos. En suma, nada importante se nos quedó por ver. Por la noche contemplamos la catarata muy bien iluminada con luz eléctrica. De día, el sol forma iris admirables en la alta nube de agua pulverizada que se levanta del fondo del río, al caer en él de golpe aquella inmensa cantidad de agua desde tanta elevación. La isla de la cabra está en medio del río y le divide en dos brazos, de suerte que cuando se despeña forma dos cataratas y no una. La isla queda en medio. Figúrate que raíces debe de tener y qué sólido cimiento la roca viva que la sostiene, cuando el agua no se la lleva, ni la socava, ni la desgasta y rebaja con el andar de los siglos.

Hablando ahora de otra cosa, menos sublime y más incomoda, cree que me aflige muchísimo la situación de Luisa [2] y la tuya y que me alegraría de que se pudiese hallar remedio a tanto mal. Terrible es que un marido holgazán, inútil y gastador, se coma todos los bienes de su mujer: pero es más terrible e insufrible que además la maltrate. Consulta sobre todo al General Pelissier [3], y ponte de acuerdo con él, a fin de poner coto así a las bizarrías y gastos del polaco como a sus brutalidades y violencias. No debes alterarte, ni enfurecerte demasiado por que esto hace daño a la salud y es menester que vivas y que te cuides: pero con calma, bien puedes imponerte al po-

---

[1] Juan Mesía de la Cerda y Valera.
[2] Luisa Pelissier y Valera.
[3] Hermano del mariscal Pelissier, duque de Malakof.

237

laco y sobre todo no darle ni un ochavo de lo que es tuyo. No seas tonta: no te dejes emprimar. Mándale a paseo. Si vuelve a maltratar a Luisa, que ella tenga ánimo, y llevala tu misma a buscar un refugio en casa de su tío Pelissier o en otra casa de respeto, donde haya un hombre, que sepa hacerse respetar y aún temer, si conviene. Allí podrá decir Luisa que se refugia porque su marido la trata brutalmente.

Mis chicos están bien de salud. Han perdido el año. Mi mujer no ha querido que vayan a examinarse a Cabra por miedo al cólera. En Cabra no hay cólera, y allí estaban los chicos matriculados: pero, en fin, yo en este punto disculpo a mi mujer, aunque los chicos hubieran ido bien acompañados por Joaquín Valera [4].

Juanito sigue insufrible y cantando.

Adios. Créeme tu afectísimo y buen hermano

JUAN

148

Washington, 7 de Octubre de 1884.

Mi querida hermana:

Con mucho placer he recibido tu carta del 24 del mes pasado, pués veo por ella que estás bien de salud, y aunque sigue la guerra doméstica o conyugal, no es con tanta furia.

Yo estoy completamente bueno desde que he vuelto a esta ciudad de mi excursión veraniega, de la que ya creo haberte hablado. Lo que me ha parecido magnífico y que merece el gasto y la fatiga del viaje, es el Niágara.

Mis rabietas y desazones provienen de algunos negocios de aquí, harto comprometidos y enojosos, a los cuales he tenido que dar solución. Esto proporciona enemigos y no proporciona dinero, porque soy incapaz de hacer chanchullos y de quedarme con algo. Imaginate tu que el asunto, que me traía de tan mal humor, que ya pasó, era que alguno de mis antecesores aquí, con autorización del Gobierno Español, por servicios, cuyo valor pongo en duda, se había comprometido a pagar 300.000 dollars: la friolera de 1.700.000 francos, más bien más que menos. Yo he arreglado este negocio, dando solo 350.000 fran-

---

[4] Primo de don Juan Valera.

cos, con lo cual he rescatado la palabra de honor dada por el Gobierno y Agentes de España: pero entiendo que los interesados nada merecían sino grilletes de presidiarios, y esta es mi rabia. El Gobierno Español aprobó ya mi conducta, y bien está. Pone grima la multitud de robos, estafas, bellaquerías y tonterías, que han hecho aquí mis antecesores para *salvar a Cuba*. He dicho ya varias veces al banquero de la Legación[1], que abone a Huth[2] de Londres, los 295 francos que este ha dado a Mr. Hoskier[3], pero el banquero de esta Legación, como buen americano, no habrá querido acaso molestarse y será menester que yo escriba a Londres, como lo haré.

Juanito[4] sigue siendo calamitoso por todos estilos. Yo le mantengo de casa y mesa y le hago regalos de tabaco, etc. Durante el viaje solo le he puesto en cuenta el hotel y los billetes de ferrocarril. Coches, propinas, vino, espectáculos, todo lo he pagado yo. Desde que estoy aquí Juanito ha gastado, no obstante, su sueldo, que es de 116 dollars al mes, más otros 1.050 dollars. Está sin un ochavo. Pero no es solo tremendo por el lado económico. Lo es por todos estilos. El canto-gruñido no cesa. Presume Juanito de calavera, de pendenciero, de valiente y de conquistador de mujeres. Como es tan chiquitín, la gente se burla y no le toma en serio: pero será posible que un día, si él está muy insolente, le den un trastazo. Apenas vé una señorita guapa y algo coqueta, coquetea con ella y quiere acapararla para sí. Y en cuanto ella coquetea con otro, Juanito se enfurece, y dice insolencias, y aún se jacta de favores de la señorita, que, a mi ver, no ha obtenido. Habla además Juanito mil horrores de los yankees en general. En fin, es un compromiso andando. No ha faltado persona que haya venido a verme ya, rogándome que amoneste a mi sobrino, que vá diciendo horrores contra él, y que él, que no quiere tener un lance me lo avisa, para que yo, si es posible, ponga remedio. Yo he amonestado a Juanito. Veremos si hace caso. Sentiré que le dén un día unos cuantos soplamocos. Por fortuna, la generalidad de la gente se ríe y lo toma por el lado bufo, y benévolo, pero de una benevo-

---

[1] Se refiere a Riggs, con quien la Legación y la Capitanía General de Cuba tenían continuos contactos financieros. (Ver nota 5 de la carta 126.)
[2] Federico Huth, banquero. (Ver nota 3 de la carta 126.)
[3] Banquero. (Ver nota 4 de la carta 126.)
[4] Juan Mesía de la Cerda y Valera.

lencia que me carga, pués al fin el chico es mi sobrino, mi compatriota y mi subordinado.

Mi mujer ha estado un mes o más sin escribirme. Por último, ayer tuve carta suya, muy furiosa, quejándose de que le hacen poco caso. Los chicos parece que están buenos. Dolores no ha consentido que vayan a Cabra con Joaquín [5] a examinarse, de modo que han perdido el año. Estaban matriculados en el Instituto de Cabra. No había motivo para tanta precaución, pués el cólera no está en Cabra.

Yo les había matriculado en Cabra, porque el Director es amigo y porque desde Lisboa me era fácil llevarlos a Cabra para el examen casero, ya los llevé y les hice ganar allí dos años.

Ahora encargo a Dolores que haga que los chicos se matriculen en Madrid.

Adios. Escribeme y créeme tu cariñoso y buen hermano

JUAN

149

Washington, 12 de Octubre de 1884.

Mi querida hermana:

Esta mañana recibí tu carta del 1.º y mucho gusto al saber que estabas bien de salud, y que el ilustre yerno [1] te ha dejado descansar, al menos por un mes, largándose a Polonia.

Yo tengo muy buenas noticias de mis chicos. Hoy he recibido cartas muy cariñosas y divertidas de los tres.

Ya están, con mi mujer y mi suegra, de vuelta de la Granja en Madrid. La época de los exámenes se ha prorrogado, y creo que Dolores los dejará o habrá dejado ir al fin a Cabra, con su tío Joaquín [2], a examinarse.

Juanito [3] sigue aquí conmigo, tan imposible como siempre: pero como es de mi familia, casi prefiero tenerle conmigo a estar solo, por más que me dá más desazones que buena compañía, y por más que el continuo chorro de su canto-gruñido es espantoso. Entre las cosas que Job sufrió del diablo, que quería

5 Joaquín Valera, primo de don Juan Valera.
1 Conde Zamoyski. (Ver nota 2 de la carta 97.)
2 Joaquín Valera, primo de don Juan Valera.
3 Juan Mesía de la Cerda y Valera.

tentarle, no se cuenta esta. Si el diablo hubiera cantado a Job, durante doce horas al día, como Juanito me canta a mí, Job hubiera perdido la paciencia.

He escrito a Huth [4] que me envie una letrita de los 235 francos. Quise enviarselos por medio del banquero de la Legación [5], pero no quiso encargarse.

Adios. Ya otro día procuraré escribirte con más reposo y menos desabridamente.

Créeme tu afectísimo hermano

JUAN

Mil cariñosos recuerdos a Luisa [6].

150

Washington, 24 de Octubre de 1884.

Mi muy querida hermana:

Acabo de recibir tu carta del 9 y mucho contento de ver por ella que estás bien de salud. Yo estoy bien, pero asustado con el frío que se viene encima de repente. Este país es hermoso, pero el clima detestable. Hace una semana que nos asábamos y ya tiritamos. La transición no puede ser más rápida. De mi mujer no suelo tener noticias sino indirectas. Me escribe de mes a mes, y siempre con mil tonterías y quejas de que en Madrid le hacen poco caso. Mis hijos me escriben a veces. Como el Ministro de Fomento [1] ha prorrogado el periodo hábil de los exámenes, supongo y espero que habrán aprovechado la ocasión e ido a Cabra con su tío Joaquín [2], donde se habrán examinado.

Juanito [3] sigue conmigo, dándome 12 ó 15 horas de música diaria, casi sin interrupción. No sé como tiene garganta para cantar tanto. Criados, visitas, empleados de la Legación y vecinos de las casas contiguas, todos tienen en cuenta y admiran

---

[4] Federico Huth, banquero. (Ver nota 3 de la carta 126.)
[5] Riggs. (Ver nota 5 de la carta 126.)
[6] Luisa Pelissier y Valera.
[1] Alejandro Pidal y Mon. (Ver nota 3 de la carta 196.)
[2] Joaquín Valera, primo de don Juan Valera.
[3] Juan Mesía de la Cerda y Valera.

este cantar infinito. Los criados temen que sea locura o al menos comienzo de ella.

Vuelvo a molestarte con encargos. Te suplico que me envíes algunas terrinas de foie gras, latas de vegetales en conserva, etc. Todo lo que envies será bien recibido, y me traerá grande economía, pués aquí todo lo que viene de Europa paga enormes derechos, y lo que me envíes entrará sin pagarlos, merced a mi franquicia diplomática. Lo que me cueste todo lo que me envíes, que lo cobre Mr. Hoskier [4] de Mr. Huth [5], y que este a su vez me lo cobre, si ya no quiere Hoskier enviar una letrita directamente a mi cargo.

El Ministro de Suecia, que hay aquí, ha sido trasladado a Madrid. Es probable que le dé carta para tí. Su mujer es joven aún y parece excelente señora. Llamanse los Condes de Lewenhaupt.

Celebraré que el yerno [6] no se pelee con Vdes. Como ahora trae dinerillo fresco de esas tierras que ha vendido, es de esperar que esté más apacible. Lo que es menester es que el dinerillo dure.

Aquí tenemos carreras de caballos ahora.

Por todo el país hay gran movimiento con motivo de la próxima elección de Presidente [7]. Los partidos opuestos insultan del modo más feroz al candidato contrario. Los republicanos aseguran que el candidato demócrata ha ahorcado a dos, por su propia mano, para ahorrar el gasto del verdugo, cuando era sheriff, y los demócratas descubren y prueban que el candidato republicano, Blaine, ha vendido cuanto hay que vender, en todos los puestos, que hasta ahora ha ocupado.

Pronto veremos cual de estos dos tunantes es el magistrado supremo de esta Gran República.

Adios. Mil y mil expresiones cariñosas a Luisa [8].

Créeme tu afectísimo hermano

JUAN

---

[4] Banquero. (Ver nota 4 de la carta 126.)
[5] Federico Huth, banquero. (Ver nota 3 de la carta 126.)
[6] Conde Zamoyski. (Ver nota 2 de la carta 97.)
[7] Chester Alan Arthur. (Ver nota 1 de la carta 123.)
[8] Luisa Pelissier y Valera.

Washington, 28 de Octubre de 1884.

Querida hermana mía:

Con mucho gusto he recibido tu carta del 14 y las buenas noticias que me trae de tu salud. Yo estoy bien, aunque a veces muy cansado de esta residencia y sobre todo de Juanito [1], quién cada día me parece más insufrible y mal criado. No pocas personas no le toman por lo serio y esto es una fortuna, pues a veces se pone insolente y provocativo: pero no faltan sujetos que se hartan de sufrirlo, y dejan de venir a verme o escasean las visitas.

Sigo sin tener cartas de mi familia, y aunque mi mujer me castiga no escribiéndome sino de tarde en tarde, empiezo a tener cuidado y recelo de que en mi casa de Madrid haya enfermedades o algún disgusto.

No sé que decirte de aquí que te pueda interesar. No nos faltan reuniones, pues los individuos del Cuerpo Diplomático son aquí muy sociables y aficionados a divertirse, sobre todos el Ministro de Rusia [2] y el de Inglaterra [3]. Este último tiene una hija bastante guapa y extremadamente coqueta, por la cual anda alborotado Juanito. Si Juanito acaba de declararse y, como es probable, le dé ella calabazas, voy a tener más música desesperada aquí, y la enemistad de los ingleses, porque Juanito, si llega a ser calabazeado, dirá a la chica mil atrocidades, según costumbre siempre que le calabazean.

No sé aún si mis chicos habrán ido o no a examinarse a Cabra. ¿Si se le habrá antojado a mi mujer ir también ella y por eso tarda tanto en escribirme? Todo es posible. No sé si por Joaquín [4] o por quien, he sabido yo que Dolores tenía veleidades de ir a Cabra.

Deseo que Luisa [5] esté bien de salud y todo lo contenta que

---

[1] Juan Mesía de la Cerda y Valera.
[2] Charles Struve. (Ver nota 5 de la carta 122.)
[3] Lionel Sackville-West, gran amigo y consejero político de Valera. Estaba casado con la actriz española Pepita Oliva.
[4] Joaquín Valera, primo de don Juan Valera.
[5] Luisa Pelissier y Valera.

sea posible y compatible con un marido que aburre, y no sin razón. Dá a Luisa mis cariñosas expresiones.

Soy tu afectísimo y buen hermano

JUAN

152

Washington, 10 de Noviembre de 1884.

Mi querida hermana:

Con mucho gusto he recibido tu carta del 24 de Octubre y las buenas noticias de tu salud. Yo me hallo bien. Aquí hace ahora hermoso tiempo.

Aún me queda vino del que por tu encargo me remitieron de Burdeos: pero ya se va acabando y no quiero quedarme sin vino. Te ruego, pués, ya que yo pierdo todas las *adresses,* que encargues que me envíen la misma cantidad de vino que la vez pasada y además unas cuatro o cinco docenas de un Sauternes regular: esto es, lo mejor posible, dentro de un moderado precio. Esta tierra ha estado y sigue animadísima con la elección de nuevo Presidente [1]. Ya parece cierto que los electores que han de elegir (en todo 401) son por una mayoría de 18 (213) del partido democrático. Será, por consiguiente, el Supremo Magistrado de esta gran nación, un tío, que por sus propias manos ha ahorcado a tres o cuatro personas, para ahorrarse 15 duros de verdugo por cada ahorcado. Verdad es que este tío, llamado Cleveland [2], vale mil veces más que el otro candidato, que es un verdadero bandido, corrompido y venal hasta el último extremo. Las cosas que se han dicho y se dicen unos a otros durante este periodo electoral, son para espantar aun a los que estén más curados de espanto. Imposible parece que la gente se diga tales horrores y no se mate o no se muera de verguenza: verdad es que por aquí se diría que no tiene verguenza nadie.

Don Juan [3], nuestro sobrino, sigue, al parecer, muy enamo-

---

[1] Stephen Grover Cleveland. Nació 1837-1908. Dos veces presidente. Alcalde de Búfalo (1881). En 1882, gobernador de Nueva York. Presidente (1885-1889). Reelegido (1892-1896).
[2] Stephen Grover Cleveland, ya citado
[3] Juan Mesía de la Cerda y Valera.

rado de la hija mayor del Ministro inglés [4], la cual le excita y alienta. Inverosimil parece que conduzca a tal delirio en las mujeres el afán de tener marido. Don Juan no es nada bonito; está enclenque y no tiene lo de Salomón; o sea, ni sabiduría ni riqueza. Será además, si se casa, un tiranuelo insufrible. La Señorita West [5], no obstante, graciosa, elegante, bien educada, y de ilustre familia por su padre, aunque por su madre sea hija de la bailarina española Pepita Oliva, hace frente a Don Juan, y, como es buena muchacha, dudo que sea con el propósito de divertirse con él y darle luego calabazas. Si tendremos boda al cabo? Sería cosa de ver.

Mis chicos, gracias a que el Ministro de Fomento [6] ha prorrogado en España, el término de los exámenes, deben de haber ido a Cabra a examinarse en compañía de su tío Joaquín [7]. De fijo no sé si fueron porque mi mujer me escribe muy de tarde en tarde: siempre enojada conmigo, aunque le envío 2.000 pesetas al mes, después de haber hecho que viviera en grande en Lisboa, empeñándome mucho para ello.

Parece que Doña Isabel, mi pobre suegra, se ha ido a Bruselas con Pepito [8], su hijo. Esto me prueba, que dicha señora idolatra de mi mujer, no ha tenido ya paciencia para sufrirla. ¿De que suerte la trataría Dolorcitas? Voy pagando no pocas de mis deudas y poniéndome a flote, y eso que no vivo mezquinamente, y de que, a más de Juanito, huesped constante, tengo siempre dos personas más, lo menos, a comer.

Me alegraré de que Luisa [9] esté bien de salud. Dale muy cariñosas expresiones mías.

Enviame foie-gras y además latas de legumbres, etc. Aquí todo cuesta triple que ahí.

[Esta carta termina aquí y está sin firmar]

---

[4] Lionel Sackville-West. (Ver nota 3 de la carta 151.)
[5] Victoria Sackville-West. (Ver nota 4 de la carta 144.)
[6] Alejandro Pidal y Mon. (Ver nota 3 de la carta 196.)
[7] Joaquín Valera, primo de don Juan Valera.
[8] José Delavat y Arêas.
[9] Luisa Pelissier y Valera.

Washington, 7 de Diciembre de 1884.

Mi muy querida hermana:

Acabo de recibir tu carta del 23 del mes pasado, y, aunque veo que estás bien de salud, me dá mucha pena ver que te maltrata de palabra ese animal sinverguenza de tu yerno [1]. Yo creo que esto consiste en que eres demasiado buena. Sacudete y desahogate y despotricate con él, sin alterarte, y con frescura, como si fueses una *portera,* y ya verás como le metes el resuello para dentro. Además tú estás en tu casa, pagas tus criados, y debes tener alguno que sea forzudo y que te quiera bien. No debes temer, por lo tanto, que el polaco te pegue, y, si se propasa a hacerlo, ten prevenido al criado para que le arrime unas cuantas bofetadas que le hundan, y enseguida quéjate a la policía de que tu yerno está loco, ha querido maltratarte, y tú, gracias a la fidelidad y buen ánimo de un criado, te pudiste salvar. Además, ahí, en tu patria adoptiva, una Señora Mariscala, como tú, con amigos que aún quedan de tu marido, etc., no debes, por ningún estilo aguantar que ese descamisado te insulte, y tienes medios, y derecho, y no solo derecho, sino el deber de defenderte, pués haces una ofensa al nombre y al honor de tu marido en sufrir que lo insulten y menosprecien. Yo te compadezco porque soy débil y muy mirado y he sufrido mucho. Si no tuviese tan suave condición no te compadecería, pués consideraría que todo lo que sufres es porque te dá la gana de sufrirlo. Pero, en fin, el sufrimiento y la humildad son virtudes cristianas hasta cierto punto; más allá de ese cierto punto, son vicio, o lo que es peor, tontería. Quéjate a todos, ten un criado fiel para que te defienda, y hazte respetar de ese insolente, hasta haciéndole dar una pateadura, si es menester. Tu hija [2], si está firme y segura de no amar a su marido, lo mejor es que no viva con él, que no vaya a Polonia; que diga que su marido le pega y que se divorcie: más vale estar separados que vivir mal casados en un infierno. En suma, yo veo todas estas cosas harto...

[Falta la terminación de esta carta]

---

[1] Conde Zamoyski. (Ver nota 3 de la carta 97.)
[2] Luisa Pelissier y Valera.

154

Washington, 23 de Diciembre de 1884.

Mi muy querida hermana:

Empiezo por desearte muy felices Pascuas y mejor año nuevo, y espero que esta carta llegue pronto para que recibas a tiempo mis felicitaciones.

Aunque aquí todo cuesta carísimo, creo que lo mejor será que me envíes un tonel de a 350 francos Pomeral, que siempre me saldrá más barato embotellándole aquí, pués tengo muchas botellas vacías. Lo que si podría hacer ton marchand des vins, es enviarme tres o cuatro docenas de un Sauterne bueno (a mí me gusta mucho el vino blanco de Burdeos), y si no es muy caro, una docenita de buen Chateau Yquern. Para cobrarse el valor de esto, que gire sobre mí el mercader a cinco o seis días vista.

El foiegras, que has enviado, es exquisito. Juanito[1] y yo, y tambien mis convidados, entre ellos el Secretario de la Legación de Francia, hemos cantado sus alabanzas.

Yo me he propuesto no desesperarme ni aburrirme: pero este país es para desesperar a cualquiera. Ahora no es posible andar por las calles. Todo está helado, como ni en San Petersburgo lo ví jamás. Además allí entran los coches bajo techado o cobertizo. Aquí hay que andar mucho del coche a las casas y subir luego unas escaleras de marmol, cubiertas de hielo. Anoche tuve que llevar a mi criado para que me diese el brazo y no romperme el bautismo. Como esto dure me voy a divertir. Yo soy torpe y no estoy ya muy mozo.

Mi mujer rabia muchísimo, como si yo hubiera venido aquí a divertirme: pero lo cierto es que no me divierto; y que si no fuera para pagar algunas deudas, hechas las más por su culpa, y para enviarle 2.000 francos al mes, yo no hubiera hecho el sacrificio de venir. Por todos estilos ha sido un gran sacrificio. De soltero o de viudo yo no hubiera venido.

Adios. Mil cariñosas expresiones a Luisa[2].

Cuidate y no te aflijas ni rabies.

Créeme tu afectísimo y buen hermano

JUAN

---

[1] Juan Mesía de la Cerda y Valera.
[2] Luisa Pelissier y Valera.

Washington, 4 de Enero de 1885.

Mi querida hermana:

Veo por tu carta del 22 de Diciembre que estás bien de salud, aunque muy contrariada y triste con los disgustos que te dan hija[1] y tu yerno[2]. Muchísimo celebraré que esa guerra civil termine; que gasten menos y que haya paz octaviana.

Yo no estoy más que regular de salud, y, a más de los disgustos que mi mujer me dá desde lejos, sin que me valga haber puesto el Atlántico de por medio, tengo aquí a Juanito[3] para que me cante, me llore y aún a veces, a fin de que de todo haya, se desvergüence conmigo. Las tonterías e infortunios de Juanito son peores cada día. Con las Señoritas, cuando le dan calabazas, se pelea, y tenemos enemistades. Con los otros empleados de la Legación me indispone también. Juega y pierde y gasta más dinero de lo justo. Me fuma más cigarros que yo fumo. Y por último (no sé si ya te lo he contado), la otra noche fué al teatro, resbaló en el hielo, se cayó, y recibió un golpe grande, partiéndose la piel de la ceja. La herida no fué grave: pero hemos tenido toros y cañas: maldiciones, furores, llantos y blasfemias, y muchas visitas del médico, que le pondré en cuenta a Alonso[4], pués no es razón que yo me arruine por Juanito. A más de deberme dinero, pide dinero a mi criado, y debe a mi criado. Cuando juega conmigo al bezigue, en casa del Ministro de Rusia[5], gana él y pago yo: pierde y no me paga. Solo paga cuando son los rusos los que ganan: pero aún así se pone furioso de que yo no pierda siempre. Es singular el furor que le entra contra mí. En fin, el chico es una joya.

Hablando ahora de las cuentas con el Sr. Hoskier[6], te diré que yo envié a Huth[7] la primera cantidad que Hoskier pagó. Si no recuerdo mal, eran 10 ú 11 libras esterlinas. Ahora debo la nueva cuentecita de las conservas y foie gras que me has en-

---

[1] Luisa Pelissier y Valera.
[2] Conde Zamoyski. (Ver nota 2 de la carta 97.)
[3] Juan Mesía de la Cerda y Valera.
[4] Alonso Mesía de la Cerda, marqués de Caicedo.
[5] Charles Struve. (Ver nota 5 de la carta 122.)
[6] Banquero. (Ver nota 4 de la carta 126.)
[7] Federico Huth, banquero. (Ver nota 3 de la carta 126.)

viado. Para evitar tanto rodeo y para no tener yo que entenderme con mi banquero de aquí, el cual es zafio y mal criado y a todo opone montes de dificultades, el Sr. Hoskier puede girar sobre mí por la nueva suma que tú has pagado por las conservas.

En cuanto al vino, así como giraron sobre mí por el valor del primero, pueden girar sobre mí por el valor del nuevo que me envien. Lo único que pido es que estas letritas vengan siempre a 5 ó 6 días vista.

Ya creo haberte escrito respecto al vino y dicho lo que deseo que me envien. Estoy fastidiadísimo con tener ahora necesidad de mudarme cuando ya estaba instalado. Las casas amuebladas cuestan un dineral. Nada he hallado que valga lo que esta casa en que vivo menos de 250 o 300 dollars al mes. Esta era una ganga. Me costaba solo 150 dollars al mes. Verdad es que los muebles eran abominables y he tenido que comprar bastante.

En fin, ahora he tomado una casa sin muebles, que solo me cuesta, o mejor dicho me costará 116 dollars mensuales. Verdad es que tendré que amueblarla: pero siempre me saldrá más barata. Además, ya tengo muchas cosas compradas, que sin duda venderé cuando me vaya y sacaré gran parte de su precio.

Ya habrás visto las grandes desgracias que ha habido en Andalucía con el terremoto. Bien viene aquí aquel refrán, grosero pero verdadero, que dice: a perro flaco todas son pulgas. No hay calamidad que no caiga sobre nuestro pobre país.

En esta ciudad hay ahora extraordinaria animación: pero yo nada me divierto. Estoy ya viejo para divertirme.

Juanito sigue pretendiendo a una hija del Ministro de Inglaterra [8], que es coquetísima. Considero imposible que esta Señorita diga que sí a Juanito si él se declara por lo serio. Temo, pués, calabazas, y que de resultas declararemos también la guerra a la Gran Bretaña. En suma, Juanito es una calamidad.

Hazme el favor de dar a Luisa [9] mil y mil cariñosas expresiones mías, si es que ella las aprecia, y quiere algo a su tío, de lo que me inclino a dudar, pués nunca ha querido escribirme.

Créeme tu afectísimo hermano

JUAN

---

8 Lionel Sackville-West. (Ver nota 3 de la carta 151.)
9 Luisa Pelissier y Valera.

156

Legación de España
en
Washington D. C.

1.º de Febrero de 1885.

Querida hermana:

He estado en estos días muy fastidiado y con gran trastorno a causa de la mudanza. Aún disto mucho de estar bien instalado: pero desde anoche duermo ya en la nueva casa = 1.447 Mass. Av. Es muy bonita, aunque menor que la otra.

Como en la otra casa los muebles eran pocos, feos y horribles, he preferido tomar sin muebles la nueva. Por la otra daba yo 9.000 francos al año. Por esta 6.500. Lo que me cuestan los muebles casi saldrá del alquiler por poco que dure yo aquí.

Fuera del disgusto de estar separado de mis hijos y de mis amigos de toda la vida, aquí me vá bien. Esta gente es amabilísima, sociable y hospitalaria: las mujeres sobre todo. Por dicha o por desgracia, según quiera considerarse, tengo ya 60 años. Si no, correría gran peligro mi virtud. Pero como ni la virtud padece, ni la ancianidad es grave inconveniente para el *flirteo,* siempre tengo damas, que gustan de flirtear conmigo: y, dicho sea en sigilo, *Misses* también, que no reparan en que estoy casado, ni ven en ello obstáculo a sus inocentadas. Por lo demás el flirteo es aquí un furor.

Mi mujer, por censurarlo todo en España, hallaba que allí nadie piensa en más que en enamorar, ni criados, ni señores. Si viera esto se pasmaría. En España no se enamora la vigésima parte que aquí. Desde la negra más negra hasta la rubia más blanca y honrada, todas traen un jaleo de mil diablos y una de enredos con galanes, que no tiene término. Juanito [1] me divierte mucho con las rabietas, celos y furores, que le proporcionan las jugarretas que le hacen.

Yo ahora, instalado ya en mi nueva casa, viviría aquí a gusto un par de años más, si pudiera traerme a mis hijos, los cuales lo pasarían bien aquí.

Adios. Mil cariñosas expresiones a Luisa [2].

Créeme tu afectísimo hermano   JUAN

---

[1] Juan Mesía de la Cerda y Valera.
[2] Luisa Pelissier y Valera.

157

Washington, 9 de Febrero de 1885.

Mi querida hermana:

Creo que no he contestado a tu última carta del 17 del mes pasado. Por ella veo con gusto que estás bien de salud. Yo no lo paso mal, e instalado ya en la nueva casa, que es alegre y bonita y situada en una altura, de suerte que domino la situación, y desde el ancho cierro de cristales, donde te escribo, veo el Capitolio, el obelisco inmenso, y casi toda la ciudad con calles, plazas y jardines.

No hay que quejarse de carestía: las casas son baratas y los muebles también. Esta casa, que, como digo, es bonita, me cuesta menos de 7.000 francos al año. Los muebles que compro para ella, alfombras, sofaes, mesas, etc., todo no pasa de 10.000 francos; de modo que voy a estar bien instalado, o ya lo estoy, por poco.

No sé si te he dicho que he tenido un gran disgusto por causa u ocasión de Juanito[1]. Como es tan insolentillo, tiene tan mala lengua, y se enoja tanto cuando la Miss a quién pretende le planta por otro, o cosa así, y como además suele jactarse, creo que sin motivo, de favores amorosos que le hacen, ha excitado algunas iras, y, en un periódico de aquí, si bien sin nombrarle, le ponen en caricatura y dicen de él mil horrores en un artículo insolentísimo. Me guardaré bien de traducírsele. Yo no he de excitar a Juanito a que mate a palos a nadie: pero la cosa es harto triste. ¿Qué le hemos de hacer?

Ya te escribiré otro día con más extensión contándote mis cuitas y buenos sucesos.

Hoy no puedo escribir más. Escríbeme tú cuando puedas y dame noticias tuyas y de Luisa[2], a quién te ruego des mil cariñosas expresiones de parte mía.

Adios y créeme tu afectísimo y buen hermano

JUAN

[1] Juan Mesía de la Cerda y Valera.
[2] Luisa Pelissier y Valera.

Washington, 16 de Febrero de 1885.

Mi muy querida hermana:

Anteayer recibí carta tuya, y mucho sentimiento de ver lo triste que te muestras. Yo estoy tristísimo tambien. El frío me molesta mucho: la niebla y el hielo me incomodan en la calle. El calor seco y pesado del calorífero me atormenta en las casas. En suma, me siento viejo y fatigado, y a menudo con muchas ganas de volverme a Europa y de meterme en Cabra. Sin embargo, ahora acabo de hacer aquí una cosa como para el contrario propósito: como para quedarme aquí dos o tres años aún.

Ya sabes que me echaron de la casa en que vivía. No hallaba yo ninguna medianamente decente, capaz y amueblada que me costase menos de 250 duros al mes. He tomado una casa muy bonita, que me cuesta al mes 116 duros: pero he tenido que amueblarla y la estoy amueblando. Todos los muebles, alfombras, etc., que aquí son baratos, no llegaron a costarme más de 2.400 duros. Luego en 18 meses, pagando 120 duros al mes, sacaré los muebles por lo que había yo de dar por el alquiler, y los muebles serán míos. El cálculo está hecho bien y con exactitud: pero necesito pasar aquí aún 18 meses, y no sé si tendré fuerza para tanto.

Y no porque aquí me vaya mal sino porque me siento muy viejo. Sin embargo, tal es la manía de flirtation de las Señoritas americanas, tan románticas son algunas, y tan aficionadas a lo que brilla por algo, que siempre hay unas cuantas que flirtean conmigo, lo cual a mi edad, no pasa de ser una extravagancia absurda, sobre todo en ellas.

Yo preferiría ya a todas las más delicadas y vehementes *flirtationes,* los goces de la familia, si la tuviera: pero, con una mujer como la mía, la familia es un tormento.

Juanito [1] me acompaña un poco: pero me muele bastante más que me acompaña. Su música, sobre todo, cuando tengo murria y estoy poco bien de salud, me revienta y apesadumbra. Se me figura que estoy de cuerpo presente y que me cantan el gori-gori. A veces, es verdad, la música de Juanito me hace

---

[1] Juan Mesía de la Cerda y Valera.

reir. Cuando vá al común es un Niágara de melodía. Cacarea su huevo como hacen las gallinas: la casa toda se alborota. En otras ocasiones la música de Juanito me carga: sobre todo cuando canta en la mesa, y después de comer. Siempre que tengo convidados, que no le parecen a Juanito demasiado amenos o distinguidos, como por ejemplo, si son de la América Española, Juanito no les hace caso, y se pone a cantar, lo cual hasta es insolente y despreciativo.

En suma, Juanito es una gran calamidad. Por fortuna, la gente es mejor de lo que se cree: suele tener buena pasta: y esto más vale para que con Juanito no ocurran disgustos.

Es maravilloso lo que miente y el tono que se dá. Cuenta que es íntimo del Rey Don Alfonso [2]: que fué a cazar con él, y que le regaló el Rey una magnífica escopeta: que todas las Duquesas de Madrid le adoran: que su hermana gasta miles de duros en vestirse: que su familia es de lo más noble que se puede imaginar.

Juanito gasta doble o triple que yo: pués disfruta lo que yo disfruto de la casa, etc. y en guantes, medias de seda, zapatos, fracs, etc., destroza cinco o seis veces más que yo. A cada momento regala ramos de flores a las Misses, ramos que cuestan 20 duros lo menos, y no se escatima ningún capricho.

Por fortuna, Juanito no ha tomado a mal el desengaño que le ha dado Miss West, la hija mayor del Ministro inglés, la cual, después de haberse divertido flirteando con él, le ha plantado. Yo temí que de resultas íbamos a declarar la guerra a la Gran Bretaña: pero en fin, la cosa se ha tomado con calma. Juanito flirtea con otras y cree tener mucho *succés*. Y en efecto, acaso le tenga: las Misses de aquí, con tal de *flirtear,* flirtearán con un macaco.

Siento mucho lo que me dices de la poca salud de Luisa [3]. Me alegraré de que se alivie, y de que coma y duerma bien.

Yo aconsejo mucho a Juanito que le ponga los puntos a una rica. ¿Quién sabe? La suerte y las mujeres son tan estrafalarias, que quizás habría alguna rica que quisiera cargar con Juanito y mantenerle en grande. Este caso estupendo pudiera darse y sería una gran felicidad para Juanito y para su familia. El es un mueble incapaz, y, donde quiera que vaya, no ha de

[2] Alfonso XII, rey de España.
[3] Luisa Pelissier y Valera.

tener, por Jefe, un tío que le mantenga, que le sufra, que le aguante, y que le consienta no hacer ni ser capaz de hacer nada.

Adios. Consérvate buena y créeme siempre tu afectísimo y buen hermano

JUAN

159

Legación de España
en
Washington D. C.

3 de Marzo de 1885.

Mi muy querida hermana:

Acabo de recibir tu grata carta del 16 del mes pasado, y mucho contento de ver por ella que estás bien de salud, no importando tanto lo demás, aunque mucho importe.

Siento que haya apelado Luisa [1], y sobre todo tan tarde, a pedir la anulación del matrimonio. Yo, a haber sido posible, hubiera buscado solo el divorcio: pero en fin, como quiera que ello sea, aplaudo que Luisa se separe de su marido, y celebraré mucho que la ley y la justicia le den la razón.

Encuentro yo que el divorcio hubiera sido mejor, aunque no rompa el lazo o vínculo matrimonial: pero en fin, ya que os habéis metido en pedir la anulación, bueno vá, y ojalá se logre. Verdad es que la anulación tiene de malo que destruye la única ventaja del casamiento: la imposibilidad de volverse a casar. Yo estoy convencido de que es el acto más tremendo que hacen los seres humanos. Sin duda un buen matrimonio realiza casi la bienaventuranza en la tierra: tiene algo de divino: más, por lo mismo, es tan raro, que vale más no casarse, que exponerse por buscar la gloria a dar de patitas en un verdadero infierno.

Desde tan lejos solo puedo yo hacer por vosotras muchos votos para que salgáis bien de vuestra empresa, y aconsejaros además muchísima calma. Es menester oponer pecho ancho a las contrariedades y malas venturas en este pícaro mundo.

A mí me vá bastante bien por acá. Esta gente es amabilísima, hospitalaria y cariñosa.

Ahora estamos sin poder parar, con motivo de las fiestas,

---

[1] Luisa Pelissier y Valera.

254

ceremonias y solemnidades de la inauguración del nuevo Presidente [2].

Mi casa nueva es muy bonita, aunque pequeña, y la he amueblado con cierto gusto y elegancia.

Los lunes por las noches recibo, *very informaly:* pero vienen todos mis colegas, hembras y varones, del Cuerpo Diplomático, y una multitud de Señoras y Señoritas, de lo más guapo y elegante de aquí. Figúrate lo furiosa que se pondría mi mujer, si llega a saberlo. Juanito [3] sostiene que sí lo sabe, perderá el miedo a las ondas salobres, y se encajará aquí a terminar de un modo trágico con estos *gaudeamus.*

Lo cierto es que Dolores, aún sin saber de fijo estas diversiones, solo por la mera sospecha, está hecha una leona: no me escribe: y su aborrecimiento sube de punto cada día. Sin duda que ella necesita que yo gane dinero para enviarle y que en Madrid no sería posible que yo le proporcionase los 2.000 francos al mes que desde aquí le proporciono: pero necesita, más aún, tenerme consigo, a fin de vejarme, molerme y atormentarme sin cesar.

En resolución, yo sé que mi mujer está más agriada que de costumbre, y se pasa meses y meses sin escribirme; y cuando me escribe, llena la carta de insultos, quejas y desvergüenzas. ¿Qué le hemos de hacer? Esto me aflige y entristece. Si mi mujer hubiera sido medio tratable, hubiera yo sido el mejor de los maridos: hubiera sido feliz con ella y hubiera procurado hacerla feliz: pero creo que ni hecha de encargo, hubiera podido buscarse para mi mujer más enemiga, más aborrecedora, más dura censora de mis faltas y debilidades, y más sorda, ciega y de todo punto cerrada con siete sellos, a toda impresión favorable y amistosa hacia mí, de resulta de mis buenas prendas, si es que tengo alguna. En lo profundo de mi alma estoy herido de su odio, de su desdén, de sus malos tratos, a nada de lo cual me considero acreedor, por más que miro con severidad en el fondo de mi conciencia. Y a veces añado: pués no soy tan feo, ni tan despreciable, porque todavía, con más de sesenta años, tengo quién guste de mí [4]. Esto me consuela a veces y me levanta de cierta postración de espíritu.

Adios. Te dirijo la carta a tu casa, desde donde la llevarán

---

[2] Stephen Grover Cleveland. (Ver nota 1 de la carta 152.)
[3] Juan Mesía de la Cerda y Valera.
[4] Se refiere a Catalina Bayard.

sin duda donde te halles. Espero que me escribirás ahora más a menudo. Yo te escribiré con más frecuencia también.

Créeme tu afectísimo y buen hermano

JUAN

160

Legación de España
en
Washington D. C.

17 de Marzo de 1885.

Mi querida hermana:

No sabes tu bien cuanto me disgustan y afligen todos los malos ratos que estás pasando. Tú y yo nos parecemos mucho en que, de puro buena pasta, nos hemos atraído siempre doscientas mil calamidades. Ambos gustaríamos de la vida de familia más sosegada y apacible, y ambos estamos envueltos en guerras domésticas. Yo he tenido que poner el Atlántico entre mi mujer y yo, y tú andas huyendo de tu yerno [1].

Naturalmente Luisa [2] y tú habréis consultado a algún abogado bueno, antes de dar el paso que habéis dado. Yo considero que la separación era inevitable: pero, desde aquí, no sabiendo los pormenores, me inclino a creer que el divorcio por incompatibilidad de caracteres y por malos tratos hubiera sido mejor que pedir la nulidad por la impotencia del marido. En fin, como quiera que sea, muchísimo me alegraré de que Luisa gane su pleito y de que nunca más vuelta a juntarse con el incapaz y cruel polaco. Escríbeme a menudo y tenme al corriente de todo.

Aquí lo paso bien. Esta gente es amabilísima, y las mujeres en extremo aficionadas al *flirteo,* cuyos límites son harto difíciles de marcar. Resulta de todo que me olvido con frecuencia de que tengo más de 60 años, y la humildad y pobre concepto de mi persona, que mi mujer me había inculcado en el espíritu, se truecan en alguna satisfacción.

Mi mujer cada día me escribe con menos frecuencia. Ni si-

---

[1] Conde Zamoyski. (Ver nota 2 de la carta 97.)
[2] Luisa Pelissier y Valera.

quiera me escribe que ha recibido el dinero que todos los meses le remito.

Mis hijos me escriben algunas veces. Parece que están muy guapos.

Hace poco creo que se han hecho nuevos retratos en fotografía. Espero que me los envíen para verlos en efigie. Yo, si este puesto me durase como por ahora deseo, quisiera traerme por aquí a Carlos y a Luis: pero la madre no lo consentiría sin armar camorra, y yo, por amor de la paz, soy capaz de privarme de todo.

Nuestro sobrino Juanito [3] es inutil, mal criado, embustero, gastador, y músico de narices gangosas, capaz de hacer perder la paciencia al Señor Job, pero, con todo eso me acompaña, y prefiero tenerle en casa, a vivir solo.

Mi casa está ahora muy bonita y amueblada con gusto. Recibo los lunes y vienen las damas y damiselas más elegantes, y dicen que se divierten. Juanito dice que si Dolores supiese de estas fiestas, se pondría feroz; perdería el miedo a las ondas salobres; y se trasladaría a estas regiones, o para acabar con las fiestas o para presidirlas, dirigirlas y arreglarlas a su manera.

En fin, más vale que no venga, porque había de arañar a algunas Misses. Hace doce años, (yo te lo cuento todo, como tú me lo cuentas todo) Dolores no quiere *ser mi mujer:* pero siempre se pone furiosa contra cualquiera otra que me desdeñe menos y que no me halla tan viejo, tan feo, ni tan averiado.

Todo esto es muy triste; y no porque yo haya tenido jamás una pasión viva por Dolores, hasta el punto de que me matasen sus desdenes: sino porque, hasta con ella, si no me hubiera desdeñado, hubiera sido yo y sería el más dulce, fiel y afectuoso de los maridos. Menester ha sido que Dios o el Diablo me haya proporcionado en mi mujer a mi más cruel enemiga, para que yo desista de los goces tranquilos y legítimos del hogar doméstico, que tan de acuerdo están con mi carácter y aficiones.

En fin ¿qué le hemos de hacer? No hay más que resignarse.

Adios. Mil cariñosas expresiones a Luisa y créeme tu afectísimo y buen hermano

JUAN

---

[3] Juan Mesía de la Cerda y Valera.

Washington, 23 de Marzo de 1885.

Mi muy querida hermana:

Por tu última carta veo que sigue adelante, con sus tropiezos y dificultades, el pleito de nulidad de matrimonio o divorcio de tu hija [1]. Ignoro si Cánovas [2] querrá y podrá valernos: pero le escribiré, según pides. Tal vez el nuevo embajador de España en esa capital, Don Francisco de Cárdenas, que no creo me quiere mal, se interese más en tu asunto y pueda y se preste a auxiliarte. Así, pués, otro día, te enviaré una carta para él, que algún abogado o agente tuyo puede llevarla, explicándole bien las cosas y procurando que se interese por ellas. Cárdenas ha sido embajador de España en Roma, es gran canonista y algo teólogo, y debe tener amistad y alto concepto entre los Señores del Sacro Colegio.

Yo estoy ahora un si es no es con el alma en un hilo, por el fiasco del Tratado, que no pasa. Espero que el Gobierno Español no se enoje mucho contra mí. Este nuevo Gobierno, tan opuesto al anterior, no ha de ir, sin examen, y por mi buena cara, a hacer una cosa, que será muy útil para las gentes, pero que empieza por hacer perder a este tesoro la friolera de 30 millones de duros, al año, pués los derechos de los azúcares de Cuba, no importan menos. En fin, yo sentiría cualquier contratiempo, pués aquí me vá bien, y voy pagando algunas deudas. Además aquí he caido mejor que en parte alguna, y casi me rifan, casado, con hijos y con 60 años. Verdad es que el decidido afán de flirteo es cosa pasmosa entre estas Misses. La hija del nuevo Ministro de Negocios Extranjeros, Miss Catherine Bayard [3], tiene cierto platónico entusiasmo por mí, y nos vemos y nos escribimos con frecuencia las mayores finuras, tiquismiquis y sutilezas afectuosas. En su última carta me dice esta joven sabia: «Two such men as you and my father, Y am surs, could not work together for amy time without very beneficial

---

[1] Luisa Pelissier y Valera.
[2] Antonio Cánovas del Castillo. (Ver nota 28 de la carta 50.)
[3] Catherine Lee Bayard, hija del secretario de Estado de Grover Cleveland, Thomas Francis Bayard, que tiene amores con don Juan Valera, por el que se suicidará al conocer la noticia del traslado de éste a Bruselas.

resuls to both our courtrise.» Y en otro párrafo pone como indudable «my father's hearty desire in the most friendly relations between our countries, and his grest pleasnor in dealing with you en the subject».

Ya ves si estoy bien. ¿Qué conseguirá otro que yo no consiga? Yo si que puedo decir ahora que tengo el padre alcalde.

Si Dolores llegase a saber de este y otros flirteos, se echaba a la mar y se venía aquí nadando a hacer escenas.

He recibido además varios lunes: Hoy será el último lunes, porque ya no me cabe la gente en casa. Viene la flor y nata de las damas de aquí, y claro está que no falta la Señorita Catalina.

Adios. Conservate buena. Mil cariñosas memorias a Luisa. Créeme tu afectísimo y buen hermano

JUAN

162

Washington, 6 de Abril de 1885.

Querida hermana mía:

No recuerdo bien si he contestado o no a alguna de tus últimas cartas. Lo que sé es que no recibo carta tuya desde hace días, y estoy con cuidado. Mi salud es buena, y, ahora, que ya pasaron los fríos, tengo el presentimiento de que voy a hallarme mejor.

Estoy, sin embargo, en extremo contrariado. A pesar de las amabilidades de la Señorita Bayard [1], su papá no me dá gusto en cosa alguna y tengo la desazón de que el Gobierno de España ha de estar descontento de mí. Como yo no gusto de conservar un puesto a regañadientes o por piedad, he escrito al Señor Elduayen [2] que, si no les agrada lo hecho y entiende que otro lo hará mejor que yo, que tenga mi dimisión por presentada. No he procedido ab-irato al hacer esto, porque se ofrece esta disyuntiva. Si mi provocación, por decirlo así, obrase el efecto que debiera obrar, la contestación sería altamente satisfactoria, concediéndome la mayor confianza: confianza que aquí

---

[1] Catherine Lee Bayard. (Ver nota 3 de la carta 161.)
[2] José de Elduayen. (Ver nota 7 de la carta 126.)

se necesita, pués puedo hallarme en circunstancias difíciles, y no he de consultarlo todo por telégrafo. Si halla el Gobierno, por el contrario, buena la coyuntura para quitarme, Dios me abrirá otros caminos: habré estado aquí año y medio: me ahorraré de sufrir tercer invierno, que temo mucho: y volviendo a Europa este verano, ya procuraré arreglar mi vida del mejor (o mejor dicho) del modo menos malo.

Mucho me alegraré de que el pleito de Luisa[3] siga adelante y salga bien. Yo no he escrito a Cánovas[4], pués, como aquí no he hecho milagros, Cánovas, que es soberbio y presumido, no ha de estar contento de mí, ni inclinado a servirme. Sin embargo, no desisto aún de escribirle una larga carta sobretodo, y en ella hablaré también de lo que puede hacer con los cardenales españoles sobre vuestro pleito, valga por lo que valga.

Mi mujer se conoce que quiere romper enteramente conmigo. A ninguna de mis cartas contesta. Cuando tiene algo que decirme se lo dice a Joaquín Valera[5] para que él me lo diga.

Esto es harto triste: pero que he de hacer yo sino resignarme?

Juanito[6] es una calamidad: pero este chico me inspira a menudo más piedad que ira o enojo. Su salud es delicada: su cabeza es poco firme: y sus nervios están siempre sobreexcitados. Esto no quita que me molesten mucho varias cosas suyas. Su estancia y compañía conmigo me salen caras en casa, porque el me obliga y excita a gastos que pudieran excusarse. Además él hace gastos por su lado y contrae deudas. Yo calculo que lo menos, debe ahora 300 duros (1.500 francos). Las mujeres de la sociedad son aquí más desatinadas que en parte alguna y tienen la culpa de todo. Ejemplo, para inter-nos. Una solterita me hizo ir a Nueva York para estar con ella cuatro o cinco días. Durante mi ausencia, en vez de ahorrar aquí, Juanito es provocado y requerido por la mujer de un Senador, que es la más linda, elegante y rica mujer del país, y por otra, para que les dé una comida en mi casa. Juanito dijo que sí, y durante mi ausencia hubo un gran festín, a mi costa, en esta Legación de España. En fin, las mujeres son aquí disparatadas: pero, más que las casadas, las Misses, que pasan de 25 años, y desisten de casarse o pierden la esperanza de hacerlo. Todas ellas andan

---

[3] Luisa Pelissier y Valera.
[4] Antonio Cánovas del Castillo. (Ver nota 28 de la carta 50.)
[5] Primo de don Juan Valera.
[6] Juan Mesía de la Cerda y Valera.

sueltas, de viaje, y de fonda en fonda. Figúrate la de aventuras que tendrán.

Adios. Cariñosas expresiones a Luisa y créeme tu afectísimo hermano

JUAN

163

Legación de España
en
Washington D. C.

9 de Abril de 1885.

Mi querida hermana:

Adjunta te remito una carta para Cárdenas[1]. Si no te parece feo ni indecoroso, y yo entiendo que no lo es, pudieras tú misma llevar la carta a Cárdenas y hablarle. Esto le hará mucha fuerza. Si no, enviale la carta por alguna persona entendida que le hable y predisponga. Todo ello lo digo, si es que mi carta llega aún en tiempo oportuno.

Ojalá salgan Vds. pronto y bien de la difícil empresa que han acometido.

Yo estoy bien de salud.

Otro día, con mejor humor que hoy, te escribiré por extenso. Escribeme tú y dame nuevas de tu salud, humor y negocios.

Todas mis cartas, todos mis despachos, y toda mi literatura, si alguna escribiese, van acompañadas, y lo irían, de la música de Juanito[2] que no para. Este muchacho es singular. Apenas se levanta se pone a cantar, y no cesa. El canto va crescendo, hasta rayar en estrepitoso y atronador cuando está en el común. El cantor se pone calcetines de seda y se perfuma con aguas de olor, desde por la mañana: pero, como, si bien hay dos hermosos baños en esta casa, ni se baña, ni se lava jamás, apesta a sudor rancio, lo cual, en combinación con las esencias de violetas, produce un efecto de todos los diablos.

Adios y créeme tu afectísimo y buen hermano   JUAN

---

[1] Francisco de Cárdenas. Jurisconsulto, periodista y político español. Nació en Sevilla (1816-1898). Catedrático de Sevilla. Ministro con Cánovas. Embajador de España en Francia y en el Vaticano. Senador vitalicio. Académico de la Historia y de Ciencias Morales y Políticas. Autor de varias obras de Derecho.
[2] Juan Mesía de la Cerda y Valera.

164

Legación de España
en
Washington D. C.

14 de Abril de 1885.

Mi querida hermana:

Acabo de recibir tu carta del 31 de Marzo. Por ella veo con gusto que ni tú ni Luisa [1] estáis mal de salud, a pesar de los sinsabores del pleito. Dios quiera sacaros de él triunfantes. Muchísimo me alegraré de que la carta, que te remití para Cárdenas [2], pueda servir de algo. Como Cárdenas se interese, creo que podrá valeros.

Yo me encuentro en estos días bastante alicaido y triste. Mi salud no es muy buena.

Juanito [3] me muele bastante, y yo ganaría economicamente y también en punto a tranquilidad si se lo llevasen de aquí: pero a veces me considero tan solo, que me asusto de perder la compañía de Juanito, a pesar de lo mala, costosa y musical que es. La música, sobre todo, es abominable. Figurate horas y horas de cancamurria incesante, que suelta Juanito sin abrir la boca, porque todo el son le sale por las narices. Dante [4] no ideó tormento más terrible en su *Infierno*. Cuando digo a Juanito algo acerca de su música, me canta más, y con más furor, a fin de mostrarme que no se me somete en nada, y que es libre, independiente y autónomo. Me callo, pues, y me resigno, y oigo la música, sin dar señales de desaprobación. Aquí empiezan los árboles a cubrirse de hojas y esto se pone muy bonito: pero precisamente con esta bonitura coincide el que todos se vayan y que Washington quede casi desierto.

No sé si el Gobierno se me pondrá fosco porque no he conseguido la ratificación del Tratado: pero casi no lo sentiría, ni me afligiría tener que irme. Me asusta pasar tercer invierno por aquí, y solo.

Aquí los inviernos son muy crudos y yo estoy harto viejo, torpe y achacosillo.

---

[1] Luisa Pelissier y Valera.
[2] Francisco de Cárdenas. (Ver nota 1 de la carta 163.)
[3] Juan Mesía de la Cerda y Valera.
[4] Dante Alighieri. Nació en Florencia (1265) y murió en Rávena (1321).

Adios. Dá a Luisa mil y mil cariñosas expresiones mías.

Cuidate, conservate buena, a fin de que nos volvamos a ver lo más florecientes que sea posible, y créeeme tu afectísimo y buen hermano

JUAN

165

Legación de España
en
Washington D. C.

24 de Abril de 1885.

Querida hermana mía:

He recibido tu carta del 9 y mucho contento de ver que estás bien de salud y que lo está Luisa[1]. Yo estoy ahora mejor que en invierno y bastante contento aquí.

Espero, no obstante, con calma que el Gobierno muestre su enojo contra mí por no haber conseguido lo del Tratado: con la conciencia de que lo que yo no consiga no lo ha de conseguir otro que envien, porque sigo siendo el compañerito muy amado, a pesar de mis sesenta años, de la hija mayor del Secretario de Estado[2], la cual es de lo más extravagante, independiente y extraordinaria en todo, que a duras penas puede imaginarse.

Este país es muy singular. Aquí las Señoritas andan sueltas, como vacas sin cencerro, sobre todo cuando pasan de 24 años y se quedan solteras: su libertad es omnímoda, y cuando tienen algún capricho o pasión, no aguardan a que las busquen, sino que buscan ellas. De aquí que toda la culpa que le pueden echar a uno es la de no haber imitado al casto José.

Claro está que esto solo se puede decir con sigilo. Lo aparente es que las señoritas tienen *flirtations:* pero los límites de estas *flirtations* son vagos e indecisos, y a veces van muy lejos. Hombres, como tu yerno[3], se verían a veces apuradísimos para cumplir con todos los requisitos que suelen ser indispensables para salir airosos en las *flirtations*.

Días ha que te envié la carta que me vuelves a pedir para Cárdenas[4]. Espero que la habrás recibido y que de algo servirá.

---

[1] Luisa Pelissier y Valera.
[2] Thomas Francis Bayard. (Ver nota 3 de la carta 161.)
[3] Conde Zamoyski. (Ver nota 2 de la carta 97.)
[4] Francisco de Cárdenas. (Ver nota 1 de la carta 163.)

Como me escribes, dándome las señas de otra casa, dirigiré esta carta a las nuevas señas.

Juanito [5] sigue moliéndome con su música y con sus biza rrías. No comprendo como podrá viajar este verano, ni como podrá quedarse aquí, si yo viajo, no he de dejar casa, comida y todo para él y para que convide amigos y aún amigas a mi costa.

Yo mismo, con los gastos que aquí he hecho, con las deudas que he tenido que pagar, y con lo que envío a Dolores, me hallo ahora a la cuarta pregunta.

Aquí, y vá de confidencias, hay un medio de hacerse de algún dinero y remediarse (sin indecencia ni pecado) pero yo tengo tan corta ventura que este medio no se pondrá bien a mi alcance. La cosa es sencilla. Pudiera el Gobierno yankee pagar la reclamación justa de un español, y este español, agradecido, pudiera hacer un buen regalo al Ministro que le ha defendido.

Adios. Conservate buena y créeme tu afectísimo y buen hermano

JUAN

166

Legación de España
en
Washington D. C.

28 de Mayo de 1885.

Mi querida hermana:

Por tu última carta del 11 veo con gusto que estás bien de salud, pero me afligen tus penas y disgustos, y los de Luisa [1] que también me cuentas. Muchísimo celebraré que salgan Vds. triunfantes en este negocio, y que de algo pueda servir mi carta a Cárdenas [2], que me ha escrito y a quién escribiré otra vez, insistiendo en mi empeño.

Yo por aquí no lo paso mal. Yo no sé si es extravagancia de Miss Bayard [3] o si estoy aún verde y lozano; pero ella se ha enredado conmigo con la mayor decisión. Aquí, las solteras, que pasan de 25 años, echan a rodar todo respeto, atropellan por

---

[5] Juan Mesía de la Cerda y Valera.
[1] Luisa Pelissier y Valera.
[2] Francisco de Cárdenas. (Ver nota 1 de la carta 163.)
[3] Catherine Lee Bayard. (Ver nota 3 de la carta 161.)

todo y hacen cuanto se les antoja. Yo estoy curado de espanto, pero me pasma y me quedo boqui-abierto con los atrevimientos y locuras de estas Señoritas. Cierto es que Miss Bayard es la más loca y extravagante de todas: pero te aseguro que hay otras muchas que no le van en zaga.

En cuanto a mi continuación por aquí creo que el Gobierno me dejará y yo continuaré por lo menos un año más, si el Gobierno me deja.

Juanito [4] es una calamidad. Sigo haciendo por él cuanto puedo y aún más que puedo, aunque sé que ni él ni su familia [5] han de agradecermelo.

Mi mujer no me escribe casi nunca, pero recibe sus 8.000 o 9.000 reales cada mes, y aún le parece poco.

Mis chicos me escriben más a menudo. Creo que son muy guapos, discretos y buenos, y esto me consuela y enorgullece. Luis y Carlos deben, en este verano, graduarse de bachilleres. Parece que han estudiado mucho y saben perfectamente cuanto hay que saber.

Adios. Expresiones cariñosas a Luisa. Soy tu afectísimo y buen hermano

JUAN

167

Legación de España
en
Washington D. C.

4 de Junio de 1885.

Mi querida hermana:

Acabo de recibir tu carta del 22 del mes pasado, y mucho pesar por las desazones, gastos y molestias que te acarrea el pleito de Luisita [1]. Muchísimo celebraré que salga triunfante.

Ya no tiene remedio y es inutil hablar de este punto; pero yo no puedo menos de creer y de decir que hubiera sido más fácil y menos estruendoso el divorcio por malos tratos que la anulación del matrimonio por impotencia. Como casarse es paso aventuradísimo, hasta hubiera tenido Luisa la ventaja de no poder casarse otra vez.

---

[4] Juan Mesía de la Cerda y Valera.
[5] Se refiere a la familia de Juan Mesía de la Cerda (los marqueses de Caicedo).
[1] Luisa Pelissier y Valera.

265

Aquí me vá regular de salud y de humor, a pesar de los 60 años muy cumplidos. Te aseguro, no obstante, que mi natural condición me inclina a amar y a echar muy de menos la paz, el calor y el dulce reposo del hogar doméstico, de que nunca he gozado, porque mi mujer ha sido un verdadero demonio para conmigo. Yo hubiera sido el hombre más feliz de la tierra con una mujer propia que me hubiera querido y respetado un poco: aunque sus calidades físicas, morales e intelectuales, hubieran sido menos que medianas. Con mi imaginación hubiera yo suplido las faltas: la hubiera creido un portento y la hubiera adorado. En fin ¿qué le hemos de hacer? Fuerza es resignarse a lo que no tiene remedio: pero te aseguro que me apesadumbra mucho pensar que en los últimos años de mi vida, cuando ya sea ridículo e imposible amar fuera de casa, no halle yo ni la soledad completa en casa para amar solo mis libros y mis filosofías, ni alguien en casa que bien me quiera, sino odio y desdén injusto. Pícara vejez vá a ser la mía. Te haré largas visitas y tu me harás largas visitas. Así procuraremos consolarnos mutuamente.

Adios. Conservate buena, cuidate y no te apures ni te atormentes demasiado.

Soy tu afectísimo y buen hermano

JUAN

168

Legación de España
en
Washington D. C.

16 de Junio de 1885.

Mi querida hermana:

Como yo soy distraidísimo, he olvidado las señas de tu última casa. Pondré, pués, en el sobre las señas de la antigua, y espero que mi carta llegue. Con gusto veo por tu carta del 1.º del corriente que estabas bien de salud, aunque triste y preocupada por la de tu hija [1], y fatigada e impaciente por la lentitud del litigio. Muchísimo me alegraré de que salga todo como deseáis.

Aquí hace ahora un calor espantoso: pero yo estoy mal de dineros y me parece que no podré salir a veranear. Juanito [2]

[1] Luisa Pelissier y Valera.
[2] Juan Mesía de la Cerda y Valera.

266

además es un grande estorbo. Qué hago yo con Juanito si me decido a ir por ahí a pasar uno o dos meses?

Mi mujer no me escribe casi nunca. Casi me alegro. La fórmula: Querido Juan, y la fórmula: tu afectísima, con que termina sus cartas, hacen mal efecto, cuando la gente se odia y lo muestra en todo.

Los chicos me escriben algunas veces. Me parece que son muy guapos y que me quieren.

Aquí sigo en las más extrañas relaciones con la Señorita Bayard [3]. Todo esto es absurdo a los 60 años, pero no tengo yo la culpa. Si hubiera dado con una mujer medianamente cariñosa y razonable, yo hubiera sido casero, juicioso, tranquilo y excelente marido y padre de familia. Si ando con amoríos y haciendo tonterías como un chico de 20 años, no es en realidad por mi culpa. Como uno de los chistes de mi mujer es ponerme siempre de viejo, yo me demuestro que no lo soy: y como ella me desdeña tanto, me doy el gusto de demostrarme que no todas las mujeres son del mismo parecer.

El Ministro de Estado de Madrid [4] está conforme y harto contento conmigo, de modo que la idea de tener que dejar este puesto ha pasado por ahora.

El cólera en España me trae desazonado. Supongo que Dolores habrá ido a Biarritz a pasar los calores.

Adios. Conservate buena y dame con frecuencia noticias tuyas. Mil expresiones de simpatía para Luisa.

Créeme tu hermano que te quiere

JUAN

169

Washington, 22 de Junio de 1885.

Mi querida hermana:

Supongo que habrá llegado hasta tí la triste noticia de la muerte de mi pobre hijo Carlos. Yo supe ayer su muerte. Mi dolor es grandísimo. Ha muerto mi hijo primogénito en la flor de su edad, y era bueno, cariñoso, noble, modesto, inocente y me quería y yo le amaba con toda el alma.

[3] Catherine Lee Bayard. (Ver nota 3 de la carta 101.)
[4] José de Elduayen. (Ver nota 7 de la carta 126.)

267

Sobre este hondo dolor tengo ahora el sobresalto y la inquietud por los otros hijos y aún por mi mujer, cuyas ofensas perdono y olvido.

Me dicen que Carlos ha muerto del tifus: pero recelo que me ocultan la verdad: que Carlos ha muerto del cólera y esto me inquieta de un modo horrible. No quiero ni puedo ser más extenso por hoy.

Esta incertidumbre me atormenta, y tengo miedo de salir de la incertidumbre. Aunque mi mujer me trataba con el desvío con que no se trata a un perro, yo le he escrito mil veces que se venga aquí conmigo y le he suplicado veinte mil veces enviase a Carlos. Ya se ha ido, pero se ha ido a otro mundo del que no se vuelve.

Mil expresiones de afecto a Luisa [1].

Soy tu buen hermano

JUAN

170

Washington, 28 de Junio de 1885.

Mi querida hermana:

Ayer recibí tu carta del 13 y mucho pesar de verte tan afligida. La moral de esto, como la que yo saco de mis infortunios, es que tú y yo somos demasiado bonachones y débiles, y lo estamos pagando. Si Luisa [1] no hubiera estado tan mimada y consentida, no se hubiera casado con el polaco, sino con algún hombre de bien, completo, cariñoso y rico, del cual no hubiera procurado nunca descasarse. Y si yo, ya que hice la necedad de casarme con una tonti-loca, la hubiera desde el día de la boda enseñado los dientes y convencidola de que no se jugaba conmigo, hubiera empezado por infundirla miedo primero, luego respeto, y por último, amor, pués al fin se ama a quien se respeta y se teme, y me hubiera evitado todas las desventuras que sobre mí han caído, y de las cuales, cuando no es motivo, es ocasión la conducta de mi mujer.

Ya sabrás que esta se vá a Bruselas con Luis y Carmen. Ayer lo supe yo por telegrama, que me envió Joaquín [2], excitado a ello por mí, que estaba muy inquieto.

---

[1] Luisa Pelissier y Valera.
[1] Luisa Pelissier y Valera.
[2] Joaquín Valera, primo de don Juan Valera.

Supongo que a su paso por París verás a Dolores y a mis chicos que viven. Te dirijo esta carta a la antigua casa porque he olvidado las señas de la nueva. Espero que la carta llegará a tus manos.

Si mi mujer fuera generosa y no se complaciera en jorobarme, se quedaría con Carmen y me enviaría a Luis por acá: pero ella dice que yo no cuidaría a mi hijo, y además que no soy moral. Es capaz de suponer que yo le pervertiría. En fin mi mujer hará perder la paciencia a un Santo, y yo soy más que Santo, cuando no la pierdo.

Este muchacho Juanito [3] es mi sobrino y mi ahijado: pero esto no quita para que sea inaguantable: embustero, insolente, despilfarrador, incapaz para todo, y para mí menos divertido cada día, y además un estorbo y un inconveniente. ¿Qué hago yo este verano con Juanito, sin un ochavo, sobre mis costillas?

No me contestes a estos desahogos sobre Juanito. Coje las cartas y las lee, y nada hay reservado para él, como no lo oculte uno bajo llave.

A veces Juanito hace reir sin querer: pero tales risas fatigan. La otra noche, por ejemplo, en medio de mi aflicción por la muerte de Carlos, Juanito se sentó en una silla, en la cual había un fósforo, que probablemente el mismo dejó caer en ella. El fósforo se incendió con el roce del trasero, y Juanito se levantó lleno de sobresalto, y oimos lo detonación y vimos el humo. En los pantalones, si bien en la parte que ocultan los faldones del casaquín, se había hecho un agujero del tamaño de dos reales. Al ver este agujero, las maldiciones, las blasfemias, las quejas contra Dios y contra el destino, no tuvieron límite. Juanito parecía desesperado, frenético, y yo tuve que consolarle en su desgracia en vez de que el tratase de consolarme de la mía.

En resolución; querida hermana, yo estoy muy triste y de perverso humor, aunque los furores y desesperaciones me parecen vergonzosos y cómicos, en vista de los de Juanito, que para algo ha de servir, y procuro no mostrarlos, refrenarlos y resignarme.

Créeme tu afectísimo y buen hermano

JUAN

---

[3] Juan Mesía de la Cerda y Valera.

Washington, 30 de Junio de 1885.

Mi querida hermana:

Acabo de recibir tu carta del 19, de un día antes del día en que murió mi pobre Carlitos, y nuevo sentimiento al verte tan desesperada con el pleito, excitación y temores, tuyos y de tu hija [1]. Dios quiera sacaros bien de todo.

Como quiera que sea, yo entiendo que si no lográis la nulidad del matrimonio, Luisa debe procurar y conseguir el divorcio o separación por despilfarro en su marido, malos tratos hasta pegarla, e incompatibilidad de caracteres. Y creo que, en ningún sentido, hay razón suficiente para que digas: *je voudrais plutôt la mort pour nous deux*. Si el polaco gana el pleito, esto es, si no se prueba su impotencia, al menos bien se podrá probar que pega, que gasta, que es cruel y que no tiene vergüenza, y con esto basta para que Luisa no se vea obligada por la ley a vivir con él. Menos aún te pueden obligar a ti a que mantengas al bigardon y te arruines para que luzca. No des un ochavo, y ya verás como entonces ni el mismo quiere vivir con Luisita, que sin dinero, para nada le sirve, *por lo visto*.

Mi mujer, de paso para Bélgica, supongo que habrá pasado por ahí, con Luis y Carmen, y que los habrás visto. Dios los conserve buenos.

La Reina Doña Isabel II [2] es la misma bondad, y por telegrama me ha escrito el más sentido y cariñoso pésame. He contestado, por carta y telegrama, dándole encarecidas gracias, y en verdad muy sinceras.

Mi sobrino Juanito [3] me muele, pero me acompaña, y, a pesar de su perversa educación, de sus tonterías, despilfarros e insolencias, prefiero tenerlo aquí a estar solo.

Es singularísimo el afecto que le ha entrado por mí a esta Señorita Bayard [4]. Ahora está en Wilmington, con su madre enferma, y todos los días me escribe una carta de dos pliegos o más, muy cariñosa y muy discreta. No he de negar que esto me trae cierto consuelo.

---

[1] Luisa Pelissier y Valera.
[2] Reina doña Isabel II de España.
[3] Juan Mesía de la Cerda.
[4] Catherine Lee Bayard. (Ver nota 3 de la carta 161.)

¿Qué tendré yo para parecer tan mal a mi mujer? Todavía con 60 años, parezco bien y enamoro a otras mujeres. Como en mi casa he sido tan ajado y humillado, esto dá fuerza a mi espíritu y le alza de su abatimiento.

Adios, querida hermana mía. Ten ánimo y aconseja a Luisa valor y serenidad.

Créeme tu afectísimo y buen hermano

JUAN

172

Washington, 2 de Julio de 1885.

Mi querida hermana:

Ayer recibí tus cartas del 13 y del 22 y algún contento de ver por ellas que no estás mal de salud, a pesar de tantísimo disgusto. Lo que siento es el mal estar de Luisa [1].

Yo estoy abatidísimo y postrado. La fiebre de la malaria me ha repetido con frecuencia, y anteayer tuve un calenturón espantoso que me duró muchas horas. La boca se me ha llenado de pupas de resultas de la calentura. Me he puesto en manos de un médico de los más heroicos que hay aquí, donde todos suelen ser heroicos. Es homeópata: pero, en dosis abundantes, y no en átomos, aplica sus enérgicos medicamentos. Yo tengo alguna fé y creo que me cura, si no reviento.

Dentro de pocos días, cuando esté menos incapaz, me iré por ahí a mudar de aires. Esto es indispensable, pero tiene inconvenientes no pequeños: entre otros lo tronado que estoy, porque este país es carísimo y yo envio a Madrid más de la mitad de todos mis haberes: bastante más de la mitad. En fin, todo es miseria, dolor y aflicción de espíritu. Y sin embargo, nadie quiere morirse.

Mi mujer sale ahora con una especie de vuelta al cariño, dado que le tuviera alguna vez, y poco menos que me llama. Ya me llamó a Pau: yo fuí y me trató con el despego de siempre: a puntapiés morales. En Lisboa, le dí posición, le hice que hiciera brillante papel y que hasta Reyes [2] vinieran a comer a su casa, y no me trató mejor.

---

[1] Luisa Pelissier y Valera.
[2] Don Alfonso XII y su esposa doña María Cristina.

Sin embargo, yo soy tan estúpido que iría, si mis condiciones económicas lo consintieran. Iré, lo más tarde, para la primavera próxima. No creas que muchas cosas no me afligen, al pensar en irme. Principalmente esta extravagantísima ternura de Miss Bayard [3], a quién al cabo tendré que plantar para ir a recibir puntapiés en el trasero, o por lo menos sofiones y bufidos de mi Penélope, después de imitar yo a Ulises, huyendo de mi Circe o de mi Calipso.

Juanito [4] se largó ya a New London. ¿Quieres creer que le echo de menos? Tan poderosa es la fuerza de la costumbre, y tan hondo el amor que tenemos a la sociedad humana! Sin el canto nasal y sin el bailoteo de Juanito la casa me parece yerma, y hasta recuerdo con regret, cuando me interrumpía siempre que yo hablaba, cuando decía alguna mentira y me sacaba a mí por testigo, y cuando ponía de cursis a todos y a todas las que no se figuraba él que no le hacían suficiente caso.

Adios, querida hermana. Yo espero que este heroico doctor Gardener, que así se llama mi médico me haga desechar esta ruinera que me ha caido encima. Te escribiré con frecuencia.

Créeme tu afectísimo hermano

JUAN

173

Washington, 9 de Julio de 1885.

Mi muy querida hermana:

Acabo de recibir tu carta del 25 y otra de Luisa [1], con la misma fecha, en que me dais el pésame. Mucho os agradezco a ambas los sentimientos que mostráis. El golpe que he recibido ha sido terrible. Yo quería muchísimo a Carlitos, quién, independientemente de que era mi hijo, era tan candoroso, tan generoso y tan bueno, que de todos se hacía querer. Dos veces, y por poquísimos días, estuvo conmigo en Doña Mencía y en Cabra, y no puedes imaginarte cuanto allí le querían y estimaban. Yo he recibido varias cartas de gente de aquellos lugares

---

[3] Catherine Lee Bayard. (Ver nota 3 de la carta 161.)
[4] Juan Mesía de la Cerda y Valera.
[1] Luisa Mesía de la Cerda y Valera.

272

dándome el pésame más sentido y aún he de recibir muchas otras.

La primera que mi mujer me ha escrito, después de la muerte de nuestro hijo, me ha afectado mucho. Imposible parece que la persona que ha escrito tal carta, llena de sencillez, discreción y verdadero dolor, sea la misma persona que tanto y tanto me ha molido, con una persistencia feroz, sin motivo razonable, sin visos siquiera de motivo, y durante 14 años. La naturaleza del corazón humano es un extraño enigma.

Supongo que verás o habrás visto, a su paso por ahí, a mi mujer y a sus hijos, que creo van a Bruselas. Mucho deseo que vayan y que estén allí. Nuestro pobre país está para perdido de vista, con el cólera y con tantas plagas. En estos últimos días, el desconsuelo mío y la pena han predispuesto mal mi cuerpo, y la malaria de aquí me atacó: pero ya estoy bueno. La quinina y otros potingues me han curado.

Juanito [2] bien de salud. Ya te harás cargo que no me consolará gran cosa con su conversación y menos aún con su música de narices. Yo no le quiero mal, y aún prefiero su compañía a la soledad: pero es difícil (a mi ver) hallar criatura más tonta, más presumida, más absurda y peor educada.

Aquí aprieta de firme el calor. Pronto no quedarán aquí más que negros, y, a fin de no volverme negro, yo también tendré que irme por un mes siquiera. No sé donde. Sigue escribiéndome aquí. Tus cartas me traen consuelo. Ya sabes tú lo mucho que te quiero.

Adios, hermana. Soy tuyo afectísimo

JUAN

174

Washington, 12 de Julio de 1885.

Mi muy querida hermana:

Ayer recibí tu carta del 23 del mes pasado, con nuevo y cariñoso pésame por la muerte de mi pobre hijo Carlitos.

Estoy, además del dolor de este gran infortunio, afligido por mil amargos pensamientos. Yo no tengo hiel: Dolores ha de haber padecido mucho. Hoy solo me inspira compasión, cuidado

---

[2] Juan Mesía de la Cerda y Valera.

18

y afecto: pero no ceso de revolver en mi mente, cuan otra y cuanto más dichosa hubiera sido mi vida, y tal vez la suerte de todos, si a Dolores no le hubiera dado, tan sin razón a mi ver, por desdeñarme, aborrecerme y atormentarme. Y esto durante 14 o 15 años. Cierto que yo, en ese caso, no hubiera venido a América en mi vejez, ni para probarme a mi mismo que no estoy tan viejo y que no soy tan aborrecible y repugnante, no me hubiera empeñado en amoríos, que hoy me pesan; ni estaría aquí solo, sin más persona para consolarme que un sobrino [1] tonti-loco y mal educado, por un lado, y por otro una Miss [2] desatinadísima. Esta Miss, y casi me alegro, está ausente ahora, y me deja libre de ternuras. Su madre agoniza, y ella la asiste, en su tierra, Wilmington. Dificil vá a ser romper este lazo.

Estoy inquieto por Dolores, Luis y Carmen, de quienes no sé desde el 24. Dime si los ves cuando pasen por ahí para Bruselas. Hoy envío a Pepito Delavat [3] un telégrama, preguntándole si mi familia llegó allá. Espero con ansia contestación.

Adios. Mil expresiones cariñosas a Luisa [4]. Te abraza y te quiere tu buen hermano

JUAN

175

Washington, 15 de Julio de 1885.

Querida hermana mía:

Te escribo, sin carta ninguna a que contestar, para decirte, si ya no te lo he dicho, que mi mujer, y Luis y Carmen, están en Bruselas, en casa de Pepito Delavat [1]. Si tus cuidados y disgustos y preocupaciones, te lo consienten, me alegraré de que los veas, ya que tan cerca están de tí. Ellos mismos podrán ir a París o al punto en que tú estés más adelante.

El vivo recuerdo de los disparates y furores de mi mujer, de que por su culpa he encajado aquí, de que por sus desdenes, yo que hubiera sido un maridazo bonachón me he metido en amoríos hasta a los 60 años, y de que por su desdén hacia

---

[1] Juan Mesía de la Cerda y Valera.
[2] Catherine Lee Bayard. (Ver nota 3 de la carta 161.)
[3] José Delavat y Arêas, hermano de Dolores Delavat.
[4] Luisa Pelissier y Valera.
[1] José Delavat y Arêas, hermano de Dolores Delavat.

274

mí ha muerto lejos de mí Carlitos, y de que ella hizo insufrible para mí la vida de familia cuando yo nací para la vida de familia, y esto desde hace 14 años, durante los cuales me ha atormentado, vejado y humillado, todo esto no quita que en mi grande infortunio, compadezca yo a Dolores y me interese por ella, así como por Luis y por Carmen.

En fin, yo he sido infelicísimo en mi casamiento. La única dicha, el único bien, que me había traido el matrimonio, era tener unos hijos en quienes yo cifraba mi orgullo y mis esperanzas: y para que nada quede sino el veneno, el hijo que yo amaba más, muere en la flor de su mocedad. Es horrible todo esto.

Lo que más me apesadumbra, lo que más veces trae lágrimas a mis ojos, es el recuerdo de la modestia, de la dulzura, del juicio sano de Carlitos, de su bondad para con todos. En él no había ni hiel, ni extravagancia, ni rarezas como en su madre. Tenía el entendimiento tan sano como yo, y el corazón más limpio y puro. Pero mejor sería no hablar de estas cosas.

Escribeme cuando puedas y quieras y hablame de otras.

Esto cuando redunda en ventaja mía y para denunciarlo cuando redunda en mi daño.

Adios, querida hermana. Créeme tu afectísimo hermano

Juan

176

Washington, 16 de Julio de 1885.

Mi muy querida hermana:

Acabo de recibir tu carta del 3 del corriente. Mucho siento que el pleito de tu hija [1] sea tan costoso y vaya tan despacio. Terrible cosa es estar mal casados, así como estar bien casados debe de ser lo mejor y lo más regalado que haya en la tierra. En fin, Luisa y yo y muchos otros hemos sido harto infelices en esto.

De mis amores con la Miss [2] de que te he hablado no tienes que temer, ni temo yo, esos males de que me hablas. Miss K. B. es razonable y juiciosa en esto. En lo que no lo es, y he

---

[1] Luisa Pelissier y Valera.
[2] Catherine Lee Bayard. (Ver nota 3 de la carta 161.)

aquí mi temor, es el romanticismo de la pasión, y mi recelo consiste en que ha de llegar un día en que yo, por un motivo o por otro, tenga que volver a Europa, lo cual, dado el punto sublime a que ha llegado este asunto, ha de traer muchas lágrimas y sentimientos.

Yo, a pesar de mis penas, que no son chicas, de los espantosos calores que hacen aquí, y de la malaria, de que ya me siento curado, estoy más firme que nunca, a pesar de mis 60 años cumplidos.

Miss Bayard está ahora ausente en Wilmington, capital del Estado de Delaware, cuidando a su madre que agoniza. Todos los días nos escribimos largas cartas. Claro está que sobre todo esto preferiría yo estar bien casado: vivir en el seno de mi familia: y gastar mi amor y mis finuras con mi legítima mujer: pero no es mía la culpa, si esto no sucede durante 14 años, he sido desdeñado, pisoteado, vejado, y tratado peor que perro sarnoso.

Adios, y créeme tu afectísimo hermano

JUAN

177

Washington, 24 de Julio de 1885.

Mi muy querida hermana:

He recibido tu carta del 7 y no sé qué contestar para consuelo de tus pesares, porque los míos me tienen también sin consuelo.

Esta ciudad, que es un horno y un desierto ahora, no es ni vale tampoco para aliviar penas y ensanchar el corazón de persona alguna.

Con toda su prosperidad, con toda su riqueza, este país es tristísimo. La melancolía está como diluída en el aire. Si es cierto lo que dicen de que el porvenir de la civilización y de la especie humana está por aquí, no les auguro porvenir muy alegre. En el último lugar de España, castigado por todos los azotes, afligido por el cólera, los terremotos, la miseria y otras plagas, hay más animación y más contento que en la capital de esta gran República.

Yo, aún a pesar de las *buenas fortunas,* harto inesperadas y menos solicitadas, estoy harto de esto: me siento a menudo con ganas de volver a Europa. Solo las consideraciones económicas me detienen.

Hasta mi torpeza para explicarme bien en inglés, me contraría, me veja y humilla.

Muchísimo celebraría yo que mi mujer y mis hijos ahora que están tan cerca de París, fuesen a hacerte una visita. En fin, Dolores hará lo que guste. Yo calculo que habrá padecido muchísimo con la enfermedad y muerte de nuestro hijo, y la compadezco de corazón.

Salvo este golpe, que en verdad ha sido terrible, durante nuestro matrimonio nada ha ocurrido que sea fundamento razonable para un gran dolor: pero ella se ha creado siempre causas fantásticas para atormentarse y atormentarme. En suma, la vida es un largo martirio, y sin embargo, nadie quiere morirse, lo cual la hace más amarga aún, porque acibara su fin, que debiera ser dichoso, ya que la muerte nos libraría de la vida.

En fin, tratemos de ser razonables: amemos un poco más aún la vida, a pesar de todos sus inconvenientes, y no temamos sin embargo la muerte cuando sobrevenga.

Yo deseo y espero que para tí y para mí tarde aún mucho en sobrevenir, y que aún podamos vernos y abrazarnos bien en Europa, y echar largas manos de conversación juntos.

Créeme tu afectísimo hermano

JUAN

178

Washington, 25 de Octubre de 1885.

Mi querida hermana:

He recibido tu carta del 11. También he recibido una de mi mujer del 14. Por ella veo que piensa dejar a Bruselas, ir a París; estar ahí algunos días y volver a España. Yo hallo un trastorno, un gasto, una fatiga; en fin todo lo malo en que nos mudemos de casa: pero sin embargo, lejos de censurarlo, lo apruebo. Yo no estaba allí cuando murió Carlitos, y sin embargo yo mismo sentiría gran repugnancia a ir a vivir donde él murió. No hay, pués, más remedio que mudarse.

Lo que me parece mal es que mi mujer vaya a buscar casa y a hacer la mudanza en pleno invierno, teniendo que pasar meses, de huesped en casa ajena, sea la que sea. Te ruego, pués,

277

que veas a mi mujer, si está ahí, y la muevas a que pase el invierno en París: es lo mejor que puede hacer.

Las fondas y las casas de huespedes son en Madrid detestables. Que mi mujer y mis hijos vayan a vivir en casa de Joaquín [1] no me hace gracia. Que se metan en casa de los Caicedos [2] me parece mil y mil veces peor. Conviene que mi mujer y mis hijos se queden en París. Hazme el favor de decirselo, pués supongo que estarán ahí y los verás. Tal vez me resuelva, aunque cuesta caro, a dirigirle sobre esto un telegrama.

Mi cuñado Pepe Delavat [3] ha sido nombrado Ministro en el Japón. Se vendrá por aquí. Yo me alegraría de que me trajese a Luisito. Dolores se quedaría con Carmencita y con Madame Delavat. Esto sería razonable, pero yo dudo que Dolores quiera hacer nada razonable ni que sea de mi agrado.

Adios. Mil cariñosas expresiones a tu hija [4], y créeme tu afectísimo hermano

JUAN

179

Washington, 9 de Noviembre de 1885.

Mi querida hermana:

Ayer recibí tu carta del 19 del mes pasado. Mucho siento ver por ella que sigues mal de tu reumatismo. Deseo que te cures por completo. Yo estoy mejor de la *malaria* de aquí, que me ha molestado bastante.

En efecto mi mujer no ha querido dejar que venga Luis con su tío Pepe [1]. En el alma lo siento, pero no puedo quejarme. Yo además no quería cargar por mí solo, sin compartir con ella, la responsabilidad de un tan largo viaje del niño. Además yo deseo volver a Europa. Dios me dará salud y vida para volver y entonces veré a mi hijo.

Hace días que no recibo cartas ni de él ni de mi hija, ni de Dolores. Si están ahí, dales mil cariñosas expresiones mías, y diles que me escriban.

El Ministro de Rusia aquí, que se llama Carlos Struve, vá a

---

[1] Joaquín Valera, primo de don Juan Valera.
[2] Son los Mesía de la Cerda: Alonso, Alonso (hijo), Antonia y Juan.
[3] José Delavat y Arêas, hermano de Dolores.
[4] Luisa Pelissier y Valera.
[1] José Delavat y Arêas, hermano de Dolores Delavat.

Europa con licencia de su Gobierno. Saldrá uno de estos días. Te llevará carta y una visita de mi parte. Asimismo llevará carta para mi mujer por si mi mujer está aún en París cuando él llegue: y acaso le dé algún recuerdo de libros o de otra cosilla cualquiera para los chicos.

Siento que las historias entre el Conde polaco [2] y tu hija [3] sean tan interminables. Imposible parece que sea tan canalla y tan obstinado ese Conde. Yo no lo comprendo. Aunque yo adorase a mi mujer, si ella quisiera divorciarse, yo accedería enseguida.

Juanito [4] me hace compañía, pero me muele, y es egoísta y desagradecido. Sin embargo, sentiré que se vaya. Tan necesaria es la convivencia de alguien aún cuando sea detestable convivencia.

Adios. Siento que no puedas pedir para mí el favor de pagar a Caniondo. Ya lo arreglaré yo del mejor modo posible.

Adios. Conservate bien y créeme tu afectísimo y buen hermano

JUAN

180

Washington, 17 de Noviembre de 1885.

Mi querida hermana:

Mi colega aquí y mejor amigo, el Ministro de Rusia, Señor de Struve, que vá a Europa con licencia, tiene la bondad de llevarte esta carta, una visita mía, y dos libros para mi hija Carmen, a quién te ruego los envies. En cuanto a la visita, aunque el Señor de Struve tiene la intención de verte, temo que lo intente en balde, por lo retraída que estás a causa del pleito y desazones de Luisa [1]. Con todo, si por dicha no se realizan mis recelos, y ves a mi amigo, yo espero que te has de alegrar, por que es sujeto amabilísimo, y porque además te dará nuevas de mí y de mis andanzas como testigo de vista, con el cual puedo afirmar que he pasado la tercera parte, lo menos, y aún lo más ameno y divertido del tiempo que llevo en esta capital, harto tranquila, hasta el extremo de parecer yermo y no capital, a veces, de tan gran república.

[2] Conde Zamoyski. (Ver nota 2 de la carta 97.)
[3] Luisa Pelissier y Valera.
[4] Juan Mesía de la Cerda y Valera.
[1] Luisa Pelissier y Valera.

Adios. Conservate bien, dá mil cariñosas expresiones mias a Luisa, y créeme tu afectísimo hermano

JUAN

181

Washington, 6 de Enero de 1886.

Mi muy querida hermana:

Acabo de recibir tu carta del 24 del mes pasado, en que te quejas de no recibir noticias mías. No sé como será esto porque te escribo a menudo y sentiré que alguna de mis cartas se extravíe.

En el ahora siento tantos y tantos disgustos como tienes encima. Yo desde aquí tal vez no veo el aro para aconsejar con cordura: pero no sé por qué se me antoja y se me ha antojado siempre, que lo mejor y más sencillo hubiera sido y acaso es aún el divorcio o separación de cuerpos, por malos tratos, etc., y no la anulación; harto dificil y más sujeta a lamentables comentarios.

En fin, un casamiento que sale mal, es la desgracia de toda la vida, y trae en pos de sí una serie de otras desgracias. Harto lo sé yo. Toda mi vida hubiera sido de otro modo, si mi mujer me hubiera querido un poco, no me hubiera molido y hubiera sido razonable.

Aquí no lo paso mal, y no me siento muy viejo, aunque los años no pasan en balde. Lo que tengo, en ocasiones, sobre todo por la noche, es la más honda y pícara tristeza, sobre todo cuando me desvelo.

La verdad es que estoy aquí muy solo. Juanito [1] es un mueble nocivo: egoísta, vano y sin alma, no me puede querer; y tonto, completamente tonto, no me puede divertir ni acompañar. Como en todo corazón pequeño, los favores que le hago, pués él disfruta más de todo lo que gasto que yo mismo, se convierten en odio y rabia en vez de gratitud. Sin embargo, yo tengo Juanito para tiempo. Calculo que para todo el tiempo que yo esté aquí.

Aún no sé como estos nuevos Ministros [2] se conducirán con-

---

[1] Juan Mesía de la Cerda y Valera.
[2] Debe de tratarse del cambio de Gobierno de 27 de noviembre

migo. Yo deseo quedarme por aquí hasta Agosto o Septiembre de este año, lo menos.

Adios. Mil cariños a Luisa [3].

Soy tu afectísimo y buen hermano

JUAN

Conoces tú o conoce Luisa a la Ministra del Brasil que está aquí ahora? Se llama la Baronesa de Itajuba. Es una feísima que presume de elegante y aún de bel esprit: en el fondo, una bonne diablesse archi-vulgar, pero más agitada, alegre y ansiosa de parecer una Madame Recamier o cosa así.

182

Washington, 18 de Enero de 1886.

Querida hermana mía:

Acabo de recibir tu carta del 6. Tienes razón: somos muy desdichados. Se diría que el destino se complace en hacer las cosas todas, para mí, al revés de lo que debieran ser. Quién por ley humana y divina debiera amarme, me aborrece o me desprecia: y alguien me ha amado por cima y en contra de toda ley divina y humana. Es un horror.

No sé aún si me dejan cesante o si me trasladan a Bruselas. A mí lo mismo me importa.

Aquí vino la nueva por telégrafo, que publicaron los periódicos. La pobre Miss Catalina Bayard [1] ha muerto de repente. Imagina mi dolor y la situación horrible, insostenible, en que aquí me veo.

Tranquilizate. Yo espero resistir a este golpe, y sobrevivir para mis hijos. Miss Catalina Bayard, llena de talento, de chispa, de gracia y de saber, tenía las ideas más espantosas de pesimismo: amaba, deseaba la muerte: era su preocupación: su

---

de 1885, y que quedó constituido como sigue: presidente, Sagasta; Estado, Moret; Gracia y Justicia, Alonso Martínez; Guerra, Jovellar; Gobernación, González; Fomento, Montero Ríos; Marina, Berenguer; Hacienda, Camacho, y de Ultramar, Gamazo.

[3] Luisa Pelissier y Valera.
[1] Catherine Lee Bayard. (Ver nota 3 de la carta 161.)

idea constante. Lo que es yo, por esta mujer, me hubiera quedado aquí, y aún hubiera renegado de la patria y me hubiera hecho yankee. Ha sido una cosa tremenda.

Adios. Siento darte un mal rato: pero Dios lo quiere. Tu afectísimo hermano

JUAN

26 de Enero.

Querida hermana mía:

Me aplaudo ahora de no haber enviado la adjunta carta, en el momento de mi primera espantosa impresión, y sin enmienda ni correctivo.

Es verdad que no estoy, ni estaré nunca consolado, ni resignado pero estoy más sereno.

Consultado sobre si quiero ir de Ministro a Bruselas, he respondido que sí. Allí, si voy y si dura el Gobierno que me envía, podré vivir con mis hijos y con mi *amante esposa* y recibir de esta siete docenas de sofiones diarios y unos cuantos puntapiés en el trasero, tratándome de feo, de viejo, de torpe, de *Fedorento* y de cursi.

Prefiero esto a lo que, en sentido diametralmente contrario, me ha ocurrido aquí. A aquello me resignaba yo: a lo de aquí no me resigno.

El cielo aquí me pesa sobre la frente: pero creo que tendré que seguir aún por aquí uno o dos meses. Y además me conviene para arreglar todas mis cosas, con tomar este tiempo por aquí.

Escribeme: y, ya que yo no me consuelo, consuelate tú considerando que la desgracia que me ha ocurrido excede a todo.

Si alguna moralidad quisiéramos sacar de ello, diría yo que son de abominar muchas filosofías de ahora, singularmente cuando se apoderan del espíritu de una mujer. Miss Catalina Bayard tenía elevadísima inteligencia, noble y generoso corazón, singular ingenio, gracejo y chiste: y sin embargo el amor de la muerte llenó su alma y triunfó al fin de todo otro afecto. No quiero ni tengo fuerza para entrar en explicaciones y pormenores.

Adios. Créeme tu afectísimo hermano

JUAN

No hables de estas cosas con nadie. Los periódicos han estado prudentes afirmando que murió de muerte natural.

183

Nueva York, 15 de Abril de 1886 ?

Mi querida hermana:

El 12 dejé a Washington, después de haber vendido, harto mal, el ajuar de mi casa, a mi sucesor Muruaga[1].

Espero aquí la salida del *Labrador*, en el que he tomado pasaje para el Havre. Juanito[2] vá conmigo. Espero que estaremos en París el 1.º o el 2 de Mayo.

Si yo voy a parar a tu casa, que menos ha de hacer Don Carlos Mesía[3] que llevarse a su sobrino a la suya los días que esté en París?

Avísale, pués, de que llega su sobrino para que le reciba y le obsequie.

Muchas ganas tengo ya de veros. Estoy impaciente. Casi me arrepiento de no haber tomado pasaje en otro vapor que saliese antes.

Adios. Esta será, casi de fijo, la última carta que te escriba yo desde América. Conservate bien, y cree que desea verte y abrazarte tu afectísimo hermano

JUAN

184

Washington, 16 de Febrero de 1886 ?

Mi querida hermana:

Acabo de recibir tu carta del 3 y me pasma que aún no hubieses recibido entonces la que yo te escribí bajo la primera impresión de mi grande infortunio. Creo que tendré fuerzas para resistir tantas penas: pero he estado harto mal de salud.

De nada, absolutamente de nada me remuerde la conciencia. Yo ni he engañado, ni he seducido, ni he prometido lo que no podía cumplir. Yo no tengo la culpa de desesperaciones, de locuras, de pesimismos, de horrores. Para curarlos y evitarlos hasta me hubiera yo quedado aquí de cualquier modo. Y en cuanto a mi *flaqueza* en dejarme querer, me parece que no es tan fácil hacer del Hipólito o del Joseph, cuando tiene uno todavía su alma en su almario. Las Misses aquí son violentas y

---

[1] Emilio Muruaga. (Ver nota 2 de la carta 184.)
[2] Juan Mesía de la Cerda y Valera.
[3] Carlos Mesía de la Cerda, hermano del marqués de Caicedo.

desaforadas: sobre todo de 25 a 30 años: y los europeos, por poco que valgamos, las solemos alborotar. Hoy mismo, ya aleccionado, he tenido que imitar a Don Quijote y decir: «¿qué me queréis reina?, qué me pretendéis emperatrices? Para qué me buscáis, doncellitas de 15 a 20 años?» Salvo que esto último, así en los años como en la doncellez, tiene que sufrir modificación.

La hija del Cónsul General de aquí en el Japón, llamada Edith Van Buren, me persigue; pero me he resistido. Acabo de contestar a una carta suya, donde se insinúa fieramente, negándome a ir a verla. Uno de los párrafos de mi carta dice así, si no recuerdo mal: «If Iwere not so old, so sorry, so un happy and so ill, I would wish to be your lover: my fond friendship could become love very casely. Now it is and must be friend ship only, etc.»

Mira, pués, si soy desventurado y dichoso a la vez. Malditas sean mis dichas. La verdad es que los hombres de aquí, sobre todo los politicians son detestable ralea: hipócritas y corrompidos. Capaces son de *débaucher* a sus propias hijas y de tener celos del amante que no le han elegido o que no les conviene. En fin, como quiera que sea, te aseguro que estoy en posición enojosísima: la cual se aumenta con los apuros pecuniarios. Yo aquí no he hecho locuras, ni bizarrías en cosas de dinero, pero he vivido bien, y esto es carísimo. Además he enviado mucho a Madrid: más de la mitad de lo que aquí me daban. Solo mi mujer ha recibido 10.000 dollars o más, en los dos años. Como he tenido la precaución de enviar el dinero por Joaquín [1], Dolores no lo puede negar. He pagado además muchas deudas. Lo menos 5.000 duros. Figurate, pués, lo apurado, lo angustiado, lo atribulado que estaré. Mi ajuar de casa valdría bastante si hubiese quien quisiera comprarle, siquiera por dos terceras partes: pero yo soy tan infortunado que no hallaré quién compre y tendré que tirarlo todo o poco menos.

Todo esto y él humillarme a mí, enviándome a Bruselas, que acepto por que la miseria me fuerza, ha sido para enviar aquí a un Señor Muruaga [2], que es tonto de solemnidad y capirote.

Adios. Conservate bien. Escribeme pués aún tendré que estar aquí bastante tiempo, y créeme tu afectísimo y buen hermano

JUAN

----

[1] Joaquín Valera, primo de don Juan Valera.
[2] Emilio Muruaga será el siguiente ministro de España en Washington, sucediendo a don Juan Valera.

Legación de España en Bruselas.

Ostende, 11 de Julio de 1886.

Mi querida hermana:

Hace dos o tres días que estamos aquí. Esto es feo, incómodo y caro: pero ¿qué quieres? La *villegiattura* es indispensable. ¿Cómo suprimirla, sin faltar a todas las reglas? Yo me siento mejor de la *malaria* con este cambio de residencia. En cambio, Madame Delavat, que vino ya con un fuerte resfriado, se ha puesto mucho peor: tose y escupe con un poco de sangre. Está en cama, y este mal aumenta el disgusto de todos.

Mis chicos, a su edad, no se aburren de nada; y por lo tanto no se aburren. Muchísimo me alegraré de que mi mujer se conforme al fin con la doncella italiana, que tu hija [1] le ha enviado de París. Cada vez que muda de doncella cuesta un dineral la mudanza, y tenemos además desazones y furores. Una de las cosas, que me afligen, es el cuidado archi-moral de Dolores, no sea que Luisito vaya con la doncella un poco más alla de lo justo. Noto que mi mujer sigue, como siempre, y que donde más luce su moral es en todo aquello que puede fastidiar al prójimo.

No sé que contarte porque no veo a nadie. Me parece que esto va a ser aburridísimo: y aún temo que el invierno en Bruselas vá a ser aún mil veces más aburrido para mí.

La consecuencia que yo saco de todo es que de buena gana me iría yo a vivir en Cabra.

Adios. Escríbeme cuando nada mejor tengas que hacer, y cuéntame como vá el pleito.

Yo insisto en creer que, por si acaso, y sin desistir de pedir la nulidad, debía Luisa pedir legalmente la separación de personas y hacienda, por la prodigalidad de su marido [2], y por sus malos tratos.

Soy tu afectísimo y buen hermano

JUAN

---

[1] Luisa Pelissier y Valera.
[2] Conde Zamoyski. (Ver nota 2 de la carta 97.)

186

Ostende, 15 de Julio de 1886.

Mi querida hermana:

Hace muchos días que no recibo carta tuya y estoy inquieto por tu salud. Escribeme y dame noticias tuyas. No te apures y no te atormentes como sueles. Yo no me siento bien: estoy abatidísimo y triste. Esto me parece de lo más aburrido que puede imaginarse. No sé si es efecto de mi abatimiento físico y moral.

Como no veo a nadie, sino a mi mujer, que es poco o nada cariñosa conmigo, y que en sus momentos de alguna expansión, no hace más que afligirme, contándome la muerte de Carlitos, con pormenores dignos de esto que llaman ahora novela realista, cada día me hallo más hundido y postrado de ánimo.

Los chicos son guapos y tienen talento; pero están consentidísimos; y esto unido al egoísmo propio de la primera mocedad, hace que no me muestren ni respeto, ni cariño, que me consuele.

En fin, vamos tirando y sea como sea. Ojalá me volviese la salud, entera, al menos por dos o tres años, a ver si los aprovechaba, y hacía aún algo de provecho.

Mucho me temo, como no me acudan nuevas fuerzas, que no he de poder resistir el invierno en Bruselas, y que, a pesar de todas las dificultades económicas, voy a tener que irme a España.

Adios. Conservate buena: dá expresiones cariñosas a Luisa [1]: créeme tu afectísimo hermano

JUAN

187

Ostende, 18 de Julio de 1886.

Querida hermana mía:

Ayer recibí tu carta del 14, y muchísima pena de verte tan desconsolada. Yo he olvidado las pocas leyes que sabía: pero, en mi ignorancia y como por instinto, me parece ver claro, y siempre del mismo modo, en el asunto de Luisa [1].

---

[1] Luisa Pelissier y Valera.
[1] Luisa Pelissier y Valera.

La nulidad del matrimonio sigue pareciéndome costosa y difícil y larga y casi imposible de conseguir: pero creo que con valor, con moderación y con juicio, tu hija, en todo país, podrá pleitear con éxito por la separación de persona y bienes, fundándose en la incompatibilidad de caracteres, en la prodigalidad de su marido [2], y en los malos tratos de palabra y de obras, que ha recibido de él. En cuanto a encerrar a tu hija como loca, ya es verdadera locura. Púes qué no hay más que suponer falta de juicio, en quien le tiene recto y entero? Ni tú ni Luisa os debéis acoquinar, sino estar serenas y firmes. Consultad a un abogado hábil y honrado, y, sin perjuicio de seguir adelante con lo de la nulidad, ved si podéis pedir la separación sencilla, pero legal, presentando testigos de haber sido brutalmente tratadas y además estafadas y semi-arruinadas, por ese ilustre parásito, caballero de industria, y hombre sin oficio ni beneficio.

Todo esto lo haría yo en un caso extremo: pero, amigo como soy de los medios pacíficos, todavía, valiéndome de parientes mismos del Zamoyski, buscaría, antes de acudir a acusarle de brutal y de pródigo, a ver si el hombre, para evitar el escándalo ulterior, los gastos y los disgustos, quería convenir en un arreglo para separarse de común acuerdo y sin más ruido. Esto, a mi ver, en el estado que están las cosas, todavía es, en mi sentir, lo más prudente y ventajoso para ambos.

Aquí estamos regular de salud. Madame Delavat ha tenido mucho alivio. Los chicos florecientes. Carmencita cumplió anteayer 15 años y está muy guapa. Luis lee mucho y se baña en el mar. Mi mujer llora a menudo: pero rabia poco. Yo de vez en cuando tengo el malestar y la melancolía de la malaria: pero no pierdo la esperanza de sanar del todo. Hasta me parece que voy engordando algo. Cuando no tengo el ataque, no me siento viejo, sino en un síntoma: en los dientes, que están perdidos. Si vivo algunos años más, tendré que llevarlos postizos casi todos. Esto me apesadumbra.

Aquí está ahora Mercedes Casa-Valencia [3], con su hija Amparo, que me parecen algo tontas, aunque amables. La que es más lista es la Isabel [4], con quién ellas viven. Algunas veces veo a las tres. Mi mujer no ha hecho con ellas buenas migas: pero

---

[2] Conde Zamoyski. (Ver nota 2 de la carta 97.)

[3] Esposa de don Emilio Alcalá-Galiano y Valencia, conde de Casa Valencia. (Ver nota 3 de la carta 1.)

[4] Hija de don Emilio Alcalá-Galiano y Valencia, conde de Casa Valencia, y de su esposa Mercedes.

mi mujer es cavilosa, halla frecuentes motivos de queja, y es difícil como pocas. Las tres Bayens [5] tienen sus desigualdades, sus falsedades y sus ridiculeces: esto no se puede negar: pero mi mujer se escama de todo.

Mucho me alegraré de que se avenga bien Dolores con la Armida Catani [6], que me parece paciente y tranquila. Si no, vamos a tener una serie interminable de doncellas.

No me contestes a estas consideraciones.

No sé que contarte de por aquí. No veo a nadie: apenas conozco a nadie. Para mí no es esto muy ameno.

En punto a baraturas, perdone Vd. por Dios. Esto es tan caro como cualquiera otro punto: y las indispensables disputas, sobre cuentas, con el cocinero y con el mozo de comedor, me ponen de mal humor y me atacan los nervios.

Adios. Mil cariñosas expresiones mías a Luisa. Conservate buena. Créeme tu afectísimo y buen hermano

JUAN

188

Ostende, 23 de Julio de 1886.

Mi querida hermana:

Muchísimo pesar me ha dado tu última carta del 21, donde me hablas de esa publicación de tu yerno. Calculo que toda persona decente la considerará como la vomitadura de un perro rabioso: como la obra inmunda de un loco sin verguenza. ¿Qué ha de poder decir contra tí el tal Zamoyski? [1]. La moraleja que yo saco de todo ello es que Luisa [2], logre o no la anulación del vínculo, debe persistir en no volver a unirse con el canalla de su marido. Para esto, las leyes, las costumbres, todo debe protegerla. Creo que Luisa no puede impedir que la gente siga llamándola Condesa Zamoyska: pero ella debe afectar, y obstinarse en la afectación, de no llevar tal nombre, firmando siempre Luisa Pelissier de Malakof. Creo que al libro, folleto o lo

---

[5] Mercedes Bayens, esposa de don Emilio Alcalá-Galiano y Valencia, conde de Casa Valencia, y sus hijas Amparo e Isabel.
[6] Armida Catani, doncella enviada por Sofía Valera a Dolores Delavat, esposa de don Juan Valera.
[1] Conde Zamoyski. (Ver nota 2 de la carta 97.)
[2] Luisa Pelissier y Valera.

que sea, de no buscar al Conde-autor, y hartarle de bofetones y patadas, no se debe contestar palabra, y se debe hablar lo menos posible. Si el Zamoyski ha publicado cartas de Luisa, en que esta se burla de amigos, la cosa es enojosa: pero no mucho, si las burlas no son muy feroces, y si los amigos son medianamente discretos. Cada cual, en el seno de la confianza, bajo sigilo, y tal vez en momentos de mal humor, censura a las personas que le son más queridas. El que publica y divulga estas censuras es, pués, el responsable, y no el que las escribe, sin odio ni ira, contra la persona censurada, y quizá solo por decir un chiste, que no cree puede tener consecuencia.

Aquí está mi mujer tan aburrida que echa de menos a Madrid y suspira por Madrid, y no sin razón. Esta sociedad es abominable y estúpida. Yo le aconsejo que tenga calma, serenidad, y no se apesadumbre. Yo por mí, no he de dar avances, ni he de buscar a nadie, como no me busquen a mí: así me vea obligado, salvo cuando hablo con mi familia, a perpetuo soliloquio.

Salvo cinco o seis familias, como los Arenberg, Ligne [3], etc., los más de los Barones, Condes y Príncipes de aquí, son cualquier cosa: piojos resucitados, como dicen en nuestra tierra. Con todo, se dan un tono ridículo, a modo de los Butibambas y Butibarrenas del sainete. Las Bayens [4], con ser Bayens cualquier cosa, hijo de un escribano, creo, son de las que más tono se dan. Mercedes [5], aunque idiota, no es tan necia: pero la Amparo [6] es apestosísima, y la Isabelita [7] es un gorgojo infecto e insufrible.

Están en Ostende, y nos atendieron y adularon mucho, creyendo que ibamos a tomar una *villa*, que costaba 5.000 francos por dos meses, donde recibiríamos, etc. Como no hemos tomado sino una *villa* más modesta, que nos cuesta 2.400 francos, nos desdeñan ahora. Como ya no vienen aquí, ni nos presentan a nadie, yo he dejado de ir a verlas, y lo mismo los demás de casa.

---

[3] Se trata de la familia de Arenberg, que desciende de una rama alemana y que fueron elevados al título de príncipes del Imperio por Maximiliano II, y en la etapa napoleónica el Ducado de Arenberg fue repartido entre Francia y el Gran Ducado de Berg. En esta época se refiere a los descendientes de Eugenio Lamoral, príncipe de Ligne.

[4] Mercedes, baronesa de Bayens. y sus hijas Amparo e Isabel, supuestas parientes de la familia de los Valera.

[5] Condesa de Casa Valencia. (Ver nota 3 de la carta 1.)

[6] Hija de Mercedes y Emilio Casa Valencia. (Ver nota 3 de la carta 1.)

[7] Hija de Mercedes y Emilio Casa Valencia. (Ver nota 3 de la carta 1.)

Las últimas veces que estuvimos a verlas, estuvieron con mi mujer y conmigo de una sans façon, que rayaba en grosería. Tienen una tienda a la orilla del mar, y solo hay dos sillas en la tienda. Ocupaban las sillas Isabel y Amparo: Dolores dijo que no las quería molestar, y se sentó en el suelo: pero ellas insistieron muy poco en darle una de las sillas, y las conservaron, y Dolores siguió en el suelo el tiempo que allí estuvo. Otra vez estuvimos en casa de ellas por la noche. Sobrevino una tempestad furiosa, de lluvias, relámpagos y truenos: eran las diez. Pués bien, lejos de rogarnos que esperásemos a que pasara, poco menos que nos echaron, no fuera a suceder que tuviesemos que quedarnos allí a pasar la noche. Era de ver a Dolores, temblando de miedo, en medio de la lluvia, y de los relámpagos que deslumbraban, y del ruido espantoso de los truenos. No sé como no se murió de miedo. En fin, las tales Bayens son de lo más ruin y mal criado que a duras penas puede imaginarse. Yo no me daré por picado, pero las veré y las hablaré lo menos posible.

Adios y créeme tu afectísimo hermano

JUAN

189

Ostende, 1.º de Agosto de 1886.

Querida hermana:

He estado dos días en Bruselas a cobrar y a pagar, a fin de mes, y a otros negocios. Allí recibí tu carta del 30, que contesto ahora.

Dolores verdaderamente estará encantada de que vengas a hacernos una visita. Lo único que sentirá es que sea corta. Esto también sentiré yo. Así, pués, te pedimos siquiera una semana. Ambos te lo pedimos, y los chicos unen sus voces a nuestra petición.

Aquí y en Bruselas tenemos cuarto que darte.

Además te diré que el 9 debo ir yo a Bruselas, y estar allí lo menos tres días. Por consiguiente, si vinieses el 9 a Bruselas, allí te recibiría yo con Dolores, y estaríamos allí hasta el 12; el 12 vendríamos aquí; aquí estarías el tiempo que quisieses, y desde aquí te volverías a París. Si por el contrario, quieres y puedes venir enseguida, la cosa se hará al contrario también. Podrás venir aquí directamente: pasar aquí hasta el 9, y el 9 acompañarnos a Bruselas, donde verás nuestra casa, etc., etc., y la ciudad que es muy bonita, y el bois, que es más hermoso que el de Boulogne. De todos modos, dime de fijo y con tiempo el día de tu venida.

Muchísimo celebraríamos que nos enviases por delante a Bruselas una buena cocinera. El químico que aquí tenemos es menos que mediano, y nos roba de un modo atroz.

Adios. Créeme tu afectísimo y buen hermano

JUAN

190

Ostende, 19 de Agosto de 1886.

Mi querida hermana:

Acabo de recibir tu carta del 17 y no me explico porque no te viniste a pasar con nosotros en Ostende unos días, durante la ausencia de Luisa. Acaso te hubieras distraído y consolado un poco, y sin duda que hubieras hecho una obra de caridad: porque estamos aquí en la soledad y el aislamiento más completos. Estos belgas son apestosos y yo creo que el Duque de Alba[1] estuvo sobrado benigno con ellos. Te aseguro que solo mi miseria, mi necesidad de dinero, me hará seguir por aquí. Si yo contase con algunos medios, dejaría este puesto enseguida. La gente aquí es más vanidosa que en Francia y más pesada que en Alemania; pués que combinación tan divertida.

Toda la *high life* presume de muy noble, de muy religiosa y de muy civilizada. De España moderna tiene la peor opinión, y sin embargo, por un contradictorio e instintivo respeto hacia la España antigua, muchos se jactan aquí de tener en las venas sangre azul española. Conozco a una Baronesa de van der no sé cuantos, que se pone en las tarjetas, née de *Perez,* el cual Perez, su progenitor, sería algún presidiario, algún ranchero o algún judío, foragido o expulsado de España.

Es dificil hallar nada más tonto, más presumido y peor criado que las Bayens[2]. Nuestro parentesco con ellas no le coje

---

[1] Don Fernando Alvarez de Toledo y Pimentel, III duque de Alba. Nació en Piedrahita en 1507 y murió en Lisboa en 1582.
[2] Baronesa de Bayens. (Ver nota 4 de la carta 188.)

un galgo a todo correr: y no he sido yo sino ellas, quienes le han sacado a relucir, tuteándome y llamándome tío y primo.

Sin duda, y yo lo reconozco, mi mujer se pica del aire, y no es fácil de amansar y de tratar: pero con estas Bayens tiene razón que le sobra. No hay nada más falso, más inseguro, y más desigual que su trato. Se diría que lo hacen expresamente: que atraen y obligan a uno, con adulaciones y muestras de afecto exageradas, para hacer luego desaires y agravios.

Yo casi he desistido ya de ir a verlas. Y como apenas trataba más que a ellas, estoy en Ostende como si estuviera en un desierto, solo con mi familia. Se me olvidaría hablar. Se me pondría premiosa la lengua del desuso, si no tuviese a los chicos.

El clima además es detestable, y la vida dificil: o porque todo está carísimo o porque el cocinero nos saquea.

Envíanos, por Dios, una cocinera de ahí, que no sea muy ladrona. Asunto es grave, y trágico-grotesco, a la manera *naturalista*. Se nos vá casi todo el dinero en comer y comemos bastante mal. Jamás he comido peor en ninguna parte. Mal por la calidad, y mal por la cantidad. Lo que más me admira es que el cocinero nos pone una enormidad de kilos de carne, en la cuenta, y nos dá agua por caldo. Qué sopas nos hace, Dios mío!

Dicen que la Bélgica es un jardín: hay aquí mil escuelas de Agricultura, de horticultura y de selvicultura y de todas las culturas, y no podemos comer fruta, porque cuesta carísima, o es buena para los cerdos, y solo para los cerdos. Y no se diga que es porque la grande abundancia de dinero encarece los artículos. Al contrario, todos se quejan de la miseria, que provoca y excita la crisis y revolución social. Con los precios tan bajos no puede vivir el productor, dicen: y una libra de ciruelas, que cuesta en España un perro chico, cuesta aquí un franco, y un kilo de uvas cuesta lo que cuestan entre nosotros dos arrobas.

En fin, ya otro día seguiré mis quejas, porque me llama ahora Dolores, empeñada en llevarme a paseo, y no es dable resistir.

Créeme tu afectísimo hermano

JUAN

Legación de España
en Bruselas. 29 de Agosto de 1886.

Querida hermana: Acabo de recibir
tu carta del 27 y me alegro de ver
por ella q.ᵉ estás bien de salud. Yo
estoy mejor de mis males.

Ya nos hemos trasladado aquí desde Ostende p.ᵃ no volver allí. Mi suegra y los chicos están allí aun, pe
ro volverán mañana.

Dentro de cuatro ó cinco dias iré
á Dave á hacer á los Fernan - Nuñez una corta visita y á almorzar
con ellos. Llevaré de acompañante
á Luis: pero no durará la expedicion casi nada: de modo q.ᵉ esta
expedicion en nada debe alterar

293

mí la responsabilidad, y te digo q.—
envíes la cocinera, q. has buscado, si
guisa bien, según tus informes, y leyén
dole bien la cartilla p.ª q. sepa q. no
somos ricos, y q. no viene ella
aquí á hacer su Agosto.— Cuando
envíes la cocinera, avísamelo con
tiempo á fin de q. podamos prepa
rar á bien morir al cocinero Dísón
y pretoriana.

Si veo q. los Fernan Nuñez están muy
finos conmigo, y q. no me aburro
yo en su quinta, y á mí me ruegan con
muchas instancias q. vaya allí,
iré mas adelante, después q. tú mas
dejes, por algunas días. Si no, no
iré mas q. á mi almuerzo y es—

Tiene ganas, en esa [...]
de Aranjuez que [...]
sus ultras hermosos reunidas [...]
pudiera allí mismo. Tiene ade-
quir de ... Temencia pudido:
pero no me es mal... pungi, ... propin
nuestra ... siempre, y en ... vueltas
[...] de movir el dia menos pensado,
que [...] otra mia concerta a — Por
tanto esta [...] de haberos despe-
... con tu proyecto, con tal de que sea pronto.
do. Aquieras, ...
Te esperamos.

El cocinero q. tenemos, es menos q.
mediano y muy vison. Tiene ade-
mas la contra de estar tísico pedido:
... Mis mujeres, dos ...
indecisas y ... quiere q.yo la conozco q. ... sobre mi la responsabilidad ... volvería q. quiere
... cosa mas latosa, no acaba
de decidirse de resuelto. pero yo,
autorizado precisam, tomo otro

295

Legación de España en Bruselas, 29 de Agosto de 1886.

Querida hermana:

Acabo de recibir tu carta del 27 y me alegro de ver por ella que estás bien de salud. Yo estoy mejor de mis males.

Ya nos hemos trasladado aquí desde Ostende para no volver allí. Mi suegra y los chicos están allí aún, pero volverán mañana.

Dentro de cuatro o cinco días iré a Dave a hacer a los Fernán-Núñez [1] una corta visita y a almorzar con ellos. Llevaré de acompañante a Luis: pero no durará la expedición casi nada: de modo que esta expedición en nada debe alterar tu proyecto de venir aquí. Ven cuando quieras con tal de que sea pronto. Te esperamos.

El cocinero que tenemos, es menos que mediano y muy sisón. Tiene además la contra de estar tísico perdido: tosiendo siempre, y en potencia propincua de morir el día menos pensado, cayendo sobre una cacerola. Por todo esto entiendo que debemos despedirlo. Mi mujer, por pereza, por indecisión y porque quiere (yo la conozco), que cargue sobre mí la responsabilidad si viene cocinero que guise peor y sea más ladrón, no acaba de decirte nada resuelto: pero yo, autorizado por ella, tomo sobre mí la responsabilidad, y te digo que envíes la cocinera que has buscado, si guisa bien, según tus informes, y leyéndole bien la cartilla para que sepa que no somos ricos, y que no viene ella aquí a hacer su agosto. Cuando envíes la cocinera, avisándolo con tiempo a fin de que podamos preparar a bien morir al cocinero sisón y *poitrinaire*.

Si veo que los Fernán-Núñez están muy finos conmigo, y que no me aburro yo en su quinta, y si me ruegan con muchas instancias que vaya allí, iré más adelante, después que tu nos dejes, por algunos días. Si no, no iré más que a un almuerzo y estaré aquí enseguida de vuelta. De modo que tu venida puede servirme con los Fernán-Núñez para disculparme y no quedar allí sino unas horas, aunque me rueguen que me quede. Aunque mi mujer se haya conducido siempre muy mal conmigo, yo no

---

[1] Gutiérrez de los Ríos, duque de Fernán Núñez. (Ver nota 15 de la carta 50.)

olvido que es mi mujer y que la deben considerar. Entiendo pués, que los Fernán-Núñez deberían convidarla.

Adios y creeme tu afectísimo hermano

JUAN

Expresiones a Luisa [2].

192

Legación de España
en
Washington D. C.

3 de Septiembre de 1886.

Mi querida hermana:

Me alegro mucho de lo que me anuncias en tu última carta: a saber: que llegarás aquí lunes o martes. Enviame un telegrama antes de salir para que yo vaya a recibirte a la estación. Aunque vengas muy de mañana no es trastorno para mí. Aquí duermo poco; y, como me acuesto temprano, soy muy matinal. Casi de diario estoy despierto y aún levantado a las seis. Además, yo quiero ir a recibirte a cualquier hora que llegues: conque avísamelo.

El cocinero Gogo muestra ahora propósitos de enmienda en punto a sisar. Mi mujer no toma sobre sí la responsabilidad de despedirle. Yo tampoco me atrevo. Así, pués, me parece que lo mejor es dejar pasar algún tiempo, a ver si la enmienda es verdad. Tu misma verás aquí lo que hace Gogo y las cuentas que nos pone. Si se echa el alma atrás de nuevo, y de nuevo sisa mucho, le despediremos al cabo. Así pués, yo te ruego que, si es posible, tengas esperanzadas ahí a dos o tres cocineras, para echar mano de una de ellas, si Dolores al fin se decide.

Tengo mucha gana de que echemos largos ratos de conversación.

Mis chicos, Dolores y su madre están buenos. Yo así, así: pero con esperanzas de ponerme bien del todo.

Adios. Mil cariñosas expresiones mías a Luisa [1].

Créeme tu afectísimo y buen hermano

JUAN

---

[2] Luisa Pelissier y Valera.
[1] Luisa Pelissier y Valera.

297

Bruselas, 27 de Septiembre de 1886.

Mi querida hermana:

Muchísimo te echo de menos en esta soledad. No sabes tu bien cuanto sentí que te fueses. Tu carta de ayer ha venido a consolarme algo, trayendome la buena noticia de que llegaste sin novedad y de que Luisa [1] no está mal de salud.

Sobre lo del libro del Conde Zamoyski [2] te hablaré con franqueza. En mi sentir, lo mejor es no darse por entendido, ni para contestar en periódicos o en otro libro, ni para acudir a los tribunales. De no buscar al Conde y darle de palos o matarle, lo mejor, a mi ver, es no hacer caso, y decir con tranquilidad, si alguien saca la conversación, que está loco, y que además no tiene vergüenza. El es quien se ofende. Además hay un litigio pendiente, y en él tendréis que defenderos de las acusaciones del Conde. Para que buscar nuevo litigio?

Si perdieseis el que está pendiente, Luisa tiene aún el recurso de pedir la separación por incompatibilidad de caracteres y por los malos tratos recibidos. Si Ma, como creo, está bien resuelta a no unirse ya jamás con su polaco, no se unirá. Luisa, en último extremo, tiene parientes y amigos que la defenderán de una violencia. Y las leyes, ni en Austria, pueden dar a Zamoyski derecho a maltratar, ni a encerrar a una mujer, sin causa, aunque sea la suya. Yo considero, dicho sea entre nosotros, que si tomaseis por mediador a algún señor de respeto, conocido, pariente o amigo del Conde, y, si Luisa, después de estudiar bien el asunto, y llegándose a persuadir que el Papa no ha de romper el vínculo, se conformase con la nueva separación, tal vez el Conde, si no está demente del todo, se avendría con esta separación y todo podría terminar aún sin más ruido y desazón para Vds.

En fin, puede que te diga un desatino, o algo que desagrade a Luisa, y que parezca desatino a ella: pero a mí, si aún fuese factible, me parece lo que digo lo más acertado gestionar y cabildear en vuestro favor.

Me parece, en mi modestia, que Groizard [3] está tan deci-

---

[1] Luisa Pelissier y Valera.
[2] Ver nota 2 de la carta 97.
[3] Alejandro Groizard y Gómez de la Serna. Político y jurisconsulto. Nació en Madrid en 1830 y murió en El Escorial en 1919. Ministro de

dido en favor de la causa de Luisa, no tanto por mí que no creo serle simpático, sino por los empeños de la Reina Doña Isabel[4]. Entiendo, pués, que la Reina Doña Isabel debe, como si saliera de ella, escribir a Groizard de nuevo, espoleándole. Habla tú o escribe a Doña Isabel sobre esto. Doña Isabel, además, como católica-galante, debe de tener amigos en el alto clero de Roma, y en el de España, que influye sin duda en Roma: y puede mover cielo y tierra si quiere.

El Padre Ceferino Gonzalez, Arzobispo de Sevilla, es gran filósofo y ha escrito libros en latín y castellano, que por fuerza agradarán al Papa, quien a más de ser Papa, es latinista, poeta y sabio. Sin duda que el Padre Ceferino ha de estar en gran predicamento con Su Santidad[5]. Yo conozco al Padre Ceferino y puedo escribirle: pero cartas de la Reina Isabel serán más útiles.

¿Por qué no escribes también a Pepito Moreno Mason. Yo no sé si es ahora Patriarca de las Indias, Arzobispo de Toledo o qué: pero podré informarme. Como yo no he estado en Roma, desde mi primera mocedad, no sé como se mueve aquel tinglado. Me parece con todo, que los Padres Jesuitas han de valer mucho y tener grande influjo allí.

En España hay muchos Padres Jesuitas de gran valer por su ciencia y elocuencia como escritores. Uno de ellos, el más notable, el Padre Mir[6], gusta mucho de mis libros y me quiere mucho. A veces pienso en escribirle sobre tu pleito. Imposible me parece que el Padre Mir no valga y no influya en Roma.

Adios y créeme tu afectísimo hermano

JUAN

Fomento con Sagasta. Gracia y Justicia con Malcampo (1872). Embajador en Roma en la etapa de la Restauración (1881-1885). En 1894, ministro de Fomento, y en 1897, de Gracia y Justicia. Escribe un Código Penal en 1870. Presidente del Senado. Caballero del Toisón de Oro.

[4] Isabel II de España.
[5] León XIII (1878-1903).
[6] Juan Mir. Religioso y escritor español. Nació en Palma de Mallorca (1840-1917). Jesuita y profesor en Salamanca. Huido a Francia en la revolución de 1868. Vuelve en 1873. Escribe varias obras eruditas y apologéticas, como *El milagro* (1895), *El triunfo social de la Iglesia Católica* (1910), etc.

Bruselas, 2 de Octubre de 1886.

Mi querida hermana:

Acabo de recibir carta de Groizard [1], con otra adjunta para tí, que te remito. En la que me dirige, afirma el hombre que hará cuanto esté a su alcance, y que *hará atmósfera entre Cardenales y Monseñores,* y que secundará los intentos de vuestro Abogado.

Creo, pués, que este debe ir a ver a Groizard, siempre que sea oportuno, e informarle de todo y excitarle y estimularle a...

[Falta el final de esta carta]

195

Bruselas, 8 de Octubre de 1886.

Mi querida hermana:

Acabo de recibir tu carta del 6 y me alegro de ver por ella que estás bien de salud. Yo sigo regular, aunque triste y aburrido. Mi única diversión casi es oir a mi mujer, que, cuando no rabia por los criados o por los gastos o porque no alcanza el dinero, llora y me hace descripciones minuciosas de la agonía del pobre Carlitos.

Aún no he escrito a Groizard [1], dándole las gracias por lo que promete en sus cartas a tí y a mí; pero le escribiré, tal vez hoy mismo. También escribiré al Padre Ceferino González [2].

No me convence lo que dices y antes me persuado más de que debes volver a ver a Doña Isabel de Borbón [3], y rogarle que siga valiéndote cuanto pueda. Ella es la misma bondad. El nuevo paso que dés la lisonjeará y le agradará, en vez de can-

---

[1] Alejandro Groizard y Gómez de la Serna. (Ver nota 3 de la carta 193.)

[1] Alejandro Groizard y Gómez de la Serna, ya citado.

[2] Obispo de Córdoba. Cardenal y arzobispo de Sevilla. (Ver nota 6 de la carta 90.)

[3] Isabel II de España.

sarle, y creo que puede serte útil, insistiendo. Vé, pués, a verla, cuando vuelvas de Villerville, donde supongo que permanecerás poco, por lo cual te escribo a París.

Mis chicos buenos, aunque se aburren muchísimo. Apenas tienen a quien dirigir la palabra, fuera de la gente de casa.

Anoche Luis y yo estuvimos en un teatro, pero no pudimos llevar a Carmen, que tuvo que meterse en su camita.

Adios. Expresiones cariñosas a Luisa [4], y créeme tu afectísimo hermano

JUAN

196

Bruselas, 11 de Octubre de 1886.

Mi querida hermana:

No he escrito aún al Padre Ceferino González [1], pero con esta fecha escribo a Menéndez Pelayo [2] para que él y Alejandro Pidal [3], que son grandes amigos del Arzobispo, le escriban recomendándole el pleito de tu hija [4], del cual los he informado. No dudo que ellos escribirán, y así mi carta irá con anuncio, y el Padre Ceferino, a quién no escribí jamás, no tendrá que extrañarla.

Te supongo ya de vuelta de Villerville.

Reitero mi consejo de que veas de nuevo a la Reina Doña Isabel [5]. A esta si que estoy yo por escribirle. Estoy seguro de que tomará vuestra causa con empeño y el empeño de ella vale. Si Luisa fuese menos arisca para lo que no le agrada, debiera ir contigo y presentarla tú a Doña Isabel. Si esta Señora la vé tan guapa; contempla el confite y piensa en que nada de él ha comido el polaco, será capaz de ir ella misma a Roma, furiosa contra un hombre tan papanduja,

---

[4] Luisa Pelissier y Valera.

[1] Obispo de Córdoba. Cardenal arzobispo de Sevilla. (Ver nota 6 de la carta 90.)

[2] Marcelino Menéndez Pelayo. (Ver nota 4 de la carta 90.)

[3] Alejandro Pidal y Mon. Nació en Madrid (1846-1913). Diputado en 1872. En 1884, ministro de Fomento. Embajador en Roma y presidente del Congreso. Estudioso de la Filosofía tomista. Director de la Academia Española. Marqués de Pidal.

[4] Luisa Pelissier y Valera.

[5] Isabel II de España.

«En el alma con potencias
En el cuerpo sin ninguna»,

según dice Quevedo, en un romance en que se queja una novia
y dice entre otros razonamientos lastimosos:

«Mi novio no me goza
A lo menos me gradua,
si los cursos a las novias
sirven como a los que estudian,»

pués es de saber que el novio tuvo cólico en vez de conducirse
como era justo.

Aquí todos están bien de salud y te envían cariñosas expresiones. En el nuevo Ministerio tengo más amigos que en el anterior. Esperemos que me valgan para algo.

Adios. Escríbeme y créeme tu afectísimo y buen hermano

JUAN

197

Legación de España en Bruselas, 19 de Octubre de 1886.

Mi muy querida hermana:

Perdoname que en tantos días no te haya escrito. No ha
sido por enfermedad sino por desidia y por no tener que contarte.

A la Reina Doña Isabel [1] no le he escrito aún, pero quiero
escribirle y le escribiré uno de estos días. Así, con ocasión de
hablarle del asunto de Luisa [2], renovaré con ella la correspondencia amistosa que puede servirme.

A quién escribí cuatro o cinco días ha, valga por lo que
valga, fué al Padre Ceferino Gonzalez, Arzobispo de Sevilla.
Como yo, aunque en Sevilla le visité, y sé que el conoce mis
obras y aún ha hablado de mí en su Historia de la Filosofía,
le he tratado poco y nunca le había escrito, le he enviado mi
carta por medio de Menéndez Pelayo [3] para que me sirva de
introductor. Veremos lo que contesta el Padre Ceferino.

---

[1] Isabel II de España.
[2] Luisa Pelissier y Valera.
[3] Marcelino Menéndez Pelayo. (Ver nota 4 de la carta 90.)

También escribiré al Padre Mir[4].

Cuando escriba yo a la Reina te enviaré la carta, a fin de que tú se la lleves y tengas un nuevo pretexto para hacerla una visita. Yo no puedo menos de creer que si Doña Isabel toma con empeño el asunto de Luisa puede valer bastante.

Groizard[5] ha ido a Madrid para la boda de su hijo; pero volverá pronto a Roma.

Creo que Doña Isabel, aunque haga decir que no recibe en general para que el vulgo de los mortales no la muela, te recibirá si le pides audiencia, esto es, si le anuncias tu visita por carta.

Aquí seguimos viviendo en verdadera soledad y completo aislamiento. Dudo yo de que haya en el mundo país más aburrido que este.

Ayer cumplí 62 años, pero aún no gusto de convertirme en anacoreta, y, para serlo, preferiría estar en Cabra.

Mis pobres chicos no tienen materialmente con quién hablar. Dolores está regular de salud.

Adios. Mis cariñosas expresiones a Luisa, y créeme tu afectísimo hermano

JUAN

198

Bruselas, 28 de Octubre de 1886.

Mi querida hermana:

Hace días que no recibo carta tuya; y, si bien Dolores la recibió anteayer, me tiene con cuidado esta falta. Celebraré que no sea por falta de salud. La mía casi, casi puedo decir que es ahora buena. Mi mujer y los chicos no están mal tampoco, aunque se aburren. Este país es inaguantable, a pesar de su cultura, de su industria, de su prosperidad material, y de la pasmosa nobleza, *chateaux* y demás pelendengues de su *high life*.

Tengo gana y curiosidad de saber el resultado de tu visita, del lunes, a la Reina Doña Isabel[1]. Dime si estuvo muy ama-

---

[4] Juan Mir. (Ver nota 6 de la carta 193.)
[5] Alejandro Groizard y Gómez de la Serna. (Ver nota 3 de la carta 193.)
[1] Isabel II de España.

ble: si fué Luisa[2] contigo, y como estuvo la Reina con ella; y además si recibió mi carta con agrado.

Aquí seguimos sin ver ni tratar a casi nadie.

Por la noche, jugamos al tresillo, Luis, Carmen y yo. A veces juega también Tavira[3], que suele dormirse con las cartas en la mano.

Adios. Conservate buena: escríbeme, y creeme tu afectísimo y buen hermano

JUAN

Mil y mil gracias por los dulces.

199

Bruselas, 30 de Octubre de 1886.

Mi querida hermana:

Acabo de recibir tu carta de ayer, por la cual veo con gusto que te recibió bien la Reina Doña Isabel[1]. Mucho celebraré que te valgan sus recomendaciones.

No sé si te dije que Menéndez Pelayo[2] me escribió que envió mi carta muy recomendada al Padre Ceferino[3]. Espero que Alejandro Pidal[4] escriba a dicho Padre, recomendando también el pleito de Luisa[5]. Alejandro Pidal puede mucho con el Padre Ceferino.

Mis chicos siguen aquí muy fastidiados: sin conocer a nadie y sin tratar con nadie. Esta tierra es lo más fastidioso que a duras penas se puede idear. Creo que mi mujer decidirá al cabo irse a Madrid, a fines de Noviembre. Yo esperaré un mes más, y me iré a fines de Diciembre. Quiero pasar en Madrid cuatro o cinco meses con licencia.

De buena gana arreglaría cualquier modo de vivir en Madrid y me quedaría por allá, sin volver aquí sino para presen-

---

[2] Luisa Pelissier y Valera.
[3] Primer secretario de la Legación de España en Bruselas.
[1] Isabel II de España.
[2] Marcelino Menéndez Pelayo. (Ver nota 4 de la carta 90.)
[3] Ceferino González. Obispo de Córdoba. Cardenal y arzobispo de Sevilla. (Ver nota 6 de la carta 90.)
[4] Alejandro Pidal y Mon. (Ver nota 3 de la carta 196.)
[5] Luisa Pelissier y Valera.

tar mis credenciales. Para aburrirse y gastar aquí cuanto dá el Gobierno, cuanto uno tiene, estar siempre apurado, y además fastidiado, vale más vivir en Madrid o vivir en Cabra.

Joaquín Valera [6] vá navegando para Atenas, donde será Ministro Residente de España.

De Alonso [7], nuestro cuñado, recibí cartas de Nueva York, donde trata de hacer dinero con sus máquinas. Ojalá lo consiga.

Adios. Conservate buena: expresiones cariñosas a Luisa. Soy tu afectísimo y buen hermano

JUAN

200

Bruselas, 1 de Noviembre de 1886?

[Falta el principio de esta carta]

....

Cuando estuvo aquí el Rey de Portugal [1], el Rey [2] de aquí nos convidó a comer. Mi mujer tuvo que excusarse por no tener traje que ponerse. El 15 de este mes habrá comida y reunión oficiales en Negocios Extranjeros por cumpleaños (creo) del Rey. Yo quiero que vaya: debe ir: es extravagancia que se niegue: no debe irse como escapada a España en vísperas de esta fiesta. Así pués, yo te suplico que si Dolores te encarga que vayas a ver no sé qué modista, que tiene sus medidas, y le digas que haga para ella un vestido, tomes con todo empeño este encargo, a fin de que el vestido llegue aquí con tiempo. Por amor de Dios que hagas esto. Sería ridículo que mi mujer no fuera a la función.

Adios. Créeme tu afectísimo hermano

JUAN

---

[6] Primo de don Juan Valera.
[7] Alonso Mesía de la Cerda, marqués de Caicedo.
[1] Luis I de Braganza.
[2] Rey de Bruselas, Leopoldo II.

Bruselas, 4 de Noviembre de 1886.

Mi muy querida hermana:

Recibí tu última carta y te agradezco mucho que estés dispuesta a encargar a la Chauvet, o como se llame, el vestido para Dolores, y a dar prisa a fin de que llegue a tiempo.

Dolores no acaba de decidirse. Si no se decide ¿qué le hemos de hacer? Yo creo que esta sociedad es pesada como la alemana, y engreída y vanísima como la francesa, a todo lo cual, en la *ligh life,* se añaden ciertos humos aristocráticos infundadísimos, todo lo cual se combina para hacer abominable y execrando bodrio: pero, en fin, ya que Dolores ha venido, me parece conveniente que en alguna ocasión oficial de las pocas que ocurren, se presente en dicha sociedad. Hasta por lo mismo que Dolores piensa volver a Madrid, creo yo más conveniente que aparezca aquí en el *gran mundo,* a fin de que su partida no se comente como fuga.

Entiendo también que Dolores, si se vá, como calculo que se irá, aunque de nada estoy cierto, debe despedirse de la Reina Belga[1].

En fin, allá veremos. Para ella todas son dificultades. Nunca tiene vestido para nada. No sé como se compondrán otras mujeres que tienen bastantes menos ochavos.

Acabo de recibir carta de Menéndez Pelayo[2], donde viene este párrafo que copio:

«Ni el Padre Ceferino[3] ni yo nos hemos descuidado en el asunto que Vd. nos confió. Supongo que el mismo Cardenal escribirá a Vd. directamente, como a mí me ha escrito. El es hombre seco y de pocas palabras; pero práctico, lo más razonable y lo más conveniente para todos.»

De todos modos, yo, aunque no sé lo que dice Zamoyski[4] en su libro o en sus libros, insisto en creer que la demanda por injuria y calumnia tiene grandísimos inconvenientes. Con todo, si tú insistes, haré por buscar ejemplares de los libros y obtener pruebas de que publicamente me los han vendido. No infiero

---

[1] Esposa de Leopoldo II.
[2] Marcelino Menéndez Pelayo. (Ver nota 4 de la carta 90.)
[3] Ceferino González. Obispo de Córdoba. Cardenal y arzobispo de Sevilla. (Ver nota 6 de la carta 90.)
[4] Conde de Zamoyski. (Ver nota 2 de la carta 97.)

bien de tu carta, si Luisa [5] está ahí o en el campo aún. Cuando esté ahí que consulte con abogados y personas de aplomo que hayan leído el libro, y que sepan bien los recursos que dan las leyes. Después de esto, si insiste en que el libro o los libros se busquen, yo buscaré.

Mi mujer y los chicos te envían mil y mil cariñosas expresiones.

Créeme tú, tu afectísimo hermano

JUAN

202

Bruselas, 7 de Diciembre de 1886.

Mi querida hermana:

Acabo de recibir tu carta de ayer. Mucho siento ver por ella que no estás tú más alegre que yo, ni más satisfecha de las cosas de la vida. De esto, por más vueltas que le doy, no acierto yo a deducir sino que es menester armarse de paciencia. Es menester serenidad de espíritu y firmeza de ánimo para resistir las contrariedades.

Ya te he dicho que estoy resuelto a no ir a París por ahora. A más de los gastos del viaje, tendría, aún siendo por poco, que dejar encargado de Negocios a Tavira [1] y con parte del sueldo, o deberle un gran favor y exponerme a su murmuración y censura.

Si mi mujer vá a París, irá con Luisito. Aún no sé si irá. La veo muy vacilante.

Muchísimo te agradecería yo que tú, como cosa tuya, hicieses a mi mujer, sabiendo que piensa en ir ahí, el mismo ofrecimiento de hospedarla que a mi me haces. No me alegraría yo tanto de esto por la economía que Dolores pudiera hacer, cuanto porque, no sospechando que te había yo excitado, quedaría ella muy lisonjeada, y me molería un poco menos.

Ya comprenderás que yo te escribo a veces a hurtadillas de mi mujer, pués quiere ver todas las cartas y se pica de todo; y, si no se enseñan las cartas, cree que contienen sapos y culebras contra ella. Es una diversión por todos estilos.

---

5 Luisa Pelissier y Valera.
1 Diplomático. (Ver nota 3 de la carta 198.)

Adios. Expresiones cariñosas a Luisa [2]. Créeme tu afectísimo y buen hermano

JUAN

203

Bruselas, 24 de Diciembre de 1886.

Mi querida hermana:

Felices pascuas de Navidad para tí y para Luisa [1].
Yo estoy algo mejor de salud. Los chicos y Dolores buenos.
Don José Fernández [2] ha ido a Zaragoza, ha hablado con el Cardenal-Arzobispo Benavides, el cual ha escrito y volverá a escribir a la Congregación del Concilio recomendando vuestro pleito en Roma.

Escribe, si te parece, a Don José Fernández Javier, Dean de la Catedral de Sigüenza, dándole las gracias, y diciéndole que se las dé de tu parte al Cardenal Benavides. Estos señores se pagan mucho de esto y pondrán así más empeño en recomendarte.

El Cardenal Arzobispo de Sevilla [3], en su última carta del 30 de Noviembre me decía: «Cuando Vd. lo crea oportuno escribiré otra vez sobre el asunto de su sobrina, aunque me tienen ofrecido no perderlo de vista en Roma.» Hoy escribo al Padre Ceferino rogándole escriba de nuevo.

Dí a Luisa, que le enviaré la *Venganza de Atahualpa:* que ella la lea y se la lea al Señor Masson [4]; y si ellos hallan que hará efecto en francés que la traduzca, y, si no, no. Yo escribiré otras cosas. Puesto que el Señor Masson tiene esa *Revista,* si pudieramos atinar con el gusto del público, podríamos escribir

---

[2] Luisa Pelissier y Valera.
[1] Luisa Pelissier y Valera.
[2] José Fernández Javier. Deán de la catedral de Sigüenza, que actúa de intermediario en la cuestión de la anulación del matrimonio de Luisa Pelissier y Valera con el conde Zamoyski.
[3] Fray Ceferino González. (Ver nota 6 de la carta 90.)
[4] Frederic Masson. Historiador francés. Nació en París (1847-1923). Bibliotecario del Ministerio de la Guerra (1869). Miembro de la Academia Francesa. Investigador de la vida e historia de Napoleón I. Obras: *Napoléon et les femmes* (1893), *Napoléon y su familia* (1897), *Josefina, emperatriz y reina* (1898), *Josefina, repudiada* (1901), *Napoleón y sus hijos* (1904), *Madame Bonaparte* (1920). Editor de muchos escritos y documentos personales de Napoleón.

Luisa y yo, y repartirnos las ganancias, a medias, para alfileres. Si atinamos a dar gusto, podría haber hasta para alfileres de oro, sobre todo sacudiendo la pereza.

Créeme tu buen hermano que te quiere

JUAN

204

Bruselas, 1.º de Enero de 1887.

Feliz año nuevo, querida hermana mía. Acabo de recibir pruebas del libro, que en Madrid me están imprimiendo. En el empieza ya *La venganza de Atahualpa*. Ahí vá el principio. Pronto irá lo demás. Como todo ello no es largo, que Luisa [1] tenga la bondad de leerlo con detenimiento, y luego que lo comprenda todo bien, creo yo que debería leerselo al Sr. Masson [2], en francés, para calcular con él el efecto que la tal obra podría hacer en el público francés. Si por dicha, después de bien considerado, pensase el Señor Masson y Luisa que La venganza de Atahualpa sería de efecto, Luisa podría traducirla. Si no, no vale la pena de hacerlo. Vamos más adelante en las suposiciones venturosas. Supongamos que no solo auguran bien Luisa y el Señor Masson, y que el drama está ya traducido en francés. El drama ha tenido tan poca publicidad en España que nadie de seguro sabe de él en Francia. ¿Por qué no leerle a algunos amigos, sin decir de quién es, y si gusta, por qué no ver si podía darse en un teatro? Cuando no, se puede publicar en la Revista. En fin, que haga Luisa lo que quiera, a ver si esto vale algunos ochavos, y nos excita y alienta para escribir otras cosas.

En esta casa todos buenos, aunque hace muchísimo frío. Adios. Créeme tu afectísimo y buen hermano

JUAN

---

[1] Luisa Pelissier y Valera.
[2] Frederic Masson. (Ver nota 4 de la carta 203.)

205

Bruselas, 7 de Enero de 1887.

Mi querida hermana:

Acabo de recibir tu carta del 5 y veo con pena tus disgustos con motivo del pleito. Yo he hecho lo posible en tu favor, aunque no valga de nada, escribiendo a la Reina Doña Isabel [1] otra vez, y reiterando mis súplicas al Cardenal Padre Ceferino Gonzalez [2]. El Cardenal Benavides [3] está también interesado en tu favor por el Señor Don José Fernández, Dean de Sigüenza. Comprendo que Luisa [4] esté muy preocupada y carezca de humor para traducir *La Venganza de Atahualpa,* aunque no le parezca mal. Así, pués, dejala en completa libertad, como la dejo yo, de hacer lo que más le agrade. En mi sentir, de ningún modo debe tomarse la molestia de hacer la traducción, si antes no está segura de que el Sr. Masson [5] vá a pagarsela bien. De balde, y solo *pello onore,* no vale la pena.

El *foie-gras* no ha salido aún de la aduana. Supongo que saldrá hoy. Por él te doy mil gracias, así como por los dulces, que a escape hemos devorado entre los grandes y los chicos.

La caja es muy bonita y Carmen adornará con ella su cuarto.

Yo no estoy muy bien de salud, y mi humor es negro. Mi mujer, dicho sea inter nos, es una criatura insufrible. Lo mejor que hubiera podido hacer es quedarse en cualquiera parte y no venirse aquí a achicharrarme la sangre.

Adios. Créeme tu afectísimo y buen hermano

JUAN

---

[1] Isabel II de España.
[2] Obispo de Córdoba. Cardenal y arzobispo de Sevilla. (Ver nota 6 de la carta 90.)
[3] Francisco de Paula Benavides. Prelado y escritor. Nació en Baeza (1810-1895). Orador sagrado. Obispo de Sigüenza. Patriarca de las Indias. Gran canciller de las reales órdenes de Carlos III e Isabel la Católica. Cardenal (1877). Arzobispo de Zaragoza (1881). Participante activo en el Concilio Vaticano en 1869. Presidente de los dos primeros Congresos Católicos españoles.
[4] Luisa Pelissier y Valera.
[5] Frederic Masson. (Ver nota 4 de la carta 203.)

Legación de España en Bruselas, 10 de Enero de 1887.

Mi muy querida hermana:

Ayer recibí tu cariñosa carta a la que contesto. Mucho siento ver por ella la lentitud con que vá el pleito y la inseguridad en que tú y Luisa[1] estáis de ganarlo. Yo siempre me hago sobre este asunto la misma reflexión. Vivir juntos, Luisa y el Conde Zamoyski[2] no es ya ni decoroso, ni sufrible, ni posible, después de lo pasado. ¿No sería acaso prudente y económico y discreto un arreglo, en cuya virtud quedasen separados los conyuges sin meterse en la anulación del vínculo?

Como quiera que sea, ni Luisa ni tú debéis angustiaros, ni en el día, ni aunque el pleito se pierda. Luisa, si no quiere, no volverá a poder de su marido, contra cuyos malos tratos la ley en Francia la protegerá.

Ya envié toda *La venganza de Atahualpa.* Me lisonjea que guste de ella Luisa: pero el afecto sobrinal puede engañarla. En fin, si La venganza de Atahualpa no desagrada a Monsieur Masson[3] y a los lectores de su Revista, yo creo que hay otras cosillas mías más cortas que tal vez harían mejor efecto en dicha Revista y que no son dificiles de traducir. Mi diálogo, por ejemplo, titulado *Gopa* y los cuentos: *Las salamandras azules, Parsondes* y *El Pajaro verde.*

Cuando acabe de salir el tomo, que estoy imprimiendo ahora en Madrid, y donde vá inserto todo esto, se lo enviaré a Luisa para que escoja. De lo que vá en el tomo solo hay una cosa traducida en francés: un diálogo, que es como breve comedia o proverbio, titulado Asclepigenia. De una serie de estas obrillas cortas mías; creo que una buena traducción, reunido todo en un tomo, había de gustar ahí y venderse. Dejando a un lado la modestia, que no es menester con una hermana, Gopa y Asclepigenia valen más que los diálogos o dramas de Renan[4], que es a lo francés que más se parecen.

---

[1] Luisa Pelissier y Valera.
[2] (Ver nota 2 de la carta 97.)
[3] Frederic Masson. (Ver nota 4 de la carta 203.)
[4] Ernest Renan. Escritor, filólogo e historiador francés. Nació en Treguier (1823) y murió en París (1892). Deja los estudios eclesiásticos

Si estas cosas tuvieran éxito, y si valiesen algunos ochavos, yo inventaría algo nuevo que publicaríamos ahí antes de que en español se publicase. Es más: yo me creo capaz de escribir en francés, aunque mal, pero este mal se remediaría con algunas correcciones de persona entendida.

No tengas cuidado que yo rasgo todas tus cartas, en muy pequeños trozos, no bien contesto a ellas, y de ninguna se valdrá nadie para el proceso. Estoy ahora menos mal de salud. A fin de este mes o a principios de Febrero tengo ganas de ir a París por unos días, e iré o con Dolores o solo. Si voy solo, creo que me podrás hospedar sin estorbo. Si voy con Dolores, iremos al Hotel donde ya estuvo ella, o bien a otra casa barata, cerca de la tuya donde podrás tu buscarnos cuarto. Esto sería lo mejor.

Si Luisa se decide a la tarea de traducir La venganza de Atahualpa, convendría, sin afectación, imitar un poco en su francés el de Montaigne [5], Amyot [6], Brantome [7] y Rabelais [8] en lo sencillo.

El Padre Antonio, y todos sus personajes hablan un poco como Fray Antonio de Guevara [9], Obispo de Mondoñedo, es-

en 1895, y se dedica al periodismo y estudios crítico-religiosos. Racionalista científico. Su principal obra es *La vida de Jesús*. Catedrático de lenguas orientales (1862).

[5] Michel Eyquen de Montaigne. Moralista francés. Nació en Montaigne (Perigord) (1533-1592). Monje de San Miguel. Sirve a Enrique III y mantiene correspondencia con Enrique IV. *Ensayos* (1580-1588), obra de toda su vida.

[6] Jacques Amyot. Literato y prelado francés. Nació en Melun (1513-1593). Catedrático de Griego y Latín y protegido de Margarita de Navarra. Traductor de *Dafnis y Cloe* y las *Vidas paralelas*, de Plutarco.

[7] Pierre de Bourdelle, señor y abate de Brantome. Historiador y biógrafo francés. Nació en Perigord (1535-1540 y murió en 1614). Soldado casi toda su vida. Peleando a las órdenes de Strozzy y en las guerras de religión contra Carlos IX, escribió sus memorias y narraciones picarescas de lo que había visto, y que tienen un gran valor anecdótico.

[8] Françoise Rabelais. Escritor satírico, filósofo escéptico y médico francés. Nació en Chinnon (1495-1553). En su juventud tomó el hábito de San Francisco, que cambiará por el de San Benito, dejándolo más tarde para estudiar medicina en Montpellier, donde se doctoró. Se instala en París y es médico de un cardenal que le lleva a Roma y consigue allí la absolución de su apostasía. Escribe varias obras famosas, sobre todo *El gigante Gargantúa y su hijo Pantagruel*.

[9] Obispo de Mondoñedo. Historiador y ensayista español del siglo XVI. Murió en 1545. Franciscano. Predicador de la corte y cronista de Carlos V. Obras: *Relox de príncipes, Década de los Césares* (1539),

critor del tiempo de Carlos V. Es verdad que el español estaba ya más hecho que el francés y ha variado menos desde entonces.

Hacia el 20 de este mes vá a París una literata española, algo extravagante, pero de talento, a quien casi he prometido verla en París. Es gallega y se llama Doña Emilia Pardo Bazán [10]. Ha escrito mucho.

Ella, por espíritu de contradicción, es quién me mueve a escribir contra el *naturalismo* como estoy escribiendo.

Tengo además ganas de ver en París a otras personas. Lo que me detiene es la escasez del dinero, y lo costoso que es para un Jefe de misión, según el pícaro reglamento de nuestra carrera, el ausentarse de su puesto. En fin ya veré del mejor modo que arreglo todo esto con el Señor Tavira [11].

Aquí hay ahora bastante...

[Falta el final de esta carta]

207

Legación de España en Bruselas, 12 de Enero de 1887.

Mi querida hermana:

Sin carta tuya a que contestar, te escribo hoy para remitirte la adjunta que me envía para tí el Dean de Sigüenza, Don José Fernández.

Prescinde de la fraseología clerical y materia predicable que el Dean pone en su epístola, y sigue su consejo, escribiendo al Cardenal Benavides, Arzobispo de Zaragoza, quién quiere y puede valerte.

No recuerdo si te dije que los dulces y el *foie-gras,* que enviaste, eran exquisitos, y que los hemos devorado en un periquete. Por si los chicos que andan ocupados y distraidos, no te han escrito dándote las gracias, lo hago yo por ellos.

Epístolas familiares (1539), *Aviso de los prelados y despertador de cortesanos, Menosprecio de corte y alabanza de aldea.*

[10] Condesa de Pardo Bazán. Nació en La Coruña (1852) y murió en Madrid en 1921. Novelista que sigue la escuela de Balzac, formando la generación del naturalismo español. Casada con José Quiroga. Escribe *Los pazos de Ulloa* (1886), *La Madre Naturaleza* (1887), *Morriña* (1889). Excelente autora de cuentos, etc.

[11] Diplomático. (Ver nota 3 de la carta 198.)

Espero con curiosidad el juicio del Señor Masson [1] sobre *La venganza de Atahualpa,* que me alegraré de que valga, en su sentir para su *Revue.*

Mucho agradecería yo entonces a Luisa [2] que la tradujera.

Sigo en mi propósito de ir a París, en Febrero, a pasar unos días. Casi doy por seguro que Dolores querrá ir también, aunque ahora empieza ya a divertirse aquí. Hace muchas visitas, y las recibe los lunes, con toda pomposidad y aparato.

Adios. Expresiones cariñosas a Luisa, y créeme tu afectísimo y buen hermano

JUAN

[En la carta de fecha 12 de enero de 1887 hay dos direcciones, que son las siguientes:]

Monsieur Perivier
Premier Président de la
Cour d'Appel
181 Boulevard Saint Germain

Monsieur Lefebvre de Viefville
Président de chambre à la Cour d'Appel
28 Rue Boissy d'Anglas

208

Legación de España en Bruselas, 14 de Enero de 1887.

Mi muy querida hermana:

Acabo de recibir tu carta del 13. Me alegro de saber por ella que tú y Luisa [1] estáis buenas.

Creo infundada modestia la que tienes en no querer escribir en castellano al Cardenal Benavides [2]. Si te pones a hacerlo lo harás muy bien. Para mí es difícil hacer una minuta, por-

---

[1] Frederic Masson. (Ver nota 4 de la carta 203.)
[2] Luisa Pelissier y Valera.
[1] Luisa Pelissier y Valera.
[2] Francisco de Paula Benavides. (Ver nota 3 de la carta 205.)

que no sé lo que tú querrás expresar. Pondré, no obstante, unos párrafos y tú los modificarás como gustes.

El tratamiento del Cardenal es Eminentísimo Señor —en abreviatura para el sobre— Emm. Señor Cardenal Benavides, Arzobispo de Zaragoza.

Escribiéndole no creo que debamos darle tratamiento sino llamarle de Vd. como a todo el mundo. Yo le diría:

París, 14 de Enero de 1887.

Emmo Señor

Cardenal Benavides.

Muy señor mío de toda mi consideración: Por cartas del Dean de Sigüenza Don José Fernández y de mi hermano Juan, he sabido que Vd. ha tenido la bondad de enterarse de los asuntos de mi hija, y movido por la compasión y el interés afectuoso, ha escrito a Roma en favor de ella. Yo se lo agradezco a Vd. con toda el alma y me apresuro a decírselo. Mi hija, (por temor del escándalo) ha tenido la paciencia de sufrir durante siete años (o los que hayan sido) a su marido, sin dar la menor queja. Han sido menester sus malos tratamientos de palabra y obra, sus prodigalidades y locuras, que la llevaban a la más completa ruina, para que se agotase el sufrimiento de la pobre hija mía y se determinase a pedir dispensa de un enlace roto, pero no consumado. Después de haber dado este paso Luisa Pelissier de Malakof, su marido, el Conde Juan Zamoyski ha hecho tales cosas que hacen aún más horrible la situación de ella, dado que el vínculo no se rompe o anula. El Conde ha publicado las cartas que mi hija le escribía, indisponiéndola así con todos sus conocidos de quienes hablaba con desenfado, y tal vez de burla, en el seno de la más familiar confianza, de que el Conde ha abusado villanamente. Ha querido además robar a mi hija para maltratarla, y la ha amenazado de encerrarla en una casa de locos, sin duda por que se casó con él, unica locura que mi hija ha hecho hasta ahora. En fin, sería un horror, un infortunio espantoso si perdiesemos este pleito. Mi yerno mataría a mi hija, si no materialmente, a disgustos y nos acabaría de arruinar a ella y a mí.

Ya que Vd. es tan bueno, que ha escrito en nuestro favor, insista Vd. con ahinco y calor en nuestra defensa y amparo. Hará en ello grandísima obra de caridad.

Creame Vd. de todos modos, y por lo que ya tan generosamente ha hecho, su agradecida amiga y s. s. q. b. s. m.

LA DUQUESA DE MALAKOF

Adios. Créeme tu afectísimo hermano

JUAN

Mis artículos contra el naturalismo saldrán en un tomo reunidos. Cuando salgan te enviaré un ejemplar.

Aquí todos buenos. Yo persisto con ganas y propósitos de ir ahí en Febrero. Veremos si el estado de la Hacienda lo consiente.

209

Legación de España en Bruselas, 19 de Enero de 1887.

Mi querida hermana:

Días ha que no recibo carta tuya. Me alegraré de que no sea por falta de salud. La mía no es muy mala, creo, sobre todo cuando no estoy de humor negro: pero este humor negro es cruel. Los años, que me pesan ya muchísimo; mi escasez de dinero, mis apuros, lo costosa que es mi familia, mis cortas esperanzas de estar mejor: todo me apesadumbra.

Además (y esto quedese para inter nos) yo necesito ya que alguien me quiera: y mi familia me quiere menos que medianamente. Los chicos son ambos egoistas y presumidos y no quieren a nadie. Algo quieren tal vez a su madre, pero sin ningún respeto. A mí tal vez me respeten y me estimen algo más: no mucho tampoco: pero me quieren menos. Te aseguro que, al notar todo esto, me entran ganas de irme lejos y de volver a vivir solo. Ya no puede ser a Washington otra vez. Mi gana es ir a Cabra.

Juanito Mesía [1] ha ascendido. Vá de Secretario a Pekín. Lleva cerca de 7.000 pesetas para el viaje, y 8.000 de sueldo al año.

Dile a Luisa [2] que yo no me enojaré si mi leyenda, drama

---

[1] Juan Mesía de la Cerda y Valera.
[2] Luisa Pelissier y Valera.

o lo que sea no le ha hecho gracia. Veremos si otra cosa mía agrada, y si no lo dejaremos. Yo me someto docil al fallo del Señor Masson[3] que debe de conocer a ese público.

Adios. Créeme tu afectísimo y buen hermano

JUAN

210

Legación de España en Bruselas, 23 de Enero de 1887.

Mi querida hermana:

Acabo de recibir tu carta de ayer y la tarjeta postal de Doña Emilia Pardo Bazán[1]. Como no tengo dinero, ni salud, ni humor, me parece que desistiré de ir a París. Ya escribiré a Doña Emilia, disculpándome de no verla. En todo caso, y si al fin voy, será en los últimos días de Febrero. Si voy solo, te lo escribiré, y acepto desde luego la hospitalidad que repetidas veces me has ofrecido.

El buen Dean de Sigüenza[2] me quiere bien, y, valga por lo que valga, ha tomado con empeño la defensa de Luisa[3]. No solo ha hecho que escriba varias veces a Roma el Cardenal Benavides, sino que él ha escrito a otro amigo, que tiene en Roma. Ahí te envío la carta que este amigo escribe al Dean, por si las noticias que dá pueden importarte.

Escribí de nuevo a la Reina Doña Isabel[4], confiando la carta a Santiaguito[5], nuestro sobrino, para que se la llevase o enviase: pero Santiago no es muy agil, y sí muy desidioso, y Dios sabe cuando llegará la carta a la Reina. Ya me arrepiento de habersela enviado por conducto de sobrino tan flojo o poco habil.

Tú nos regalas espléndidamente con los foi gras, y aquí los devoramos como unas fieras. Todos te agradecemos el obsequio.

Ahora tenemos aquí bailes y comidas a que ya he prome-

---

[3] Frederic Masson. (Ver nota 4 de la carta 203.)
[1] (Ver nota 10 de la carta 206.)
[2] José Fernández Javier. (Ver nota 2 de la carta 203.)
[3] Luisa Pelissièr y Valera.
[4] Isabel II de España.
[5] Sobrino de don Juan Valera.

tido asistir. Cuando pasen, veré si puedo escaparme ahí unos cuantos días.

Adios. Cariñosas expresiones a Luisa. Tú créeme tu afectísimo hermano

JUAN

211

Legación de España en Bruselas, 26 de Enero de 1887.

Mi querida hermana:

Acabo de recibir tu carta del 24. Veo por ella que estás bien de salud. Yo no estoy mal. No tengo necesidad de consultar médico alguno. Iría, con todo, a París, si alcanzasen los dineros: pero siempre estoy ahogado.

Ir a París no cuesta solo por lo que se gasta, sino por lo que aquí pierdo, en dejando la Legación, gracias a las disposiciones de nuestro Reglamento, crueles con los Jefes.

Ya escribí a Doña Emilia [1], disculpándome de no poder ir. Supongo que ella se quedará en París algún tiempo, de suerte que si yo voy o a fin de Febrero o a principios de Abril, aún podré verla ahí. Entretanto me parece bien que la veas y la obsequies en algo, si puedes. Debe tener, a lo que yo recuerdo, una facha algo extravagante: pero, en lo esencial, es Señora muy commi'l faut: de la primera aristocracia de Galicia: una Señora de provincia, que casi siempre vive en provincia, o en su quinta (o chateau) donde deben hacerle mucho caso, como es natural. En suma, Doña Emilia ha de ser personaje raro pero muy tratable y decente. Su talento de escritora es innegable y nada común. Ahí se hará ella la amabilísima con toda la literatura y la *periodistiquería,* porque es muy ambiciosa de fama: pero, en el fondo, ha de preferir la sociedad elegante.

Sobre si has de escribir de nuevo al Cardenal, Arzobispo de Zaragoza [2], creo que basta por ahora. Ahí te devuelvo su carta. Guardala, y dentro de algún tiempo, cuando creas que convenga más renovar los empeños y recomendaciones, escríbele otra vez para que el escriba de nuevo a Roma. Yo entretanto, escribiré a Don José Fernández [3], diciéndole que tú re-

---

[1] Emilia Pardo Bazán. (Ver nota 10 de la carta 206.)
[2] Francisco de Paula Benavides. (Ver nota 3 de la carta 205.)
[3] José Fernández Javier. (Ver nota 2 de la carta 203.)

cibiste la carta del Cardenal: que le estás muy agradecida por lo que ha hecho, pero que no le escribes para dejarle tranquilo.

Sigo escribiendo mis artículos sobre la novísima literatura francesa. A propósito del mal humor de los autores, y sobre todo de Lemonnier y otros, sobre todo después de la guerra contra los alemanes, hablo incidentalmente de esto. La *Revue britannique* ha traducido los párrafos en que hablo de esto, en su número 1 de Enero. Aunque me lisonjee lo siento porque no era mi intención dar opiniones ni sentencias sobre tales cosas, sino tocarlas de paso, como una de las razones de la exacerbación del pesimismo naturalista.

Aquí hay ahora bailes, comidas y reuniones. Mi mujer vá, se lanza; rabia a veces cuando se le figura que no le hacen todo el caso que le parece que deben hacerle: otras veces está contenta: en fin, no lo pasa mal.

Cuando veo que Luisa [4] no me dice nada, presumo que ni a ella ni al Señor Masson [5] *ha gustado La venganza de Atahualpa*.

Cuando salga todo el tomo, te enviaré un ejemplar. Acaso el cuento titulado *Las salamandras azules* o un diálogo titulado *Gopa*, les parezca mejor y más a propósito para traducirlo y publicarlo en la Revue del Sr. Masson.

Mis chicos están bien de salud. Ambos son presumidos y egoístas: pero me parecen entendidos y con ingenio. Luis, si sacude la pereza, podrá valer en el mundo. La muchacha es traviesa y chistosa, pero toma muy poco por lo serio a su madre, lo cual me parece muy mal. De la pobre Madame Delavat, que es una excelente Señora, maldito el caso que hacen ninguno de los dos nietos. En efecto, y en esto es juiciosa y atinada Dolores, de mis tres hijos, el que valía más moralmente era el que se murió. Aquél era todo amor y bondad.

Adios. Escríbeme y cuentame algo. Dime que te ha parecido la docta hidalga gallega, si llegas a verla. Créeme tu afectísimo y buen hermano

JUAN

---

4 Luisa Pelissier y Valera.
5 Frederic Masson. (Ver nota 4 de la carta 203.)

Bruselas, 7 de Febrero de 1887.

Mi querida hermana:

La Reina Doña Isabel [1] me ha escrito, remitiéndome para tí la adjunta carta. Mucho me alegraré que la Reina os valga al fin de algo en el pleito.

Acúsame el recibo de la carta de la Reina para que yo quede seguro de que la recibiste.

Aquí hay ahora muchos bailes, recepciones y comidas. Por este lado, pués, no nos podemos quejar.

La otra noche estuve en casa de la Princesa vieja de Ligne [2], que es la Montijo [3] de aquí, salvo que su salón no es, ni con mucho, tan accesible. Allí estaba el Duque de Aumale [4], que habla mucho y bien y es muy amable.

Anoche tuvimos un baile. Esta noche tenemos otro, al que irán los Condes de Flandes [5]. En breve habrá también baile en Palacio.

Mi mujer, Luis y Carmen, están bien de salud. Madame Delavat, mejor de sus males.

Adios. Mil expresiones cariñosas a Luisa [6].

Créeme tu afectísimo y buen hermano

JUAN

---

[1] Isabel II de España.

[2] Esposa de Auguste, conde de la Marck. Nacido en Bruselas (1753-1833). Diputado de la nobleza en los Estados Generales. Amigo de Mirabeau. En 1793 pasa al servicio de Austria.

[3] Doña María Manuela de Guzmán, condesa de Montijo. (Ver nota 4 de la carta 2.)

[4] Enrique Eugenio Felipe Luis de Orleáns, duque de Aumale. Cuarto de los hijos de Luis Felipe (1822-1897). Combate en Argelia. Gobernador general de Argelia (1847). Se retira, por causa de la revolución, a Inglaterra, hasta 1871. Proscrito de Francia por la Ley Boulanger, se refugia en Bruselas y vuelve a Francia en 1889. Autor de obras históricas.

[5] Del mismo tronco de la familia de doña María Cristina de Habsburgo Lorena, esposa de don Alfonso XII, rey de España.

[6] Luisa Pelissier y Valera.

Bruselas, 16 de Febrero de 1887.

Mi querida hermana:

Por tu carta a Dolores, que vino ayer, veo con disgusto muy grande, que estabas en cama con reumatismo. Muchísimo deseo que pase pronto ese mal y te levantes buena, sana y ágil, Yo tengo también multitud de alifafes, pero, en fin, voy tirando, a pesar de los años.

Lo que más me aflige es la situación económica. Este puesto, sobre todo con familia, es una perdición. Además de la casa, que es cara, y no puede ser más barata, los trajes para los bailes, el cocinero, el coche, y mil socaliñas, tenemos las limosnas, a que es menester acudir. Ahora ha habido una *Fancy Fair*, que nos ha costado cerca de 800 francos.

En punto a diversiones, no podemos quejarnos ahora. Hay bastantes bailes, y tenemos muchos convites a comer, lo cual es funesto, porque será menester pagarlos. En fin, allá veremos como se sale de todo esto.

De Juanito Mesía [1] recibí ayer carta, desde Puerto Said, a donde llegó el 3, de paso para China. Iba bueno y contento.

Mañana estoy convidado a almorzar por el Duque de Aumale [2], a quién ví y hablé en casa de la vieja Princesa de Ligne [3].

También he visitado al Príncipe Luis Víctor Napoleón [4] para llevarle una carta de la Reina Doña Isabel [5]: pero no le he visto, y le dejé la carta. Mis chicos tan buenos. Luis, aunque Agregado diplomático, no vá aún a tertulias ni bailes. Cuando yo no tengo algún convite, o me quedo en casa, y juego al tresillo con ambos chicos, o voy con ellos a algún teatro, lo cual divierte en extremo a Carmen. Esta se aplica bastante con la maestra, que aquí tiene, y vá saliendo muy sabida.

A Luis, aunque, como te he dicho, no le he llevado aún a

---

[1] Juan Mesía de la Cerda y Valera.
[2] Enrique Eugenio Felipe Luis de Orleáns. (Ver nota 4 de la carta 212.)
[3] Esposa de Auguste. (Ver nota 2 de la carta 212.)
[4] De la rama norteamericana, del matrimonio de Jerónimo con miss Patterson. Anulado este enlace, se casa después Jerónimo con la hija del rey de Wutemberg, sin que los otros reconocieran este enlace.
[5] Isabel II de España.

bailes, ni a tertulias, le he presentado ya en algunas casas de los colegas.

El se divierte mucho, leyendo siempre: y sigue con su afición a tirar al florete. Todos los días vá a círculo o club de esgrima.

Mi mujer visitea mucho. Con esto se distrae y aún se divierte, sobre todo cuando se figura que le hacen caso.

En la *Fancy Fair* ha faroleado vendiendo, en una de las tiendas: y Carmencita ha figurado también de ayudanta.

Sigo escribiendo muy despacio mis interminables artículos sobre el naturalismo. Ya van ocho, publicados en la *Revista de España,* y estoy escribiendo el noveno.

De Joaquín Valera [6] tengo cartas con frecuencia. Me parece que le vá bien en Atenas, y le vá tomando el gusto al papel de Jefe de misión.

Adios. Dá mil cariñosas expresiones a Luisa.

Créeme tu afectísimo y buen hermano

JUAN

214

Legación de España en Bruselas, 19 de Febrero de 1887.

Mi querida hermana:

Mucho pesar siento de no recibir carta tuya, pues imagino y temo que sigas enferma y en cama con tu reumatismo. Verdaderamente que tú y yo somos, desde hace tiempo, el rigor de las desdichas: todo nos sale mal: la vejez, las enfermedades y el poco dinero nos joroban, y el consuelo, que pudiera traernos el cariño de la familia, en el hogar doméstico, no es cosa mayor. No hay más remedio que tener paciencia y resignarse.

Cada día estoy más descontento con este puesto, donde vivimos en perpetuo rabiadero y ahogo, y gastando cuanto nos dá el Estado y cuanto hay en casa. A veces pienso que sería quizás mejor que yo trocase este puesto por otro en el Consejo. En fin allá veremos como vamos tirando.

Luis y Carmen están muy bien de salud.

Mi mujer está algo resfriada y de muy mal talante. Te escribió anoche.

---

[6] Primo de don Juan Valera.

Hemos tenido muchos bailes y convites a comer, que será menester pagar: no sé como.

Lo que importa es la salud. La tuya me tiene muy cuidadoso. Escríbeme. Muchísimo deseo saber que te hallas bien o aliviada al menos. Te quiere muy de corazón tu afectísimo y buen hermano

JUAN

215

Bruselas, 20 de Febrero de 1887.

Mi muy querida hermana:

Después de haberte escrito mi última carta he recibido la tuya del 17, con buenas noticias ya de tu salud, lo cual me alegra mucho.

Dolores está apurada y creyendo que tú te has picado con ella porque ella envió un telegrama con respuesta pagada, lo que hizo para que pudieses dar la respuesta, en el acto, por el mismo que llevó el telegrama, y no para ahorrarte un franco y algunos céntimos.

Mucho te agradecemos ya, los chicos que son muy aficionados, y yo, que también lo soy, ese nuevo paté de foie gras que nos anuncias.

Aquí siguen las fiestas y convites a comer. Nosotros vamos a muchos. Nos divertimos poco, y tenemos siempre el escozor de que habrá que pagar las comidas.

Por todos estilos y por doscientas mil razones me acomoda ir a Madrid: pero no sé como ir a Madrid quedándose aquí toda mi familia y siguiendo aquí todos los gastos. Yo he pensado lo siguiente. Ir a Madrid en Mayo, con licencia. Mi familia se quedaría en Bruselas: pero por poco tiempo. Después, si tú te decidieses a ir a Villerville, Dolores y los chicos y mi suegra podrían ir contigo, hablando con franqueza, pagando ellos su parte para no serte gravosos.

Yo estaría en Madrid algo del mes de Mayo, todo Junio y parte de Julio, y luego vendría a pasar con Vds. algún tiempo.

Si, por el contrario, tu alquilas tu casa de Villerville o no vas, mi familia quisiera yo que pasase el verano en Biarritz. Aquí no es posible que se...

[Falta el final de esta carta]

323

Bruselas, 24 de Febrero de 1887.

Mi querida hermana:

Muchísimo siento lo que me dices en tu carta del 22 de que has estado mal y con fiebre. Deseo tu completo restablecimiento.

Recibimos el *foie gras*. Es exquisito. Tú nos regalas demasiado. Dios te lo pague. Los chicos, que son muy aficionados al *foie gras*, agradecen en extremo tu obsequio y lo aprovechan.

Por mil y mil razones quiero yo ir a Madrid, con licencia a fin de Mayo. No quiero que entonces vaya mi familia. Sería costosísimo, que toda se encajase allí, y al mes quisiese volver a Francia o Dios sabe donde de veraneo. No quiero tampoco que mi familia se quede aquí, durante mi ausencia y licencia. Conservar aquí, con 2/3 menos de mis sueldos, a toda esta gente y tren de casa, sería una ruina. Por esto deseo que en Junio, o en Julio lo más tarde, vayan todos a Francia, y en ninguna parte estarían mejor que en Villerville. Harto harías tú, pués, y grandísimo favor, en darles albergue. Ellos naturalmente, se mantendrían. No siendo así, sería para tí muy gravoso, y no aceptaría Dolores.

Si esto se arreglase, yo iría a Madrid, a fin de Mayo: estaría allí hasta mediados de Julio: y de Julio mediado hasta mediado Septiembre estaría yo también en Villerville con Vds. Entonces volvería yo a España, y tal vez dejaría este turrón, por que por nada del mundo quiero pasar en Bruselas otro invierno. No solo a mi salud, sino a mi posición conviene soltar esto, si aún he de ser algo de más importante. Aquí estoy como postergado y rebajado, y acabarán por echarme de aquí, como me echaron de Washington, si no voy a Madrid y me hago valer.

Adios. Conservate buena. Créeme tu afectísimo hermano

JUAN

Legación de España en Bruselas, 3 de Marzo de 1887.

Mi querida hermana:

Hace días que no recibo carta tuya y estoy ya con cierto cuidado, temiendo que te halles otra vez con el reumatismo. Quiera Dios que no sea así, y que solo la pereza o bien ocupaciones o distracciones motiven tu silencio. Mis chicos y mi mujer están bien de salud, y, como van conociendo y tratando gente, me parece que todos están ahora más divertidos.

Yo soy el que me encuentro delicado de salud, y harto fastidiado y apurado y desengañado por todos estilos. En fin, no hay más que resignarse.

La Baronesa de Bayens [1] ha llegado y está con su hija Amparo, en casa de su hija Isabel. Nos hemos dejado tarjetas: pero no nos hemos visto. Decididamente no simpatizamos.

No sé en qué consiste que el tomo de mis obras no apareció aún. En cuanto aparezca, te enviaré un ejemplar, como te dije.

Pienso a menudo en hacer una escapatoria e ir a París por tres o cuatro días: pero no acabo de decidirme. En fin, allá veremos cuando puedo ir.

Escríbeme y dame nuevas de tu salud y de tus cosas. No me olvides, como parece que hace días me tienes olvidado.

Adios. Cuídate, conservate buena, y créeme siempre tu afectísimo hermano

JUAN

Muy cariñosas expresiones mías a Luisa [2].

Legación de España en Bruselas, 15 de Marzo de 1887.

Mi muy querida hermana:

Acabo de recibir tu carta del 13 y mucho pesar con la noticia que me envías de la enfermedad de Luisa [1]. Supongo, no

---

[1] Mercedes. (Ver nota 4 de la carta 188.)
[2] Luisa Pelissier y Valera.
[1] Luisa Pelissier y Valera.

obstante, que tú, con tu excesivo cariño maternal, exageras la dolencia, y espero que Luisa estará pronto restablecida.

En general, la vida no es muy amena ni agradable: pero para tí y para mí es más triste y enojosa que para la generalidad de las gentes.

Mis chicos están ahora bien de salud.

Mi mujer, aunque rabia y se lamenta y dice que no está bien, nunca ha estado mejor: pero yo estoy más afligido y desengañado cada día, sin saber que hacer. Si yo no tuviese familia, viviría sin turrón: pero con familia, y con familia costosa ¿qué haré el día en que el turrón se pierda?

Mi situación es harto precaria.

Sigo siempre con el deseo de ir a París, a verte y a pesar unos días: pero no voy, y se queda en recelo, por el temor de gastar.

Escríbeme con más frecuencia, y dime como está Luisa. Dios quiera que se ponga buena pronto: pero si continua enferma y de algo te sirve mi compañía, iré yo a acompañarte. Aquí nada tengo que hacer.

Adios. Créeme tu afectísimo y buen hermano

JUAN

219

Legación de España en Bruselas, 18 de Marzo de 1887.

Mi muy querida hermana:

Muchísimo me ha alegrado el ver por tu telegrama y por tu carta del 16, que Luisa[1] está mucho mejor. Ahora deseo y espero que esté pronto buena del todo.

Sea como sea, quiero ir a París dentro de poco, aunque sea por cuatro o cinco días. Iré hacia fin de este mes o a principios de Abril. Ya te avisaré con anticipación.

Mis chicos están bien de salud. Los creo buenos en el fondo, aunque, en fuerza de mimados y consentidos, me parecen presumidos y egoístas: la chica más egoísta y más presumido él. Espero, con todo, que se corrijan de estas faltas. Ahora está Luis muy contento. La mujer del Ministro de Rusia, que es joven y guapa y elegante, y Princesa Ouronsoff, le encuentra

---

[1] Luisa Pelissier y Valera.

tan lucio que se ha empeñado en acabar de educarle. Ignoro hasta que extremo llegarán las lecciones que quiere darle: pero el caso es que se ha hecho muy amiga de Dolores, y, como está ahora convaleciente de mal parto, la manda llamar a cada paso, y llama también al niño, para que le hagan compañía. Ella quiere también aprender algo con Luis: quiere que Luis le enseñe la lengua española.

En estos días he estado yo más acompañado de amigos agradables. Ha estado aquí el Baron Greindl [2], Ministro de Bélgica en Lisboa, y hemos tenido muchas horas de conversación juntos.

El Marqués de Arcicollar [3] vino para ver a su mujer gravemente enferma. Esta Señora murió tres o cuatro días ha.

Adios. Consérvate buena. Yo estoy aburridísimo y me siento viejísimo, pero no estoy malo. Soy tu afectísimo hermano

JUAN

No me contestes a lo que no quieras o no convenga que sepa Dolores, porque se empeña en leer tus cartas, y no quiero andar recatándoselas.

220

Legación de España en Bruselas, 21 de Marzo de 1887.

Querida hermana:

Por este correo te mando dos ejemplares del tomo de obras mías, que acaba de publicarse en Madrid: uno es para tí o para Luisa, si le quiere: el otro es para el Señor Fernando Brunetière, crítico de la *Revista de Ambos Mundos* y persona muy conocida. No sé las señas de su casa, pero no dudo que te será fácil enviarle el libro por conducto seguro, así como la carta, que adjunta te envío, por si quieres leerla, vá abierta: ciérrala y enviala al Señor Brunetière con el libro. En el ejemplar para el Señor Brunetière hay dedicatoria, escrita de mi puño.

Anoche ví en una tertulia a la estúpida Mercedes Bayens [1],

---

[2] (Ver nota 2 de la carta 87.)
[3] Juan de Silva y Téllez Girón, marqués de Arcicollar. Diplomático. Ingresó en la carrera en 1844.
[1] Baronesa de Bayens. (Ver nota 4 de la carta 188.)

la cual me dijo que Luisa [2] había estado muy enferma. Supongo, deseo y espero que Luisa estará ya buena o al menos muy aliviada. Dale de mi parte mil cariñosas expresiones.

En esta casa todos están bien de salud y te dán mil amistosas memorias. Avisame el recibo de los libros, y el envío de la carta y del libro a Brunetière.

Adios. Te quiere de corazón tu afectísimo y buen hermano

JUAN

221

Legación de España en Bruselas, 26 de Marzo de 1887.

Mi querida hermana:

Recibí a su tiempo tu carta del 22. Mucho me alegraré de ver por ella que Luisa [1] estaba muy aliviada. Deseo que esté ya buena del todo.

Me lisonjea en extremo que leas con gusto el tomo de obrillas mías que te he enviado. Yo creo que los diálogos *Aselepigenia* y *Gopa*, y los cuentos, sobre todo *Las salamandras azules,* son, echando la modestia a un lado, discretos y graciosos. Para mí es evidente que el Sr. Brunetière [2] los estimaría en mucho y hasta escribiría sobre ellos en la *Revue des deux Mondes,* si supiese español y acertase a entenderme pero esto es lo que pongo muy en duda. Dicho Señor Brunetière escribió, tiempo ha un artículo muy encomiástico de *El Comendador Mendoza:* pero fué, a no dudarlo, en vista de la menos que mediana traducción francesa de Alberto Savine [3].

De todos modos, yo le he enviado el tomo como muestra de gratitud. Veremos si el Señor Brunetière me contesta algo; aunque también es posible que no conteste, ya por pereza, ya por ignorar que yo estoy de Ministro de España en Bruselas.

Claro está que me convendría mucho que Brunetière elo-

---

[2] Luisa Pelissier y Valera.
[1] Luisa Pelissier y Valera.
[2] Ferdinand Brunetière. Literato y crítico francés. Nació en Tolón (1849-1906). Profesor de la Escuela Normal Superior de París. Director de la *Revista de los dos Mundos*. Miembro de la Academia Francesa (1893). Orador brillante. Autor de estudios críticos de Historia y Literatura francesa.
[3] (Ver nota 3 de la carta 73.)

giase mi libro. En España, donde se estima tanto la opinión de Francia, esto levantaría mi crédito de escritor, aunque yo, a la verdad, no puedo quejarme de España, en este punto. Tengo un público escogido, que me lee con placer y me encomia, no solo en la Península, sino en toda la América, donde se habla español.

Lo malo es que esto me vale poquísimo dinero.

Adios. Créeme tu afectísimo y buen hermano

JUAN

Dolores y los chicos bien de salud y te envían cariñosas expresiones.

222

Bruselas, 29 de Marzo de 1887.

Mi muy querida hermana:

Ayer recibí tu carta del 27. Mucho te agradezco que, con tantos trabajos y dificultades, hayas llevado tu misma el tomo y la carta a la *Revue des deux Mondes* para que se la entregasen al Señor Brunetière [1]. Este Señor no extrañará mi obsequio. Antes le hallará natural, aunque tardío, pués él hizo, tiempo ha, un elogio extraordinario de *El Comendador Mendoza*, del cual ni le he mostrado gratitud ni me he dado por entendido hasta hoy. El Señor Brunetière es hombre muy entendido y de buen gusto y yo doy por cierto que si entendiese el castellano, lerría mi libro, gustaría de él, y le elogiaría. Lo malo es que, como sospecho, el Señor Brunetière no debe saber palabra de nuestra lengua; y no es facil adivinar un libro escrito por mí cuando no se sabe bien el castellano. En fin, veremos si dicho Señor me contesta y lo que me contesta. Ya te lo diré, si es que recibo contestación.

Siento que el pleito de Luisa vaya tan lentamente y te cueste tanto.

Aquí hay muchas reuniones, a pesar de la cuaresma. Dolores vá mucho por cumplir, pero yo creo que se divierte, cuando se le figura que le hacen bastante caso. El caso... es su manía.

---

[1] Ferdinand Brunetière. (Ver nota 2 de la carta 221.)

Luisito sigue siendo el Chérubín de la Princesa Ouronsoff. Yo estoy menos mal de salud, aunque harto fastidiado y cansado de todo.

Anoche, en una tertulia, apareció la Baronesa Bayens [2] con una guirnalda de margaritas que nos dejó patidifusos. Estaba empecatada la pobre.

También estuvieron sus hijas [3], con las que decididamente no simpatizamos. La Consuelito, sobre todo, es una tonta alambicada de la civilización parisina: un *double extrait* de tontería.

Mucho celebraré que el Arzobispo de Sevilla [4] haga en Roma algo que sea útil en tu pleito.

Adios. Mil cariñosas expresiones a Luisa [5]. Recibid las de mi mujer y de los chicos. Soy tu buen y afectísimo hermano

JUAN

223

Legación de España en Bruselas, 4 de Abril de 1887.

Mi querida hermana:

Días ha que no recibo cartas ni noticias tuyas. Espero y deseo que no ha de ser por falta de salud, y que Luisa [1] ha de estar ya completamente buena.

Dolores y los chicos lo están. Yo voy tirando.

Envié al Señor Brunetière [2] mi libro porque en un artículo que publicó en la *Revue des deux Mondes,* 15 de Noviembre de 1881, y que reprodujo en un tomo de obras suyas, impreso en 1884 por Calmann Lévy y titulado *Histoire et litterature,* elogia muchísimo *El Comendador Mendoza,* aunque algo a expensas de otras novelas mís, que se conoce no ha leído. De *El Comendador* se nota que solo la traducción francesa conoce, y que no sabe el castellano. Pero en fin yo le enviaba el libro como muestra de gratitud, aunque tardía, sin excitarle a leerle, ni a aprender el castellano para leerle. Pudiera, pués, el Sr. Brunetière haberse limitado a darme a su vez las gracias: pero ni

---

[2] Mercedes. (Ver nota 4 de la carta 188.)
[3] Amparo e Isabel Bayens. (Ver nota 4 de la carta 188.)
[4] Fray Ceferino González. (Ver nota 6 de la carta 90.)
[5] Luisa Pelissier y Valera.
[1] Luisa Pelissier y Valera.
[2] Ferdinand Brunetière. (Ver nota 2 de la carta 221.)

esto ha hecho. Verdad es que yo no puedo quejarme. Así como yo he tardado cinco años en agradecerle su artículo, puede él tardar otros cinco en agradecerme mi presente. Esperaré, pués, con calma la contestación del Señor Brunetière hasta el año 1892, si vivo para entonces.

Ya terminé mis *Apuntes sobre el nuevo arte de escribir novelas*. Ahora se imprimirán en un tomo, que te enviaré cuando salga. No dudo que ha de ser curioso de ver como juzga un español la literatura francesa de ahora.

Sigo con ganas de ir a París a pasar unos días. Veremos si puedo después de Pascuas.

Adios. Dá a Luisa mil expresiones cariñosas. Créeme tu afectisimo y buen hermano

JUAN

224

Legación de España en Bruselas, 8 de Abril de 1887.

Querida hermana:

Recibí hace algunos días, carta tuya. No te he escrito desde entonces por que no quiero cansarte y abrumarte con lamentaciones, y diciendo siempre lo mismo.

¿Qué te he de contar de aquí, si no veo a nadie, me paso días enteros sin salir de casa, y no hago más que afligirme, rabiar o leer y escribir para ver si me distraigo?

Dolores y los chicos no lo pasan tan mal como yo: pero al fin tampoco se divierten.

Yo, lo confieso, estoy poco divertido, y me pesa de ello: no quiero molestar a nadie. Quisiera que todos, en torno mío, estuviesen contentos y regocijados: pero francamente, nunca hizo mi mujer nada para que lo estuviese yo.

Se nos viene encima el verano. Esto vá a ser una soledad. Yo quiero ir a Madrid con licencia. Si mi mujer se queda aquí gastará mucho. Si se vá, puede gastar menos. Yo le podría dar, estando yo aquí, 2.000 ó 2.500 francos al mes: pero estando yo con licencia poco más de mil le podía dar. Ella tiene además por sí. De todos modos si fuera a Francia a un campo barato, o con Vds. a Villerville, pagando su parte, me saldría a mi la cuenta. Si mi mujer se queda aquí es casi imposible que yo me vaya, aunque reviente. No le digas a ella nada de esto: no quiero escenas trágicas. Allá veremos como me las compon-

331

go. Si el Señor Brunetière [1] se digna contestar a mi carta, te lo diré: pero me parece que no se digna.

Adios. Te haré yo también la prevención que tú a menudo me haces: te diré: rasga mi carta.

Créeme tu afectísimo y buen hermano

JUAN

Sé que nuestro sobrino Juanito [2] llegó sano y salvo a Pekín.

225

Legación de España en Bruselas, 18 de Abril de 1887.

Mi querida hermana:

Hace días que no recibo cartas ni noticias tuyas: pero yo tengo en parte la culpa, pués he dejado sin contestar tu última carta. Y no por falta de salud. Ahora me siento mejor. Lo que tengo es mucha tristeza, pésimo humor y no pocos cuidados.

Mi mujer y los chicos están muy bien. Luis ha hecho lucidísimo papel en unos cuadros vivos, que aquí se han hecho para beneficio de no sé qué pobres. Hacía Luis de paje que le pone la chinela a Cendrillón. De Cendrillon hizo una Princesa de Caraman-Chimay, que es la más guapa señorita de esta *high life*. Fueron muy aplaudidos.

En casa también hemos tenido fiesta improvisada, que salió muy bien. Vinieron siete españoles que forman estudiantina y andan corriendo la tuna. Se hallaban sin un ochavo, y los socorrimos y los hicimos tocar, cantar y bailar. Gustaron mucho a las no muchas personas, a quienes solo nos atrevimos a convidar, temerosos de que los compatriotas se deslucieran. Pero en fin, gustaron, y tuvimos más de cuarenta personas a oirlos, entre ellas las Bayens [1].

Sigo con mi propósito de ir ahí y aún de ir a Madrid con licencia. Veremos si en Mayo lo realizo.

Ya te avisaré con tiempo cuando iré ahí.

Me alegraré saber de tu salud y de la de Luisa [2].

---

[1] Ferdinand Brunetière. (Ver nota 2 de la carta 221.)
[2] Juan Mesía de la Cerda y Valera.
[1] (Ver nota 4 de la carta 188.)
[2] Luisa Pellisier y Valera.

Aún no me ha contestado el Sr. Brunetière[3]: pero en fin ¿quién sabe? Aún no pierdo la esperanza de que dicho Señor esté fino.

Adios. Te quiere tu hermano

JUAN

Anoche tuvimos otra vez la estudiantina en casa de la Princesa Ouronsoff[4], quién convidó doble gente que nosotros y dió una fiesta brillante. Ya ves que diversiones nos sobran.

Dolores rabia mucho, pero vá a todas partes y algo se divierte.

226

Legación de España en Bruselas, 19 de Abril de 1887.

Mi querida hermana:

Cuando ya había ido al correo la carta, que te escribí ayer, recibí la tuya del 17 a la que contesto ahora.

Te escribo además para decirte que acabo de recibir carta, fechada en Sevilla, del Cardenal Arzobispo, Padre Ceferino Gonzalez[1], el cual ha vuelto ahora de Roma, y me pone este párrafo que copio:

«Hice recomendación con toda eficacia, asegurándome hallarse en favorable estado el proceso, siendo solo necesario se active por parte de Vds. la resolución.»

Dice además el Padre: «Procuraré inquirir el punto en que se hallaba el proceso y recibí la nota que remito adjunta.»

Yo, a mi vez, te la remito también, por si algo te vale, aunque calculo que sabrás de sobra lo que la nota dice, pero la nota te prueba el interés del Padre Ceferino que me la envía.

Mi madre política está ahora con unos de los ataques que suelen darle. Esto es terrible para mí, no solo por el disgusto natural que me causan los males de dicha Señora, sino por lo sobre-excitada y nerviosísima que mi mujer se pone.

Mis chicos están bien de salud. Yo los quiero mucho, pero

---

[3] Ferdinand Brunetière. (Ver nota 2 de la carta 221.)
[4] Princesa rusa que vive en Bruselas, y estando en Spa (el Balneario), tiene un romance fugaz con Luis Valera Delavat; ella era casada.
[1] (Ver nota 6 de la carta 90.)

tengo de ellos mis quejillas. No es posible hacer menos caso que el que hacen de su madre, y de mí no hacen mucho más. Ambos creen que valen, saben y pueden más que nosotros. Cuando está uno viejo esto duele. Cuando está uno viejo debiera uno, además de hijos, volver a tener padre. La mocedad es egoísta y presumida. En fin, no filosofemos.

Adios. Créeme tu afectísimo hermano

JUAN

227

Legación de España en Bruselas, 14 de Mayo de 1887.

Mi querida hermana:

Recibí a su tiempo tu carta del 10. No te he escrito antes porque en estos días hemos tenido aquí muchos quehaceres y diversiones.

Hoy ha habido una gran fiesta que dá este Rey [1], todos los años, en su Palacio y jardines de Laeken, cuyos invernáculos son magníficos. Dolores y yo hemos estado. Creo que Dolores no lo ha pasado mal. Llevaba un vestido nuevo bastante bonito, y se le han alabado.

El 17, y no el 23 como yo por equivocación te había dicho, es el aniversario primero del reinado y nacimiento del Señor Rey Don Alfonso XIII [2]. Con tan solemne y plausible motivo no podemos menos, así como para pagar los convites que nos han hecho, de dar una comida. Tendremos a comer 20 personas. Dios quiera que salga bien, pués sería triste, a más de gastar, desdecirse y aguantar el sofoquin de Dolores, que anda muy afanada con los preparativos. El 28 sin falta estaré en París. No puedo ir antes. En París hablaremos de todo, y concertaremos cuando podrá ir mi gente a pasar contigo dos o tres semanas, si en efecto vais a Villerville.

Vosotras también, Luisa [3] y tú, podréis venir luego por aquí. Luisa no ha visto ni Bruselas ni Amberes, y creo que gustaría de ver ambas ciudades que son bonitas.

---

[1] Rey (belga) Leopoldo II.
[2] Rey don Alfonso XIII de España.
[3] Luisa Pelissier y Valera.

Si hubiera tiempo, y no costase muy caro, también podrían Vds. ir a Spa [4] por dos o tres días.

En fin, ya hablaremos en tu casa sobre todo esto.

Mis chicos están bien de salud, y muy guapos.

He extrañado muchísimo, lo confieso, que el Sr. Brunetière [5] no haya contestado a mi carta y al envío de mi libro. Te aseguro que no se le hubiera yo enviado, si él no hubiese elogiado extraordinariamente en la *Revista de Ambos Mundos* otro libro mío.

En fin, ¿quién sabe? Puede que el Sr. Brunetière resuelle de algún modo todavía.

Adios. Expresiones muy cariñosas a Luisa.

Cree que te quiere mucho tu buen hermano

JUAN

228

Bruselas, 23 de Mayo de 1887.

Mi querida hermana:

Recibí, no ha muchos días, tu carta del 19, fechada en Billy.

Me parece bien la época que fijas para la visita que mi gente puede hacer a tu casa de Villerville: del 15 de Julio, sobre poco más o menos, al 15 de Agosto. Yo creo que irán. Los chicos tienen mucha gana de ir.

Aquí tenemos mañana un gran baile, que dá Lord Nivian, Ministro inglés, para solemnizar el quincuagésimo aniversario del Reinado de la Reina Victoria [1]: su boda de oro con la Corona Británica. Supongo que habrá mucha gente en este baile.

Como a fin de mes se cobra la paga y se pagan con ella muchas cosas, me parece que no podré ir ahí el 28: pero el retardo será solo de dos o tres días. El último de este mes o el 1.º de Junio estaré en París. Te lo advierto por si te acomoda estar más tiempo en el Chateau de Billy que estés hasta fin de Mayo y no vengas a aguardarme en París antes de tiempo.

Mi mujer tiene ganas, a lo que parece, de ir a París otra

---

[4] Balneario belga, situado a treinta kilómetros de Lieja. Distrito de Verviers, cerca del Vese.
[5] Ferdinand Brunetière. (Ver nota 2 de la carta 221.)
[1] Reina Victoria de Inglaterra.

vez: pero, por causa de economía, he de procurar que no vaya ahora, sino cuando vaya en Julio a Villerville o vuelva de allí en Agosto.

De todos modos esto será lo que ella quiera, pués siempre hizo cuanto le dió la gana, y aún así rabió y gruñó siempre.

Adios. Créeme tu afectísimo hermano

JUAN

229

Bruselas, 27 de Mayo de 1887.

Querida hermana:

Recibí ayer tu carta del 25 y mucho contento de saber que estabas bien de salud. Yo sigo menos que medianamente. Sin embargo haré por estar ahí muy pronto para pasar contigo tres o cuatro días.

Creo y espero que mi mujer y los chicos irán con gusto a Villerville para después del 16 o del 17 de Julio.

Si luego, en Agosto, no nos pareciese muy caro, podríamos hacer juntos una breve excursión a Spa, y de todos modos, si Luisa no conoce Bruselas, podría venir a pasar con nosotros en Bruselas una semana, o más, si aquí no se aburría demasiado.

Muchísimo celebraré que tu cuñado [1] esté ya restablecido de su enfermedad. Dá a él y a su mujer muy cariñosas expresiones mías.

El día antes de mi salida de aquí te avisaré por telégrafo. No te molestes tu en ir a la estación, pero envía un criado.

Me parece que mi mujer, ahora que conoce gente, que recibe, que vá de convite y que a veces los tiene, está divertida y aficionada a esto: pero no creas que está por eso de mejor humor, ni más afable conmigo, ni menos propensa a molerme, a secarme, a jorobarme y atormentarme por todos estilos.

Esto no acabará sino con mi muerte, cualquiera que sea mi posición.

Adios. Conservate buena y créeme tu afectísimo y buen hermano

JUAN

No contestas a mis lamentaciones y desahogos.

---

[1] Se refiere al general Pelissier.

336

Bruselas, 2 de Junio de 1887.

Querida hermana mía:

Estamos ahora en la triste operación de hacer cuentas: ver lo que hemos gastado en estos últimos días, y despedir al cocinero, que nos ha robado de modo horrible e insolente.

Yo estoy nervioso, atribulado, con las piernas tan flojas, que apenas puedo andar: en fin me siento hecho una lástima.

Esto mismo, no obstante, que hace difícil que pueda ir yo hoy o mañana o tal vez pasado a París, me excita más y más a ir a París, a ver si me distraigo y mejoro, mudando de aires, y charlando contigo. Haré un esfuerzo para estar ahí el 5 o el 6, y el día antes te lo avisaré por telégrafo.

Perdoname que te muela tanto anunciándote mi ida, y no acabando de ir. Yo creo que de esta vez no falto, ni me vuelvo atrás, y que estaré ahí, el lunes 6, por la noche; a las 6 supongo, saliendo de aquí el mismo día a la una de la tarde.

Adios. Cariñosas expresiones a Luisa [1]. Créeme tu afectísimo hermano

JUAN

Spa, 17 de Agosto de 1887.

Mi querida hermana:

No te he escrito en estos días, porque con Dolores, los chicos, Madame Bauer [1] y familia y mi amigo Correa [2], hemos hecho una corta y agradable excursión por Alemania. Hemos estado en Aquisgran, Colonia y Bonn. Desde allí hemos subido embarcados hasta Bingen por el Rhin. Luego nos hemos detenido en Rudesheim, Wiesbaden y Francfort.

Además una carta para dar gracias no puede tener flores retóricas: mientras más natural mejor. Sea como sea, no obs-

---

[1] Luisa Pelissier y Valera.
[1] Ignacio Bauer. (Ver nota 3 de la carta 62.)
[2] Raymundo Correa. Poeta brasileño. Nació en 1860 y murió en París en 1911. De exquisita sensibilidad e inspiración melancólica. Autor de varias colecciones de versos compuestos por los años 1879 al 1906.

22

tante, y ya que lo quieres, allá vá lo que yo diría al Cardenal Benavides [3]:

Excmo. Señor Cardenal Don Francisco Benavides — Arzobispo de Zaragoza — Muy distinguido Señor mío y bondadoso amigo: No sé como mostrar a Vd. mi profunda gratitud por el interés con que mira el asunto de mi hija [4] y por cuanto hace en favor suyo, escribiendo a Roma. Harto comprenderá Vd., con su claro entendimiento y con su experiencia de mundo, la justicia de nuestra causa. La propia tardanza de mi hija en apelar a tal extremo, deja patente la crueldad de su suerte, si vuelve a poder de un hombre, cuyos defectos físicos pudo sufrir resignada durante años para evitar el escándalo, pero cuyos vicios y cuya perversidad de carácter, vinieron al cabo a ser intolerables y obligaron a mi hija a tomar la determinación que tomó. Si la Sagrada Congregación, lo que Dios no permita, fallase en contra de mi hija, no solo conservaría un matrimonio no consumado, monstruoso y estéril, sino sujetaría a mi hija al dominio de un hombre que la maltrata de palabras y de obras y destruye su hacienda y la mía. Ya Vd. comprenderá que cuando el Conde J. Zamoyski [5] pugna por volver a unirse a su mujer, no será para amarla, sino para atormentarla, arruinarla y tiranizarla. Siga Vd. pués, haciendo la noble obra de caridad de defendernos contra este peligro que nos amenaza, y escriba, cuando no le moleste, a algunos otros amigos influyentes que tenga en la Corte Pontificia, a mas de aquellos a quienes ya ha escrito.

Perdóneme Vd. que insista en mis ruegos, al darle las gracias por la buena y generosa amistad que me demuestra, la que no solo me inspira gratitud, sino atrevimiento para pedir más.

Créame Vd. siempre su amiga y s. s. q. b. s. m.

LA DUQUESA DE MALAKOF

Pongo más acaso, y no menos, de lo que debes decir, pués suprimir es fácil, si hallas algo de sobra. Además, al dar las gracias, lo natural es insistir en el ruego, hasta para mostrar el vivo interés del negocio.

Adios. Créeme tu afectísimo hermano

JUAN

Memorias cariñosas a Luisa.

---

[3] Francisco de Paula Benavides. (Ver nota 3 de la carta 205.)
[4] Luisa Pelissier y Valera.
[5] Zamoyski, esposo de Luisa Pelissier. (Ver nota 2 de la carta 97.)

Spa, 3 de Septiembre de 1887.

Mi querida hermana:

He recibido tu carta del 1.º con la adjunta del Cardenal Benavides [1], que te devuelvo, como deseas.

Yo entiendo que en esto de escribir cartas, nadie atina mejor que el que las escribe por sí y no en nombre de otra persona, pués, en este segundo caso, es difícil que tengan la espontaneidad y la sencillez que deben tener.

Esta ciudad está desconocida. Seis veces mayor que en 1866 cuando estuvimos allí, y llena de soberbios edificios y monumentos nuevos.

Desde Francfort nos fuímos a Heidelberg, donde no dejamos nada por curiosear. Y ya en Heidelberg, nos separamos. Los Bauer [2] y Correa [3] se fueron a Basilea y nosotros nos volvimos aquí de un vuelo. Creo que Dolores y los chicos se han divertido mucho. Vuelven encantados y bien de salud. Luis casi no ha echado de menos a la Princesa [4]. La noche, víspera del día en que salimos de aquí, hubo en esta casa escenas trágico-cómicas. Luis se había ido a caballo a Vervier con la Princesa y no volvía. Eran las diez de la noche y ya Dolores perdió paciencia. Fuímos a buscar a Luis en casa de la Princesa, que acababa de llegar con *son beau page*. Dolores estuvo famosa, y las disculpas de la Princesa fueron graciosísimas también. En fin, yo saqué a Dolores casi a tirones para que dejase en paz a los viajeros equestres, que iban a cenar.

Muchísimo siento que General Pelisier [5], que tanto debía al Mariscal, no haya pensado más y mejor en su sobrina [6] al hacer testamento. Dios quiera que Aglae [7] lo remedie, como debe y es justo.

---

[1] Francisco de Paula Benavides. (Ver nota 3 de la carta 205.)
[2] Ignacio y familia. (Ver nota 3 de la carta 62.)
[3] Raymundo Correa. (Ver nota 2 de la carta 231.)
[4] Ouronsoff. (Ver nota 4 de la carta 225.)
[5] Cuñado de Sofía Valera.
[6] Luisa Pelissier y Valera.
[7] Abogado y albacea testamentario del mariscal Pelissier, que defiende los derechos de Sofía Valera.

Siento también muchísimo todos los percances y locuras del pobre Juanito [8], que ya, hacía tiempo, estaba muy disparatado. Adios. Conservate buena. Dá a Luisa mis expresiones mías más cariñosas y cree que te quiere tu afectísimo y buen hermano

JUAN

233

Legación de España en Bruselas, 23 de Octubre de 1887.

Querida hermana:

Te supongo ya de vuelta en París, a donde te escribo, contestando a tu carta del 16. No te he escrito antes por que nada nuevo tenía que decirte. Mis asuntos siguen lo mismo. Mi mujer sin resolver si se irá o se quedará aquí. Yo, a más tardar, saldré de aquí en los primeros diez días de Noviembre. Mucho sentiré que ya para entonces te hayas ido a Roma y que, a mi paso por París, no nos veamos. De todos modos, espero que me avises de tu salida para Roma, si esta salida ocurre antes que se realice la mía de aquí.

Yo creo que mi mujer se quedaría en Bruselas y no se movería por ahora, si no fuese por el gran deseo que tiene Carmen de perder esto de vista.

Mi cuñado Pepe Delavat [1] viene del Japón con licencia. A mediados de Noviembre estará aquí. Quizás mi mujer espere aquí hasta entonces: lleve luego a Pau, a su madre, pués allí su madre tiene un hermano, y luego vaya a juntarse en Madrid conmigo.

En suma, todo está muy sin resolver aún.

Me alegraré de que tu abogado hable con el Conde de Coello [2], que es listo, entrometido y debe de tener muchos amigos en Roma.

---

[8] Juan Mesía de la Cerda y Valera.
[1] José Delavat y Arêas, hermano de Dolores Delavat.
[2] Noble granadino, diplomático, que ya en el año 1859 escribe desde Roma a Sofía Valera pidiéndole ayuda económica urgente.

Adios. Expresiones cariñosas a Luisa [3] y créeme tu afectísimo hermano

JUAN

234

Bruselas, 6 de Noviembre de 1887.

Mi muy querida hermana:

Dolores, con su madre, con Carmen y con la inglesa, arrancó por último esta mañana. Supongo que, al recibir tu esta carta la habrás visto ya. Iba nerviosa y disgustada, y triste de abandonar tan hermosa casa, etc., etc. Pero era imposible continuar así. No tenemos nosotros la habilidad que tienen otras personas. Para vivir como vivíamos, y no podíamos vivir más humildemente aquí, necesitábamos 17 ó 18.000 duros, y no los 10.000 escuetos que dá el Gobierno. Hemos tenido que acudir a tí y que levantar un empréstito después de haber agotado todo. Para esto, más vale vivir en Madrid, hasta sin turrón, y comiendo patatas.

Esto no quita para que yo saque fuerzas de flaqueza y haga cuanto esté a mi alcance para ganar de nuevo posición y dinero en Madrid. Aquí, a más de vivir ahogado y apurado, me pudría, me rebajaba, me reducía cada vez a la insignificancia para que al cabo me echasen también de aquí, como me echaron de Washington.

En fin, la suerte está echada. Yo pienso salir de aquí a fines de este mes o en los primeros días de Diciembre y llevo propósito de no volver sino para presentar mis recredenciales.

Sin embargo, hasta que no halle yo en Madrid otro arreglo o manera de vivir, más vale decir que voy con licencia y que volveré cuando la licencia termine.

Carmencita es la que vuelve contentísima a Madrid. Aquí se aburría de muerte, por que esta gente sin poderlo remediar, es fastidiosa y apestosa de todas veras.

Adios. Expresiones cariñosas a Luisa [1].

Créeme tu afectísimo y buen hermano

JUAN

---

[3] Luisa Pelissier y Valera.
[1] Luisa Pelissier y Valera.

Bruselas, 9 de Noviembre de 1887.

Mi querida hermana:

Mil gracias por las buenas noticias que me das sobre mi familia, que espero esté ya a estas horas en Madrid, con toda salud.

Me alegro de que Dolores fuese contenta. A la verdad que no tenía razón para ir melancólica de dejar esto. Aquí, la casa era un rabiadero constante, y la sociedad no nos distraía. Nuestro mal humor y mi poca salud no nos predisponían para ganar voluntades, y además esta gente es apestosísima de suyo.

Celebraré mucho que nuestro cuñado Alonso[1] gane dinero con su máquina: pero aún lo pongo en duda, no tanto por la opinión que de la máquina pueda yo formar, sino de la opinión tan mala que tengo de los yankees, que burlaran a Alonso, y, si pueden, se quedarán con todo lo que produzca la máquina, suponiendo que produzca.

El pique y el furor de Carlos Mesía[2] contra mí, siguen chocándome en extremo, pués no me remuerde la conciencia de haberle hecho el menor agravio: y, si no a él, a sus sobrinos[3], los he valido y servido más de lo que merecían.

Al pobre, que está loco[4], le he tenido más de dos años conmigo, manteniéndole, tratándole mejor que a un hijo mío, y aguantándole todas las majaderías. Si no me fué posible sacar cruces para Carlos, saqué para Juanito[5] las dos de Portugal, Villaviçosa y de Cristo: y a él y a su hermana[6] los tuve en Lisboa y en Cintra, muy agasajados, y todo el tiempo que quisieron.

Si Juanito hubiera seguido conmigo o hubiera estado con su familia, o yo, o su familia hubieramos tenido mucho que sufrir: pero probablemente no estaría loco el chico, sino tonto, como de costumbre. Harto francamente se lo dije a los Caicedos[7] en cartas: que Juanito no debía salir de Madrid para

---

[1] Alonso Mesía de la Cerda, marqués de Caicedo.
[2] Carlos Mesía de la Cerda, hermano de Alonso.
[3] Los hijos de Alonso Mesía de la Cerda.
[4] Juan Mesía de la Cerda y Valera.
[5] Juan Mesía de la Cerda y Valera.
[6] Juan y Antonia Mesía de la Cerda y Valera.
[7] Marqués de Caicedo e hijos.

ninguna Legación, a no venir conmigo: pero los hermanos no tuvieron paciencia, le enviaron a China para quitarsele de encima, y necesariamente sobrevino la catástrofe.

Luis y yo seguiremos aquí hasta fin de mes. Para fin de mes iremos a Madrid, pasando por París, donde celebraré verte a mi paso. Por este lado, deseo que no tengas necesidad de ir tan pronto a Roma.

Ahí hablaré yo con la Reina Doña Isabel [8], a ver si logro interesarla bien en favor vuestro. Entiendo, no obstante, que tú y Luisa [9] debéis ir a verla. Ella se paga mucho de esto.

Todo puede concurrir a que salgáis con vuestra difícil empresa de la nulidad adelante. Yo comprendo todos los inconvenientes de la mera separación: pero es menester resignarse a ella, si no se logra otra cosa.

Adios. Cuídate, conservate bien, no te apures demasiado, que nada se consigue con apurarse, y créeme tu afectísimo hermano

JUAN

236

Madrid, 9 de Marzo de 1888.

Mi querida hermana:

Veo por tu última carta que estás aún llena de inquietud y con no pocos recelos que me parecen infundados. Lo natural será que los jueces confirmen la primera sentencia, si hubiera apelación: y en cuanto al Padre Santo [1] no creo que se deje ablandar por los ruegos y lágrimas de cocodrilo del Conde polaco [2]. De todos modos vosotras no debéis dormiros, sino ver también al Padre Santo, y decir que la reunión de los conyuges sería ya abominable y enorme infortunio para ambos.

He visto a Martos [3], le he dado gracias por lo hecho, y le he excitado a que escriba de nuevo en tu favor a Groizard [4]

---

[8] Reina de España, Isabel II.
[9] Luisa Pellissier y Valera.
[1] León XIII. (Ver nota 5 de la carta 193.)
[2] Conde J. Zamoyski. (Ver nota 2 de la carta 97.)
[3] Cristino Martos. (Ver nota 6 de la carta 115.)
[4] Alejandro Groizard y Gómez de la Serna. (Ver nota 3 de la carta 193.)

por lo que pueda ocurrir. Yo no pido a Doña Isabel II,[5] que se empeñe con la Archiduquesa [6] para que esta escriba a Roma, porque tal vez la Reina abuela [7] y la Archiduquesa no han de ser muy amigas. A Doña Isabel, ignoro con que fundamento, tal vez con alguno, la echó de aquí el Gobierno, porque dice que conspiraba. Hay quién afirma que el Gobierno quería echar a Doña Isabel a París, si bien ha consentido al cabo en que vaya a Sevilla. En esta situación no creo que Doña Isabel sea buen empeño para la Archiduquesa.

Veré si el mismo Sagasta [8] tiene a quién escribir ahí y le pediré que escriba.

Martos lo hará.

El Señor Isbert [9], como corre-ve-y-dile puede servirte de mucho. Ve también al Conde Coello [10], que es buen amigo.

Yo sigo medianejo de salud, y sumamente triste, por lo apurado de mi situación y por el espantoso carácter de mi mujer que hace un infierno del hogar doméstico.

Madame Delavat está algo intercadente, lo cual agrava la situación aflictiva y trágica de esta casa: pués, aunque yo no crea que mi mujer ame mucho a nadie, hace como quien ama, a fin de moler más a todo prójimo y singularmente a su marido.

Carmen y Luis están ambos muy bien de salud.

Mi licencia terminará a fin de este mes y aún no he decidido nada. Yo me inclino a ir a Bruselas, aunque solo sea para presentar mis recredenciales y despedirme.

Adios. Mil cariñosas expresiones a Luisa [11].

Soy siempre tu afectísimo y buen hermano

JUAN

---

[5] Reina de España.

[6] Doña María Cristina de Habsburgo Lorena, esposa de don Alfonso XII, rey de España.

[7] Se refiere a Isabel II, reina de España.

[8] Práxedes Mateo Sagasta. (Ver nota 3 de la carta 69.)

[9] Funcionario del Vaticano en el proceso de la anulación del matrimonio de Luisa Pelissier con Zamoyski.

[10] (Ver nota 2 de la carta 233.)

[11] Luisa Pelissier y Valera.

Madrid, 12 de Abril de 1888 ?

Mi querida hermana:

Hoy he recibido carta tuya sin fecha: pero supongo que es de hace dos o tres días, y veo con gusto por ella que estás bien de salud. Aquí mi mujer y mis chicos están muy bien. Yo soy quién no está bien; y tengo además, sin poder remediarlo, un humor más negro que la tinta con que te escribo.

Mi licencia terminó el último de Marzo. Nada se ha decidido. El Gobierno me ha dado una prórroga de licencia por un mes. Veremos si en lo que queda, hasta que Abril termine, se resuelve alguna cosa. Lo único que yo he decidido por mi y para mí es no volver a Bruselas, donde estoy desairado, cuando los que fueron mis escribientes, cuando era yo oficial de la Secretaría, son Embajadores, como Merry del Val[1]. Además, yo pasaría por la humillación, si me valiese para ahorrar tres o cuatro mil duros al año; pero me parece absurdo pasar por la humillación para entramparme y embarrancarme más cada día, gastando lo que no tengo. Lo que yo debiera hacer, sería no aceptar nada ahora y quedarme cesante. El medio de hacerme valer sería este: este sería el medio de que me diesen una Embajada o de que me hiciesen Ministro de la Corona: pero mis apuros, mis obligaciones y mi miseria, no me consienten adoptar este medio.

El Gobierno actual, a fin de darme algunas dedalitas de miel, me ha hecho dos favores, que podrán lisonjear, pero que nada valen: ha dado a mi mujer la banda de María Luisa[2], y me ha nombrado Secretario de una gran Comisión, nombrada para preparar las magníficas fiestas con que aquí quieren solemnizar el cuarto Centenario del Descubrimiento de América. Estas fiestas serán en 1892, y se destinan tres millones de pesetas para los gastos. Si para el año de 1892 estoy vivo aún, espero que tú y Luisa[3] vendréis a las fiestas, a las que desde

---

[1] Alfonso Merry del Val, marqués de. Diplomático español (1864-1943). Estudia en Lovaina. Entra en la diplomacia en 1882. Destinado en la Secretaría de Alfonso XII y Embajadas de Tánger y Bruselas. Marqués en 1925. Embajador en Londres (1913-1931).

[2] Banda de María Luisa. Condecoración creada por la reina María Luisa, esposa de Fernando VII.

[3] Luisa Pelissier y Valera.

ahora os convido, como Secretario de la Comisión, nada menos. Además de lo que nosotros, los de la Comisión, proyectemos, el Gobierno hará una gran Exposición retrospectiva y actual, de todo objeto americano, artificial y natural, antiguo y moderno.

Yo pienso que estaría bien hacer en Barcelona una brillante representación de la vuelta de Colón, de su primer viaje, y de su presentación a los Reyes Católicos. Esto bien hecho, podría, ser un paso espléndido y una pompa histórica y alegórica de gran lujo y primor. En fin, con cuatro años de preparativos, bien pueden hacerse cosas estupendas.

Adios. Estoy impaciente por saber la última, definitiva e irrevocable sentencia en el pleito.

Ahora escribo aquí algo para el público: pero esto produce en España muy poco.

Créeme tu afectísimo y buen hermano

JUAN

238

Madrid, 21 de Abril de 1888.

Mi querida hermana:

Acabo de recibir tu carta del 17 y mucho sentimiento al ver lo triste y afligida que estás. Yo rabio muchísimo y me pongo también muy triste cuando no estoy bien de salud: pero, con buena salud, no hay apuro pecuniario que baste a descorazonarme. Dios proveerá.

El Gobierno, entretanto, ha regularizado mi situación, dándome permiso para asistir aquí a las Sesiones del Senado, de suerte que mientras las Cortes estén abiertas, me durará esto, cobrando yo aquí mi sueldo personal íntegro. Con esto, y con lo que yo gane escribiendo, bien puede Dolores, con maña y arreglo, ir tirando, y no debe quejarse.

Tengo además un turrón honorífico: pero quién sabe si podré sacar de él, decorosamente, algo de sustancial? Soy Secretario de la Comisión nombrada para ir preparando las magníficas fiestas que queremos que haya para celebrar el 4.º centenario del Descubrimiento de América, que es año de 1892.

Carmen y Luis están muy bien de salud. Carmen tiene mucho partido en todas partes. La hallan graciosa, bonita y diver-

346

tidísima. Luis tiene mucho talento, y será hombre de provecho y hará papel en el mundo, si se aplica. Yo creo que ellos se las gobernarán bien, aunque yo no les deje nada cuando me muera.

Adios. Sacude la melancolía y procura distraerte: dá expresiones cariñosas a Luisa[1]: y créeme tu afectísimo hermano

JUAN

239

Madrid, 5 de Mayo de 1888.

Mi querida hermana:

No he estado bien de salud y aún estoy intercadente. Esto ha retardado que conteste a tu última carta del 27 de Abril. Lo hago ahora para decirte que fuí al Ministerio de Estado, donde el Subsecretario me prometió escribir a algunos de los Cardenales, de que me envías lista. Escribiré a la Reina Doña Isabel[1]. Y he rogado a Alejandro Pidal[2], que puede mucho con el Cardenal Gonzalez[3], Arzobispo de Sevilla, que le escriba, con empeño: sin perjuicio de que yo le escriba también.

A Don José Fernández, Dean de Sigüenza, escribí anteayer, para que el escriba al Cardenal Benavides[4].

Como supongo que el Cardenal Aloiso Masella se acordará de mí, pués fué mi colega diplomático en Lisboa, donde le obsequié, te envío carta para él. Vé a verle si ahí es costumbre, que sí lo será, que las damas visiten a los Cardenales.

Yo no dudo que Rascón[5], Groizard[6] y el Conde Coello[7] seguirán ayudándote.

---

[1] Luisa Pelissier y Valera.
[1] Isabel II de España.
[2] Alejandro Pidal y Mon. (Ver nota 3 de la carta 196.)
[3] Fray Ceferino González. (Ver nota 6 de la carta 90.)
[4] (Ver nota 3 de la carta 205.)
[5] Juan Antonio Rascón, conde de Rascón, diplomático, que ingresó en la carrera en 1854.
[6] Alejandro Groizard y Gómez de la Serna. (Ver nota 3 de la carta 193.)
[7] (Ver nota 2 de la carta 233.)

Espero que todo salga bien para tí y para Luisa[8], y que tus recelos sean infundados.

Adios y créeme tu afectísimo y buen hermano

JUAN

240

Madrid, 11 de Mayo de 1888.

Mi querida hermana:

Días ha que no recibo carta tuya, y como el 5, a lo que entendí, hubo de dictarse la sentencia en el recurso de apelación, estoy con cierto cuidado, por más que no me parezca probable que la segunda sentencia pueda haberte sido contraria.

No sé si mi carta para el Cardenal Aloisi Masella y las demas cartas llegarían a tiempo.

Aquí estamos todos bien de salud.

En una magnífica casa, con jardín, de Osma[1], hemos tenido un baile matinal brillante, en el que Carmencita se ha divertido mucho.

También ha habido un baile en la Embajada inglesa, carreras de caballos, muchas corridas de toros y otras diversiones.

Parece que nuestro hermano[2] el Marqués, vendrá por aquí, hacia el 20 del corriente.

Mis cosas siguen lo mismo. Sigo con licencia y no acaban de nombrarme para el Consejo de Estado.

Sigo entretenido en escribir para el público: pero con esto se gana harto poco en España.

De nuestro cuñado Alonso[3] se reciben noticias, con grandes esperanzas de éxito en el asunto de sus máquinas. Yo no lo creo hasta que lo vea. Mi otro cuñado, Delavat[4], ha sido nombrado Ministro Residente de España en el Brasil, que es lo que él deseaba, en vez del Japón, donde ha pasado dos años, volviendo aquí con licencia.

Dime si has conocido ahí a un Señor Don Mariano Cata-

---

[8] Luisa Pelissier y Valera.
[1] Blanquita Osma. (Ver nota 12 de la carta 51.)
[2] José Freuller, marqués de la Paniega.
[3] Alonso Mesía de la Cerda, marqués de Caicedo.
[4] José Delavat y Arêas, hermano de Dolores.

348

lina[5], que es ahora mi editor, y está en Roma pasando una
corta temporada, y le dí visita para tí.

Adios. Mil cariñosas expresiones mías a Luisa[6]. Créeme
tu afectísimo hermano

JUAN

241

Madrid, 23 de Mayo de 1888.

Mi querida hermana:

Acabo de recibir tu carta del 17. Como en ella me dices
que sales para París el 18, a París te dirijo esta carta.

Aquí no lo pasamos mal. Mi mujer está en un rabiadero
continuo: pero se diría que esto le aprovecha. Esta gorda, co-
lorada y floreciente.

Ya que estás en París, te aconsejo que le hagas una visita
a la Reina Isabel[1], y así aumentará su deseo de valerte y escribirá a los Cardenales con más ahinco y empeño en favor de
Luisa[2]. Yo no dudo de su buena voluntad y creo que algo
puede.

Sigo de Ministro en Bélgica. Harto sabes todas las razones
que tengo para no volver. Hoy además, aunque yo me resignase
a volver, sería ridículo. Lo mejor sería hacer dimisión y no ir
a parte ninguna. Yo no tengo gana de ser del Consejo de Estado, pero con la familia, que es numerosa y más que numerosa costosa, no sé como me he de pasar sin turrón. Esto me
hará apechugar con ser Consejero. Van retardando tanto el hacer este arreglo que empiezo a perder paciencia.

Creo que mi mujer y familia no se avendrán a pasar aquí el
verano. Lo probable será que vayan a Biarritz. Yo haré un esfuerzo por ir a hacerte una visita, si vas a Villerville.

No sé que más decirte. El pobre Duque de Frías[3] murió
anteayer. Esto no impide que los que quedan vivos sigan di-
virtiéndose. Pasado mañana tendremos una matinée espléndi-

---

[5] Editor de varias obras de Valera, amigo suyo y más tarde será
nombrado director general en el Ministerio de Fomento.
[6] Luisa Pelissier y Valera.
[1] Isabel II de España.
[2] Luisa Pelissier y Valera.
[3] Bernardino Fernández de Velasco. (Ver nota 5 de la carta 51.)

da en la Villa de Osma [4], que es bellísima. Será cosa amena y animada como suelen ser todas estas matinées del suegro de Cánovas [5] y de Emilio Casa-Valencia [6].

Adios. Créeme tu afectísimo hermano

JUAN

242

Madrid, 4 de Junio de 1888.

Mi querida hermana:

Te supongo ya de vuelta en Roma, a donde te escribo y a donde deseo que hayas llegado bien de salud. Calculo que decídase o no pronto el pleito, volverás pronto a Francia con Luisa [1]. Roma es mala estancia en verano a causa de la *suadavía*.

Aquí yo estoy medianamente de salud. Mi mujer y los chicos muy buenos.

Carmen se divierte mucho en casa de Osma [2] en unos hermosos jardines y Palacio, que tiene, en el extremo de la Fuente Castellana. Han dado los Osmas varios bailes matinales espléndidos. Hoy será el cuarto que dan.

En casa de Bauer [3] tenemos muchas reuniones y comidas: pero van a acabarse, pués la de Bauer se vá para París dentro de tres o cuatro días.

En mi casa, muy modestamente hemos tenido veladas literarias o poéticas, donde Zorrilla [4], Palacio [5], Campoamor [6] y otros vienen y leen versos.

Mi mujer quiere salir a veranear: pero no sé si se quedará

---

[4] Casa de Blanquita Osma. (Ver nota 12 de la carta 51.)
[5] Antonio Cánovas del Castillo. (Ver nota 28 de la carta 50.)
[6] Emilio Alcalá-Galiano y Valencia, conde de Casa Valencia. (Ver nota 3 de la carta 1.)
[1] Luisa Pelissier y Valera.
[2] Blanquita Osma. (Ver nota 12 de la carta 51.)
[3] Ignacio Bauer. (Ver nota 3 de la carta 62.)
[4] José Zorrilla. (Ver nota 26 de la carta 50.)
[5] Manuel del Palacio. Poeta español. Nació en Lérida (1831-1906). Periodista satírico. Polemiza con *Clarín*. Desterrado a Puerto Rico (1867). Tiene cargos en el Ministerio de Estado. Ministro de España en Montevideo. Versificador satírico.
[6] Ramón de Campoamor. (Ver nota 1 de la carta 107.)

con la gana por falta de dinero. Yo quisiera ir a verte a Villerville, y en Octubre quisiera ir a Barcelona: más no sé si me quedaré con la gana por el mismo triste motivo.

Aún no se ha definido mi situación y sigo de Ministro en Bruselas, con permiso en Madrid para asistir a las Sesiones del Senado.

Mi sueldo aquí es de 1.200 francos o pesetas al mes, con lo cual alcanza para muy poco.

Algo escribo, pero la escritura aumenta poco los ingresos. Adios. Soy tu afectísimo y buen hermano

JUAN

243

Madrid, 8 de Julio de 1888 (8 de Junio).

Querida hermana:

Sin carta tuya, después de la del 30 de Junio, fechada en Roma, te escribo de nuevo para decirte que dí a Pepe [1] y a los Caicedos [2] la noticia del buen éxito del pleito de que todos se alegran. Supongo que estarán Vds. ya en París. Escríbeme y dime cuando van Vds. a Villerville, donde sigo con deseos de hacerte una visita.

Mi pleito es el que no termina ni pronto, ni bien, y esto me retiene aquí. Casi estoy arrepentido de haber hecho imposible, por lo ridícula, mi vuelta a Bruselas: pero es difícil no perder paciencia con dos cosas, al parecer contradictorias, que coinciden en mi mujer: la gracia de gastar doble de lo que tenemos y la gracia de rabiar, de angustiar por ello a los otros, y de ponerlos con el alma en un hilo y con el corazón en un puño.

En fin, allá veremos como salgo de la triste y poco airosa posición en que estoy. Soltero yo, o con mujer y familia menos costosas, ya hace tiempo que hubiera hecho dimisión, que es lo que me convendría.

Adios. Muchísimo celebraré que Luisa [3] halle ahora un novio más guapo que el polaco [4], que sirva, y que tenga muchos

---

[1] José Freuller y Alcalá Galiano.
[2] Alonso Mesía de la Cerda, marqués de Caicedo, y sus hijos.
[3] Luisa Pelissier y Valera.
[4] Conde J. Zamoyski, esposo de Luisa Pelissier.

dineros, y del que ella se enamore. Si no le halla, lo mejor es que se quede libre. Casi nada vale tanto como la libertad. No la debe trocar sino por un Creso-Apolo.

Adios repito. Soy tu afectísimo hermano

JUAN

244

Madrid, 11 de Junio de 1888.

Mi querida hermana:

Veo con gusto por tu carta del 4 que están Vds. bien de salud, a pesar del calor sofocante que hace en Roma.

Aquí está ahora haciendo un tiempo hermosísimo, y, en esta casa, todos están bien de salud. Yo soy el único averiado: pero, aún así, voy tirando. Parece que estamos en plena crisis, pero yo no me inquieto. Si hay modificación ministerial, los ministros que entren no serán peores para mí que los que salgan.

Pepe [1], nuestro hermano mayor, está ahora aquí bastante pintado de pelos y arrugado de pellejo: pero muy agil y tieso, que parece que tiene diez años menos que yo, en vez de tener diez más. Vive Pepe en casa de los Caicedos [2]. Aquí no hubiera cabido.

Mi mujer parece que quiere ir a veranear a San Sebastián o a Biarritz. Allá veremos, lo que decide.

Yo me alegraría de poder hacer una escapada y visitarte en Villerville, y de ir en Octubre a ver la exposición de Barcelona. A esto, tú y Luisa [3] debierais acompañarme. Dicen que la Exposición es bonita, y que Barcelona está magnifica ahora.

Supongo que pronto, como deseo, recaerá el fallo definitivo y último en el pleito de Luisa y que os veréis libres del Conde polaco [4].

Sigue escribiendome aquí. Aunque mi gente se vaya, yo seguiré en Madrid quizá hasta mediados de Julio.

Adios. Soy tu afectísimo hermano

JUAN

---

[1] José Freuller y Alcalá-Galiano.
[2] Alonso Mesía de la Cerda, marqués de Caicedo, y sus hijos.
[3] Luisa Pelissier y Valera.
[4] J. Zamoyski, esposo de Luisa Pelissier y Valera.

245

Madrid, 18 de Junio de 1888?

Mi querida hermana:

Acabo de recibir tu carta del 14 y siento verte tan sobre-saltada por el próximo fallo que los Sres. Cardenales deben dar a tu pleito.

Ayer recibí carta del Marqués de Villasegura [1], en que me incluye una en que Limeoni [2] contesta a la Reina Isabel [3] y le promete hacer cuanto pueda en vuestro favor: claro está que dicho esto con la debida prudencia judicial y cardenalicia.

A fin de que veas esta carta, testimonio fehaciente del inte-rés que por Vds. tomó Doña Isabel, te la remito adjunta. De-vuelvesela al Marqués de Villasegura, Jefe de la Casa de SS. la Reina Doña Isabel II, Palais de Castille, París.

Mi mujer y familia irán a San Sebastián este verano. Ahora estamos en el jaleo y agitación de buscar casa.

Veremos si los nuevos Ministros me tratan mejor que los otros. Aún no sé nada. Ya te escribiré. Dime tu pronto el resul-tado del pleito y cuando vuelves a Francia.

Adios. Soy tu afectísimo hermano

JUAN

246

Madrid, 20 de Julio de 1888 (20 de Junio).

Mi muy querida hermana:

Acabo de recibir tu carta del 16.
Mil parabienes a tí y a Luisa [1].
Escribe a Doña Isabel de Borbón [2], que se ha portado muy

---

[1] Título creado en 1703. Es, probablemente, el padre de don Manuel Serís Granier y Ramírez de Arellano.
[2] Cardenal del Vaticano, encargado del proceso de anulación del ma-trimonio de Luisa.
[3] Doña Isabel II de España.
[1] Luisa Pelissier y Valera.
[2] Isabel II de España.

bien, y dí de mi parte al Conde de Coello[3] y a Isbert[4], que les estoy, por mi parte, muy agradecido.

Yo no dudo de que el Padre Santo[5] confirmará la sentencia, y de que Luisa, por lo tanto, quedará enteramente libre. Reitero, pués, mis felicitaciones y enhorabuenas.

Supongo que os volveréis pronto de Roma a París y que desde París iréis a Villerville.

Mi mujer se irá a San Sebastián con los chicos y con su madre a fin de este mes o a principios de Julio, lo más tarde.

Yo acaso tenga que seguir aquí hasta fin de Julio. Despúes iré a San Sebastián: pero, si puedo, haré una escapada y te haré en Villerville una visita. Aún sigo, en espíritu, de Ministro en Bruselas.

Veremos si al menos me nombran pronto Consejero de Estado para salir de esta situación algo anómala.

Nuestro hermano Pepe[6] sigue aquí. No sé que admirar más en él, si su egoísmo o su tontería.

Mi cuñadito Delavat[7] sigue aquí también. Ha conseguido que le envíen al Brasil de Ministro para donde pronto saldrá.

Adios. Créeme tu afectísimo hermano

JUAN

247

Madrid, 30 de Junio de 1888.

Mi muy querida hermana:

Mucho disgusto me ha traido tu carta del 24, pués cuando yo creía ya que Luisa[1] y tú habíais llegado al término dichoso de tantos trabajos, gastos y sustos, veo que el Padre Santo[2] no acaba aún de decidir y os muele y os tiene sobresaltadas y recelosas.

Espero, no obstante, que no irá Su Santidad contra el pa-

---

[3] (Ver nota 2 de la carta 233.)
[4] (Ver nota 9 de la carta 236.)
[5] León XIII. (Ver nota 5 de la carta 193.)
[6] José Freuller, marqués de la Paniega.
[7] José Delavat, hermano de Dolores.
[1] Luisa Pelissier y Valera.
[2] León XIII. (Ver nota 5 de la carta 193.)

recer y contra la sentencia de tantos Cardenales y que os dará al fin la dispensa que tan cara os cuesta.

Aún no he visto al Conde de Coello [3], ni sé si ha llegado a Madrid. Cuando llegue y le vea y hable le diré que estais muy agradecidas a sus servicios.

Mi salud no es muy buena. Estoy además muy triste. A veces arrepentido de haber dejado el puesto de Bruselas. Yo debí conservarle: vivir allí sin familia, y enviar a mi familia dos mil pesetas al mes. En fin, ya, después de tanto como se ha hablado de que lo dejo, sería desairadísimo y hasta ridículo volver a Bruselas y no hay que hablar más en ello. Veremos si al fin me nombran siquiera Consejero de Estado. A mí me están moliendo tanto con esto como a vosotras con la dispensa. Si yo no estuviera tan tronado habría ya mandado al *mot de Cambronne* a los Gobernantes de aquí.

Mi mujer se dispone a salir para San Sebastián o Biarritz el miercoles 4. No puede pasar un verano sin veraneo. Es una criatura imposible.

Adios. Créeme tu afectísimo hermano

JUAN

248

Madrid, 17 de Agosto de 1888.

Mi querida hermana:

Recibí, hace dos o tres días, tu carta del 11. Mucho me alegro de ver por ella que estás bien de salud. Yo, aunque suelo tener ahora muy mal despertar, con amargura en la boca y fatiga en el estómago, me alivio luego y no lo paso muy mal, durante el día.

Ya te harás cargo de mis apuros. Cuando yo tengo turrón, mi mujer gasta sus rentas, las de su madre, y todo lo que yo tengo, y aún a veces más: pero, cuando estoy cesante, ella no me socorre, ni yo quiero que me socorra, de suerte que me veo ahogado. Yo contraigo deudas, yo vendo algo de lo que tengo, y Dolores, llena de juicio, nada vende ni disminuye gran cosa su capital, de lo cual yo me alegro mucho. De lo que no me alegro es del método facil e inconsciente egoista que emplea.

[3] (Ver nota 2 de la carta 233.)

Ella no comprende además, con esta egoista separación de bienes, que en realidad, haciéndome a mí mucho daño, ella también se le hace. Si ella tiene dinero o fondos que le ganan un 6 o un 7 por 100 a lo más, y, por no socorrerme, me obliga a contraer deudas que me cuestan 10 ó 12 o más por ciento, no calcula que eso menos tendré que darle luego. Ni comprende que el crédito que yo pierdo, tomando prestado, a ella también le perjudica, porque es mi mujer. Alguna justificación tendría su codicia en no sacrificar fondos suyos, si yo gastase en locuras, pero yo no me acuso, ni puedo acusarme de ninguna locura mía y personal, en esto de lo económico. Yo he gastado por ella y para que ella no rabie.

El resultado es que antes de casarme, El Alamillo[1] y demás finquillas que yo tenía, me producían más de 7 ó de 8 mil francos al año. Hoy, con los apuros, he vendido todo menos el Alamillo; y el Alamillo, por no poderle cultivar, está en arrendamiento y me vale solo tres mil pesetas, de las cuales hay que dar mil a los Caicedos[2]. Me quedan dos mil y los intereses de lo que debo es mucho más, de suerte que no me queda nada. En esta situación, he tenido que dejar el puesto de Bruselas, porque a más de rebajarme y vejar mi amor propio, nada me valía. Allí gastaba yo (esto es, mi mujer) mis 50.000 pesetas, y todo lo suyo y todo lo de su madre, y además lo que tú me diste o prestaste, y no sé cuanto más todavía. En suma, aquello era una ruina, un infierno, y un chillar incesante. Allá veremos por donde salgo. Mi mujer no ha querido prescindir del veraneo y sigue en Biarritz. Ya que está allí, me alegraría yo de ir, pero las cosas están para mí difíciles y aún no sé si podré ir allí con algo en el bolsillo. Para ir sin nada, prefiero quedarme en Madrid.

Ya ves que cuando dudo de poder ir a Biarritz, menos seguro y más dudoso será que me alargue yo hasta Villerville.

En todo caso, yo no pierdo nunca la esperanza. Dios mejora las horas, y, cuando las mejore, nos veremos.

Adios. Créeme tu afectísimo hermano

JUAN

---

[1] (Ver nota 2 de la carta 17.)
[2] Se refiere a la familia de Alonso Mesía de la Cerda, marqués de Caicedo.

249

Biarritz, 14 de Septiembre de 1888.

Mi querida hermana:

Sin carta tuya a que contestar, te escribo hoy para darte una noticia en cierto modo buena. Aunque no lo sé aún de oficio, todos los periódicos españoles dan ya por cierto que he sido nombrado Consejero de Estado. Esto tiene 15 mil pesetas de sueldo: con lo cual, con lo que dá la Academia, la literatura, y las rentas de mi mujer y algo de mi suegra, creo que podremos ir tirando.

Aquí no hago yo nada util ni divertido, salvo el oir a mi mujer quejarse de que no le hacen caso. Así es que no bien reciba yo mi nombramiento oficial, pienso volverme a Madrid a tomar posesión de mi nuevo destino. Esto será dentro de cinco o seis días, a más tardar.

Supongo que mi mujer y toda la familia seguirá aún aquí hasta fin de este mes o principios de Octubre.

Espero que esta primavera estaré menos apurado que ahora y podré ir a París por unos días. Así nos veremos si es que no vienes tu antes a Madrid como varias veces me lo ha anunciado Antoñita [1], a quien parece que Luisa [2] se lo ha escrito. Como tú no me lo has confirmado nunca, no sé que pensar.

Aquí hay mucha gente de todos los paises. Figura mucho con su belleza, aunque ya del sol poniente, una Madame Bernardaki, quién tiene una hermana soltera, bastante bonita.

Aunque la *high life* española no es escrupulosa, ni tiene derecho a serlo, pués está compuesta de la más inmunda putería, dicho sea en confianza, hay quien presume de severidad, y se habla de no ir a *santeries* que va a dar la Bernardaki. Dime, por curiosidad, que vida es la de esta Señora, que debes conocer, de nombre al menos, por haber vivido en París mucho tiempo.

Adios. Créeme tu afectísimo hermano

JUAN

---

[1] Antonia Mesía de la Cerda y Valera.
[2] Luisa Pelissier y Valera.

357

250

Madrid, 18 de Noviembre de 1889.

Mi querida hermana:

No te he escrito en todos estos días porque tengo mil quehaceres y hago poco y no sé como el tiempo se me pasa.

Mi salud no está muy floreciente, pero en fin voy tirando. Con 65 años y un mes de vida, que cuento hoy, no pueden exigirse muchos florecimientos y bizarrías.

Mis chicos están florecientes de salud y muy graciosos, aunque consentidísimos y archi-mal educados. Tienen, con todo, buen natural, y la mala educación no importa.

Ya te contaré mis andanzas. Escríbeme tú también.

Soy tu afectísimo hermano

JUAN

251

Madrid, 30 de Mayo de 1897.

Mi querida sobrina Luisa:

Recibí pocos días ha tu carta del 23 y en este momento acabo de recibir la del 28, con la adjunta que venía para tu prima Antonia [1] a quien se la incluyo en otra que le escribo hoy. Ella sigue en Anglet, Bayona o Biarritz y no creo que piense por ahora en volver por aquí.

Alonsito [2] llegó anteayer de Adra: penoso y largo viaje de tres días porque en no pequeña parte del trayecto no hay ferrocarril aún y es menester ir a caballo o en coche.

Alonsito, como es natural, se muestra muy afligido por la muerte de su padre [3]. No dudo de que la amable carta que tú le has escrito ha de traerle consuelo.

No acierto a ponderarte cuanto me alegra el verte al parecer decidida a venir a visitarnos en el próximo otoño. No es esta la mejor estación para venir a España porque con el re-

---

[1] Antonia Mesía de la Cerda y Valera.
[2] Alonso Mesía de la Cerda y Valera.
[3] Alonso Mesía de la Cerda, marqués de Caicedo.

ciente calor del verano los campos están muy agostados; pero en fin, con tal de que vengas tú, sea cuando quieras.

Si vinieses a fines de Septiembre, es casi seguro que Dolores, Carmen y yo estaríamos en Zarauz, cerca de San Sebastián; iríamos a recibirte a Bayona y luego podríamos venir juntos a Madrid y aún detenernos en Burgos, en Avila, y tal vez en otros lugares, muy curiosos y muy dignos de ser visitados por sus recuerdos históricos, monumentos y antiguallas.

Anímate y ven a España a fin de Septiembre.

En Octubre podríamos hacer una muy interesante excursión por Andalucía.

Adios y créeme tu afectísimo y buen tío

JUAN

252

Madrid, 12 de Junio de 1897.

Mi muy querida prima Luisa:

He recibido tu cariñosa carta dándome el pésame por el fallecimiento de mi buen padre [1] Q. E. P. D. y te agradezco mucho la parte que tomas en nuestra aflicción.

Veo que no me has olvidado a pesar de los muchos años que hace que no nos vemos; en cuanto a mí siempre te tengo el mismo afecto.

Esta desgracia tan grande y tan imprevista me ha afectado mucho; pero estoy bien de salud.

Mi pobre hija Adriana ha estado enferma de resultas del disgusto y todavía no está enteramente repuesta.

Tío Juan me ha dicho que tienes el plan de hacer un viaje a España. Me alegraría mucho de que lo efectuases y tener el gusto de verte.

Sabes te quiere tu afectísimo primo

ALONSO

---

[1] Alonso Mesía de la Cerda, marqués de Caicedo.

INDICE ONOMASTICO

Asselín, Vizconde de, 130-132, 144, 145, 149.
Auguinet, Mademoiselle, 180.

Balzac, Honorato de, 313.
Barbosa du Bocage, Manuel María, 151, 156, 159.
Barca y del Corral, Francisco de, 196, 206, 217.
Baudry, Pablo, 154.
Bauer, Gustavo, 120, 339.
Bauer, Ida, 120, 339.
Bauer, Ignacio, 120, 133, 337, 339, 350.
Bauer, Paulina, 120, 337, 339.
Bayard, Catherine Lee, 255, 258, 259, 264, 265, 267, 270, 272, 274-276, 281, 282.
Bayard, Thomas Francis, 258, 263.
Bayens, Mercedes, 288-290, 325, 327, 330, 332.
Becerra, Manuel, 187.
Benavides, Antonio, 116.
Benavides, Francisco de Paula, 310, 312, 314, 315, 317, 318, 338, 339, 347.
Berenguer, 281.
Berg, Duque de, 289.
Bernardaki, Madame, 357.
Berryer, 99.
Billant, Duson, 128.
Blaine, 242.
Boecio, Severino, 110.
Bourdelle, Pierre de (Señor de Brantôme), 312.
Bonaparte, Carolina, 198, 200-202.
Bonaparte, Jerónimo, 198, 202, 321.
Bonaparte, Josefina, 308.
Bonaparte, Luis Víctor, 45, 321.
Bonaparte, Matilde Leticia Guillermina, 198, 201.
Bradford, Míster, 235.
Bravo Murillo, Juan, 187.
Bretón y Vedra, Luis, 144.
Brunetière, Ferdinand, 327-333, 335.
Buren, Edith Van, 284.

Cabarrús, Enriqueta, 79.
Cabarrús, Francisco de, 46.
Cabarrús, Teresa, 46, 79.
Calderón, Alfredo, 99, 108.

Calderón, Pepa, 108.
Calderón de la Barca, Pedro, 134, 154.
Calmann Lévy, 330.
Calleja, 202, 207.
Camacho, Juan Francisco, 281.
Camoens, Luis de, 48.
Campillo, Narciso, 202.
Campoamor, Ramón de, 176, 350.
Canalejas y Méndez, José, 85.
Cánovas del Castillo, Antonio, 42, 98, 99, 111, 117, 132, 145, 188, 201, 203, 207, 209, 212, 258, 260, 261, 350.
Caraman-Chimay, Princesa de, 332.
Cárdenas, Francisco de, 258, 261-264.
Carlos I de Portugal, 129, 144.
Carlos III, 46, 130, 310.
Carlos IX, 45, 312.
Carlos María Isidro (Carlos V), 94, 98, 312, 313.
Caro, Elme Marie, 178.
Cartagena, Conde de, 170.
Carvajal y Téllez Girón, Angel María (Duque de Abrantes), 101, 115.
Casa-Valencia, Mercedes, 287, 289.
Castelar, Emilio, 54, 115, 187.
Castellane-Adhêmar de Monteil, François de (Conde de Grignon), 109.
Catalina, Mariano, 348, 349.
Catani, Armida, 288.
Catres, Condesa de, 189.
Cervantes, Miguel de, 102.
Cervera, 116.
César, Julio, 107.
Cisneros, Cardenal, 102, 110.
«Clarín», 350.
Cleveland, Stephen Grover, 244, 255.
Coello, Conde de, 71, 73, 340, 344, 347, 354, 355.
Coello, Paz, 71, 72.
Colón de la Cerda, Cristóbal (Duque de Veragua), 101, 346.
Comneno, Alejo, 106.
Comneno, Isaac, 106.
Correa, Raymundo, 337, 339.
Coustans, Mr., 75.

Chauvet, 306.

Dante Alighieri, 262.
Dávila Ponce de León v Pérez del Pulgar (Conde de Guadiana), 189.
Delavat y Arêas, Dolores, 42, 79-81, 83, 92, 97, 103, 147, 151-153, 155, 157, 159, 160, 274, 278, 285, 287, 288, 290, 292, 297, 303, 305-308, 312, 314, 319-321, 324, 327, 329, 330, 333, 334, 337, 339, 340, 342, 344, 346, 348, 354, 355, 359.
Delavat y Arêas, José, 147, 152, 153, 155, 157, 159, 160, 173, 174, 189, 190, 245, 274, 278, 340, 348, 354.
Delavat y del Rincón, José, 42, 43.
Demidof de San Donato, Anatolio, 198.
Duarte Sá, 44.
Dupuy de L'Ome, Enrique, 196, 224, 226, 230.

Eguílaz, Luis de, 186.
Elduayen, José de (Marqués del Pazo de la Merced), 207, 209, 259, 267.
Enrique III, 312.
Enrique IV, 312.
Enríquez de Almansa, Francisco (Marqués de Alcañices), 101.
Espartero, Baldomero, 98, 108, 111, 116.
Espronceda, José de, 62.
Estébanez, Nicolás, 115.
Estébanez Calderón, Serafín, 42, 43, 45, 99.
Eulalia, Infanta Doña, 144.

Fe, Fernando, 173.
Felipe V, 48.
Fernández Bedoya, 189.
Fernández de Velasco, Bernardino (Duque de Frías), 101, 349.
Fernández Javier, José, 308, 310, 313, 315, 317, 318, 347.
Fernández y Cabello, Cayetano, 111.
Fernando VII, 94, 97, 111, 345.
Figueras y Moragas, Estanislao, 115.

Fitz-James Stuart, María Luisa, 121.
Flahault de la Billaderie, 96.
Flandes, Condes de, 320.
Fontes Pereira de Mello, Antonio, 130.
Francisco José I, 166.
Fresio, Juan, 213.
Freuller, Andrés, 100, 103, 137, 173, 197, 198, 202, 224, 225, 229, 230.
Freuller, Carmen, 64, 65, 67-69.
Freuller y Alcalá-Galiano, José (Marqués de la Paniega), 49, 64, 65, 67-69, 78, 80, 98, 100, 103, 137, 173, 179, 180, 181, 184, 197, 202, 224, 225, 229, 348, 351, 352, 354.
Freuller, Santiago, 44, 49.

Galiano, José, 192.
Gamazo, Germán, 281.
Gardener, 272.
Garnier, Auguste, 147, 149, 150, 164, 178.
Garnier, Hipólito, 147, 150.
Gasto, Marqués del, 232.
Gayangos, Pascual de, 191.
Giner de los Ríos, Francisco, 99.
Giuliani, 44.
González, Fray Ceferino (Arzobispo de Sevilla), 158, 281, 299, 300-302, 304, 306, 308, 310, 330, 333, 347.
Goyri, Madame, 151, 156, 159, 175.
Greindl, Baronesa de, 152-154, 161.
Greindl, Jules de, 152, 154, 161, 162, 327.
Groizard y Gómez de la Serna, Alejandro, 298, 300, 303, 343, 347.
Guadiana, Condesa de, 189.
Gubler, Adolphe, 59.
Guevara, Fray Antonio de (Obispo de Mondoñedo), 312.
Guitand, 123, 128.
Gutiérrez de la Concha, José (Marqués del Duero), 116.
Gutiérrez de los Ríos, Carlos (Duque de Fernán Núñez), 97, 120, 296, 297.